UTB **484**

W0048315

Eine Arbeitsgemeinschaft der Verlage

Beltz Verlag Weinheim · Basel
Böhlau Verlag Köln · Weimar · Wien
Verlag Barbara Budrich Opladen · Farmington Hills
facultas.wuv Wien
Wilhelm Fink München
A. Francke Verlag Tübingen und Basel
Haupt Verlag Bern · Stuttgart · Wien
Julius Klinkhardt Verlagsbuchhandlung Bad Heilbrunn
Lucius & Lucius Verlagsgesellschaft Stuttgart
Mohr Siebeck Tübingen
C. F. Müller Verlag Heidelberg
Orell Füssli Verlag Zürich
Verlag Recht und Wirtschaft Frankfurt am Main
Ernst Reinhardt Verlag München · Basel
Ferdinand Schöningh Paderborn · München · Wien · Zürich
Eugen Ulmer Verlag Stuttgart
UVK Verlagsgesellschaft Konstanz
Vandenhoeck & Ruprecht Göttingen
vdf Hochschulverlag AG an der ETH Zürich

Gerhard Kaiser

Aufklärung
Empfindsamkeit
Sturm und Drang

Sechste Auflage mit einer Vorrede:
Der Germanist in eigener Sache

A. Francke Verlag Tübingen und Basel

Bibliografische Information der Deutschen Nationalbibliothek

Die Deutsche Nationalbibliothek verzeichnet diese Publikation in der Deutschen Nationalbibliografie; detaillierte bibliografische Daten sind im Internet über <http://dnb.d-nb.de> abrufbar.

6., erweiterte Auflage 2007
5., unveränderte Auflage 1996
4., unveränderte Auflage 1991
3., überarbeitete Auflage 1979

© 1976 · Narr Francke Attempto Verlag GmbH & Co. KG
Dischingerweg 5 · D-72070 Tübingen
ISBN 978-3-7720-8248-1

Internet: http://www.francke.de
E-Mail: info@francke.de

Einbandgestaltung: Atelier Reichert, Stuttgart
Gesamtherstellung: Hubert & Co., Göttingen
Printed in Germany

ISBN 978-3-8252-0484-6 (UTB Bestellnummer)

Meinen Kindern
Susanne, Martin und Christian

Inhalt

Vorrede: Der Germanist in eigener Sache

Es gehören Mut des Verlegers und eine gewisse Verwegenheit des Autors dazu, eine schmale Epochen-Literaturgeschichte, die in ihrer ersten Fassung vierzig Jahre, in der vorliegenden überarbeiteten Form dreißig Jahre alt ist, in einer unveränderten Neuauflage zu präsentieren. Schon anläßlich früherer Neuauflagen habe ich im Vorwort Überlegungen angedeutet, die es rechtfertigen können, ein geisteswissenschaftliches Werk nach langer Zeit in seiner alten Gestalt neu aufzulegen. Daß es nicht möglich ist, es auf den sogenannten neuesten Forschungsstand zu bringen, versteht sich dabei von selbst, denn es ist inzwischen selber historisch geworden. Ohnehin ist dieser Forschungsstand in den Geisteswissenschaften insofern eine Fiktion, als hier das Neue nicht eo ipso das Alte überholt und außer Kraft setzt. Wie der Betrachter im Herumgehen um eine Plastik immer neue Perspektiven gewinnt, die erst alle zusammen das Ganze des Werks erfassen, so können geistesgeschichtliche Forschungsleistungen, aus zeit- und forschungsgeschichtlich je veränderten Blickwinkeln geschrieben, nebeneinander bestehen, einander bereichern, potenzieren und positionieren. Solange es eine Literaturwissenschaft gibt, wird es zwar immer mehr feststehende Einzelergebnisse und auch Berichtigungen, aber keine abschließende und endgültige Darstellung etwa Goethes geben, wird jede Zeit sich neu ihr Bild von ihm zu erarbeiten haben. Immer aufs neue wird der Funke zwischen epochalen Gestalten der Literaturgeschichte und jeweiliger Gegenwart eines wahrnehmenden Publikums zum Springen gebracht werden müssen. Solange Literaturwissenschaft stattfindet, wird sie dabei auch an zeitlich weit zurückliegenden wissenschaftlichen Arbeiten wie beispielsweise Norbert von Hellingraths zu Hölderlin oder Hugo Friedrichs zu Montaigne Orientierungspunkte, Anknüpfungsstellen und Rangmarkierungen besitzen, die zu ignorieren weniger zum Schaden dieser Studien als dieser Wissenschaft gereichen würde, und zwar auch in ihrer Aktualität. Nicht daß ich mich mit meiner Darstellung, die schon vom Gegenstand her den Charakter der Kompilation nicht gänzlich abstreifen kann, auch nur von fern dieser Ebene zuordnen wollte – ich versuche vielmehr, ein Prinzip zu verdeutlichen.

Nicht nur den Forschungsstand kann ich nicht einholen. Auch ich selber bin ein anderer geworden als der Schreibende von damals. Was ich als Dreißig- und Vierzigjähriger geschrieben habe, lese ich als Achtzigjähriger wieder und neu. Die literarischen Sachverhalte und Fakten mögen geblieben sein, aber was in mir auf die Dichtungen antwortet, verändert sich im Lauf des Lebens und geht in meine Lektüre und ihre wissenschaftliche Durcharbeitung ein. Da der Geisteswissenschaftler kein anderes Erkenntnisorgan hat als sich selbst, ist schon seine psychische Grundausstattung wichtig. Nur wer selbst Gefühl und Wahrnehmung der Natur besitzt, kann in Naturgedichte eindringen, und deren Nachklang in ihm wird wiederum seine Naturbegegnung verändern. Ebenso wichtig ist der Veränderungsdruck zeitgeschichtlicher Erfahrungen für die wissenschaftliche Wahrnehmung, sei es des einzelnen, sei es der Generationen. Die Schrecken des NS-Terrors und des Archipels GULAG waren zur Wandlung des Epochenbewußtseins nötig, ehe sich der Blick der Forschung hinwendete vom Titanen und Super-Ego Faust auf die messerscharfe Gesellschaftsanalyse des vierten und fünften Akts des zweiten Dramenteils mit dem sozialutopischen Terrorismus des Faustschen Welteingriffs. Entsprechend sind in meine Literaturgeschichtsschreibung in den sechziger und siebziger Jahren meine biographischen und zeitgeschichtlichen Prägungen eingegangen. Ein konservativ-bürgerlich-nationales Elternhaus mit dem Rücken zum Nationalsozialismus, Schreckens- und Todeserfahrungen des Kriegsendes, die mich als Angehörigen der Luftwaffenhelfergeneration noch streiften, das Elend des deutschen Zusammenbruchs in Schuld und Schande, die Begegnung mit dem Marxismus als DDR-Diktatur und gesellschaftlich-philosophischem Universalsystem, die fast rauschhafte, weil zum Erwachsenwerden parallele Erweiterung des politischen, geistigen, kulturellen, künstlerischen Horizonts mit dem Ende des Kriegs und des NS-Regimes haben mich geformt. Schließlich hat mich die radikale Infragestellung der bundesrepublikanischen Nachkriegsgesellschaft mit ihrer Kultur, Kunst und Wissenschaft, die vom pseudomarxistischen Bildersturm auf die Universitäten bis zur Frankfurter Schule mit ihrer Negativen Dialektik und der Psychoanalyse reichte, erschüttert und verändert. Alles das schrieb mit, als ich diesen Literaturgeschichtsbeitrag schrieb und ihn in seine Endform brachte.

Wie gesagt: Der gesamte zeitgeschichtliche, mentalitätsgeschichtliche, soziale, literarische, wissenschaftstheoretische Bezugsrahmen hat sich seit dem ersten Erscheinen dieser Darstellung gewandelt. Jeder Zeit öffnet sich ein spezifisches Zeitfenster, das ihr neue, bisher verschlossene Einblick in die Tiefe der Geschichte gewährt, die sich später wieder verschließen können – günstigenfalls zugunsten wiederum neuer Einblicke. Die Wissenschaftstheorie hat gezeigt, wie wenig das Bild des kontinuierlichen Erkenntnisfortschritts der Wissenschaftsgeschichte entspricht, wie stark sie von Wechseln der Wahrnehmungs- und Erklärungsmuster geprägt ist, die einander ablösen und verdrängen, meist ohne daß eine durchgreifende kritische Auseinandersetzung zwischen ihnen stattgefunden hätte. Darin liegt aber nicht nur die Gefahr von Wissenschaftsmoden, die einander begründungslos wie die Moden der Haute Couture ablösen, sondern auch eine Gunst der jeweiligen Stunde, zumindest für die Geisteswissenschaften, die mit dem schon angedeuteten Nebeneinanderbestehen zeitlich nacheinander liegender wissenschaftlicher Ergebnisse zusammenhängt: *Ein* Moment ihrer Fähigkeit zu überdauern, ja im historischen Wechsel sogar neue Attraktivität zu gewinnen, kann in der konzeptionellen Intensität geisteswissenschaftlicher Werke liegen, die in ihnen gleichsam überwintert, wenn die Karawane des Wissenschaftsbetriebs schon längst weitergezogen ist. Es können sogar Herausforderungen von ihr ausgehen. Es kann sich zeigen, daß die alten Bastionen nicht wirklich geschleift worden sind, vielmehr hartnäckig und mit dem Recht dessen, was überlebt hat, aus der Flut der Zeit wieder auftauchen.

Ich selbst bin in meinem langen wissenschaftlichen Leben Zeuge mehrerer Paradigmenwechsel in den Literaturwissenschaften geworden, und die hier noch einmal vorgelegte Literaturgeschichte ist mitten in einem solchen geschrieben. Als ich den DDR-Marxismus und seine Faszination hinter mir ließ und in der Bundesrepublik zu studieren begann, herrschte an den Universitäten des Westens die hermeneutische Interpretation des «literarischen Kunstwerks», wie sie Emil Staiger und Wolfgang Kayser als eine Spielart des westeuropäisch-amerikanischen New Criticism großflächig durchsetzten. Sie hat mich bleibend beeindruckt durch ihre Kraft, das literarische Werk als Wirkungsganzheit im wechselseitigen Bezug aller seiner Momente, in seinem Doppelcharakter als Weltspiegelung und Weltentwurf, als Weltdeutung durch Weltdarstellung zu erfassen. Das geschah mit einer Eindringlichkeit und ästhetischen Sensibilität, die bis dahin in der deutschen Germanistik nur vereinzelt (etwa bei Max Kommerell) erreicht worden waren. Diese Kraft der Interpretation der Einzelwerke habe ich lebenslänglich festzuhalten versucht, und in dem vorliegenden Text habe ich es für mich erstmals unternommen, sie in einen größeren literaturgeschichtlichen Entwurf eingehen zu lassen. In diesem Integrationsversuch der Interpretation in die Literaturgeschichte äußerte sich schon damals mein kritischer Vorbehalt gegen die «Kunst der Interpretation», wie ein die Zunft herausfordernder Buchtitel Emil Staigers lautet. Ich sah die Interpretation in der Gefahr, die Werke zu punktualisieren, ihre relative Abgeschlossenheit in sich (die sog. «Autonomie der Werke») überzubetonen und darüber die Außenrelationen historischer, biographischer, kultureller und literarischer Art zu vernachlässigen oder ins existentiell und poetologisch Allgemeine zu verdünnen.

Mit diesen Vorbehalten stand ich natürlich nicht allein. Sie wurden als Einzelstimmen laut, aber auch im Chor literaturwissenschaftlicher Paradigmenwechsel vorgetragen, die mit Zeitströmungen von der Studentenrevolte bis zur Postmoderne und der Post-Postmoderne eines neuen kulturwissenschaftlichen Historismus einhergingen. Sie alle drängten auf die Rückholung der Literatur und erst recht des literarischen Einzelwerks in übergreifende historische Bedingungsmuster, seien sie nun sozialgeschichtlicher, psychosozialer, diskurstheoretischer, sprachtheoretischer, rezeptionsgeschichtlicher oder allgemein kulturwissenschaftlicher Art. Wo die sogenannte *werkimmanente* Interpretation die Geschichtsträchtigkeit der literarischen Werke vernachlässigt und sie damit oft auch subjektiven Wertungskriterien ausgeliefert hatte, die nicht selbstkritisch in Frage gestellt waren, wurden die Werke nun auf ihren Quellenwert und ihre Exempeltauglichkeit reduziert. Sie sagten etwas, aber nicht mehr primär in eigener Sache. Bei der besonders für wissenschaftliche Legitimierungsnöte anfälligen Germanistik stand hinter diesen Tendenzen auch das Bemühen, ihre speziellen Fragestellungen so zu generalisieren, daß sie wissenschaftstheoretisch ohne weiteres anschlußfähig werden. Wenn aber die literarischen Werke, der vornehmste Gegenstand dieser Wissenschaft, in ihren größten Leistungen Sand im Getriebe des Zeitgeists sind, dabei in der Eigentümlichkeit ihres Weltverhältnisses weder ohne weiteres anschlußfähig noch -willig, kann es dann ein vordringliches Ziel der Literaturwissenschaft sein, der Ankoppelungsfähigkeit an die jeweils gerade herrschende vermeintliche «Leitwissenschaft» nachzuhecheln?

Gegenüber allen reduktionistischen Verallgemeinerungstendenzen habe ich mit anachronistischer Hartnäckigkeit – zunächst mehr instinktiv, später zunehmend theoretisch-methodisch reflektiert – versucht, das Eigentümliche und den eigenartigen Anspruch des Kunstwerks, seine Fähigkeit, auch epochenübergreifend Impulse zu geben, durch interpretatorischen Nachdruck herauszuarbeiten und *darin zugleich* seinen geschichtlichen Ort und Zusammenhang sichtbar zu machen. Die Interpretation des Individuellen, die Vergegenwärtigung der spezifischen Provokation künstlerischer Werke je für sich sowie die historische Ortsbestimmung sollten ineinander greifen. Und da die hier noch einmal vorgelegte literaturgeschichtliche Darstellung erstmals unter meinen wissenschaftlichen Arbeiten dieser Intention entsprungen ist, messe ich ihr angesichts der Vehemenz der jüngsten kulturwissenschaftlichen Wendung der Germanistik eine gewisse neu zugewachsene Aktualität bei. Sie beharrt auf etwas, das mir heute noch und erst recht unverzichtbar erscheint, auf der Eigenschaft der Dichtung, Kunst zu sein, und diese

Vorrede scheint mir deshalb der Ort, noch einmal gegen Ende meines wissenschaftlichen Lebens mein *Ceterum censeo* als Literaturwissenschaftler auszusprechen, selbst auf die Gefahr hin, daß eine gewisse Disproportion zwischen Anlaß und Äußerung entsteht.

Die literaturgeschichtliche, sozial- und geistesgeschichtliche, aber auch die kulturwissenschaftliche Subsumierung der Werke unter übergreifende Entwicklungen und Strukturen wird von mir nicht als Überwindung oder gar Widerlegung der Interpretation wahrgenommen, sondern als erst recht einseitige Gegenbewegung. Sie hat die Tendenz, über dem Gehalt der Werke an Mitteilung und diskursiver Weltdeutung und ihrer Darbietung von Sachgehalten ihre Eigenart als mimetischer Weltentwurf und sprechende Form einzuebnen und ihren einzigartigen Appellcharakter zu übersehen. Die literarischen Werke verdanken ihren eigentümlichen Status nicht zuletzt der Tatsache, daß die unbewußten Tiefenschichten des produktiven Individuums, die im argumentativen Diskurs einen Erdenrest, zu tragen peinlich, bilden, hier in großem Umfang werkkonstitutiv zum Tragen kommen können. Brüche, Widersprüche, Verwerfungen der Weltwahrnehmung und -begegnung, die der rationale Diskurs um der linearen Eindeutigkeit der Argumentation willen zu vermeiden oder zu verdecken trachtet, können hier ihre Sprengkraft entfalten, ohne doch die Werke tatsächlich zu sprengen.

Sie gewinnen vielmehr an Komplexion, Welthaltigkeit und oft prognostischer Kraft, weil auch historisch-gesellschaftlich-mentalitätsgeschichtliche Vorahnungen in sie eingehen, die sich noch unterhalb des Horizonts analytischer Wahrnehmung befinden und dem hypersensiblen Gespür des produktiv Erregbaren zu verdanken sind. So hat z.B. das als literarische Gattung neu Bedeutung erlangende Wiegenlied, bis dahin eher eine unterliterarische Gattung, bei Matthias Claudius, Goethe oder den Romantikern die im 18. Jahrhundert langsam entstehende bürgerliche Kernfamilie mit ihrer Innerlichkeit mehr hervorlocken helfen als widergespiegelt. Wo im rationalen Diskurs die Stringenz des Arguments herrscht, herrscht im dichterischen Werk die Integrationskraft der Darstellung, die in der Geschlossenheit und Dynamik der Szene oder der Handlung oder der Stimmung Dissonanzen des Weltwahrnehmens und -empfindens zur Geltung bringen und doch zusammenstimmen lassen kann. Diese Dynamik ist primär innertextuell und nicht erst ein Produkt der Rezeption, sondern deren Vorgabe und Ermöglichungsraum. Diese Vorgabe sehe ich nicht in sog. «Leerstellen» der Texte, die zur Füllung durch das Publikum mit seinem eigenen Erlebnismaterial auffordern, sondern in einer Fülle: in der Schwingungsbreite der Darstellung, ihrem Reichtum an Ober- und Untertönen, ferner in dem Sprechenden auch und vorerst der Konstellation, allgemeiner noch des Gefüges, das den Text organisiert und prägt. Und zwar immanent, nicht durch begrifflich formulierte Ausdrücklichkeit. Die alttestamentliche Hiob-Dichtung etwa enthält eine große Menge an diskursiven theologischen Aussagen, Sozialkritik, Informationen über Rechtsdenken, Rechtsbräuche und Rechtsverfahren, die sich ohne weiteres in eine Religions-, Sozial- und Rechtsgeschichte des alten Israel einbauen läßt. Die dichterisch entworfene Höhepunktsituation aber, daß Gott zuletzt Hiobs größte Sehnsucht erfüllt, indem er aus äußerster Nähe direkt zu ihm spricht, während doch der Inhalt der Gottesreden Hiob auf die völlige Unangemessenheit seines Verlangens nach Verstehbarkeit Gottes hinführt, dieser paradoxe situative Zusammenfall von Zuwendung und Entzug und die darin sich manifestierende Unverfügbarkeit und zugleich Nähe Jahwes sagt mehr über die äußersten Möglichkeiten der Gottesauffassung Israels in der Spätzeit, als strikte, in ihrem theologischen Gehalt explizite Verkündigungs- oder Lehrtexte aussagen können, wie sie auch in dieser Dichtung eingebaut und im Doppelsinn «aufgehoben» sind.

Auf diese Weise ist die Dichtung in ihrer formalen Entfaltung die reichste, aber auch spannungsreichste Weise der Weltdeutung des Menschen. Und sie ist die am weitesten reichende. Die direkt religionsgeschichtlich oder rechtsgeschichtlich oder formgeschichtlich anschlußfähigen Bestände des Hiob-Buchs sind nur von historischem Interesse. Die Dramatik der Gottesbegegnung Hiobs wird über den Abgrund der Zeiten hinweg Menschen emotional und intellektuell erreichen, solange die Gottesfrage lebt oder als lebensbewegend vorstellbar bleibt. Solche Dramatik der Werke, einschließlich ihrer Fähigkeit zum Panthersprung in die Zukunft vom Boden der Geschichte aus, hat der Literaturwissenschaftler auch als Literaturgeschichtsschreiber herauszuarbeiten, und erst recht ist er, wie jeder Leser, dabei auf alle nicht nur intellektuellen, sondern auch emotionalen und imaginativen Kräfte, auf die Aktivierung des gesamten Potentials seiner Welterfahrung angewiesen. Allerdings mit der Auflage, die Ergebnisse seiner Lektüre am Text als letzter Instanz zu überprüfen und zu verifizieren. Er ist zu der argumentativen Selbsteinholung seiner Produktion verpflichtet, die der große Autor grenzüberschreitend hinter sich lassen kann. Der Autor ist der Entdecker des Neulands, das dem Literaturwissenschaftler zur Kartographierung gegeben ist. Kolumbus hat Amerika entdeckt, auch wenn er es zuerst für Indien hielt. Der Geograph und Kartograph Waldseemüller hat es benannt (wenn auch in diesem Fall ebenso erfolgreich wie falsch).

Voll vergegenwärtigt werden kann die historisch situierte, dabei aber zeitdurchgreifende Reichweite, Weltdarstellungs- und Weltdeutungskraft dichterischer Texte nach meiner Überzeugung nur in der interpretatorischen Aufschließung des Einzelwerks, die auch literaturgeschichtlich zum Tragen kommen muß. Die Schule der Interpretation hat seine Würde als einzelnes und individuelles stark gemacht. Mag sie auch oft von einem allzu harmonistischen Begriff des Werkganzen ausgegangen sein und textimmanente Brüche und Verwerfungen allzu schnell als Sprengung, statt als potentielle Spannungsaufladungen und Steigerungen wahrgenommen haben, so darf doch die nachdrücklich herausgestellte Einheit, Ganzheit und Einzigkeit der dichterischen Texte nicht im Malstrom historischer Entwicklungen oder in vorgegebenen theoretischen Modellen zum Verschwinden gebracht werden. Die Werke eines Autors oder einer Epoche hängen nicht durch das untereinander zusammen, was ihren kleinsten gemeinsamen Nenner ausmacht, sondern in der Weise des intensiven Wechselverweises eigentümlicher Weltbilder und Weltentwürfe, bei dem das Gemeinsame im Unterscheidenden und umgekehrt heraustritt und sie einander gegenseitig mit Bedeutung aufladen. Dieses Modell ist auch geeignet, die literaturgeschichtlich so häufige Ungleichzeitigkeit des Gleichzeitigen zur Darstellung zu bringen, die vom üblichen linearen Entwicklungsschema verdeckt wird. Lebenswerke und literarische Epochen erscheinen bei dieser konfigurativen Sicht als Zusammenklang auch in Gegensätzen. Er ist es, der Einzelwerke zu Lebenswerken, dichterische Lebenswerke zu epochalen Formationen zusammenschließt. Dabei stehen alle diese Gestaltungen in einer Frage-Antwort-Relation, nicht in einem Ursache-Folge-Verhältnis von geschichtlichen Umständen und literarischer Darstellung.

So hatte und habe ich die Tendenz, je Eigenständiges, ja sogar im gleichen Zeitraum vermeintlich extrem Auseinanderliegendes für den erkennenden Blick zu Konstellationen zusammentreten zu lassen. Die Gemeinsamkeit der Klassik Goethes und Schillers besteht für mich in der äußersten Verschiedenheit, in der sie auf die epochale Situation antworten – mit produktiven Antworten jedoch, deren Unterschiede erst ihre Zusammengehörigkeit ausleuchten. *Hermann und Dorothea* und *Wilhelm Tell* könnten verschiedener nicht sein, aber die wechselseitige Bestrahlung dieser Werke ergibt nicht nur eine weitreichende Vorstellung von der Tragfähigkeit und Funktion klassischer Stilisierung der Zeitgeschichte, sondern auch ein tiefenschärferes, weil kontrastreicheres Bild der literarischen Aufarbeitung der Impulse der Französischen Revolution in Deutschland als die inhaltliche Musterung von fünf deutschen Revolutionslustspielen untereinander ähnlicher Machart. An Diskontinuitäten kann und muß deutlich werden, wie weit Integrationskräfte und Wechselwirkungen reichen – wie bei Sonnensystemen, deren Fliehkräfte die Stärke des Gravitationszentrums erkennbar machen. Statt eines Gänsemarschs der Werke sollten monadische Spiegelungssysteme in Entwicklungen entstehen. So tendenziell zuerst in dieser Epochendarstellung *Aufklärung, Empfindsamkeit, Sturm und Drang* (1976), zuletzt bewußt und deutlich angestrebt in meiner *Geschichte der deutschen Lyrik von Goethe bis zur Gegenwart* (1996).

Alles das mag auftrumpfend klingen, ist aber defensiv zu verstehen. Als Zeitgenosse fürchte ich für die aktuelle kulturelle Geltung der Literatur der Gegenwart und der Vergangenheit und sehe einen Anteil der Literaturwissenschaft an diesem evidenten und mich erschreckenden Geltungsrückgang. Der Werkcharakter der Werke, ihre innere Notwendigkeit, das Sprechende der literarischen Form als ihr letztes Wort, die Reichweite zuweilen über Epochen und Kulturen hinweg können aus der wissenschaftlichen Wahrnehmung verschwinden, wenn man die Werke auflöst in eine prinzipiell unendliche Vielzahl von punktuellen Außenbeziehungen und sie so liest, als sagten sie nur in besonders komplizierter und deshalb besonders erläuterungsbedürftiger Weise, was andere Diskurse einfacher sagen. Manche Werkerklärungen, die Verständnishilfen zuallererst außerhalb des Werks suchen, statt den Blick auf das Textganze als Ganzes in seiner inneren Notwendigkeit und Gliederung zu richten, evozieren geradezu den Stoßseufzer: Warum nur hat der Autor das nicht von vorn herein und direkt und wie andere kluge Leute auch gesagt? Ich behaupte dagegen, daß die Werke etwas sagen, was zwar sekundär im stetigen Rückverweis auf den Text erschlossen, aber primär in anderen Diskursen nicht gesagt werden kann. Und das eben ist es, was Dichtung als Kulturphänomen einzigartig und unverzichtbar macht.

Diese Unverzichtbarkeit wird am schärfsten negiert, wenn hinter der Reduzierung der Werke auf allgemein Anschlußfähiges der Durchschauungsgestus des Forschers heraustritt, in dem der Kulturwissenschaftler über den Philologen gesiegt hat. Wem Kleists «Marquise von O.» «schlicht als fiktionale Fassung des bürgerlichen Ehephantasmas entzifferbar» und dieses wiederum als Spätfolge der Auslegungsgeschichte der lukanischen Verkündigungserzählung durchschaubar ist,[1] der macht mit dieser Erkenntnis fürderhin die Lektüre und Relektüre des Kleistschen Texts und vieler anderer Texte überflüssig. Durchschauen tut man ein für allemal, und was man durchschaut hat, kann man als erledigt abhaken. Man hat es hinter sich gebracht und zur Verfügungsmasse gemacht. Verstehen hingegen ist eine Annäherung auf gleicher Ebene,

---

[1] Albrecht Koschorke: Die Heilige Familie und ihre Folgen. Ein Versuch. Frankfurt a.M. 2000. S. 201

begründet keine Verfügungsgewalt, bezieht den Verstehenden und seine relative Position mit ein. Es muß und kann wiederholt werden, weil aus jedem Positionswandel des Blickenden neue Facetten des Angeblickten (und rückwirkend auch des Anblickenden) hervortreten. Man sollte nicht unverändert aus der Lektüre großer Werke hervorgehen, auch der Literaturwissenschaftler nicht. Solches Verstehen (das durchaus kritische Selbstreflexion und ein seiner Voraussetzungen bewußtes Urteilen einschließt) ist allem Historischen gegenüber fruchtbar, notwendig aber dem Kunstwerk gegenüber, weil es den Horizont seiner Unerschöpflichkeit aufleuchten läßt.

Es sind vielartig einzigartige Spannungsfelder, die sich, oft von weither gespeist, im imaginären Museum gestalthafter dichterischer Weltentwürfe aufbauen. So weisen Dichtungen auch in ihren vermeintlich in sich geschlossenen Weltdeutungen meist ins Offene, sind mehr Fragen als Antworten, insistente Rückverweise auf sich selbst als Text. Sie stehen in dieser Eigenart quer zu unserer sich stets übereilenden Weltbemächtigung. Sie von heute her für heute so zu erschließen, daß sie im Verstehensprozeß auch bei sich bleiben und als Anfragen bei uns ankommen, habe ich als Germanist helfen wollen, auch mit diesem Beitrag. In der Erstfassung des «Grünen Heinrich» ergeht Gottfried Kellers Spott über die akademischen Materialisten des 19. Jahrhunderts. Statt sich an der erblühten Rose zu erfreuen, sprängen sie um sie herum und triumphierten, sie sei ja «nichts als Pottasche und einige andere Stoffe, in den Boden damit, auf daß der unsterbliche Stoffwechsel nicht aufgehalten werde».[2] Das ist für mich ein sehr aktueller Wink auch für Literaturwissenschaftler geblieben, dichterische Texte nicht bescheidwissenschaftlich nach dem Muster: «das ist ja nichts als» zu lesen, sondern nach besten Kräften hervortreten zu lassen, was das ist – Dichtung.

Freiburg i. Br., Juni 2007   G. K.

---

[2] Gottfried Keller: Der grüne Heinrich. Erste Fassung. 4. Bd., 2. Kap. Zitiert nach der Ausgabe: Gottfried Keller: Sämtliche Werke. 5 Bde. Bd. 2. Hg. Th. Böning und G. Kaiser. Frankfurt a.M. 1985. S. 681. (Bibliothek deutscher Klassiker). Über einen Universitätsprofessor, der den Determinismus in einem «auf die Spitze getriebenen materialistischen Sinne» verkündete (680).

Vorwort

Dieser Band ist die zweite Auflage eines Beitrages zur *Geschichte der deutschen Literatur,* herausgegeben von Horst Rüdiger im Sigbert Mohn Verlag, die nicht zum Abschluß gekommen ist. Gegenüber der Erstauflage von 1966 hat eine Erweiterung auf etwa das Doppelte des Umfanges stattgefunden. Sie gilt vor allem solchen Autoren und Werken, die damals im Zusammenhang der Klassik oder des Barock abgehandelt werden sollten.

Die aus der Erstauflage übernommenen Textpartien sind eingreifend überarbeitet worden. In der erheblich erweiterten Bibliographie ist die Forschung berücksichtigt, die im Bereich der Aufklärung und des Sturm und Drang seit 1966 in Bewegung gekommen ist. Schien bei der Abfassung des Bandes die darzustellende Epoche in großem historischem Abstand überschaubar vor dem Betrachter zu liegen, so ist inzwischen eine Zeitströmung entstanden, der es um Fortführung und Vollendung der Aufklärung in der Gegenwart geht. Gleichzeitig ist auch eine «Dialektik der Aufklärung» ins öffentliche Bewußtsein getreten, welche die Barbarismen der Moderne aus dem Umschlag eines Herrschaftsanspruchs der Vernunft versteht, den es in negativer Dialektik aufzuheben gelte. Der Verfasser dieses Beitrages sieht das Faszinierende dieser Neukonstellation von Aufklärung und Gegenwart, aber er antwortet darauf nicht mit Aktualisierungen. Er ist überzeugt, daß die Geschichte ihre wahre Aktualität erst dann zeigt, wenn im Prozeß der Identifikationen und Distanzierungen auch das andere erkennbar wird, was wir nicht sind: ein Arsenal gelebter und nicht gelebter Möglichkeiten, Chancen, Gefahren. In Literatur sind sie aufgehoben.

Es ist in der Sache begründet, daß eine Literaturgeschichte in größerem Ausmaß als andere wissenschaftliche Darstellungen auf vorhandene Ergebnisse zurückgreifen muß. Sie können nicht im einzelnen namhaft gemacht werden. In besonderem Maße ist der Literaturgeschichtsschreiber das «kollektive Wesen», als das Goethe am 17. 2. 1832 gegenüber Friedrich Soret den Menschen charakterisiert hat. Trotzdem ist der Anspruch einer Literaturgeschichte nicht nur an der Organisation und Präsentation bekannten Materials zu messen, sondern auch an der Neu-Auseinandersetzung mit den Werken im einzelnen und im Zusammenhang.

Für dieses Buch mußte ich besonders viel Hilfe in Anspruch nehmen (Schreibarbeiten; Feststellen und Überprüfen von Daten, Titeln, Zitaten; Korrekturarbeiten). Sie wurde unermüdlich von Frau Gertrud

Künze-Dienger und Fräulein Isolde Mosch geleistet. Besonderer Dank gehört Frau Hildegard Schubart, die, wie schon oft, die Korrekturen mitlas.

Das Ende der Arbeit an diesem Band ist nicht ohne Resignation. Bei der unübersehbaren Fülle und Disparatheit des Geschichtlichen, das in einer Literaturgeschichte ja nicht den Filter einer speziellen Fragestellung passiert, ist es fast unvermeidlich, daß formloser Rohstoff in der Darstellung zurückbleibt. Der Verfasser kann nicht einmal hoffen, das gesamte Material frei von sachlichen Fehlern darzubieten. Um so mehr hofft er auf einen kooperativen Partner, der ihm Fehler mitteilt. Man nannte ihn früher: Geneigter Leser!

Freiburg i. Br., Mai 1975   Gerhard Kaiser

Die dritte Auflage ist abermals gründlich durchgesehen und ergänzt. Meine Helfer waren Frau Gertrud Künze-Dienger und Fräulein Irene Hildenbrand. Die Bibliographie ist mit Hilfe meines Assistenten Dr. Erich Kleinschmidt auf den neuesten Stand des Jahresendes 1977 gebracht.

Freiburg i. Br., Januar 1979   G. K.

Der nachhaltige Erfolg dieser Darstellung ist mir eine große Genugtuung. Offensichtlich gilt in den Geisteswissenschaften nicht ein simpler Überholvorgang, bei dem das jeweils letzte Werk das vorhergehende verdrängt. Das Geschriebene behauptet sein Recht als perspektivische Sicht von einem historisch und individuell einmaligen Ort aus. Derart besteht ein Polyperspektivismus der Wissenschaft, der die chronologische Linearität der Forschung unterfängt.

Meine eigene Forschungsperspektive hat sich seit der Erstauflage meines Werks in dieser Gestalt vor 20 Jahren so weitgehend geändert, daß eine Überarbeitung und Einarbeitungen im einzelnen nicht möglich sind. Trotzdem scheinen mir Darstellung und Ergebnisse inhaltlich und methodisch in sich haltbar, so daß eine unveränderte Neuauflage gerechtfertigt ist. Die Bibliographie dokumentiert einen historischen Forschungsstand. Die inzwischen reichlich neu erschienene Forschungsliteratur in die Bibliographie aufzunehmen, ohne sie in die Darstellung einzuarbeiten, erschiene mir unredlich. Bibliographisch dokumentiert ist der Forschungsstand, aus dem heraus mein Werk entstanden ist und auf den es antwortet.

Freiburg i. Br., April 1996   G. K.

Einheit der Epoche?

Die Gliederung der Literaturgeschichte in Epochen ist problematisch. Wie alle geschichtlichen Verläufe besitzt auch die Literaturgeschichte keine scharfen Einschnitte; Übergänge vollziehen sich fließend, ja, die Geschichte ist zumeist eine Gleichzeitigkeit des Ungleichzeitigen. Lessings *Nathan der Weise,* eine Summe der Aufklärung, ist etwa acht Jahre jünger als die Urfassung des Götz *von Berlichingen,* des wichtigsten Dramas des Sturm und Drang. Klopstock und Wieland sind Zeitgenossen nicht nur der Klassik Goethes und Schillers, sondern auch der Romantik Tiecks, Novalis' und der Brüder Schlegel, die weithin gleichzeitig mit der Klassik verläuft. Novalis ist zwei Jahre vor Klopstock, 31 Jahre vor Goethe gestorben. Schlüsselgestalten der Literaturgeschichte wie Jean Paul, Hölderlin, Kleist lassen sich keiner der großen literarischen Strömungen zurechnen. Schließlich sind die Künste untereinander ungleichzeitig, und ihr Verhältnis zur allgemeinen Geschichte ist das einer komplizierten Eigenständigkeit und doch Verflechtung. Das Barock in der Musik und der bildenden Kunst reicht bis zur Höhe der literarischen und philosophischen Aufklärung. Die Französische Revolution hat in der deutschen Literatur tiefe Spuren hinterlassen; trotzdem ist sie in ihr nicht derartig epochebildend wie in der allgemeinen Geschichte. Goethes Klassik beginnt früher, die Romantik später. Es gibt, zu Recht, literaturgeschichtliche Sammelbegriffe, die in den anderen Künsten, aber auch in der allgemeinen Geschichte kein Anwendungsfeld und keine Entsprechung haben: so etwa der Begriff des Sturm und Drang, der Tendenzen einer Literaturrevolution im politisch nicht revolutionären Deutschland bezeichnet.

Die Literatur ist also mehr und anderes als ein Kommentar oder eine Illustration zur allgemeinen Geschichte. Die allgemeine Geschichte ist aber auch mehr und anderes als eine Veranstaltung zum Zweck der Entstehung von Literatur, selbst wenn die spezielle Perspektive der Literaturgeschichte zu diesem Eindruck verführen könnte. Goethe schreibt am 6. März 1779 an Charlotte von Stein aus der Strumpfwirkerstadt Apolda: «Hier will das Drama gar nicht fort, es ist verflucht, der König von Tauris soll reden als wenn kein Strumpfwürcker in Apolde hungerte.» Es ist Goethe gelungen, den König von Tauris so reden zu lassen, und der Hunger der Strumpfwirker ist weder ein Argument gegen die *Iphigenie,* noch die *Iphigenie* ein Argument gegen den Hunger. Beide geschichtlichen Erscheinungen sind gleichzeitig und nicht beziehungslos zueinander, und doch sind beide auch inkommensurabel. Kunst bedarf keiner Rechtfertigung, und menschliches Leiden, das in menschlicher Verantwortung liegt, kann durch nichts gerechtfertigt werden.

Die folgende Darstellung geht von einer relativen Einheit der Epoche Aufklärung aus. Sie hält es nicht für einen Mangel, daß die Bezeichnung dieser Epoche nicht spezifisch für die Literatur im engeren Sinne ist und ihr nicht entstammt. Die Aufklärungsliteratur ist, trotz des Ranges, den sie erreichen kann, auch in ihrem Selbstverständnis zunächst dienend: eben ein Mittel zum Zweck der Aufklärung. Die Darstellung beginnt bei Gottsched, weil mit ihm die Vermittlung der Leibniz-Wolffschen Philosophie in die Literatur zum Programm wird. Die Vorgeschichte der Aufklärung wird im Band Barock abgehandelt. Vom Ausgangspunkt her ist versucht, in der Epochendarstellung sowohl die Folge der Erscheinungen wie deren Nebeneinander und Miteinander festzuhalten. Die Folge liegt darin, daß der Sturm und Drang die Aufklärung, die Klassik den Sturm und Drang, die Romantik die Klassik voraussetzt. Das Neben- und Miteinander ist kompliziert: Die Aufklärung kann man als epochale Grundschicht bezeichnen, die sich tief in die Romantik hineinzieht und in Ausläufern noch den Vormärz erreicht, aber seit dem Sturm und Drang im Bild der Literatur nicht mehr dominiert. Die Empfindsamkeit ist eine langanhaltende geistesgeschichtliche Strömung auf dem Boden der Aufklärung, aber nicht eine so spezifisch literarische Richtung wie die Anakreontik oder, in anderer Weise, der Sturm und Drang. Anakreontik und Sturm und Drang wären zwar ohne die Aufklärung nicht denkbar, aber die anakreontische Lyrik soll doch nicht primär Aufklärung verbreiten; die Sturm- und Drang-Autoren wollen zwar eine Lebensveränderung, aber zunächst einmal ist ihnen Dichtung in einem bisher ungeahnten Maße Medium der Selbstverwirklichung und Ausdrucksphänomen. Sie neigen dazu, das Leben als Literatur und die Literatur als Leben zu nehmen. Es ist deshalb kein Zufall, daß Anakreontik und Sturm und Drang ihre Namen von literarischen Erscheinungen herleiten: die Anakreontik von dem griechischen Lyriker Anakreon, der Sturm und Drang von einem Drama Klingers.

Bei alledem ist die Anakreontik ein Seitentrieb der Aufklärungsliteratur, der Sturm und Drang aber eine – relativ kleine – Avantgardebewegung junger Autoren, in deren Werken Kulmination und Umschlag der Aufklärung in einem stattfindet. Die Aufklärung erscheint in ihnen transformiert. Die Klassik ist die Spitze einer Pyramide. Sie wird in der Hauptsache von Goethe und Schiller getragen, einem Autor also, der aus dem Sturm und Drang hervorgegangen ist, und einem anderen, der zwischen Sturm und Drang-Positionen und Aufklärungspositionen gespannt ist, noch dazu im Ruckbezug zum Barock. Herder und jüngere

Autoren wie Wilhelm von Humboldt ordnen sich dieser Zweierkonstellation in prekärer Weise zu, aber erst die Romantik geht wieder mit einem Generationenwechsel einher, von den Einzelgängern Jean Paul, Hölderlin und Kleist einmal abgesehen.

Die Schwierigkeit, einen Endpunkt der Darstellung für diesen Band zu finden, ergibt sich aus der skizzierten Lage. Die Kalamität ist am größten für die Autoren der aufklärerischen Grundschicht und kann für sie nur praktisch gelöst werden, nämlich so, daß im allgemeinen Autoren, die später als Schiller geboren sind (1759), nicht mehr behandelt werden. Die Angehörigen der Aufklärungsschicht sind mit ihrem Gesamtwerk aufgenommen, die Vertreter des Sturm und Drang hingegen nur mit den Werken, die dieser Phase angehören, da eben die Träger der Klassik aus dem Sturm und Drang oder seiner Nähe hervorgegangen sind. So wird in Kauf genommen, daß manche Autoren wie Herder, Goethe oder Schiller in zwei verschiedenen Bänden behandelt werden müssen. Goethes Übergang zur Klassik sehe ich in der Übersiedelung nach Weimar. Wollte man die Italienische Reise dafür ansetzen, fielen etwa *Iphigenie, Tasso, Egmont* als Konzeptionen aus der Klassik heraus. Für Schiller, den ich von seiner Relation zum Sturm und Drang her zu fassen suche, ist der analoge Übergang in der Phase des Geschichts- und Philosophiestudiums gegeben. Die Darstellung bricht für Goethe also zeitlich mit *Werther* ab, für Schiller mit *Don Karlos* und dem *Geisterseher*. Daß in dieser Sicht der Beginn der Klassik bei Goethe und Schiller um fast 15 Jahre auseinanderliegt und daß zwischen den spätesten in diesem Band genannten Werken und dem *Werther* sogar eine Spanne von über dreißig Jahren besteht, rechne ich mir nicht als Inkonsequenz der Darstellung an; es ist ein unübersehbarer Hinweis auf die Eigenart von Geschichte und Literaturgeschichte, deren Phänomene und Entwicklungen einander vielfältig überlagern und mannigfache Interferenzerscheinungen aufweisen. Im übrigen ist diese Sehweise der nicht allzufern, die wir bei einem Hauptbeteiligten finden: Bei der Rückkehr aus Italien 1788 war Goethe von Heinses *Ardinghello* und Schillers *Räubern* äußerst angewidert, weil sie ihn an längst überwundene eigene Tendenzen erinnerten; er fand sich «zwischen Ardinghello und Franz Moor eingeklemmt». Erst 1794 beginnt Goethes und Schillers gemeinsame Klassik; sie dauerte nur elf Jahre.

Die Aufklärung

Von der theoretischen zur praktischen Vernunft

Eine strahlende Sonne, die Gewölk und Finsternis über der Kulturlandschaft vertreibt: das ist der Titelkupferstich zu einem der Hauptwerke von Christian Wolff, dem Wegbereiter der deutschen Aufklärung[2]. Vom klärenden und erhellenden Licht nimmt die Aufklärung ihren Namen, der um die Jahrhundertmitte zum Schlagwort wird; das siegende Licht ist das Gleichnis ihres Lebensgefühls. Die deutsche Situation stellt sich 1788, ein Jahr vor Ausbruch der Französischen Revolution, in der Sicht des protestantischen Schriftstellers und Patrioten Christian Friedrich Daniel Schubart so dar: «Deutschland kommt mir vor wie ein großer Palast mit vielen Fenstern, deren Läden lange verschlossen blieben. Sachsen, Brandenburg, Braunschweig, Hannover öffneten ihre Fensterläden zuerst, die übrigen Provinzen behalfen sich zum Teil mit Jalousieläden oder ließen die Läden gar zu, weil glotzige Pfaffen behaupteten, das Sonnenlicht sei den Augen nicht zuträglich. Endlich begann man doch nach und nach überall die Läden zu öffnen und sich des wohltätigen Lichtstrahls zu erfreuen. Bald wird keine deutsche Provinz mehr sein, die bei verschlossenen Fensterläden, wie B . . ., von Aufklärung spricht, und dann wird unser liebes Vaterland als eine Götterwohnung vor allen Völkern dastehen, von allen Seiten in einstrahlendem Lichte schimmernd[3].» «Wenn die Sonne der Vernunft höher heraufsteigt, sinken die Nebel einer verpfafften Phantasie, und die Producte von dieser verschwinden, sobald der Glaube an sie lächerlich wird. Nur Geduld: die Zeit giebt alles!» So hofft 1796 der Radikalaufklärer Friedrich Christian Laukhard, ein Anhänger der Französischen Revolution, gegen die er 1792 als Soldat der preußischen Interventionsarmee ausgerückt war, in seinem *Leben und Schicksale*[4]. Wenn am Ende des Jahrhunderts, nur drei Jahre später, der junge Romantiker Novalis in seinem Essay *Die Christenheit oder Europa* (entstanden 1799, veröffentlicht erst 1826) die Epoche charakterisiert, versucht er, eben dieses Symbol der Aufklärer spöttisch herabzusetzen: »Das Licht war wegen seines mathematischen

Gehorsams und seiner Frechheit ihr Liebling geworden. Sie freuten sich, daß es sich eher zerbrechen ließ, als daß es mit Farben gespielt hätte, und so benannten sie nach ihm ihr großes Geschäft, Aufklärung[5].»

Das Licht der Aufklärung ist das der Vernunft, der in der Französischen Revolution ein förmlicher Kultus eingerichtet wird. Das alte Christussymbol der Sonne, in dem antike und orientalische Sonnengottheiten fortleben, ist verweltlicht. Mit ihrem Vernunftglauben steht die europäische Aufklärung im Gefolge der Philosophie, welche die Folgerungen aus dem Aufstieg der Naturwissenschaften seit der Renaissance gezogen hatte. Mit rationalen Kräften war die gesetzmäßige Struktur des Kosmos erkannt, die mikrokosmische und die makrokosmische Dimension erschlossen worden. Im Denken gewinnt der Mensch den Grund seines Selbstbewußtseins, und in mathematischer Denkweise führt die rationalistische Philosophie des RENE DESCARTES (1596–1650) und des BENEDICTUS DE SPINOZA (1632–1677) die unübersehbare Geschehnis- und Erscheinungsfülle des Daseins auf wenige einfache Elemente zurück. Der französische Mathematiker und Philosoph BLAISE PASCAL (1623–1662), bei dem am Ende der naturwissenschaftlichen Erkenntnis das Erschrecken der menschlichen Seele über ihre Verlorenheit und eine Wendung zum unbedingten Glauben stehen, war als religiöser Denker für die Aufklärung unzeitgemäß, wogegen der englische Physiker ISAAC NEWTON (1643–1727), der Begründer des Systems der theoretischen Mechanik, das bis zu Einsteins Relativitätstheorie kanonische Geltung hatte, Wissenschaft und Glauben harmonisiert. Der absolute Raum ist ihm «sensorium Dei».

Der mächtigste Vertreter der neuen, mit der Naturwissenschaft verbündeten Philosophie in Deutschland ist GOTTFRIED WILHELM LEIBNIZ (1646–1716), dessen philosophische Werke französisch geschrieben sind. Auch für ihn ist die Vernunft die höchste, den Menschen zu sich selbst erhebende Seelenkraft. In der Erkenntnis der ewigen Vernunftwahrheiten, nach denen die Welt eingerichtet ist, sieht er den Menschen zu Gott aufsteigen. Die Welt ist eine Harmonie von Krafteinheiten, sogenannten Monaden, die von der göttlichen Urmonade ausgestrahlt werden und deren jede die ganze Schöpfungsordnung widerspiegelt. Dabei sind die Monaden «fensterlos». So wie der Gleichlauf zweier Uhren nicht in ihrer Wechselwirkung gründet, ist auch das scheinbare Ineinandergreifen der Monaden im Weltgeschehen in Wirklichkeit eine prästabilierte, im Schöpfungsakt verankerte Synchronisation. Alle Monaden sind einander gleich in ihrer Grundanlage zur Vorstellung der Welt und Gottes; aber alle Monaden sind verschieden voneinander durch das Maß der Klarheit und Deutlichkeit, mit dem sie vorstellen. Auf diese Weise entsteht eine lückenlose Stufenfolge der Monaden, die vom scheinbar Unbelebten über das Pflanzen- und Tierreich zum Menschen und über ihn hinaus zu geahnten höheren Intelligenzen und zu Gott reicht.

Nur das Übel, das Böse hat keine eigentliche Existenz in diesem System, denn alles Schlechte erscheint als solches nur, wenn man es isoliert betrachtet. Im großen Ganzen erweist sich das Böse als das Unvollkommene, das im Stufenbau der unterschiedlichen Vollkommenheitsgrade notwendiges Glied ist. Die Welt ist demnach die beste aller möglichen – Leibniz liefert in seinem Hauptwerk *Essays de Théodicée sur la bonté de Dieu, la liberté de l'homme et l'origine du mal* (1710) eine philosophische Begründung des Optimismus und gleichzeitig der Forschrittsidee, denn die Monaden sind, durch ihre Zielrichtung auf Gott, unterwegs zu immer höheren Graden der Vollkommenheit. Fortschritt ist Erkenntnisfortschritt, «Aufklärung» des Weltbildes. Im Schlußabschnitt der Abhandlung *Principes de la nature et de la grâce, fondés en raison* (1718; eine kürzere Parallelfassung der *Monadologie*, abgefaßt 1714) heißt es: «. . . freilich kann die höchste Seligkeit, von was immer für einem beseligenden Schauen oder Erkennen Gottes sie begleitet sein mag, niemals vollständig sein, weil Gott unendlich ist und nicht ganz erkannt werden kann. So wird unser Glück niemals in einem vollen Genusse bestehen, wo es nichts weiter zu wünschen gäbe und unser Geist stumpf gemacht würde. Und es soll auch nicht darin bestehen, sondern in einem immerwährenden Fortschritt zu neuen Vergnügen und zu neuen Vollkommenheiten[6].»

Die Leibnizsche Weltdeutung hat sich der gesamten deutschen Aufklärung eingeprägt. Auf Leibniz haben sich die größten Geister des Jahrhunderts – Klopstock, Lessing, Herder, Goethe, Schiller – bezogen; erst Kant, der im Zusammenhang von Klassik und Romantik zu würdigen ist, hat seine Macht als Metaphysiker gebrochen. Dennoch ist die Aufklärung wesentlich vom Rationalismus des 17. Jahrhunderts unterschieden, ist auch Leibniz nicht im eigentlichen Sinne Aufklärer. Der Rationalismus bis zu Leibniz zielt auf das metaphysische Beziehungsfeld des Menschen, auf die

Urgründe und Ursachen des Seins. Die Aufklärung fragt nach der Lebenssituation des Menschen in seiner vorgefundenen Umwelt. Sie hat mit dem Rationalismus die hohe Wertschätzung der Vernunft gemein, doch der Vernunftbegriff wandelt sich: Aus der spekulativen wird praktische Vernunft, gesunder Menschenverstand. Die Philosophie wird Weltweisheit; die Erfahrung bekommt das Wort. Diese Wendung bahnt sich zuerst in England an. JOHN LOCKE (1632–1704), GEORGE BERKELEY (1685–1753) und DAVID HUME (1711–1776) werden hier zu Hauptvertretern des Empirismus und Sensualismus, philosophischer Richtungen, die alle Erkenntnis aus der Sinneswahrnehmung der Umwelt oder der seelischen Innenwelt ableiten und damit der empirischen Psychologie einen starken Anstoß geben. Hume führt selbst die Kausalität, die Kant dann apriorisch deutet, auf ein gewohnheitsmäßiges Erwarten infolge der Erfahrung von Tatsachensequenzen zurück, und für Berkeley ist Sein nichts anderes als Wahrgenommenwerden: esse est percipi. In der sensualistischen und empirischen Philosophie wird ein methodischer Zug der neuen Naturwissenschaften fruchtbar: die Neigung zu voraussetzungsloser Beobachtung und zum experimentellen Beweis.

Die englischen Anregungen wirken zunächst nach Frankreich, wo sich der kritische, populäre und praktische Impuls der Aufklärung verstärkt. FRANCOIS-MARIE AROUET (1694–1778), der sich selbst VOLTAIRE nannte, wird im Kampf gegen alle Dogmen und metaphysischen Systeme – auch das Leibnizsche – eine geistige Großmacht in Europa. Sein Skeptizismus hat einen eher pessimistischen Grundton. Die berühmte *Encyclopédie,* 1751 bis 1780 von DENIS DIDEROT (1713–1784) und JEAN LE ROND D'ALEMBERT (1717–1783) herausgegeben, bringt den Geist der Aufklärung in breitere Schichten und trägt so zur Vorbereitung der Französischen Revolution bei. Ein Vorläufer der *Encyclopédie* ist das große *Dictionnaire historique et critique* (1697) des französischen Skeptikers PIERRE BAYLE (1647–1706). Der Baron PAUL HEINRICH DIETRICH VON HOLBACH (geb. 1723 in Edesheim in der Pfalz, gest. 1789 in Paris), JULIEN OFFRAY DE LAMETTRIE (1709–1751) und CLAUDE ADRIEN HELVÉTIUS (1715–1771) vertreten einen mechanistischen Materialismus. *L'homme machine* (1748) heißt Lamettries Hauptwerk. Alle diese Einflüsse werden in Deutschland wirksam. Bayles *Dictionnaire* wird 1741–44 von Johann Christoph Gottsched und anderen ins Deutsche übertragen. Friedrich der Große holt Voltaire

1750–52 an seinen Hof, Lamettrie in die Preußische Akademie der Wissenschaften, die 1700 nach einem Plan von Leibniz eingerichtet worden war. Ein besonders wichtiger Vermittler zwischen Frankreich und Deutschland ist der Baron FRIEDRICH MELCHIOR VON GRIMM (geb. 1723 in Regensburg, gest. 1807 in Gotha), der seit 1753 als Pariser Korrespondent deutscher und nordischer Höfe (Darmstadt, Gotha, Bayreuth, Stockholm, Petersburg usw.) alle vierzehn Tage einen handschriftlichen Bericht über die neuesten Ereignisse der französischen Literatur und Kunst versandte (*Correspondance littéraire, philosophique et critique,* Paris 1829–31, 15 Bände). Grimm war ein Freund der Enzyklopädisten. Die seit dem Absolutismus bestehende französische Ausrichtung der Höfe führt beim Bildungsbürgertum zur Bevorzugung Englands vor Frankreich und einem Gefühl kultureller sowie psychischer Gemeinsamkeiten der protestantischen germanischen Völker. Speziell der Materialismus, die radikale Spielart der französischen Aufklärung, findet wenig Anklang. Das zeigt eine literarische Figur wie Graf Franz Moor in den *Räubern,* bei dem Materialismus mit aristokratischem Amoralismus gleichgesetzt wird.

Zur Schlüsselfigur der Aufklärung wird bei uns der im Vergleich mit den französischen Tendenzen weit weniger radikale Philosoph CHRISTIAN WOLFF (1679–1754). Er war die Zierde der Universität Halle, mußte allerdings unter Drohung des Stranges durch den Soldatenkönig Friedrich Wilhelm I. Preußen binnen 48 Stunden verlassen, weil er die Sittenlehre des Konfuzius der christlichen an die Seite gestellt hatte. Nach der Thronbesteigung Friedrichs des Großen fuhr er im Vierspänner, von fünfzig berittenen Studenten eingeholt, wieder in Halle ein[7]. Wolff übernimmt die Leibnizschen Grundgedanken und verschafft ihnen durch gründliche Schematisierung erst ihre unwiderstehliche Breitenwirkung. Er gewinnt durch Leibniz den einheitlichen, zentralen und universalen Denkansatz, der ihn den Vorläufern der Aufklärung in Deutschland, etwa dem Philosophen Christian Thomasius, überlegen macht. Das Leibnizsche Denkgebäude selbst aber wird tiefgreifend umgeformt. Das metaphysische System wird bei Wolff zum System der Wissenschaften, die durch gemeinsame rationale Begründung miteinander verflochten werden, und mit der Akzentverlagerung des Denkens zu den wissenschaftlichen Einzeldisziplinen erhält auch für Wolff der Erfahrungsweg zur Erkenntnis immer mehr Bedeutung.

Erst recht bei den Nachfolgern Wolffs überwiegt das praktische und psychologische Interesse. Zuerst übergreift die Vernunft die Erfahrung; dann übergreift die Erfahrung die Vernunft. Die sogenannten Popularphilosophen, an ihrer Spitze Lessings Freund MOSES MENDELSSOHN (1729–1786), äußern sich nicht mehr wie Wolff in systematisch-gründlichen Lehrbüchern, sondern in thematisch spezialisierten Gelegenheitsschriften als Lebenshelfer, Seelenkundige, Morallehrer und Kunstverständige. Sie behalten als mehr oder weniger verblassenden weltanschaulichen Hintergrund Motive der Leibnizschen Metaphysik bei, aber im letzten geht es ihnen doch um die wirklichkeitsnahe Frage, wie sich der Mensch am vernünftigsten und glücklichsten mit sich selbst und der Welt einzurichten habe. Ist Wolff grundlegend für den Aufbau einer deutschen philosophischen Fachterminologie – seine philosophische Sprache ist streng und logisch gepanzert –, so entwickeln die Popularphilosophen einen flüssigen und klaren Stil der Beredsamkeit, der zuweilen – etwa in Mendelssohns berühmten, an Platon und Shaftesbury anknüpfenden Gesprächen *Phaedon oder Über die Unsterblichkeit der Seele* (1767) – Eleganz und Beschwingtheit gewinnt. Wie die philosophische Sprache hier an ein durch Vernunft geklärtes und gemäßigtes Gefühl, eine durch Gefühl belebte Vernunft appelliert, wird die Emotionalität des Menschen für Mendelssohn und die Popularphilosophen auch zum philosophischen Thema, so in Mendelssohns berühmter Abhandlung *Über die Empfindungen* (1755).

Die Aufklärung als Reformbewegung

Mit ihrer praktischen Vernunft wird die Aufklärung zu einer Reformbewegung, die alle Lebensgebiete erfaßt. Am tiefsten wirkt sie auf Religion und Kirche, wobei der Protestantismus der Entfaltung des Aufklärungsdenkens günstigere Voraussetzungen bietet als der Katholizismus mit seiner hierarchischen und dogmatischen Geschlossenheit. Wolff, Klopstock oder Wieland werden in Wien, dem kulturellen Zentrum des Katholizismus, jeweils gerade dann modern, wenn sie im protestantischen Raum schon wieder aus der Mode zu kommen beginnen. Zu dieser Verzögerung trägt neben der kirchlichen auch die staatliche Bücher-Zensur bei, die im

18. Jahrhundert noch allgemein war – sie wurde in Deutschland erst 1848 aufgehoben –, in den verschiedenen Staaten aber sehr verschieden streng gehandhabt wurde; in der Regierungszeit Maria Theresias (1740–1780) war sie in Österreich besonders rigoros. Im Jahre 1765 wurde dort ein Katalog der verbotenen Schriften veröffentlicht, auf dem sich die bekanntesten und bedeutendsten Werke der Zeit fanden, und es war nur konsequent, daß man 1777 den Katalog selber in den Katalog setzte, «damit die schlechten Leute nicht die schlechten, und die klugen Leute nicht die klugen Bücher aus demselben möchten kennenlernen und sich durch die Bücherschwärzer besonders die schmutzigen Bücher für den zehnfachen Preis möchten kommen lassen»[8].

War im Barock der Kaiserhof mit den internationalen Verflechtungen der Habsburger in Deutschland, Italien, Spanien und den Niederlanden, mit der Front gegen das Osmanische Reich und Frankreich ein kultureller Ausstrahlungs- und Umschlagplatz ersten Ranges, eine Mitte der bildenden Kunst, Architektur, Musik, aber auch des höfischen Festes und Theaters, so verlagert sich in der Aufklärung das kulturelle Schwergewicht. Wien bleibt die Hauptstadt der Musik, ein Glanzpunkt der Architektur. Kein Zufall, daß die großen österreichischen Beiträge zur Aufklärung im Medium der Musik einherkommen: *Figaros Hochzeit, Die Entführung aus dem Serail, Die Zauberflöte*, Haydns Oratorium *Die Schöpfung* nach dem auf englischen Quellen fußenden Text GOTTFRIED VAN SWIETENS (1733–1803), der die alte dogmatische Verklammerung von Paradies und Kreuz übergeht, die Humanität des gottesebenbildlichen Menschen preist. Die große barocke Literatur des Katholizismus ist weithin lateinisch-universalistisch, und selbst ein entschiedener Aufklärer wie Joseph II. konnte nicht der durchgreifende Förderer einer deutschen Nationalliteratur werden, zu dem ihn die Aufklärer stilisieren wollten, ohne daß er den übernationalen Charakter des Habsburgerreiches infrage gestellt hätte. So gediehen Pläne, Klopstock, Lessing oder Wieland nach Wien zu ziehen, nicht. Die imposante literarische Ausstrahlung der geistlichen Orden – man denke nur an die Ordensdramatik des 17. Jahrhunderts in Wien, München und Köln – verengt sich im 18. Jahrhundert ins Provinzielle. Die volkstümlichen Passionsspiele mit ihrer ins Mittelalter zurückreichenden Laienspieltradition werden durch die Aufklärung zurückgedrängt. Norddeutsche Aufklärer wie Friedrich Nicolai, der seine Eindrücke in der *Be-*

21

schreibung einer Reise durch Deutschland und die Schweiz im Jahre 1781 (1783) festgehalten hat, betrachten das katholische Deutschland mit ironischer Verständnislosigkeit für den festlichen und sinnenhaften Zusammenklang von Religion und Kunst; erst die Frühromantiker entdecken den Katholizismus als faszinierendes religiöses und kulturelles Phänomen.

Im ganzen allerdings schleifen sich durch die Aufklärung die konfessionellen Unterschiede im Bewußtsein der Menschen ab – Klopstocks *Messiade* etwa vereinigt als dichterische Offenbarung der Heilswahrheiten Katholiken und Protestanten. Vor allem tritt der Gegensatz zwischen Lutheranern und Reformierten zurück, der noch in der zweiten Hälfte des 17. Jahrhunderts so scharf empfunden wurde, daß ein lutherischer Theologe wie der irenische Liederdichter Paul Gerhardt 1666 lieber aus dem Amt schied, als sich der Möglichkeit der Polemik gegen reformierte «Irrlehren» zu begeben. Das Beispiel Moses Mendelssohns zeigt, wie auch das Judentum in einzelnen hervorragenden Vertretern aus dem Getto herauswächst und seinen großen Beitrag zur Geschichte des deutschen Geistes leistet. Moses' älteste Tochter Dorothea heiratete Friedrich Schlegel, sein Enkel war der Komponist Felix Mendelssohn-Bartholdy. Ein Schützling Mendelssohns war der Philosoph SALOMON MAIMON (1753–1800), dessen *Lebensgeschichte,* eine Quelle für die Geschichte des Judentums in Polen und die Anfänge der jüdischen Reformbewegung des Chassidismus, 1792 durch Karl Philipp Moritz herausgegeben wurde. Der Gedanke der bürgerlichen und rechtlichen Gleichstellung der Juden, dessen Durchsetzung sich allerdings tief ins 19. Jahrhundert hineinzog, entstammt der Aufklärung und wurde in Deutschland maßgeblich von CHRISTIAN WILHELM VON DOHM (1751–1820) in seiner Schrift *Über die bürgerliche Verbesserung der Juden* (1781) vertreten. Religiöse Toleranz wird zum Ideal einer Zeit, die alle Dogmen des Christentums und der Religionen überhaupt der Kritik unterwirft. Die alte Toleranzforderung religiöser Randgruppen wie der Täufer und das schon seit dem Ende des Dreißigjährigen Krieges spürbar werdende Interesse weitblickender Landesherren, Population und Wirtschaft durch Gewährung von Religionsfreiheit an religiöse Minderheiten zu fördern – man erinnere sich der Ansiedelung von Hugenotten und Salzburger Protestanten in Brandenburg-Preußen – fließen in diese Aufklärungsströmung ein.

Aus England und Frankreich kommt der Deismus nach Deutschland, der zwar einen Schöpfergott, aber kein unmittelbares göttliches Weltregiment wahrhaben will. Die Bezeichnung «Freigeist» meint im 18. Jahrhundert den Anhänger des Deismus. Dieser Denkrichtung steht die Physikotheologie nahe (nach W. Derham, *Physicotheology*, 1713), die es unternimmt, Gottes Dasein aus der sinnvollen und wunderbaren Einrichtung der Natur zu beweisen. Spinoza war zum Pantheismus vorgedrungen, er hatte den personalen Gottesbegriff aufgegeben und das All zur Gottheit erklärt. Leibniz verhindert zwar einen radikalen Bruch zwischen Christentum und Weltweisheit und liefert der Theologie Waffen gegen ihre Verächter, aber die freiesten Geister der Zeit – Lessing, Wieland, Herder, Goethe, Schiller – bewegen sich im Grenzgebiet zwischen Deismus, Pantheismus und Christentum auf eine Humanitätsreligion zu, die alle positiven Offenbarungsinhalte hinter sich lassen möchte. Die Aufklärungstheologie selbst gibt Stück für Stück die orthodoxen Positionen auf und beschränkt sich auf eine Religion, die ihr vernunftgemäß erscheint. Die Offenbarung Gottes in der Natur sagt ihr mehr als die in der Schrift. Der Schöpfergott ist ihr wichtiger als der Erlöser, zumal die Sünde ihr nicht mehr als wesentliche Verderbnis, sondern nur noch als kreatürliche Unvollkommenheit begreiflich ist. Christus ist Lehrer und Wohltäter der Menschheit, das Christentum Glückseligkeitsreligion und Weltfrömmigkeit, die Kirche Volksbildungsanstalt.

Soweit sie mehr und anderes sein will, unterliegt sie scharfer Kritik; das alte Schmähwort «Pfaffe» erfreut sich in allen möglichen Zusammensetzungen und Zusammenhängen besonderer Beliebtheit, und die Vertreter der Orthodoxie liefern nur noch Rückzugsgefechte. Der Kampf gegen den Aberglauben bringt endlich im 18. Jahrhundert, zuerst in Brandenburg-Preußen, dann unter Maria Theresia in Österreich, die Abschaffung der Hexenprozesse, gegen die schon 1631 der Jesuitendichter Friedrich von Spee, später der niederländische Theologe Balthasar Bekker und der deutsche Philosoph Christian Thomasius aufgetreten waren. Die letzten Hexenverbrennungen fanden 1751 in Endingen, 1775 in Kempten, 1782 in Glarus und 1793 in Posen statt – vier Jahre nach Beginn der Französischen Revolution.

Bildung wird ein Kennwort des Zeitalters, das von einem tiefen pädagogischen Eros geprägt ist. Das wirkt sich zunächst im Schulwesen aus – in der Einführung der allgemeinen Volksschulpflicht, im Ausbau der humanistisch bestimmten höheren Schulen, in

Ansätzen einer den Realien zugewandten Erziehungsweise, wie sie nach dem Vorgang des Pietisten AUGUST HERMANN FRANCKE die großen Pädagogen JOHANN BERNHARD BASEDOW (1723–1790) oder der Schweizer JOHANN HEINRICH PESTALOZZI (1746–1827) fordern. Basedow ist der Begründer einer Schule der Menschenfreundschaft «Philanthropinum» in Dessau (1774). Sein Geistesverwandter CHRISTIAN GOTTHILF SALZMANN (1744–1811) gründete 1784 die Erziehungsanstalt Schnepfenthal bei Gotha. Basedows zeitweiliger Mitarbeiter JOACHIM HEINRICH CAMPE (1746–1818), Hauslehrer der Familie Humboldt und Ehrenbürger der Französischen Revolution, gab unter dem Titel *Allgemeine Revision des gesamten Schul- und Erziehungswesens* (1785–92) die pädagogische Enzyklopädie der Aufklärung heraus. Basedow vertraut auf eine natürliche Harmonie der menschlichen Anlagen. Erziehung ist ein behutsames Wachsenlassen der Natur. Pestalozzi, in dessen humanitärem Denken sich christliche und aufklärerische Impulse, pädagogische und sozialreformerische Ideen verbinden, wird mit seinen Erziehungsanstalten für arme Kinder in Europa berühmt. Am Collegium Carolinum in Braunschweig, einer der fortschrittlichen Studienanstalten der Zeit unter dem bekannten Aufklärungstheologen FRIEDRICH WILHELM JERUSALEM (1709 bis 1789), wirken die Schriftsteller Zachariä, Eschenburg, Ebert, Gärtner und JAKOB MAUVILLON (1743–1794) als Lehrer, der letztgenannte ein Freund und Bewunderer des Grafen Mirabeau, einer der großen Gestalten der Französischen Revolution.

Auch die Universitätsneugründungen in Halle (1694) und Göttingen (1737) fördern den Geist der Aufklärung. Halle war ein Zentrum des Pietismus; eine von August Hermann Francke begründete Armenschule wurde Mittelpunkt der Franckeschen Anstalten, die Bürgerschule, Waisenhaus, Pädagogium, Lateinschule, Höhere Mädchenschule umfaßten und durch die bekannte Buchdruckerei, eine Apotheke und mehrere Landgüter wirtschaftlichen Rückhalt besaßen. Beim Tode des Gründers 1727 erhielten über 2200 Schüler Unterricht[9]. Das Erziehungswerk strahlte vor allem in das Preußen des Soldatenkönigs Friedrich Wilhelm I., aber auch bis tief nach Rußland aus. Neben solchen modernen Einrichtungen florierten alte traditionsreiche Schulen, in denen der Humanismus Melanchthons weiterwirkte, wie die sächsischen Fürstenschulen St. Afra in Meißen, das von Gellert und Lessing, und Schulpforta, das von Klopstock und Nietzsche besucht wurde. Das Tübinger Stift dagegen hat seine überragende Bedeutung erst für die Generation Hegels, Schellings und Hölderlins. Der aufklärerische Gegenpol dieser von der Kirche und den württembergischen Landständen geprägten Einrichtung war die Hohe Karlsschule des Herzogs Karl Eugen von Württemberg, entstanden als Erziehungsanstalt für Soldatensöhne, der hervorragende Geister ihre Ausbildung verdanken: Neben Schiller der Naturwissenschaftler Georges Cuvier, der Arzt Johann Heinrich Ferdinand Autenrieth, der Architekt Thouret, die Maler Joseph Anton Koch und Christian Gottlieb Schick und der Bildhauer Dannecker.

Wichtiger noch als ihr Einfluß auf die Schul- und Universitätserziehung ist die Erwachsenenbildung der Aufklärung. Alle Schichten sollen Anteil an den Errungenschaften der Zeit haben, die Perspektive soll sich über die Enge der bürgerlichen Berufs- und Sozialsphäre hinaus weiten. Auch die Stellung der Frau wird neu bestimmt. Ihre Beschränkung auf Hauswirtschaft und Kinderpflege soll gelockert, ein behutsamer Anschluß an die geistigen Bestrebungen gefördert werden. Kaum ein Autor geht dabei so weit wie Th. G. von Hippel, der in seiner Schrift *Über die bürgerliche Verbesserung der Weiber* (1792) unter Berufung auf die Menschenrechte die rechtliche, politische und soziale Gleichstellung der Frau mit dem Manne fordert – später ein Thema des Jungen Deutschland. Ohne Zweifel haben Frauen einen erheblichen Anteil an der Verbreiterung des Lesepublikums und der Ausbildung einer aufklärerischen Gefühls- und Geschmackskultur.

Von besonderer Bedeutung ist die aus England herüberdringende Einrichtung der Moralischen Wochenschriften – Vorbild für alle *The Spectator* (1711–12) von Richard Steele (1672–1729) und Joseph Addison (1672–1719) –, die man meist schon an ihren im Vergleich zu anderen Publikationsorganen der Zeit kurzen und prägnanten Titeln erkennen kann, etwa: *Der Patriot* (Hamburg 1724–26), *Die Vernünfftigen Tadlerinnen* (1725–26) oder *Der Biedermann* (1727–29), die beiden letztgenannten herausgegeben von Johann Christoph Gottsched. In Erzählungen, Typen- und Sittenschilderungen, Essays, Dialogen oder Briefen verbreiten sich die Autoren unter der Maske fingierter Figuren, die aus verschiedenen Blickwinkeln betrachten und urteilen, über alle großen und kleinen Fragen des geistigen und Alltagslebens und zahlen die Aufklärung in Scheidemünzen aus. Aktuelle Berichterstattung spielt dabei eine untergeordnete Rolle. Im gesamten deutschen Sprachgebiet erscheint bis zum Ende des 18. Jahrhunderts eine große Zahl solcher meist kurzlebiger Moralischer Wochenschriften, abgesehen von der Flut anderer Zeitungen und Zeitschriften mit speziellerem Interessenkreis und anderer Stilhaltung, die das Jahrhundert hervorbringt. Die meisten bedeutenderen Schriftsteller der Zeit haben Moralische Wochenschriften herausgegeben oder zeitweilig an ihnen mitgearbeitet. Das Vertrauen in die Anlage und unbegrenzte Bildsamkeit der menschlichen Seele zur Vernunft findet hier Ausdruck. In diesem Glauben ist die Aufklärung nichts anderes als eine einzige große Erziehungsbewegung, die, wie Kant gesagt hat, den Menschen aus seiner selbstverschuldeten Unmündigkeit heraus zur Selbstbestimmung führen will.

Sein umfassendstes Feld findet der Reformeifer der Aufklärung in Staat und Gesellschaft. In Frankreich führt das Ringen um ihre zeitgemäße Einrichtung zur Revolution, in Deutschland zum aufgeklärten Absolutismus, wie er sich in der Regierungsweise Friedrichs des Großen (Regierungszeit 1740–86) oder Josephs II. (Regierungszeit 1765 [Kaiser und Mitregent Maria Theresias]–90) darstellt. In Heeresorganisation, Verwaltung, Justiz und Agrikultur ist das friderizianische Preußen der modernste Staat Europas. Das berühmte *Preußische Allgemeine Landrecht,* geprägt durch Carl Gottlieb Svarez und erst nach dem Tode des großen Königs 1794 erlassen, ist die Krönung der unter Friedrich durchgeführten Reformen. Als erster Diener seines Staates hat sich der König empfunden (er schreibt serviteur, aber auch domestique) und darin zugleich den inneren Widerspruch des Systems bezeichnet: Der Staat, dem er dient, ist *sein* Staat, in dem der Herrscher, zunehmend misanthropisch vereinsamt, bis in den letzten Winkel autokratisch hineinregiert. Er ist in einer schlechten Dialektik von Herrschaft und Knechtschaft Kapitän und Galeerensklave des Staatsschiffes in einem. So wird der friderizianische Staat von der fortgeschrittenen Aufklärung bald kritisch betrachtet. «Daher ist mir König Friedrich zwar ein großer Mann, aber vor dem Glücke, unter seinem Stocke (sive Szepter) zu leben, bewahre uns der liebe Gott», schreibt Wieland am 16. April 1780 an Johann Heinrich Merck, Goethes Freund. Charakteristisch in seiner Ambivalenz ist auch Winckelmann. Am 15. Januar 1763 teilt er dem Schweizer Leonhard Usteri mit, es schaudere ihn «die Haut vom Haupte bis zu den Zehen, wenn ich an den preußischen Despotismus und an den Schinder der Völker gedenke», und doch hat er auf der Höhe seiner Karriere Verhandlungen mit Friedrich dem Großen wegen der Übernahme in dessen Dienste geführt – die allerdings an Friedrichs Meinung scheiterten, tausend statt der geforderten zweitausend Taler jährlich seien «assez pour un Allemand»[10].

Der sogenannte Josephinismus, der im habsburgischen Machtbereich bis tief ins 19. Jahrhundert wirksam blieb – noch Adalbert Stifter steht unter seiner Fernwirkung –, verfolgte staatskirchliche Ziele und strebte eine aufklärerische Reform der Kirche im Sinne praktischer Frömmigkeit an. Zahlreiche Klöster wurden aufgelöst. Der Josephinismus beteiligte sich auch an der gemeineuropäischen Kampagne gegen den Jesuitenorden, die 1773 zu dessen Aufhebung durch Papst Clemens XIV. führte. Joseph II. brachte Freiheiten für das Bürger- und Bauerntum. Es ist kennzeichnend, daß Mozarts Oper *Le nozze di Figaro* (*Figaros Hochzeit*, 1786) auf den radikalaufklärerischen Text von Lorenzo Da Ponte (1749–1838) nach Pierre Augustin Caron de Beaumarchais (1732–1799) vom Wiener Hof gefördert wurde. Der Journalismus des Juristen jüdischer Herkunft JOSEPH VON SONNENFELS (1733–1817) und des Exjesuiten ALOYS BLUMAUER (1755–1798) unterstützte Josephs Bestrebungen. Blumauers *Abentheuer des frommen Helden Aeneas, oder Virgils Aeneis travestiert* (1784–88), die einen großen Erfolg erzielten, verfolgten in ihrer Satire eine scharf aufklärerische Richtung. Auch JOHANN PEZZL (1756–1823 [oder 38?]), Sekretär des Staatskanzlers Fürsten Kaunitz, verherrlicht das Regiment Josephs II. in seinem *Faustin, oder das aufgeklärte philosophische Jahrhundert* (1783, 4. Auflage 1788), während LORENZ LEOPOLD HASCHKA (1749–1827) mit seiner von Haydn vertonten Hymne *Gott erhalte Franz den Kaiser* (1797) ein Stichwort der Restaurationsepoche unter Franz I. lieferte. Wie radikal unter der Ägide Josephs II. gedacht werden konnte, zeigt sich darin, daß aus Militär und Beamtentum eine Gruppe von Anhängern der Französischen Revolution hervorging, die eine reformerische oder revolutionäre Staatsumwälzung herbeizuführen hoffte. Ihre Hauptvertreter sind der Mathematiklehrer des späteren Kaisers Franz I. ANDREAS RIEDEL (1748–1837) und der Oberleutnant FRANZ HEBENSTREIT VON STREITENFELD (geb. 1747, hingerichtet 1795). Die Pasquille und Lieder, mit denen unterm Volk Anhänger gewonnen werden sollten, blieben handschriftlich. Ein

Kuriosum ist Hebenstreits Lehrgedicht *Homo Hominibus* (1792).[11]

Gemeinaufklärerisch ist die Tendenz, die sozialen und politischen Gebilde nicht von den geschichtlichen Bedingungen her, sondern als Vernunft- und Zweckformen zu begreifen. Die aufklärerische Theorie vom Staats- und Gesellschaftsvertrag deutet Staat und Gesellschaft als Summe von Individuen, die im vertraglichen Zusammenschluß ihren Vorteil finden wollen, wobei sich der Grad ihrer Anhänglichkeit an die staatliche Gemeinschaft nach dem Maß an Sicherheit, Freiheit und Wohlfahrt richtet, das ihnen vom Staat geboten wird. So gründet sich der Patriotismus, der mit der zunehmenden Aufmerksamkeit des Staatsbürgers auf das öffentliche Geschehen langsam heranwächst, zunächst mehr auf den Nützlichkeitsstandpunkt, etwa in der Abhandlung *Von dem Nationalstolze* (1758) des Schweizer Arztes und Schriftstellers JOHANN GEORG ZIMMERMANN (1728–1795). Erst allmählich gewinnt er stärkere Gefühlsfärbung, wie sie THOMAS ABBTS (1738–1766) Schrift *Vom Tode fürs Vaterland* (Berlin 1761) zeigt. Sie ist unter dem Eindruck des Siebenjährigen Krieges geschrieben, dessen populärer preußischer Geschichtsschreiber der bedeutende Journalist JOHANNES WILHELM VON ARCHENHOLZ (1743–1812) wurde (*Geschichte des Siebenjährigen Krieges,* 1789).

Während solcher Patriotismus häufig noch den fürstlichen Partikularstaaten gilt, in die Deutschland politisch zersplittert ist, breitet sich daneben ein Nationalgefühl aus, das auf die kulturellen Gemeinsamkeiten der Nation – deutsche Sprache und deutsche Kultur – gerichtet ist. In diesen Zusammenhang gehört JOHANN CHRISTOPH ADELUNGS (1732–1806) *Versuch eines vollständigen grammatisch-kritischen Wörterbuches der hochdeutschen Mundart* in fünf Bänden (1774–86), die bewundernswerte Leistung eines einzelnen. Hier holten die Klassiker regelmäßig Rat. Die von den barocken Sprachgesellschaften übernommenen Bestrebungen zur Reinigung und Durchsetzung des Deutschen gegenüber der lateinischen Gelehrten- und der französischen Gesellschaftssprache werden erfolgreich weitergeführt. Ein Beispiel: 1740 sind noch rund 28 Prozent aller in Deutschland gedruckten Bücher lateinisch geschrieben; 1770 ist diese Zahl auf 14 Prozent abgesunken[12]. Nationaler Ehrgeiz fördert seit Gottsched in nicht zu unterschätzender Weise den Aufstieg der deutschen Dichtung zu europäischem Rang. Dennoch bleibt die Aufklärungskultur im Grunde

Universalkultur. Das 18. Jahrhundert ist die letzte Epoche bewußt empfundener und gelebter europäischer Gemeinsamkeit, die sich in lebendigem Austausch aller geistigen Strömungen und in einer fast unübersehbaren Übersetzungsliteratur darstellt, und der patriotische Impuls ordnet sich noch leicht einem kosmopolitischen Denken ein.

Die Empfindsamkeit

Ausländische Quellen

Die Psychologisierung der Philosophie, der Kult der Erfahrung und des gesunden Menschenverstandes entfernen die Aufklärung von einem reinen Rationalismus und Intellektualismus. Der nüchterne und strenge Denkansatz der Wolffschen Schule wird fortschreitend durch andere, gleichzeitige Geistesrichtungen beeinflußt, die einen empfindsamen Zug in das Weltbild der Epoche bringen. Wieder sind westeuropäische Anregungen zu nennen. Während Wolff das Phänomen des Schönen, das in jedem engen Vernunftsystem Sprengkraft entfalten muß, vorsichtig am Rande läßt, wird der englische Aristokrat ANTHONY ASHLEY COOPER GRAF VON SHAFTESBURY (1671–1713) zum Verkünder einer an Platon orientierten Philosophie, die das sittlich Gute als schön, das Schöne als sittlich gut begreift. Gefühl und Empfindung, von Wolff nur als sinnliche Vorstufen der vernünftigen Erkenntnis eingeschätzt, sind für Shaftesbury Grundlage der moralischen und ästhetischen Anschauung der Welt, der sittlichen und ästhetischen Erziehung des Menschen. Die höchste Erscheinung im Bereich des Menschlichen ist eine Virtuosität, die keine Triebrichtung in der Anlage des Individuums verkümmern läßt. Wieland, Winckelmann, Herder, Goethe und Schiller sind von diesen Anschauungen sehr beeindruckt worden, wie überhaupt Shaftesbury im deutschen Geistesleben größeren Widerhall gefunden hat als in seiner Heimat.

Neben Shaftesbury gehört der englische Pfarrer EDWARD YOUNG (1683–1765) zu den großen Anregern einer Gefühlskultur. Seine dichtungstheoretische Schrift *Conjectures on Original Composition* (1759), welche die Rechte der schöpferischen künstlerischen Persönlichkeit gegen alle Kunstregeln verteidigt, gewinnt zwar ihre größte Wirkung auf deutschem Boden erst im Sturm und Drang, wo sie bei der Ausformung des Genie-Ideals Pate steht. Youngs erbauliche Blankversdichtung *Night Thoughts on Life, Death, and Immortality* (1742–45), in welcher der Schmerz über den Tod seiner Frau Ausdruck findet, wird dagegen schon 1751 von JOHANN ARNOLD EBERT (1723–1795), einem Bremer Beiträger und Freund Klopstocks, ins Deutsche übersetzt und erringt alsbald einen gewaltigen Erfolg. Ähnlichen Eindruck machen Elizabeth Rowes Totenbriefe *Friendship in Death* (1728), Thomas Grays *An Elegy written in a Country Churchyard* (1750), Oliver Goldsmith' *Deserted Village* (1770). Der gesamte Umkreis des Todes – Friedhof, Begräbnis, Ruinen, Grab, Nacht, Unsterblichkeit, die Beziehung zwischen Lebenden und Toten – wird zu einem Gemeinplatz des Erlebens und Dichtens; repräsentativ etwa *Die Gräber* (1760) von FRIEDRICH KARL KASIMIR FREIHERRN VON CREUTZ (1724–1770). Einerseits äußert sich in solchen Zeitstimmungen ein Unbehagen gegenüber der Aufklärung, das aus der Emanzipation des Menschen von allen überkommenen Bindungen entspringt – hier verläuft eine Entwicklungslinie zum Werther-Erlebnis des Sturm und Drang; Melancholie und Hypochondrie gelten als Übel der Zeit. Sie sind verweltlichte Nachkommen der alten Mönchssünde der acedia. Es ist kennzeichnend, daß der Gottschedanhänger JOHANN THEODOR QUISTORP (geb. 1722) den *Hypochondristen* (1745) zum verlachten Komödienhelden macht, einen entfernten Nachfahren von Molières eingebildetem Kranken, der sich nun allerdings weniger Krankheiten als Lebensprobleme einbildet. Zum anderen sind die Todesstimmungen auch ein Ausdruck der Aufklärungsgesinnung selbst. Sie leidet an der Spannung zwischen Anspruch und Wirklichkeit. Sie empfindet aber auch gegenüber der Weltklage des religiösen Barock ein gemischtes Gefühl, das Todessehnsucht und Wehmut über den möglichen Abschied von der schönen Welt miteinander verbindet und auf diese Weise gleichzeitig irdisches Dasein und Erwartung noch höheren Daseins nach dem Tode genießt. Das irdische Leben wird zur Vorstufe des Jenseits, das Jenseits aber auch zu einer unendlichen Fortsetzung des irdischen Lebens ins Vollkommene hin; der Tod ist entschärft. So hat Klopstock bei seiner Schweizerreise mit Freunden auf einem Dorffriedhof gerastet und unter Rosen Wein getrunken – nicht in blasphemischer, sondern in sentimentaler Stimmung[13]. Der englische Ursprung dieses Wortes – der bedeutende Übersetzer JOHANN JOACHIM CHRISTOPH BODE (1730–1793) verdeutschte 1768 auf Anraten Lessings LAURENCE STERNES (1713–1768) Roman *Sentimental Journey* als *Empfindsame Reise* – zeigt übrigens, daß nicht nur die Gräberromantik, sondern die gesamte Empfindsamkeitsströmung aus England bedeutenden

Auftrieb empfangen hat, wobei vor allem auch an die Romane Samuel Richardsons 1689–1761) zu denken ist.

Noch stärker aber ist der Eindruck JEAN-JACQUES ROUSSEAUS (1712–1778) in Deutschland. Er wurde berühmt durch die Preisschrift *Discours sur les Sciences et les Arts* (1750), in der er Kultur und Zivilisation des modernen Europa, auf welche die Aufklärung so stolz war, für einen allgemeinen Sittenverfall verantwortlich macht. Aus ihr wird das kulturfeindliche Schlagwort »Zurück zur Natur!« abgeleitet, aber gleichzeitig projiziert er ein aufklärerisches Lebens-, Gesellschafts- und Vernunftideal in den Naturbegriff, und auch sein Reformeifer trägt aufklärerische Züge. Seine Schrift *Du Contrat social* (1762), die der Lehre vom Staatsvertrag eine radikal demokratische, antiliberale Wendung gibt, macht ihn zu einem der wichtigsten Wegbereiter der Französischen Revolution. Der Roman *Emile* (1762) überträgt das Ideal des natürlichen Lebens auf die Erziehung und wird zu einer pädagogischen Bibel des Zeitalters – in Deutschland vor allem für Basedow. Der Briefroman *La Nouvelle Héloïse* (1761) zeigt die weltanschauliche Zerrissenheit des Dichters: Der erste Teil verherrlicht den Sieg der Leidenschaft über die Schranken der Moral und des Standes, der zweite den Sieg der Vernunft über die Leidenschaft. Das Individuum fügt sich in die moralischen und sozialen Ordnungen ein. Die von Richardson übernommene Briefform bringt mit einer bis dahin unerhörten Unmittelbarkeit die seelische Innenwelt der Personen zum Ausdruck, und die *Confessions* (1781), die den mannigfach fragwürdigen Lebensweg des Verfassers verteidigen wollen, lassen diese taktische Nebenabsicht weit hinter sich durch die gleiche elementare Kraft der Seelenschilderung, die sich hier auf das eigene Selbst richtet. Schon der Titel, den *Confessiones* des Kirchenvaters Augustinus entlehnt, deutet dabei auf die religiöse «Vorlage» dieser gefühlsbetonten Innerlichkeit. Der Dichter schreibt, wie früher die Frommen in ihren Konventikeln und Zirkeln, eine Lebensbeichte mit erbaulicher Absicht. Rousseau, der Nichtchrist, hat Einflüsse aus dem radikalen Pietismus und religiösen Subjektivismus erfahren.

Nachwirkungen des Pietismus

Mit dem Hinweis auf den Pietismus ist bereits die geistige Richtung benannt, durch die vorab die besonders nachhaltige Ausbreitung irrationalistischer Tendenzen in der deutschen Geistesgeschichte des 18. Jahrhunders verständlich wird. Der Pietismus hat als kirchliche und religiöse Reformbewegung um 1730 seinen Höhepunkt überschritten, wenn er auch in der Herrnhutischen Brüdergemeine des Grafen NIKOLAUS LUDWIG VON ZINZENDORF (1700–1760) eine originelle Spätblüte hervortreibt. In die Literaturgeschichte ist Zinzendorf als Kirchenliederdichter eingegangen, der seine Kreuzestheologie in die bewußt Ärgernis gebende improvisatorische Sprache eines zugleich krassen und spielerischen Kults von Blut und Wunden Christi überträgt, eine alte Kirchenliedtradition übersteigernd. Näher beim traditionellen Gemeindelied des Protestantismus bleibt der bedeutendste Kirchenlieddichter des Spätpietismus im reformierten Bereich GERHARD TERSTEEGEN (1697–1769). Seine klare und zarte Lieddichtung schmilzt auch mystisches Gut empfindsam ein. Das Neue der Stimmung zeigt sich im Vergleich etwa zwischen der allegorischen Naturdeutung in Paul Gerhardts (1607–1676) *Geh aus mein Herz und suche Freud'* mit einer Strophe aus Tersteegens *Gott ist gegenwärtig*:

> Du durchdringest alles;
> laß dein schönstes Lichte,
> Herr, berühren mein Gesichte.
> Wie die zarten Blumen
> Willig sich entfalten
> und der Sonne stille halten:
> laß mich so
> still und froh
> deine Strahlen fassen
> und dich wirken lassen.

Während bei Gerhardt in aller herzlichen Freude an den Naturdingen diese doch streng dem Menschen gegenüber bleiben als Bildzeichen einer geistlichen Didaxe, ist der allegorische Bezug auf Licht und Blume bei Tersteegen durchflutet von Einfühlung in einen genau gesehenen Naturvorgang. Die willig dem Licht stille haltende Blume ist nicht nur Metapher der Seele, sie ist selbst beseelt. Welche geistigen Möglichkeiten diese Sprache in aller Einfachheit besitzt, zeigt der Strophenschluß mit seiner paradoxen Formulierung: «laß mich . . . wirken lassen», die prägnant das Aktivitätsmoment der quietistischen Fügung in Gott zum Ausdruck bringt.

Schon von vornherein haben Pietismus und Aufklärung Gemeinsamkeiten. So ist der Pietist August Hermann Francke einig mit dem Frühaufklärer Christian Thomasius in der Forderung nach Ablösung der lateinischen Unterrichtssprache an den Universitäten durch das Deutsche, und Thomasius hat Francke in dessen Auseinandersetzung mit der orthodoxen Universitätstheologie gestützt. Die *Unpartheyische* (das heißt unkonfessionelle) *Kirchen- und Ketzerhistorie* (1699f) des radikalen pietistischen Theologen GOTTFRIED ARNOLD (1666–1714), in der die von der offiziellen Amtskirche verfolgten Ketzer als die wahren Christen erscheinen, wurde in der Aufklärung von Thomasius bis zu Lessing, Herder und Goethe rezipiert, und umgekehrt erklärte Zinzendorf, nach der Bibel lese er kein Buch lieber als Pierre Bayles *Dictionnaire*[14]. Übergangserscheinungen vom Pietismus zur Aufklärung sind JOHANN KONRAD DIPPEL (1673–1734), der sich selbst «Christianus Democritus» nannte, und JOHANN CHRISTIAN EDELMANN (1698–1767), der vom radikalen Pietisten zum ersten deutschen Spinozisten wurde, ein bedeutender Autobiograph. Wenn der Pietismus religöse Erfahrung und Bewährung der Frömmigkeit in der Verchristlichung der Welt fordert, stimmt das mit dem empiristischen und praktischen Zug der Aufklärung überein. In dem Maße, in dem die pietistische Strömung an religiöser Substanz verliert, wird sie zum Ferment der Gesamtkultur und entfaltet so im Abflauen erst ihre ganze Wirkung. Die allgemeine Verweltlichung, welche die Aufklärung mit sich bringt, zeigt hier besonders deutlich ihre Dialektik: Wo das Religiöse säkularisiert wird, gehen die frei gewordenen religiösen Kräfte in das Säkulum ein.

Beim Pietismus sind das vor allem Kräfte des Gemüts. Zinzendorf fordert eine kindliche Heilandsfrömmigkeit als Herzensreligion; daraus wird nun die Heiligsprechung des Herzens. Ergreift der Pietist in erlebnis- und gefühlshafter Vergegenwärtigung der Heilstatsachen seinen Gott, so verliert sich der empfindsame Nachkomme des Pietismus im Selbstgenuß des Gefühls. Eine Sucht nach dem sentimentalen Erguß, eine nervöse Bereitschaft zur Erschütterung breiten sich aus, die in scheinbar geringfügigen

Anlässen Erfüllung finden können. So berichtet der große, aus pietistischem Hause hervorgegangene Aufklärungstheologe JOHANN SALOMO SEMLER (1725–1791) in seiner kulturgeschichtlich aufschlußreichen Lebensgeschichte, er habe als junger Magister beim Abschied von der Universität Halle 1749 nicht nur während des Abschieds Tränen vergossen; er weinte noch, als er in Merseburg ankam, was damals eine ziemlich lange Reise war. Und schon den ganzen vorhergehenden Nachmittag hatte er zusammen mit seinem treuen Stubenburschen geweint![15] The joy of grief, die Wonne der Wehmut und der Tränen, erfüllt die Herzen. Enthusiasmus, bei den Aufklärern im engeren Sinne wie in älterer Zeit als vernunftlose, unklare Schwärmerei verpönt, wird zur vorbildlichen Seelenhaltung der Ergriffenheit, und der Bedeutungswandel des Wortes zeigt eindringlich, wie die ausländischen Anregungen mit den einheimischen Impulsen in der Zeitstimmung der Empfindsamkeit verschmelzen, denn Shaftesbury und der Pietismus sind gleichermaßen an der Umwertung des Wortes ins Positive beteiligt, die sich bei Klopstock, Wieland und anderen Schriftstellern der Zeit findet.

Das neue Ich-Erlebnis, das reiche, gefühlige Innenleben bringt eine Einsamkeitserfahrung mit sich, die gleichfalls religiöse Wurzeln in Mystik und Pietismus besitzt. In der Einsamkeit fühlt das Ich seinen inneren Reichtum, aber auch sein Alleinsein mit sich; das Ich kann zum Kerker werden. Die Auseinandersetzung zwischen Johann Georg Zimmermann (*Betrachtungen über die Einsamkeit*, 1756; *Über die Einsamkeit*, 1784f.), der eine humanistisch-praktische Komponente betont, und JAKOB HERMANN OBEREIT (1725–1798; *Vertheidigung der Mystik und des Einsiedlerlebens gegen einen Leibarzt in Hannover*, 1775; *Die Einsamkeit der Weltüberwinder nach inneren Gründen erwogen von einem lakonischen Philanthropen*, 1781), der das mystische und pietistische Erbe akzentuiert, erweist die Einsamkeit als einen Schlüsselbegriff der Epoche. Ob aber nun die Einsamkeit erlitten oder genossen wird – letztlich will der Empfindsame sich nicht in sich selbst verschließen. Er verlangt nach Ausdruck, Mitteilung und Widerhall. Das Fühlen will sich fühlen, und dazu muß es auch im anderen reflektiert werden. Briefwechsel, Tagebuch, Autobiographie als literarische und vorliterarische Formen der Selbstdarstellung und intimen Mitteilung, die schon der Pietismus besonders gepflegt hat, finden größte Aufmerksamkeit. Kunst und Natur, bisher als vernünftige Formenwelten verstanden, werden zum Schwingungsraum der Seele. Wieder berichtet Semler, wie in seiner Jugend Saalfelder Pietisten Tag und Nacht im Wald herumgelaufen seien[16], und was hier noch als Absonderlichkeit gilt, äußert sich bald in einer allgemeinen Revolutionierung des Naturverhältnisses, das zur Ablösung des mathematisch abgezirkelten französischen Parks durch den englischen Park mit seinen stimmungsvollen, scheinbar frei gewachsenen Arrangements von Baumgruppen und Wiesenflächen führt. Im barocken Park wird wie in der barocken Allegorie die Natur dem menschlichen Geist unterworfen und erscheint in dieser Unterwerfung erst schön; nun wird die Natur zum Identifikationsobjekt des frei ausschweifenden Gefühls, während doch die Technik im gleichen Augenblick zu einer nie dagewesenen Zähmung und Benutzung der Natur ansetzt. Drängt sich in den pietistischen Gemeinschaften der Bruder an die Brüder heran, um im fremden das eigene Gotteserlebnis widerzuspiegeln, so breiten sich jetzt die Kreise der Empfindsamen wie ein geheimer Orden aus. Freundschaft und Liebe, vorher streng eingeformt in gesellschaftlichen Konventionen, erfahren eine wesentliche seelische Vertiefung und Verfeinerung, und vor allem die Freundschaft als die geistigere Form der Gemeinsamkeit gewinnt eine uns heute unvorstellbare zentrale Lebensbedeutung. Dichter wie Jakob Immanuel Pyra und Samuel Gotthold Lange, beide aus dem Pietismus hervorgegangen, oder der ihnen nahestehende Johann Wilhelm Ludwig Gleim haben der Freundschaft ihr ganzes Leben geweiht.

Auch das Verständnis der Familie wandelt sich. Die ältere Großfamilie schloß mehrere Generationen, oft auch entferntere Verwandte im gemeinsamen Haushalt zusammen; sie umfaßte beim Handwerker und Kaufmann die Lehrlinge mit, beim Bauern Knechte und Mägde, im adligen und bürgerlichen Hause die Dienstboten. Der Familienvater war der Hausherr, zugespitzt gesagt ein Stück Obrigkeit. Im Sinne der Hausherrschaft des Hausvaters galten die Dienstboten als Kinder und wurden den Kindern des Hauses gleichgeachtet. Die Kinder verkehrten mehr mit den Dienstboten als mit den Eltern. Von dieser Großfamilie beginnt sich nun die intime Kleinfamilie abzuheben, die Sinn und Recht aus der Liebesgemeinschaft der Ehepartner und der Kinder empfängt. Sie ist weniger objektive Ordnung als, der Idee nach, freie Zusammenstimmung von Subjekten, die in der Liebe die Chance der Entfaltung und Selbstverwirklichung finden. Ein Ausdruck dieser

Entwicklung ist die Polemik der Moralischen Wochenschriften gegen die Familien, deren Kinder «unter dem Gesinde stecken müssen und kaum jede Woche einmal das Glück haben, vor ihre Eltern gelassen zu werden»[17]. Die neue Intimfamilie grenzt sich gegen die Öffentlichkeit ab, sie ist auch Gegenpol zur Berufswelt, während die patriarchalische Großfamilie deren kleinste Zelle ist. Der Kontrast läßt sich an zwei bürgerlichen Trauerspielen illustrieren: *Der Kaufmann von London* des englischen Goldschmieds George Lillo, 1731 uraufgeführt, 1757 in deutscher Übersetzung gedruckt, läßt noch den Umriß der patriarchalischen Großfamilie erkennen; Lessings *Miss Sara Sampson* von 1755, sein der Empfindsamkeit nächststehendes Stück, sieht die Familie, auch wo sie den Diener einschließt, als Wechselbeziehung der Liebe.

Noch in den Patriotismus wirken – von dem Staatsrechtslehrer FRIEDRICH KARL VON MOSER (1723–1798) bis hin zu Schleiermacher – empfindsame, speziell pietistische Einflüsse und führen zur Auffassung von Volk und Staat als Liebesgemeinschaft. Der Zürcher Theologe des Sturm und Drang Johann Kaspar Lavater dichtet patriotische *Schweizerlieder* (1767) voll religiöser Empfindsamkeit. Moser deutet in seiner Schrift *Von dem deutschen National-Geist* (1765) den *Esprit des lois* des französischen Staatsphilosophen CHARLES DE SECONDAT, BARON DE MONTESQUIEU (1689–1755), der sich bei ihm auf Umwelt, Verfassung des Staates und Interesse der Bürger gründet, ganz ins Spirituelle um und spielt ihn gegen den «toden Buchstaben der Gesetze» aus: «Wir müssen . . . wieder Ein Vaterland glauben, so wie wir Eine christliche Kirche glauben[18].»

Wie man hier sieht, macht sich der religiöse Quell des Empfindsamkeitsstromes auch im Wortschatz intensiv bemerkbar. Zum Beispiel breitet sich das Wort «heilig», früher auf religiöse Gegenstände beschränkt, über das ganze Feld des Profanen aus und verfällt einer wahren Inflation: «heilige» Dichtung, «heilige» Freundschaft, «heilige» Liebe, «heiliges» Vaterland, «heilige» Wehmut, «heilige» Stille, «heilige» Dunkelheit werden zu geläufigen Vokabeln. Kein Wunder deshalb, daß schon den kritischen Zeitgenossen der Zusammenhang zwischen Pietismus und Empfindsamkeit klar geworden ist. «Was ist man da, wenn man ganz Empfindung ist? Ein Herrnhüter!» so verspottet CHRISTOPH OTTO VON SCHÖNAICH (1725–1807), ein Gottschedschüler, in seiner Streitschrift *Die ganze Aesthetik in einer Nuß* (1754) den Gefühlsüberschwang der Zeit[19], der gegen die Aufklärung anbrandet und sich mit ihr mischt – ist es doch auch Aufklärung, wenn der emotionale Bereich als kultivierbar erlebt und von dem Mißtrauen befreit wird, das durch den Erbsündengedanken des Christentums auf ihm lastete. Das Zeitideal der Schönen Seele, die ihre Pflicht aus Neigung, das Vernünftige aus Gefühl tut, ist die empfindsame Formulierung einer Möglichkeit, die der Aufklärung verdankt wird.

Das Bürgertum als kulturtragende Schicht

Herkunft und bürgerliches Bewußtsein der Autoren

In ganz Europa steht die Epoche der Aufklärung im Zeichen des Bürgertums und seiner Auseinandersetzung mit dem Absolutismus, der den bürgerlichen Aufstieg zunächst fördert, dann hemmt. In England beginnen im Laufe des Jahrhunderts die industrielle Revolution und die Ausbildung der parlamentarischen Monarchie, die beide das Bürgertum in den Vordergrund treten lassen. Der Kokshochofen, der mechanische Webstuhl und die Dampfmaschine werden in England erfunden. In Frankreich wird seit 1789 auf revolutionärem Wege die Monarchie beseitigt, der Dritte Stand, das Bürgertum, ergreift die Macht. In Deutschland ist infolge der politischen Zersplitterung in viele kleinere absolutistisch regierte Staatsgebilde das bürgerliche Element in seiner politischen und wirtschaftlichen Entfaltung eingeengt. Der politischen und wirtschaftlichen Situation entspricht die geistige: Deutschland empfängt zunächst mehr, als es gibt. Die reiche Handelsstadt Leipzig, Zentrum des Ost-West-Handels sowie in der Nachfolge Frankfurts seit der Jahrhundertmitte des Buchhandels und Verlagswesens, entwickelt sich zum «Klein-Paris» (Goethe), während die Berliner Aufklärer eher im Gegensatz zum französisch orientierten Hof stehen. England, als politische und wirtschaftliche Führungsmacht am stärksten verbürgerlicht, ist auch der wichtigste Träger der Aufklärung. Albrecht von Haller, Hagedorn, Lichtenberg, Justus Möser, Helfrich Peter Sturz, Karl Philipp Moritz, Mylius, Hamann, Sophie La Roche haben sich in England aufgehalten. Die nach England geöffnete, wirtschaftlich prosperierende Hafenstadt Hamburg, die Universität Göttingen des Kurfürstentums Hannover, das durch Personalunion mit England verbunden ist, und die Schweiz, konfessionell und politisch seit der Reformation England verwandt, sind Umschlagplätze des englischen Gedankengutes. Überhaupt genießt die Schweiz bei den deutschen Aufklärern als Hort bürgerlicher Freiheit besonderes Ansehen, obwohl diese Freiheit im aristokratischen Ständeregiment praktisch enge Grenzen hatte, wie das Berner Todesurteil gegen den

Schriftsteller und vermeintlichen Aufrührer SAMUEL HENZI (1701–1749) ebenso bezeugt wie die Schwierigkeiten des jungen Lavater und seines Freundes JOHANN HEINRICH FÜSSLI (1741–1825) mit dem Stadtregiment von Zürich 1762. Füßlis Jugendbriefe sind in ihrer Frische und Anschaulichkeit ein wichtiges Dokument für das geistige Leben der Zeit. Durch seinen fast surrealistisch getönten Klassizismus wurde er in England als Maler erfolgreich und berühmt.

Über Hamburg kommt die Freimaurerei 1737 aus England nach Deutschland. Ihre Vereinigung bürgerlich-aufklärerischer Ideale mit einem exklusiven Zeremoniell verschafft ihr rasch Bedeutung – Herder, Wieland, Goethe, Lessing, Mozart und viele andere standen ihr nahe –, doch auch Vieldeutigkeit. Die Logen überspringen die Ständeschranken und erobern sich viele Höfe (1738 wurde Friedrich der Große Freimaurer), entwickeln sich zum Teil aber auch ausgesprochen aristokratisch-restaurativ und öffnen sich irrationalistischen, pseudomystischen Strömungen. Hier ist der Gold- und Rosenkreuzerorden zu nennen, der um 1777 in Berlin entstand und sich auf reformchristliche und pansophische Bestrebungen des 17. Jahrhunderts, u. a. bei Johann Valentin Andreae, berufen konnte; er gewann in Hofkreisen Einfluß. Der spätere Revolutionär Georg Forster gehörte ihm zeitweilig an. In der Nähe des Freimaurertums steht auch die Geheimgesellschaft des Illuminatenbundes, 1776 von dem Jesuitenzögling ADAM WEISHAUPT (1748–1830) in Ingolstadt gegründet, der Gesellschaft, Staat und Kirche im Sinne entschiedener Aufklärung durch Gewinnung einflußreicher Persönlichkeiten umwandeln wollte und 1785 verboten wurde. Prominente Mitglieder waren Herder, Goethe und der Freiherr ADOLPH VON KNIGGE (1752–1796), Verfasser satirischer Schriften wie *Benjamin Noldmanns Geschichte der Aufklärung in Abyssinien* (1791), *Josephs von Wurmbrand . . . politisches Glaubensbekenntniß . . .* (1792), *Des seligen Herrn Etatsraths Samuel Conrad von Schaafskopf hinterlassene Papiere* (1792). Knigge geißelt die deutschen politischen und gesellschaftlichen Verhältnisse, die in ein imaginäres finsteres Afrika transponiert sind, wo schließlich durch eine Revolution die Freiheit zum Siege kommt. Der abessinische Exminister Wurmbrand hält demgemäß auch die Französische Revolution wegen der Verrottung der politischen Verhältnisse im französischen Absolutismus für unvermeidlich, während der Herr von Schaafskopf ein Anhänger des uralten reaktionären Pinselordens ist. Eine ähnliche Konstellation wie in der *Geschichte der Aufklärung in Abyssinien* ist schon von Montesquieu in seinen *Lettres persanes* (1721) erprobt worden, wo auch Angehörige eines vermeintlich zurückgebliebenen exotischen Reiches, des persischen, ein Schlaglicht auf die wirkliche Zurückgebliebenheit Europas werfen. Ein Pamphlet Knigges *Über Jesuiten, Freimaurer und teutsche Rosenkreutzer* (1781) bekämpft das Rosenkreuzertum. Weitere literarische Reflexe des Freimaurerwesens finden sich u. a. in Lessings *Ernst und Falk. Gespräche für Freymäurer,* in der Turmgesellschaft des *Wilhelm Meister* und in Goethes epischem Fragment *Die Geheimnisse* (geschrieben 1784–85) sowie in Mozart-Schikaneders *Zauberflöte* oder Jean Pauls *Unsichtbarer Loge.*

Trotz aller Hindernisse gewinnt auch im Deutschland des 18. Jahrhunderts das Bürgertum allmählich an wirtschaftlicher und vor allem kultureller Kraft. Dabei hat das Wort «Bürger» im 18. Jahrhundert noch eine weitere Bedeutung als heute. Neben dem Angehörigen des Bürgerstandes meint es, gleich dem lateinischen civis, auch den «Staatsbürger», ein Wort, das Wieland für das ältere «Bürger des Staates» geschaffen hat. In der Bedeutung = Angehöriger des Gemeinwesens lebt das Wort weiter in Bildungen wie Weltbürger, Bürgerkrieg, Bürgerliches Gesetzbuch. Kontrastierend zu «le monde», was die aristokratisch geprägte «feine Societät» meint, changiert ein Ausdruck wie «bürgerliche Welt» zwischen der engeren ständischen und der weiteren überständischen Bedeutung, so wie «Patriot» neben dem spezifischen modernen Sinn noch ganz allgemein den auf das Gemeinwohl, sei es des Staates, der Menschheit oder der Gemeinde, bedachten Bürger meinen kann. Gegen Ende des Jahrhunderts dient es sogar als Schimpfwort für die Anhänger der Französischen Revolution. «Patrioten und Spitzbuben« nennen die Soldaten der preußischen Interventionsarmee von 1792 die Franzosen[20].

Gegenüber dem Barock wächst in der Aufklärung der Anteil bürgerlicher Autoren an der deutschen Literatur – bürgerlich hier im ständischen Sinne gemeint –, wobei sich vor allem das evangelische Pfarrhaus als Pflanzstätte der Talente erweist. Gottsched, Bodmer, Gellert, Lessing, Wieland, Lichtenberg, Claudius, Bürger, Hölty, Lenz, um nur die bedeutendsten zu nennen, sind Kinder des Pfarrhauses, die von der Bibel zu den Büchern drängen: ein soziologischer Ausdruck der Säkularisierung. Die meisten Schriftsteller der Zeit haben zudem Theologie studiert, u. a. Gottsched, Breitinger, Gellert, Pyra, Lange, Klopstock, Lessing, Hippel, Claudius, Bürger, Schubart, Hamann, Miller, Lenz, Herder. Fast der gesamte Göttinger Hain besteht aus Jungtheologen. Die Mehrzahl trägt, auch wenn sie später kein geistliches Amt ausübt, etwas vom religiösen Pathos in ihre neue weltliche Tätigkeit hinein. Neben den Theologensöhnen dominieren unter den deutschen Autoren Kinder aus der akademisch (Klopstock, Lavater, Pestalozzi) und patrizisch gehobenen Schicht (Brockes, Haller, Hagedorn, Goethe). Auch adlige Schriftsteller fehlen nicht, unter ihnen Ewald von Kleist, Freiherr Christoph Otto von Schönaich, Johann Friedrich Freiherr von Cronegk, Heinrich Wilhelm von Gerstenberg, die Grafen Stolberg, Adolph Freiherr von Knigge; dagegen fällt das Kleinbürgertum und Bauerntum bis zum Sturm und Drang, wo eine auffällige Wandlung eintritt, als Talentquelle fast aus. ANNA LUISE KARSCH (1722–1791), ein bescheidenes lyrisches Talent, Tochter eines Schankwirts und zweimal in unglücklicher Ehe mit einem Tuchmacher und einem Schneider verheiratet, wird in der Berliner Gesellschaft als Rarität herumgereicht. Der Archäologe Winckelmann allerdings, einziges Kind eines Schuhmachers, nimmt einen bedeutenden gesellschaftlichen Aufstieg.

Wichtiger noch als die Herkunft ist die bürgerliche Gesinnung der meisten Autoren. Sie besteht in der Schätzung aller Menschen nach Verdienst und Persönlichkeit, nicht nach Herkunft; in der Schätzung der Persönlichkeit überhaupt. Der Mensch wird nicht mehr als Glied einer Korporation, vielmehr als freier und besonderer einzelner gedacht. Auch wo Adlige diese Ideale tragen, entsprechen sie doch der entstehenden bürgerlichen Gesellschaft mit ihrer Tendenz zur Verdampfung der ständischen Ordnung und zur Freisetzung des Subjekts, das sich in der Geschäfts- und Öffentlichkeitssphäre im freien Wettbewerb der Fähigkeiten, in der Privatsphäre in der Hingabe an eine zweck- und herrschaftsfreie ideale Kommunikation der Geister und Herzen entfaltet, nicht ohne daß die Sphären einander wechselseitig mit Konflikten aufladen und in Frage stellen. Bürgerliche Gesinnung rückt etwa einen Offizier wie Ewald von Kleist näher an seine bürgerlichen Freunde als an seine adligen Berufsgenossen heran oder macht den uradligen Freiherrn von Knigge zu einem entschiedenen Anhänger radikaler politischer Reformen. Sein bis heute immer wieder neuaufgelegter und bearbeiteter Bestseller *Über den Umgang mit Menschen* (1788) ist als Beitrag zur Emanzipation des Bürgertums gedacht. Im Gegensatz zu den älteren Komplimentierbüchern, die den außerhöfischen Schichten ein Surrogat höfischer Politesse beizubringen suchten, entwickelt Knigge ein Lehrbuch des gesellschaftlichen Verhaltens aus einer betont bürgerlichen Lebensauffassung heraus.

Im Barock ist die Dichtung hohen Anspruchs höfisch-aristokratisch ausgerichtet. Es gibt zwar eine Dichtung von künstlerischem Rang für das Bürgertum und die unteren sozialen Schichten – erinnert sei nur an Grimmelshausens Simplicianische Schriften –, aber sie spielt im Bewußtsein der Zeit eine mindere Rolle. Der Hof ist die Schule des Geschmacks, er beschert dem Dichter seine Mäzene, er vermittelt ihm die Anschauung der großen Welt, die Gegenstand seiner Dichtung ist. Der «büffelhirnige Pöffel» wird verachtet[21]. Die Aufklärung wendet sich dagegen nicht an eine ständische Elite, sondern an ein Bildungspublikum, die Empfindsamkeit an eine Elite des Herzens, die sich auch unter den Einfältigen und Geringen finden kann. So sammelt Klopstock mit besonderer Befriedigung Nachrichten über den Eindruck, den die *Messiade* auf ungelehrte Leser gemacht hat; ein Korrespondent berichtet ihm von einer alten Bergmannsfrau in Freiberg, «die Ihren Messias, so gut als ich, verstand»[22]. Wohl richten sich die Spekulationen und Hoffnungen der literarischen Welt noch auf die Höfe – Klopstock geht 1751 mit einer Pension an den dänischen, Wieland 1772 an den Weimarer Hof, die Klassik entfaltet sich im höfischen Raum, und um Friedrich den Großen, den hartnäckigen Verkenner der deutschen Literatur (siehe: *De la Littérature allemande*, 1780, abhängig von der These des Abbé Bouhours [1671], ein Deutscher könne kein bel esprit sein) wird immer wieder, noch in der Kritik an ihm, geworben –; aber das Verhältnis des Dichters zum Hofe wandelt sich grundlegend. Er empfängt hier nicht mehr sein Lebens- und Kunstideal, er bringt es mit und tritt als Missionar und Prophet einer neuen bürgerlichen Gesinnung mit höchstem Selbstbewußtsein auf. Schon in seiner frühesten erhaltenen Ode, *Der Lehrling der Griechen*, sieht Klopstock «von richtendem Ernst schauernd» auf die Heldentaten der Könige herab, und Friedrich den Großen hat er in seiner Lyrik scharf attackiert. Während die Barockdichtung Teil der gesellschaftlichen Repräsentation ist, hat sich Klopstock höfischen Repräsentationspflichten völlig entzogen. Daß die geweihte Leier des Dichters nicht um Fürstenlob buhlt, wird durch ihn ebenso zur gängigen Formel der Dichtung wie früher die Devotion des höfischen Dichters vor jedem Höhergestellten. Die Zeit höfischer Ansprüche an den Dichter ist vorbei, und der Dichter ist es jetzt, der Ansprüche auf einen «Jupiterkultus» zu stellen beginnt, wie der Weimarer Prinzenerzieher Knebel ironisch über Klopstock am Hofe gesagt hat[23]. Statt der höfisch-heroischen Form ist bürgerliche Innerlichkeit maßgebend, und auch der Hof beginnt zu verbürgerlichen.

Sofern jeder Bildungswillige in das Bildungspublikum hineinwachsen kann, gehören ihm potentiell alle an, und tatsächlich drängen im Verlauf des 18. Jahrhunderts immer neue Leserschichten nach. 1791 erklärte Wieland, auf eine Frau, die vor fünfzig Jahren stark las, kämen heute hundert[24]. Aber auch die Lesegewohnheiten änderten sich grundlegend. Bis tief ins 18. Jahrhundert las die Mehrzahl selbst der Gewohnheitsleser immer wieder dasselbe Buch: die Bibel, oder eine kleine Anzahl von Büchern, die als Autoritäten galten: Gesangbuch, Katechismus, Andachtsbücher, antike Klassiker. Auch auf moderne Autoren konnte sich diese Praxis erstrecken. So berichtet Goethe in *Dichtung und Wahrheit* von einem Frankfurter Hausfreund Rat Johann Kaspar Schneider, der jährlich in der Karwoche Klopstocks Messiade durchlas, obwohl er sonst wenig Lektüre trieb[25]. Charakteristisch war aber die durch das aufkommende Zeitungswesen begünstigte Entwicklung zur ausgebreiteten Lektüre zahlreicher verschiedener Werke, die damit freilich an Verbindlichkeit verloren. Es kann zur Skepsis gegen das Buch, vor allem im Sturm und Drang, kommen; Goethe etwa hofft in einem Brief an Johann Gottfried Röderer vom Herbst (?) 1773 auf die «iungen warmen Seelen, die im Schlamme der Theorien und Literaturen noch nicht verlohren sind . . .». In diesem Sinne hat man sagen können, die Aufklärung, mehr als alle früheren Zeiten eine Epoche der Bücher, habe die Autorität des Buches erschüttert[26].

Mit dem Aufstieg des Bürgertums und der geistigen Emanzipation wachsen auch seine Bedürfnisse nach weltlicher Kultur, nach schöngeistiger Lektüre. Kennzeichnend ist die Entstehung und Verbreitung belletristischer Musenalmanache aus einem älteren Almanachtypus, der vorwiegend Kalendernotizen, astrologische Beiträge, Prophezeiungen, Hof- und andere Nachrichten enthielt. 1740 beträgt der Anteil religiöser Erbauungsschriften an der deutschen Buchproduktion 19 Prozent, der des schöngeistigen Schrifttums erst 5,8 Prozent. 1800 hat sich das Verhältnis mehr als umgekehrt[27]. Freilich sind die Übergänge fließend; man denke nur an Klopstocks Messiade, das Epos von der Erlösung. An einem solchen Übergang stehen auch kleinere Geister, so Herders Mohrunger Förderer, der Pfarrer SEBASTIAN FRIEDRICH TRESCHO (1733–1804). Jakob Michael Reinhold Lenz hat das Gleiten von der Erbauungs- zur weltlichen Literatur sehr hübsch beschrieben: «Vor alten Zeiten schrieben die Prediger Postillen; als der Postillen zu viel waren, ward darüber gelacht und gespottet, da setzten sie sich auf ihre Kirchhöfe (die mehrsten Male freilich nur in Gedanken) und lasen den unsterblichen Engländer, den erhabenen Young. Da erschienen Christen bei den Gräbern, Christen in der Einsamkeit, Christen am Morgen, Christen am Abend, Christen am Sonntage, Christen am Werktage, Christen zu allen Tagen und Zeiten des Jahrs. Die Buchhändler wollten deren auch nicht mehr, und warum sollte ein Prediger nicht auch durch Romanen und Schauspiele nützen können, wie durch Predigten und geistliche Lieder? Der Nutzen müßte noch weit größer sein, weil dergleichen Bücher in weit mehrere Hände kommen, weit begieriger gelesen werden, wenn es dem Verfasser an Witz nicht mangelt und –[28].» Noch der Theologe GOTTHARD LUDWIG THEOBUL KOSEGARTEN (1758–1818), der sich von Klopstocks Seraphik über Vossens Idyllik bis zur Romantik jeder literarischen Zeitströmung überließ – Ernst Moritz Arndt war Lehrer in seinem Hause –, gehört der Substanz nach in diesen Übergangsbereich zwischen Erbauung und weltlicher Literatur, der bis tief ins 19. Jahrhundert eine wichtige, wenn auch auf dem Rückzug befindliche Erscheinung in der geistigen Physiognomie der Epochen bleibt.

Auch in anderer Hinsicht ändert sich der Lesestoff. Jung-Stilling (geb. 1740), Sohn eines Schulmeisters und Handwerkers, hat erzählt, er habe in seiner Jugend Volksbücher wie *Eulenspiegel, Kaiser Octavianus* und *Reineke Fuchs* wohl hundertmal gelesen[29]. Im Elternhaus von Ernst Moritz Arndt (geb. 1769), bei freigelassenen Bauern, wurde aus Millers Erfolgsroman *Siegwart* vorgelesen[30]. Der Schriftsteller Johann Gottfried Seume erzählt von seinem 1775 verstorbenen Vater, der ein Bauer in der Gegend von Leipzig und Weißenfels war: «Er wußte, ich weiß nicht wie, die meisten Stellen unserer damals neuesten Dichter, und Bürgers Weiber von Weinsberg erinnere ich mich zuerst von ihm gehört zu haben, mit Varianten bei mißlichen Stellen, deren sich vielleicht kein Kritiker hätte schämen dürfen. Woher er das alles hatte, weiß ich nicht, da er wenig las und wenig Zeit dazu hatte[31].» Von Gellert wissen wir, daß ein armer Bauer im Anfang eines strengen Winters «aus Dankbarkeit für das Vergnügen, das ihm Gellerts Fabeln gemacht hatten», einen Wagen voll Brennholz vor seine Wohnung fuhr und ihn ersuchte, dasselbe als Zeichen seiner Erkenntlichkeit aufnehmen zu wollen[32]. Freilich waren solche Bauern eine Ausnahme; vor allem in den Städten saß das Publikum. Leihbibliotheken und Lesegesellschaften schossen allerorts auf. Das Erbe der eher höfisch orientierten barocken Sprachgesellschaften übernehmen im 18. Jahrhundert bürgerliche literarische Vereinigungen, die aufklärerische Kritik an der Literatur und an Mißständen des Gemeinwesens zu verbreiten suchen. Die wichtigsten entstehen in Leipzig, Hamburg und Zürich. Gottfried Keller gibt im *Landvogt von Greifensee* ein humoristisch getöntes, aber treffendes Bild dieser staatsbürgerlich-literarischen Bestrebungen eines patrizischen Bürgertums im Zürcher Kreis Johann Jakob Bodmers, neben dem für die Schweiz noch die berühmte Helvetische Gesellschaft, 1761 in Schinznach zur Förderung des Schweizerischen Nationalgefühls gegründet, genannt werden muß.

So bildet sich langsam eine literarische Öffentlichkeit – am besten sichtbar vielleicht im deutschen Theater, dem deshalb die besondere Aufmerksamkeit der Dichter gehört. Aus elenden, herumziehenden Komödiantentrupps soll ein deutsches Nationaltheater entstehen, wie es sich für eine große, gebildete Nation gehört: Ausdruck bürgerlicher Gesittung und Gemeinsamkeit, eine «moralische Anstalt» (Schiller), Schule des Gefühls und der praktischen Lebensweisheit, Kanzel der Kritik und der Diskussion öffentlicher Zustände, die im absolutistischen Staat weithin nur im Medium der Kunst angerührt werden dürfen, eine weltliche Kirche. Diese große Sehnsucht verbindet so verschiedene Geister wie Gottsched, Klopstock, Lessing, Mozart und Schiller, und sie führt, nach schweren Fehlschlägen, zu einer bedeutenden Theaterkultur, wie sie in der Schweriner Schauspielerakademie des berühmten Schauspielers KONRAD EKHOF (1720–1778), in den stehenden Theatern von Gotha, Mannheim, Weimar, Wien oder Berlin in den letzten Jahrzehnten des Jahrhunderts vor uns steht. Hervorragende Prinzipale und Schauspieler des aufstrebenden deutschen Theaters waren JOHANN FRIEDRICH SCHÖNEMANN (1704–1782), der aus der Schule von Caroline Neuber, der Verbündeten Gottscheds, hervorging, KONRAD ERNST ACKERMANN (1712 [10?]–1771), Schüler Schönemanns, und dessen Stiefsohn FRIEDRICH LUDWIG SCHRÖDER (1744–1816), wie der etwas jüngere August Wilhelm Iffland (1759–1814), der im Zusammenhang der Klassik gewürdigt werden wird, selbst ein Theaterschriftsteller. Besonders Schröder ist eine auffällige Erscheinung: Nach abenteuerlicher, bis ans Kriminelle streifender Jugend wurde er vom Ballettänzer und Komiker in der Tradition der Stegreifkomödie zum großen Charakterdarsteller des literarischen Theaters, der in der Sturm und Drang-Zeit Shakespeare auf der deutschen Bühne durchsetzte. Als Theaterleiter in Hamburg und am Wiener Burgtheater gab er literarische Impulse: ein Preisausschreiben auf ein deutsches Originalschauspiel 1775 lockte Friedrich Maximilian Klingers *Zwillinge* und Johann Anton Leisewitz' *Julius von Tarent* hervor. Außerdem war Schröder einer der führenden deutschen Freimaurer seiner Zeit.

Das Ideal des freien Schriftstellers und seine Problematik

Mit der beginnenden Breitenwirkung der Literatur erlangt das Buch eine ganz neue Bedeutung als Handelsobjekt. Das Verlagswesen blüht auf, gefördert durch bedeutende Verleger wie Georg Joachim Göschen, Johann Friedrich Cotta, Philipp Erasmus Reich oder Friedrich Perthes. Ein schriftstellerisch tätiger Verleger war FRIEDRICH NICOLAI (1733–1811) in Berlin, der, mit Lessing und Mendelssohn befreundet, Kulturpolitik im Sinne der Aufklärung trieb und auch selbst schriftstellerisch tätig geworden ist. Die von ihm als Rezensionsorgan begründete *Allgemeine Deutsche Bibliothek* ist von 1765–1806 erschienen und war lange Zeit tonangebend. Sie sollte eine fortlaufende Übersicht über das gesamte anspruchsvolle Schrifttum in Deutschland geben. Vorangegangen war seit 1757 die *Bibliothek der schönen Wissenschaften und der freyen Künste*. Zeitlich noch weiter zurück reichen die bis heute erscheinenden *Göttingischen Anzeigen von gelehrten Sachen*, zeitweilig unter der Leitung Albrecht von Hallers, während die 1785 begründete *Allgemeine Litteraturzeitung*, später unter Konkurrenz der *Allgemeinen Jenaischen Litteraturzeitung*, zum wichtigsten kritischen Organ der Klassik wurde. Infolge des wachsenden Buchmarktes steigt auch die Zahl der Schriftsteller sprunghaft. 1773 hat Deutschland etwa 3000 Autoren, 1787 bereits doppelt so viel[33]. Der Satiriker Georg Christoph Lichtenberg spottet, es gebe zuverlässig in Deutschland mehr Schriftsteller, als alle vier Weltteile zu ihrer Wohlfahrt nötig hätten[34].

Zur Autorschaft gehört das Honorar. Im 16. und 17. Jahrhundert gilt Bücherschreiben noch als nobile officium. Dichten ist eine Beschäftigung für Mußestunden; der preußische Hofdichter und Diplomat von Canitz wird von seinem Herausgeber König gerühmt, weil er noch auf demjenigen Stuhle dichtete, «auf welchem andere Leute am wenigsten mit dem Kopfe zu arbeiten pflegen»[35]. Der arme bezahlte Kasualdichter wird als Buchladen-Poet verachtet. In der Aufklärung ändert sich das. Die Zahlung von Honoraren wird üblich und gesellschaftsfähig, der Beruf des freien Schriftstellers entsteht. Wieland und Lessing versuchen zeitweilig, vom Ertrag ihrer Bücher zu leben, und tragen sich, ähnlich wie Klopstock, mit Projekten zur materiellen Besserstellung der Autoren. Die Subskription als eine Art Sammelpatronage gewinnt Bedeutung. An die Stelle des einen Mäzens tritt, wie es in Friedrich Heinrich Jacobis Subskriptionsankündigung für Wielands *Agathon* heißt, die Vielzahl der «Guten und Edeldenkenden», denen im mitgedruckten Subskribentenverzeichnis Gelegenheit geboten wird, «sich als Beförderer der Künste und als Verehrer eines großen Mannes öffentlich zu zeigen»[36]. Bei alledem entsteht auch ein neues Ethos des Schriftstellers. Der Dichter des Barock sagt in seiner Dichtung einen kollektiven geistigen Gehalt der Gesellschaft aus. Der Dichter der Aufklärung wird Bahnbrecher zur Wahrheit und Schönheit, und in diesem Range muß er frei und unabhängig sein. Naht sich in barocken Widmungen und Buchvorreden der Autor voll Devotion hochmögenden Gönnern, so wendet er sich nun von gleich zu gleich an sein Publikum, wenn er es nicht vorzieht, ohne Vorrede an die Öffentlichkeit zu treten und die Leistung für sich sprechen zu lassen. Klopstocks priesterhaftes Selbstgefühl, das an Stefan George oder Rilke erinnert, Lessings Protestantismus des geistigen Verhaltens, der ihn zum kritischen und produktiven Selbstdenker macht, Wielands Ironie, hinter der sich innere Verletzlichkeit verbirgt, sind nur verschiedene Äußerungsformen dieses neuen Anspruchs. Auch wenn die meisten Autoren neben ihrer Schriftstellerei einen bürgerlichen Beruf

ausüben, wird es doch allmählich selbstverständlich, daß die literarische Produktion den ganzen Menschen fordert.

Aus der neuen Situation des Schriftstellers entspringen aber
auch neue Probleme. Da ein Urheberrecht zum Schutze des geistigen Eigentums noch nicht ausgebildet ist, bringt der Aufschwung
des Verlagswesens zugleich eine Blüte des unberechtigten Nachdrucks mit sich, der die Autoren um ihre Honorare betrügt. Lessing
führt am Ende der *Hamburgischen Dramaturgie* einen besonders
heftigen Angriff auf diesen Mißstand, der weithin ein Gegenstand
der Satire war. Besonders erfolgreiche Nachdrucker waren Ch. G.
Schmieder in Karlsruhe, I. G. Fleischhauer in Reutlingen und
Johann Thomas Trattner in Wien (1717–1798), der 1764 sogar in
den Adelsstand erhoben wurde. So sehr der Nachdruck Autoren
und rechtmäßige Verleger schädigte, trug er doch durch Preisun-
terbietung der damals noch recht teueren Bücher zur Verbreitung
der Werke bei, trieb allerdings auch die Preise der rechtmäßigen
Ausgaben hoch.

Die materiellen Erträge der Schriftstellerei waren bei alledem
noch ziemlich bescheiden; Walter Scott soll in drei Jahren mehr
verdient haben als Goethe in seinem ganzen Leben, und dabei erzielte Goethe ungewöhnlich hohe Honorare[37]. So mußten Klopstock wie Lessing und Wieland auf die Dauer bei Hofe materiellen
Rückhalt suchen. «Die Autoren leben von den Brosamen, die von
des reichen Herrn Tische fallen, wie die Hündlein, und dann wollen
sie [die Verleger] noch knausern», verspottet Herder seinen Verleger Hartknoch[38]. Der Weimarer Verleger FRIEDRICH JUSTIN
BERTUCH (1747–1822), hervorgetreten als Übersetzer des *Don
Quixote* aus dem Spanischen (1775–76), wird 1800 von dem repu-
blikanischen Journalisten Andreas Georg Friedrich Rebmann als
«der reichste Pfründenbesitzer in der deutschen Gelehrtenrepublik» angegriffen: «ihm gehören einmal die ergiebigen Domänen
der Allgemeinen Literatur-Zeitung, des Modejournals und des
Journals London und Paris; nebenbei erindüstriert er sich fast Für-
stentümer –[39].» Goethe berichtet in *Dichtung und Wahrheit*, wie
nach dem Erfolg des *Götz*, der sich finanziell allerdings wegen eines
Nachdrucks nicht auszahlte, ein Buchhändler ihn besuchte, «der,
mit einer heiteren Freimütigkeit, sich ein Dutzend solcher Stücke
ausbat, und sie gut zu honorieren versprach» – das Ritterdrama als
halbindustrieller Markenartikel[40]. Etwas weniger brutal, aber doch
noch deutlich genug zeigt sich der Marktbezug des Schriftstellers

in der Einrichtung des Theaterdichters, der gegen ein fixes Honorar eine bestimmte Anzahl von Stücken in einer bestimmten Zeit zu liefern gehalten war; Schiller oder Friedrich Maximilian Klinger haben zeitweilig solche Verträge gehabt.

Mit dem beginnenden literarischen Betrieb zeigen sich eben auch alsbald dessen Schattenseiten. «Der Herbst ist vor der Thür; Die Kinder wollen gekleidet seyn; Die Frau spricht von einem neuen Pelzmantel; Man will sich auch sein Holzvorräthchen auf den Winter machen; Stehlen darf man nicht; Zu betteln, oder etwas auf Pränumeration herauszugeben, und dabey seine Freunde und Gönner zu misbrauchen, schämt man sich – Und doch braucht man Geld – Also sucht man einen Verleger, und wenn Dieser gut bezahlt, und die Finger nicht lahm sind; so schreibt man ein Bändchen voll, und streicht dafür ein billiges Honorarium ein – Kaufe und lese dann, wer lesen kann und will!» So läßt sich der Freiherr von Knigge in der Vorrede zum Dritten Teil der *Geschichte Peter Clausens* vernehmen[41]. HELFRICH PETER STURZ (1736–1779) aus dem Klopstock-Kreis, ein Meister der essayistischen Prosa, der durch ein bürgerliches Trauerspiel *Julie* (1767) und eine Abhandlung über die Todesstrafen mit dem *Bekenntnis einer Kindsmörderin* (1776) hervorgetreten ist, ironisiert in seinem *Brief eines Verlegers* die Kommerzialisierung des Geistes, von der auch Nicolai in seinem Pfarrer-Roman *Sebaldus Nothanker* ein düsteres Bild gibt. Wieland klagt in den *Briefen an einen jungen Dichter* über die literarische Mode- und Cliquenwirtschaft, über die Anonymität und Kritiklosigkeit des Publikums. «Das Werk, worin sich Ihre ganze Seele abgedrückt hat», wird durch «Fabrikware» verdrängt. Der Dichter, der stärker als im traditionsgebundenen Barock zur Einformung seiner gesamten Persönlichkeit in das Werk tendiert, fühlt sich von der Masse unverstanden, ja, er wird sich selbst zur fragwürdigen Existenz, denn auch das Berufsideal des freien Schriftstellers ist in sich zwiespältig: Der Dichter braucht zwar seine ganze Kraft, um zu schreiben, aber indem er seine ganze Kraft an das Werk wendet, verliert er auch an Lebensnähe und Welterfahrung, gerät er in die Gefahr, zum Literaturspezialisten zu verkümmern: die *Tasso*-Problematik Goethes. «Man frage doch unsre jungen Herrn, die uns so freigebig mit Dramen und Begebenheiten beschenken, wie weit sich ihre Reise durch das Leben erstrecke, wieviel sie davon durchgeschlendert, wie vieles sie besucht und begafft haben! Ob's nicht alles von Hörensagen, ob's nicht alles gelesen ist!» So fragt Goethes Freund Johann Heinrich Merck 1777 in seinem Essay *Über den Mangel des epischen Geistes in unserm lieben Vaterland* die «Sekte der Empfindsamkeit und des Geniewesens»[42].

Mit der Verbreitung des Marktes wird die ständische Spaltung der Literatur, die aus dem Barock geläufig ist, zu einer qualitativen nach geistigem und ästhetischem Anspruch. Die Trivialliteratur, auf die Erwartungen eines Massenpublikums zugeschnitten, übertrifft in ihrer Wirkung bei weitem exklusive Werke mit hohem Anspruch. Iffland und Kotzebue, nicht Schiller und Goethe beherrschen die Bühnen der klassischen Zeit, und ein Buchhändler aus der Provinz, Ludwig Christian Kehr, der seit 1797 in Kreuznach tätig war, berichtet sarkastisch: «Mit der Leihbibliothek hatte ich es teilweise nicht getroffen, und es mögen sich andere in ähnlichen Fällen eine Lehre daraus nehmen. Ich hätte nämlich zuvor mein Terrain studieren und den Geschmack des Publikums, auf das ich rechnen mußte, kennenlernen sollen, ehe ich zur Wahl der Bücher schritt. Das tat ich aber nicht, denn ich glaubte, den Geschmack leiten zu können, was mir aber, besonders anfangs, nicht gelingen wollte. So beging ich die Unklugheit, unsere alten klassischen deutschen Schriftsteller, Gleim, Kleist, Uz, Michaelis, Rabener, Ramler, Gellert, Hagedorn, Hölty, Cramer, Klopstock, Lessing, Wieland, Lichtenberg usw. aufzunehmen, ferner die neuen Archenholz, Goethe, Schiller, Falk, Pfeffel, Salis, Matthisson, Tieck, Tiedge usw. und eine Menge von Reisebeschreibungen und geschichtlicher Werke. Aber man wollte nur Romane lesen, besonders Ritterromane, welche damals an der Tagesordnung waren, wie denn die Geistergeschichten von Spieß, und Cramers Werke, unter seinem Birnbaum geschrieben, so stark verlangt wurden, daß ich mehrere Exemplare davon aufstellen mußte, währenddem die obengenannten Schriftsteller mit Staub bedeckt waren. Jetzt kannte ich meine Leute, und von nun an sorgte ich mehr für ihren Geschmack[43].»

Zu den allgemeinen Schwierigkeiten treten in Deutschland besondere, die mit der politischen und sozialen Situation zusammenhängen. Die Zersplitterung in Klein- und Mittelstaaten hemmt die Ausbildung einer allgemeinen Literatursprache, verweigert der Dichtung die großen nationalen Gehalte, bannt die Dichter in ein Winkeldasein: «Indem der Deutsche schreiben muß, um Professor zu werden, geht der Engländer zur See, um Erfahrungen zu sammeln», wie Justus Möser, der Freund der Stürmer und Dränger, sagt[44]. Trotz allem waltet im ganzen Jahrhundert ein leidenschaftlicher Wille zur Überwindung des Provinzialismus in Deutschland, und der Weg von Gottsched zu einer Klassik von weltweiter Wirkung am Ende des Jahrhunderts zeigt, wie die Enge der Verhältnisse auch zu einer Konzentration aller Kräfte im Geistigen führt, die unter günstigeren äußeren Bedingungen vielleicht stärker im politischen oder ökonomischen Feld Ausdruck gesucht hätten.

Bürger und Adlige als Sujets

Mit wachsendem Selbstbewußtsein des Bürgertums will es seine Sphäre auch literarisch ernstgenommen sehen. Während das Barock die Tragödie und den Roman hohen Stils Fürsten und Adeligen vorbehielt und das Bürgertum sowie die unteren sozialen Schichten auf die Komödie und den Schelmenroman beschränkte, verwischen sich jetzt die Grenzen. In England, wo die Emanzipation des Bürgertums am weitesten fortgeschritten ist, entsteht der seriöse bürgerliche Roman Samuel Richardsons und als dessen Entsprechung im Felde des Dramas das bürgerliche Trauerspiel. Es erweitert den Umkreis des Tragödienpersonals um den Bürger als Helden mit der Begründung, die Gattung gewinne so eine größere Allgemeinverbindlichkeit. In Frankreich, wo sich die klassische Tradition der höfischen Tragödie als übermächtig erweist, etabliert die Komödie als Comédie larmoyante, zu deutsch «rührendes Lustspiel», ein teils heiteres, teils sentimentales Bild der bürgerlichen Welt, und die entsprechende Veränderung vollzieht sich mit dem Schelmenroman, der ursprünglich die Schlechtigkeit des Bestehenden radikal satirisch als Zeichen der Schlechtigkeit der Welt überhaupt gedeutet hatte. Er wird in bürgerlicher Haltung weltoffen. Der humoristische Roman der Renaissance – *Don Quijote* mit seinem Abgesang auf das Rittertum, auch Rabelais' *Gargantua* und *Pantagruel* mit seinem den Menschen doch bejahenden universalen Spott, in dessen Wendung gegen sich selbst und das Publikum der Erzähler als Subjekt heraustritt, werden neu rezipiert. Bei alledem entstehen die Misch- und Neuformen des sogenannten mittleren Romans, die insgemein aus dem traditionellen, ständisch verankerten Schema ausbrechen, sei es, indem sie den adligen Helden seiner Vorbildlichkeit berauben oder mit bürgerlichen Gesinnungen ausstatten, sei es, indem sie den bürgerlichen Schelm aufwerten und ihm menschliches Gewicht geben. Diese Entwicklung bahnt sich in Deutschland im spätbarokken Trivialroman an und vollzieht sich in England und Frankreich auf hohem literarischem Niveau, so etwa im französischen Sittenroman des Abbé Prévost d'Exiles (1697–1763; *Histoire du chevalier des Grieux et de Manon Lescaut*) oder Marivaux' (1688–1763).

Bei der Darstellung des Bürgerlichen geht es zunächst um die Konsolidierung und Propagierung von Werten der Menschlichkeit und des Gemüts, in denen der Bürger sich dem Adligen gleichstellt; die Figuren des bürgerlichen Trauerspiels können deshalb durchaus dem Adel angehören, wenn nur ihr Lebensstil bürgerlich ist: so schon der «Sir» Sampson in *Miss Sara Sampson* von Lessing, dem ersten deutschen bürgerlichen Trauerspiel. Ein intimer Bezirk der Familie und der Familiarität tritt meist deutlicher vor Augen als die Berufswelt, bis dann – etwa mit Lessings *Emilia Galotti* – der so zu sich selbst gekommene Stand in seiner Konfliktlage zum Hof dargeboten wird. Häufiger als die meist utopische Züge tragende Etablierung des Helden als Reformators des Hofes – so in Wezels *Herrmann und Ulrike* – ist der Rückzug aus der großen Gesellschaft in kleine Liebes- und Freundschaftsbünde, oft auf dem Lande: im Bereich des Dramas etwa in *Minna von Barnhelm*, als Tendenz bei Graf Appiani, Graf Egmont, Karl Moor, Bourgognino in *Fiesco*, Max Piccolomini; im Bereich des Romans in Gellerts *Schwedischer Gräfin*, Pfeils *Geschichte des Grafen von P.*, Knigges *Peter Clausen*, Goethes *Werther* u. ö.

Der Verklärung des Hofes hatte der spanische Jesuit BALTHASAR GRACIAN (1601–1658) schon im Barock das düstere, gemeineuropäisch rezipierte Bild höfischer Bosheit und Intrige entgegengestellt, denen der Hofmann mit ständigem Mißtrauen, in gespanntester Selbstbewahrung begegnen müsse. Die Kritik des Hoflebens aus der Innensicht geht im 18. Jahrhundert in die Kritik von außen über. Dabei werden die Ständefronten zuerst als moralische Fronten bewußt; die Kritik richtet sich schärfer gegen den Umkreis des Fürsten als gegen diesen selbst, der häufig sogar ausgespart wird. Der Bürger definiert sich weniger durch seine soziale Stellung, mehr durch seine Moralität im Verhältnis zu aristokratischer Unmoral. Der adelige Verführer bürgerlicher Unschuld ist eine Lieblingsfigur der Dichtung. «– mit Buhlschaften dien' ich nicht!

Solang der Hof da noch Vorrat hat, kommt die Lieferung nicht an uns Bürgersleut'!» begehrt in *Kabale und Liebe* der alte Musikus Miller gegen den Präsidenten auf[45], und sogar der vom Schelmenroman herkommende Heldentypus in seiner moralischen Fragwürdigkeit kann sich bei Hofe noch als Unschuldskind erweisen – so Knigges Peter Clausen. Goethe schildert diese Zeitströmung mit ihren Ausläufern zur Trivialdramatik in *Dichtung und Wahrheit* ironisch: «Von dieser Zeit an wählte man die theatralischen Bösewichter immer aus den höheren Ständen; doch mußte die Person Kammerjunker oder wenigstens Geheimsekretär sein, um sich einer solchen Auszeichnung würdig zu machen. Zu den allergottlosesten Schaubildern aber erkor man die obersten Chargen und Stellen des Hof- und Ziviletats im Adreßkalender, in welcher vornehmen Gesellschaft denn doch noch die Justitiarien, als Bösewichter der ersten Instanz, ihren Platz fanden»[46]: Die untergeordneten Intriganten, Wurm etwa in *Kabale und Liebe*, sind korrumpierte Bürger.

Gerade weil das Bürgertum dazu neigt, seine Ideale und Normen nicht als schichtenspezifisch, sondern als allgemein-verbindlich zu formulieren – von hier aus gewinnen Schlagworte wie Menschlichkeit, Humanität, ihre Durchschlagskraft –, können Adel und Hof nicht nur am Maße des Bürgertums gemessen und von ihm aus kritisiert werden; sie können umgekehrt auch als Träger bürgerlicher Zielvorstellungen Verwendung finden – zum moralisch bösen Adeligen gehört als Pendant der aufgeklärte, im bürgerlichen Sinne moralisch gute. Einmal ist hier ein wichtiges Phänomen der gesellschaftlichen Wirklichkeit der Zeit erfaßt, die eben den verbürgerlichten Adeligen ebenso kennt wie den aufgeklärten Absolutismus oder die verbürgerlichten Musenhöfe etwa in Kopenhagen, Weimar, Darmstadt, Karlsruhe. Es gehört zum Bild Deutschlands im 18. Jahrhundert, daß auch politisch extreme Aufklärer Rückhalt bei deutschen Aristokraten fanden – so der Journalist Wilhelm Ludwig Wekhrlin beim Fürsten Ernst von Oettingen-Wallerstein, der Illuminat Adam Weishaupt beim Herzog Ernst von Gotha, der Journalist und Deklamator Karl Ignaz Geiger beim Grafen von Erbach[47]. Es findet sich in Deutschland sogar ein Herzog, nämlich Friedrich Christian zu Schleswig-Holstein (1765–1814), der für die Abschaffung des Erbadels eintritt und mit der Französischen Revolution sympathisiert[48]. Damit ist aber noch nicht hinreichend erklärt, wieso aufgeklärte Herrscher, aufgeklärte Aristokraten eine geradezu zentrale Stellung in der bürgerlichen Literatur des 18. Jahrhunderts einnehmen können – von dem adeligen Tellheim, der mit seinem bürgerlichen Wachtmeister Werner befreundet ist, und Minna von Barnhelm, die den aristokratischen Ehrenkodex relativiert, über den Grafen Appiani, den Sultan Saladin, den Grafen Moor, der die Republik herstellen will, Ferdinand von Walter, Don Karlos, König Thoas, den Grafen Egmont, Götz von Berlichingen, Marquis Posa bis hin zu Sarastro und Bassa Selim.

Die Funktionen, die solchen Projektionsfiguren bürgerlicher Idealvorstellungen zugewiesen werden, sind mannigfaltig. Es wird mit ihnen, etwa in Vossens Idylle *Die Freigelassenen*, Propaganda für eine Reform von oben gemacht, die von unten nicht durchgesetzt werden kann – hier liegt eine Analogie zur Ideologie des aufgeklärten Absolutismus vor, der viel für das Volk, aber nichts durch das Volk tun wollte. Aufgeklärte Adelige haben weiter die Funktion, die Überparteilichkeit bürgerlicher Ziele zu demonstrieren. Wenn der Major von Walter die allgemeinmenschlichen Rechte des Herzens gegen den Adelsbrief ausspielt, hat das eine doppelte Überzeugungskraft. Adelsfiguren wie Götz von Berlichingen schließlich haben historischen und sozialen Spielraum zur Darstellung bürgerlicher Lebensideale wie der allseitigen Ausbildung der Persönlichkeit – noch Wilhelm Meister sieht sie als Adelsvorrecht an – und zur Herstellung von Öffentlichkeit und politischer Praxis, die dem Bürgertum der Zeit versagt sind.

Dabei zeigt sich an Götz von Berlichingen oder Ferdinand von Walter auch, daß literarische Darstellungen hohen Ranges die Projektion an die Realität anknüpfen; bei Götz von Berlichingen etwa wird in der Ausfaltung des Spielraumes schon dessen tragische Zerstörung exponiert, so daß hier prozessual ausgewickelt erscheint, was als Entwicklungshemmnis in der realen Situation der Zeit in dumpfer Zuständlichkeit verhüllt bleibt; bei Ferdinand von Walter wird im bürgerlichen Programm des adeligen Helden ein höchst aristokratischer Verfügungsanspruch sublimiert, so daß der Idealgestalt des Adeligen zugleich seine Kritik eingezeichnet ist. Noch ein anderes ist die spielerisch-märchenhafte Verwendung des ritterlichen Stoffbereiches, bei der die Diskrepanz zwischen ritterlicher Staffage und bürgerlichem Weltbild ironisch zur Geltung gebracht wird. Nur auf der Trivialebene – etwa in der sich an den Erfolg des *Götz* anheftenden Schauer- und Ritterdramatik – wird eine unverbindliche, lediglich kontrastierende Welt entworfen, in der sich der bürgerliche Stubenhocker im Blick auf die Schattengestalten einer ganz anderen, heroischen Tatwelt von der Enge und Prosa seines Lebens erholt. Immerhin fällt noch bei der hochironischen Schilderung der theatralischen Lesegesellschaft in *Wilhelm Meister*, die sich an Punsch und Ritterdramatik berauscht, das Stichwort von der «Treuherzigkeit, Rechtlichkeit und Redlichkeit» sowie der «Unabhängigkeit der handelnden Personen». «Jedermann war von dem Feuer des edelsten Nationalgeistes entzündet» – ein patriotisches Pfingstfest ganz anderer Art, als es Friedrich Karl von Moser in seiner Schrift *Von dem deutschen National-Geist* vorschwebte[49].

Das Leitbild der Antike

Noch wichtiger als die Epoche des Mittelalters oder die germanische Zeit, in die Klopstock und die Bardendichter ihre Wunschwelt entwerfen, ist für das geistige Leben des 18. Jahrhunderts die Antike. Ihre literarische Aneignung, die sich in der Anakreontik, in der Aufnahme der antiken Odenform und in der Idyllendichtung Geßners anbahnt und über Winckelmann schließlich zur deutschen Klassik hinführt, ist in einem großen kulturgeschichtlichen Zusammenhang zu sehen: Bleibt im Mittelalter die Antikentradition dem christlichen Weltbild ein- und untergeordnet, so wird sie mit Humanismus und Renaissance zu einer Dominante in dem Bezugssystem, innerhalb dessen die kulturelle Selbstverständigung und Selbstdeutung der Epochen sich vollzieht. Dabei entwickelt jede Epoche ein neues, verändertes Antikenbild. Das Barock hält sich an die imperiale römische Antike. Literarische Vorbilder sind die römische Stoa, die Tragödie des Seneca, die römischen Rhetoren, während das Vorbild der griechischen Tragödie, die in der Renaissanceschöpfung der Oper erneuert werden sollte, in der glanzvollen barocken Geschichte der Gattung längst verblaßt ist. Das Antikenbild ist heroisch-politisch oder, wie in den Gedichten Gryphius' und noch in den Veduten Giovanni Battista Piranesis, heroisch-elegisch. Die Vereinigung von Buch und Schwert bei Julius Caesar oder Marc Aurel gibt ein Modell für den Barockhof in seinem kulturellen und politischen Anspruch. Das antike Reiterstandbild Marc Aurels ist ein Fixpunkt für die Herrscherdarstellung in Renaissance und Barock. Die an der römischen Antike orientierte Palastarchitektur des Renaissancearchitekten Andrea Palladio bleibt im gesamten 18. Jahrhundert maßgeblich für herrschaftliche Bauwerke. Diese römische Orientierung ist wieder bestimmend für die Französische Revolution, nun aber in republikanischer Wendung: Brutus statt Caesar. Auch Deutschland im 18. Jahrhundert kennt diese Leitbilder: Goethe plante eine Caesar-Tragödie, und Schiller war der römischen Antike nahe. Caesar, Brutus sind Leitsterne Karl Moors. Von Gottsched bis Goethe ist die lateinische Literatur mit Vergil und Horaz selbstverständlicher Besitz. Frühklassizismus und Zopfstil beziehen sich auf die hellenistische Epoche in Griechenland und Italien mit ihrer urbanen Kultur, wie sie sich etwa im pompeianischen Stil der Wandmalerei spiegelt.

Entscheidend aber wird für die Antikenrezeption des 18. Jahrhunderts in Deutschland die griechische Antike der klassischen Zeit, und das ist um so erstaunlicher, als die materialen Zeugnisse dieser Kultur damals in Deutschland noch sehr selten waren – in Ermangelung von größeren und originalen Denkmalen spielten Gemmen und Münzen sowie Gipsabgüsse von Plastiken, etwa im berühmten *Antikensaal zu Mannheim,* über den Schiller 1785 enthusiastisch schrieb, eine besondere Rolle. Auch der Griechenkult der Renaissance und des Humanismus war längst verflogen. In der Tat ist vieles, was dem 18. Jahrhundert klassisch schien, zeitlich nachklassisch, so die Laokoongruppe des Vatikan, wohl das meistdiskutierte Werk überhaupt. Im Zuge der Entwicklung rücken nach Anakreon und Theokrit die griechischen Tragiker, Homer und Pindar ins Blickfeld, und man findet weniger das Heroische an ihnen als das Ideal einer neuen Zeit: Humanität und Natur, die sich als Empfänglichkeit des Gefühls, harmonische Bildung, stille Sammlung, Mitmenschlichkeit, Weltfrömmigkeit bezeugt. So spielt Lessing in seinem *Laokoon* die Menschlichkeit der griechischen Tragödie gegen den kalten Heroismus der römischen Gladiatorenspiele aus; so entdeckt man, nach jahrhundertelangen Raubgräbereien, in der sorgfältigen Freilegung von Pompeji und Herculaneum den Reiz des privaten Lebens der Antike (vgl. Schillers Gedicht *Pompeji und Herculanum,* 1796); so hat Goethe die heroische *Achilleis* aufgegeben und das antikisierende Bürgerepos *Hermann und Dorothea* oder die Hexameteridylle *Alexis und Dora* vollendet, in denen sich die bürgerlich-intime Antikenauffassung der Geßner, Hagedorn, Lessing, Voß sammelt; so liest Goethes Werther, wie er am 21. Junius schreibt, beim Zurechtmachen der Zuckererbsen «seinen» Homer, und in den *Gedanken über die Beschaffenheit einer deutschen Übersetzung des Homer* (1772) sieht Gottfried August Bürger ihn als «braven ehrwürdigen Mann nach altem Schrot und Korn». Auch das dionysische und chthonische Element der Antike, das in der Romantik und im 19. Jahrhundert Kleist, Novalis, Nietzsche, Bachofen entdeckten, bleibt eine Unterströmung, faßbar vor allem in den emphatischen Oden und Hymnen des jungen Klopstock, des jungen Goethe und des jungen Schiller, in der Gestalt Heinses, vielleicht noch in den antikisierenden Idyllen und der *Dithyrambe* Maler Müllers. Voll entfesselt und zur Erscheinung gebracht wird das Dionysische erst in Beethovens Symphonik und in Kleists *Penthesilea* (1808). Ohne die siebente Symphonie (1812) und den Schlußchor der neunten (1823) auf Schillers *Lied an die Freude* wüßte das Zeitalter nicht, was Ekstase ist.

Mit der Wandlung des Bezuges verändern sich Auffassung und Funktion der antiken Mythologie und der mythologischen Stoffe. Sie sind in der bildenden Kunst der Renaissance und des Barock allgegenwärtig und stehen gleichberechtigt neben den biblischen Vorwürfen. Aber gerade dieses Nebeneinander zeigt, daß die Antike weniger als eigenständige geistige Welt gemeint ist denn als Vorrat monumentaler Gesten, Handlungen, Konstellationen, Personnagen. Das gleiche gilt für die Antike als Stoffwelt der Dichtung: Die barocke Märtyrertragödie des Andreas Gryphius hat die gleiche Struktur, ob sie nun moderne christliche Herrschergestalten wie Catharina von Georgien und Carolus Stuardus oder den römischen Rechtsgelehrten Papinian zu Helden nimmt. Es geht in der Stoffwahl nicht um geistige Entscheidungen, und das gilt auch noch für Gottscheds Spartanertragödie *Agis* oder seinen *Sterbenden Cato* wie für Johann Elias Schlegels Tragödien mit antiken Stoffen. Die Antike ist Kostüm in Racines *Phädra* wie in seiner *Iphigenie*, in Molières *Amphitryon* wie in den Barockversionen der Orpheus-Thematik, bis mit CHRISTOPH WILLIBALD GLUCK (1714–1787) der deus ex machina aus einer bloßen Allegorie geistig vertieft wird zur Gestalt der innerweltlichen Gottheit der Liebe, die sich als menschliches Urverhältnis in *Orfeo ed Euridice* (1762) darstellt, und mit Goethes *Iphigenie* eine Frömmigkeit verkündet wird, in welcher der vollkommene Mensch als Bild und Offenbarung des Göttlichen auftritt. Der klassische Goethe ironisiert «die kauzenden, auf Kragsteinlein übereinander geschichteten Heiligen der gotischen Zierweisen» gegenüber antiken mythologischen Bildwerken, in denen er Grundformen naturhaften Lebens sah[50].

In diesem Sinne überhaupt wird in der deutschen Aufklärung die antike Mythologie gedeutet, während sie im Barock als mythologischer Apparat in höchstem Maße formalisiert und neutralisiert war – ein Gebrauch, der in den Zephiren und Amoretten, in Luna, Venus und Endymion der Anakreontik noch fortwirkt. Venus ist nur eine gehobene Vokabel für Liebe, Mars für Krieg, Zeus für den absoluten Herrscher usw. Wenn dagegen Lessing in seiner Schrift

Wie die Alten den Tod gebildet (1769) Motive antiker Mythologie
interpretiert, nimmt er sie in ihrem Inhalt ernst: als Ausdruck einer
Todesbegegnung, die von der christlichen elementar unterschieden
ist. In diese Richtung geht die Entwicklung weiter: Dem jungen
Goethe sind Prometheus und Ganymed, Bacchus und Apoll nicht
mehr rhetorische, sondern existentielle Figuren, rauschhaft erfahrene Lebensmächte, die sich in der Klassik, etwa in der *Götterlehre*
von Karl Philipp Moritz, abklären und konturieren zu einem festlichen Reigen von Urbildern der Phantasie – Mythologie nicht als
religiöses, aber als Kunstereignis. Goethe preist die «reine Verehrung der Götter als Ahnherren, die Bewunderung derselben
gleichsam nur als Kunstwerke . . .» bei den Griechen[51].

Noch in dritter Hinsicht ändert sich die Antikenbeziehung.
Renaissance, Barock und die Aufklärung bis zu Klopstock hin sehen sich in einem Wettbewerb mit der Antike, der auf ein letztendlich technisches Verhältnis zu ihr weist. Die von Charles Perrault
(1628–1703) mit Nachdruck gestellte Frage, ob die Moderne die
Antike einhole, hinter ihr zurückbleibe oder sie übertreffe, ist ein
wichtiges Thema auch der deutschen Kunstdiskussion, und noch
Klopstock beantwortet sie zugunsten der Moderne, weil die Christen heller im Sittlichen sehen. Die moderne Kunst ist nicht in erster Linie anders, sondern «besser» als die antike. Auf dem Boden
eines solchen Wettbewerbs wird die Antike als geschlossene
geistige Gestalt gar nicht wahrgenommen. Sie ist ein Arsenal von
Lösungen, Vorstellungen und Formen, die je für sich übernommen
werden können, und so schreibt Klopstock ein christliches Epos in
Hexametern und christliche Oden in lyrischen Maßen der Antike
ebenso ungeniert, wie Dramatiker des 17. und des frühen 18. Jahrhunderts bestimmte Elemente antiker Dramaturgie, zum Beispiel
die Einheiten der Handlung und der Zeit, übernehmen und andere,
etwa die Katharsis, beiseite lassen oder wie Architekten des
Barock aus dem Formenschatz der Antike Bestände wie die korin-
thische Säule oder den Architrav entnehmen und mit ihrer Hilfe
Baugedanken verwirklichen können, die der Antike völlig fremd
sind. Bei Lessing dagegen herrscht das Bestreben, die aristotelische
Dramaturgie als geschlossene Konzeption zu begreifen, in der die
einzelnen Thesen einander wechselseitig bedingen, stützen und
auslegen und alle zusammen beschreiben, was dem Drama natur-
gemäß ist.

Sturm und Drang sowie Klassik schließlich entwickeln ein zugleich normatives und geschichtsphilosophisches Verständnis der Antike. Es gibt für Herder keine modernen Pindare, Homere, Vergile usw., wie sie Barock und frühere Aufklärung entdecken und feiern zu können glaubten, weil die Antike als politische, gesellschaftliche und geistige Gestalt unwiederbringlich dahin ist; weil die Frage seiner Festschrift *Haben wir noch jetzt das Publikum und Vaterland der Alten?,* in der er 1765 Katharina der Großen, der aufgeklärten Herrscherin Rußlands, huldigt, zu verneinen ist: In der Antike war der Name Volk ehrwürdig, «er begriff alle Bürger»; in der modernen differenzierten Gesellschaft meint er «so viel als Pöbel und Canaille», und das Theaterpublikum kann «kaum ein Schatte des griechischen sein.» «. . . der große Haufe dieses vielköpfichten Geschöpfes, wo hat der seinen Sitz und Stimme? Wo soll man stehen, um sich von diesem Publikum richten zu lassen? auf dem Markt oder in Privathäusern?» Nur weil die Antike dahin ist, kann sie aber auch als ideale Gestalt vor unseren Augen wiederauftauchen. «Was unsterblich im Gesang soll leben, muß im Leben untergehn» ist der Schluß von Schillers Elegie *Die Götter Griechenlands* (1788; 2. Fassung 1793). Die Antike als Ideal ist ihm eine harmonische Kindheit, die keimhaft enthält, was die Menschheit in ihrem Mannesalter zu entfalten hat, sie ist somit als Wirklichkeit fern und als Forderung nah; bei Goethe ist die Antike das alte Wahre, das als alt am deutlichsten an seinem Ursprung erscheint, als wahr ewig gültig ist. Auf dieses Wahre hin ist die Gegenwart durchsichtig zu machen, denn: «Unter allen Völkerschaften haben die Griechen den Traum des Lebens am schönsten geträumt[52].»

Die Lehre von der Dichtung und das Lehrgedicht

Das Verhältnis der Aufklärung zu den Künsten

Eine Epoche, die wie die Aufklärung ursprünglich vernünftig, praktisch und moralisch eingestellt ist, kann keine wesentlich künstlerisch gestimmte Zeit sein. Die Aufklärung geht an der Architektur, der bildenden Kunst und der Musik zunächst vorbei, und diese Künste verlieren wenig dadurch. Dem Barock noch lange verhaftet, stehen sie an Höhe des künstlerischen Ausdrucks über der Dichtung, die zur Domäne der Aufklärung wird. Gegenüber dem 17. Jahrhundert, das im Barock einen einheitlichen, alle Lebensgebiete prägenden Zeitstil besitzt, ist dem 18. Jahrhundert eine solche stilistische Einheitlichkeit versagt. Johann Sebastian Bach, der die Summe der Barockmusik zieht, stirbt 1750, mitten in der Aufklärungsepoche, Georg Friedrich Händel 1759. Die großartigsten Lösungen des barocken Kirchenbaus finden sich erst um die Mitte des Jahrhunderts bei Johann Michael Fischer und Balthasar Neumann. Die im Barock entwickelte hufeisenförmige Schloßanlage bleibt bis zum Ende des Jahrhunderts herrschend. Während Mode, bildende Kunst und Architektur als Rokoko kontinuierlich die Formensprache des Barock weiterbilden, bis sich im letzten Drittel des Jahrhunderts klassizistische Tendenzen durchsetzen, ist die Literatur von einem geistigen Umschwung in der Tiefe bestimmt noch da, wo motivliche und formale Zusammenhänge mit dem Barock vor Augen liegen – speziell in der Anakreontik, die man als literarisches Rokoko bezeichnen kann.

In der Dichtung findet die Aufklärung ihre adäquate Kunstform, weil Dichtung die «vernünftigste» Kunst ist. Die Sprache als ihr Ausdrucksmittel ist von Natur Sinnträger, Ton und Farbe sind es nicht. Die Dichtung ist infolgedessen am besten zur Aufnahme moralischer und erzieherischer Inhalte geeignet. Außerdem ist die Dichtung, verbreitet durch den Druck, eine relativ «billige» und voraussetzungsarme Kunst. Musik muß man einüben und aufführen; zu ihrer großen Entfaltung braucht sie, ähnlich der bildenden Kunst und Architektur, tragende Institutionen wie Hof und Kirche, die aber für die Ausprägung einer weltlichen bürgerlichen Kultur nicht in Frage kommen. Das Buch kann in jedes Haus dringen und ist als Massenmedium zugleich auf den intimen Lebenskreis des Bürgers abgestimmt, dem die großen öffentlichen Formen der Selbstdarstellung noch fehlen. Dabei ist Öffentlichkeit im modernen Sinne ein Pendant der Privatsphäre. Man hat von der «öffentlich relevant gewordenen Privatsphäre der Gesellschaft» gesprochen[53]. Das Theater etwa stellt im bürgerlichen Trauerspiel oder in der Comédie larmoyante nicht große Haupt- und Staatsaktionen, sondern die bürgerliche Privatsphäre als vorbildlich aus. In ihr kann und soll der Mensch wahrhaft Mensch sein; am Maßstab solcher im Intimbereich wurzelnder Menschlichkeit mißt eine kritische öffentliche Meinung die Einrichtungen von Staat und Gesellschaft, etwa wenn sie das Recht des Herzens gegen die Ständeordnung ausspielt.

Offensichtlich liegen die Gründe der Aufklärung für eine besondere Wertschätzung der Dichtung nicht im eigentlich künstlerischen Bereich. Erst ganz langsam bildet sich im Verlauf der Epoche ein Sinn für die Autonomie des Ästhetischen, für die Eigenständigkeit des sprachlichen Kunstwerkes aus. Aber wenn es auch unspezifische Gesichtspunkte sind, unter denen man die Dichtung zunächst sieht, so wird sie doch auf diese Weise in ein anthropologisches Gesamtkonzept einbezogen, ja, sie bekommt darin sogar eine Zentralstellung, die sie bisher nicht besessen hat. Die auf den Menschen und seine Erziehung gesammelte Aufklärung findet in der Dichtung ein Ausdrucksmittel, das in einzigartiger Weise zwischen Geistigkeit, Sittlichkeit und Sinnlichkeit, den Grundkräften des Menschen, wie ihn der Aufklärer sieht, vermittelt. Der Begriff «Geschmack», der im Wortgebrauch der Zeit dieses Spannungsfeld von Geistigkeit, Sinnlichkeit und Sittlichkeit als Ganzes meint, bildet einen Kernpunkt der Kunstdiskussion der Zeit. Er wurde von dem sächsischen Hofdichter JOHANN ULRICH KÖNIG (1688–1744) in Anknüpfung vor allem an französische Autoren durch seine *Untersuchung von dem guten Geschmack in der Dicht- und Redekunst* 1727 in Deutschland eingeführt[54].

Es entsteht somit die paradoxe Situation, daß eine von Hause aus dichtungsferne Epoche ein Großteil ihrer kritischen und schöpferischen Kräfte auf das literarische Leben richtet, wodurch sie langsam doch ein wesentliches Verhältnis zur Dichtung gewinnt. Diese Paradoxie wiederholt sich noch einmal im Verhältnis von Dichtung und Dichtungstheorie: Als kunstfremde Gesinnung kommt die Aufklärung über die Poetik zur Literatur; in der Poetik kommt sie aber auch über sich selbst hinaus, denn durch das Wunder des Schönen wird dem nur vernünftigen, praktischen und moralischen Denken je länger je mehr seine Unzulänglichkeit vor Augen geführt. Am Ende der Epoche steht das Verständnis der Kunst als einer qualitativ eigenständigen Leistung des menschlichen Geistes und die philosophische Tendenz, in der Fähigkeit zur Kunst das höchste synthetisierende Vermögen des Menschen zu sehen.

Gottsched und die Schweizer

Unter diesen Voraussetzungen erscheint es geschichtlich sinnvoll, daß am Beginn der Aufklärungsdichtung ein Theoretiker, Reformator und Organisator steht. Es ist der Wolff-Schüler JOHANN CHRISTOPH GOTTSCHED (geb. 1700 bei Königsberg, gest. 1766 in Leipzig als Professor der Poesie und Philosophie, wohin er 1724 vor den preußischen Werbern geflohen war, die es auf «lange Kerls» für den Soldatenkönig Friedrich Wilhelm I. abgesehen hatten). Sein für die deutsche Literaturgeschichte wichtigstes Werk *Versuch einer Critischen Dichtkunst vor die Deutschen* (1730, 4. A. 1751) steht in der Traditionslinie der Renaissance- und Barockpoetik, die sich an die antike Redekunst, die Rhetorik, anlehnte. Die Rhetorik zielt auf Überredung und bildet zu diesem Zweck ein Repertoire an Stilhaltungen, Argumentationsweisen und Argumentationsfiguren aus, das bis tief ins 18. Jahrhundert hinein ein allgemeines Bildungsgut blieb. So hat neben einer Reihe anderer Autoren auch Gottsched eine *Redekunst* geschrieben, die von 1728 bis 1759 sechsmal aufgelegt wurde. Das Argument wird in der Rhetorik weniger nach seinem Wahrheitsgehalt, der Wirklichkeitsbezug weniger nach seiner Angemessenheit zum Gegenstand, der Gefühlsausdruck weniger nach der emotionellen Verfassung des Sprechenden beurteilt als nach seiner Überredungskraft. Die schon bei Aristoteles vorfindbare These Gottscheds, Dichtung sei Mimesis, das heißt Nachahmung der Wirklichkeit, gewinnt ihren Hauptbezugspunkt in einem solchen Rahmen an dem, was Hörer oder Leser für glaubhaft halten. Natur ist kein Gegenstand, sondern ein Kriterium; Naturnachahmung meint zunächst das Treffen von konventionalisierten Darstellungs- und Erwartungsmustern, die allerdings bei Gottsched zeitgemäß abgewandelt erscheinen. Prunk und steiles Pathos des Spätbarock, etwa Lohensteins, werden abgelehnt.

Unter den modernen Poetikern sind Gottscheds besondere Gewährsleute der Theoretiker der französischen Klassik Nicolas Boileau (1636–1711) und der Aufklärungsdenker CHARLES BATTEUX (1713–1780), dessen *Traité sur les Beaux-Arts réduits à un même principe* (1746) Gottsched unter dem Titel *Auszug aus Batteux schönen Künsten* 1754 übersetzt hat. Batteux leitet die Künste aus dem einzigen Grundsatz einer Nachahmung der schönen Natur ab, wobei der Naturbegriff von der Darstellungsweise auf die Darstellungsgegenstände übergreift. Von hier, vor allem aber von Leibniz und Wolff her gewinnt Gottscheds Naturnorm eine weitere Bestimmung: Sie dehnt sich auf Ordnung, Maß und Harmonie der Dinge aus. Die Auffassung der Welt als der besten aller möglichen, die Gottsched durch die Übertragung von Leibniz' Hauptwerk, der *Theodicee,* ins Deutsche (1744) propagierte, mußte dazu anregen, das Kunstwerk als Nachahmung der Vollkommenheit und Ordnung der Welt zu verstehen. Trotz der Ansätze und Versuche in dieser Richtung gelingt es Gottsched aber nicht, der nur praktisch eingestellten Anweisungspoetik der älteren Zeit eine umfassende philosophische Grundlegung zu geben. Der Rahmen bleibt durch die Tradition gesteckt. Programmatisch steht *De arte poetica* von Horaz am Anfang der Dichtkunst. Bei der Durchführung der Poetik bleibt Gottsched in handwerklichen Regeln für die Anfertigung von Gedichten stecken, wobei der alte Horazische Gedanke, Dichtung müsse nützen (prodesse) und ergötzen (delectare), bei Gottsched besonders eng wird. Die *Odyssee* ist ihm Illustration des moralischen Satzes, «daß die Abwesenheit eines Hausvaters oder Regenten üble Folgen nach sich ziehe». Die aus der Antike abgeleiteten Einheiten des Ortes und der Zeit (*ein* Tag) für die Dramenhandlung werden mit der äußerlichen Plausibilitätserwägung begründet, der Zuschauer bleibe «doch selbst, ohne zu essen, oder zu trinken, oder zu schlafen, immer auf einer Stelle sitzen»[55]. Die Besonderheit der dichterischen Belehrung und Darstellung liegt darin, daß sie auf «witzige» und anmutige Weise zu erfolgen hat, das heißt der Poet muß in seinem Werk einen Beziehungsreichtum von dargestelltem Sachverhalt und gemeintem Sinn verstecken, dessen Aufhellung dem Leser Vergnügen bereitet. Dichterische Begabung wird als geistreiches Kombinationsvermögen verstanden.

Trotz ihrer Schwächen wirkte Gottscheds Poetik bahnbrechend, weil sie durch ihren philosophischen Anstrich den Zeittendenzen entsprach und durch ihre Lehrhaftigkeit schulebildend werden konnte. Noch größere Bedeutung aber gewann Gottsched als Bühnenreformator. Er fand schlimme Zustände vor. Die großen Dramen des deutschen Barock waren vor allem durch Gymnasien oder geistliche Orden zur Aufführung gebracht worden. Berufsschauspieler für ein breites Publikum kamen aus Italien mit der Stegreifkomödie der commedia dell'arte, die auf tänzerisch-akrobatisches Spiel von maskentragenden Berufs- und Ständetypen abgestellt war, und vor allem aus England. Die englischen Komödiantentruppen spielten zunächst in englischer Sprache, füllten sich aber allmählich mit deutschem Personal auf. Auch ihr Spiel war mehr aktionistisch als sprachlich orientiert; ihre Spielvorlagen waren auf das Handlungsgerüst reduzierte Werke der englischen Bühne, auch Shakespeares, später der gesamten europäischen Literatur. In die sogenannten Haupt- und Staatsaktionen, Zerrbilder des höfisch-barocken Trauerspiels, waren komische Szenen eingesprengt, in denen der englische Clown, der holländische Pickelhering, der Hans Wurst deutscher Tradition oder der Harlekin des romanischen Theaters als stehende Figuren in der Funktion von Dienern oder Boten oder in einer anderen Einkleidung auftraten. Im Gegensatz zu den heroischen Helden und Heldinnen vertreten diese komischen Figuren den Part des animalischen Lebenstriebes mit grobem, aber gesundem Menschenverstand. In allen Fällen handelte es sich um unterliterarisches Theater sozial deklassierter Wandertruppen für ein anspruchsloses Publikum, während die Höfe prunkende theatralische Gesamtkunstwerke aus Musik, Ballett, Feuerwerk und Sprache zur Verherrlichung des Monarchen zu zelebrieren liebten und sich im allgemeinen auf italienische Oper und französisches Schauspiel beschränkten, allerdings auch Interesse am Gymnasial- und Ordenstheater zeigten, das jedoch am Beginn des 18. Jahrhunderts seine Bedeutung verlor.

In diese Situation trat Gottsched mit der Absicht, die deutschen Berufsschauspieler künstlerisch und sozial zu heben und ein literarisches deutsches Sprechtheater für ein gebildetes, vorwiegend bürgerliches Publikum einzuführen. In bemerkenswerter sozialer Vorurteilslosigkeit schloß sich der berühmte Professor dafür mit

CAROLINE NEUBER (1697–1760), der begabten künstlerischen Leiterin einer häufig in Leipzig spielenden Truppe, zusammen, die noch als Sterbende das Elend ihres Berufes erfahren mußte. Ein Wirt in Laubegast bei Dresden verwies sie aus seinem Hause, damit es nicht durch den Tod einer Komödiantin unehrlich würde; der Dorfgeistliche verweigerte das kirchliche Begräbnis. 16 Jahre später wurde ihr in Dresden ein Denkmal errichtet. Im Bund mit der Neuberin sollte die große Oper, ein Lieblingskind des barocken Zeitgeistes, das auch ein bürgerliches Publikum faszinierte – etwa an der ruhmreichen Hamburger Opernbühne –, zurückgedrängt werden. Die Haupt- und Staatsaktionen verschwanden Schritt für Schritt, die komische Figur, der Sprecher volkstümlicher Tendenzen, wurde 1737 in einem symbolischen Spiel vertrieben; das Bildungstheater schließt sich entschieden nach unten ab und verdrängt den Mimus, die vorsprachliche Urkraft menschlicher Vitalkomik, die alle Menschen umgreift. Das ist der Preis für die Zusammenführung von Berufstheater und Literaturdrama zu einem Nationaltheater, in der England, Frankreich und Spanien lange vorausgegangen waren und die in Italien etwa gleichzeitig stattfand.

Paradoxerweise bedurfte es in der Anfangsphase des Weges zu einem solchen nationalen Theater der intensiven Rückgriffe auf ausländische Vorbilder, die stärker als das hochmetaphysische Drama des deutschen Barock innerweltliche Konfliktsituationen, anthropozentrische Seelen- und Leidenschaftsgemälde darboten. In seiner gesamten Literatur- und Theaterreform blickt Gottsched vor allem nach Frankreich. Das von ihm herausgegebene sechsbändige Sammelwerk *Die deutsche Schaubühne* (1740–45) machte u. a. Werke von Corneille, Racine, Voltaire, Molière und Destouches in deutscher Sprache bekannt. Auch der Engländer Addison und der bedeutende dänische Komödiendichter Ludvig Holberg (1684–1754), der eine sehr handfeste Komik präsentiert, werden aufgenommen. Neben den Übersetzungen sowie drei Tragödien und einem Schäferspiel Gottscheds stehen neue, wenn auch kaum eigenständige Werke seiner Schüler und Freunde. Auch die von dem Gottschedianer JOHANN JOACHIM SCHWABE (1714–1784) edierten *Belustigungen des Verstandes und Witzes* (1741–45) enthielten hauptsächlich im Sinne Gottscheds verfaßte Dichtungen.

Für die Komödie sind Johann Theodor Quistorp und Gottscheds Ehefrau LOUISE ADELGUNDE VICTORIE GOTTSCHED (1713–1762) wichtig. Ihr heute noch interessantestes Werk, *Die Pietisterey im Fischbein-Rocke* (1736), eine rationalistische Satire gegen den Pietismus, machte Skandal und konnte nicht in der *Schaubühne* gedruckt werden. Dabei reichte das Werk bei weitem nicht an die erstaunliche polemische Radikalität heran, mit der JOHANN CHRISTIAN KRÜGER (1723–1750), ein schreibender Schauspieler bei der berühmten Theatertruppe Johann Friedrich Schönemanns, in seinen Komödien *Die Geistlichen auf dem Lande* (1743) und *Die Candidaten* (1748) Adel und Geistlichkeit attackierte. In den *Candidaten* klingt ein Thema an, das bei Lenz dann ungleich reicher und differenzierter ausgeführt worden ist. Formal fallen Krügers Werke im Gottschedkreis auf durch Reminiszenzen an die commedia dell'arte und das Feenmärchen.

Zum Begründer der bis in die Gegenwart florierenden Hamburgischen Lokalkomödie wird der Kaufmann HINRICH BORKENSTEIN (1705–1777), dessen Tochter Susette als Gattin des Frankfurter Bankiers Gontard Hölderlins Diotima wurde, mit seinem *Bookesbeutel* (1742). Wie sich die Vorrede auf Gottscheds Bühnenreform beruft, zeigt die Komödienhandlung den Triumph der in Leipzig gebildeten feinen Lebensart über den Hamburger Grobian und Schlendrian, für den «Bookesbeutel» ein mundartlicher Ausdruck ist. Er bezeichnet einen Lederbeutel, in dem man beim Kirchenbesuch das Andachtsbuch trug. Im *Bookesbeutel* ironisiert der junge Herr Sittenreich Mutter und Schwester, weil sie mit den Mägden zusammen volksmäßige Lieder singen – Reflex der aufklärerischen Polemik gegen die Gemeinschaft der Kinder mit den Dienstboten in der patriarchalischen Familie; dreißig Jahre später suchen die Stürmer und Dränger die Verbindung zum Volk, genau in dem Augenblick, wo der patriarchalische Zusammenhalt der «Herrschaft» mit dem Personal aus den unteren sozialen Schichten zu zerbröckeln beginnt.

Die Komödie der Gottschedschule ist Verlachkomödie: Wie in klassischer Weise bei der Komödie Molières werden Normwidrigkeiten des Verhaltens, die das Funktionieren der gesellschaftlichen Kommunikation stören, aus dem Blickwinkel der Gesellschaft aufs Korn genommen. Die Komik der älteren Wandertruppen floß aus dem unvereinbaren Nebeneinander einer sich plebejisch gebenden Vitalsphäre und dem ständisch in der Aristokratie verankerten Pathos der Beständigkeit; die literarische deutsche Barockkomödie war beherrscht von der Komik, die aus der Anmaßung eines nicht zustehenden gesellschaftlichen Ranges entstand; Gesellschaft wurde als ein ständischer Stufenbau der Ungleichheit gedacht. Jetzt ist sie der Spielraum aller, für die gleiche Spielregeln gelten.

Während so die Komödie, auf Charaktertypik und oft recht derbe Situationskomik mit lehrhaftem Ende angelegt, den Kontakt mit dem bürgerlichen Alltag herstellt, behält Gottsched für die Tragödie die höfische Haltung bei, allerdings in Schwundform. Das wichtigste unter seinen drei Trauerspielen in Alexandriner-Versen ist der *Sterbende Cato* (1732), in Anlehnung an Addison und Deschamps geschrieben. Gegen die Leidenschaft steht Überlegung, statt der heroischen Gebärde wird vernünftige Gefaßtheit propagiert. Die Helden scheitern untragisch, aus vermeidbaren Fehlern, da die Welt ja ihrem Wesen nach vernünftig ist, nicht mehr Schattenspiel der Unbeständigkeit, das im Blick auf einen jenseitigen Sternenhimmel fester Werte bestanden werden muß. Seine anderen Trauerspiele sind *Agis* (1745) nach einem Stoff aus der griechischen Geschichte und *Die parisische Bluthochzeit* (1745) über die Bartholomäusnacht 1572, den berüchtigten Massenmord an den französischen Hugenotten, der auch sonst in der Dichtung Widerhall gefunden hat, u. a. bei Christopher Marlowe. Durch seine Orientierung an der höfisch bestimmten französischen Klassik verurteilt sich Gottsched selbst zu einer zwiespältigen Rolle. Seine Zielsetzung wird von Größeren aufgenommen, sein Weg verbietet sich bald für eine Gesellschaft, die bürgerlich zu fühlen und zu denken lernt.

Die ersten Angriffe auf Gottsched gingen vom Theater aus, das seine Pedanterie auf die Dauer nicht ertrug. Ein früherer Parteigänger Gottscheds JOHANN CHRISTOPH ROST (1717–1765) nahm die Partei der abtrünnigen Neuberin und ließ ihm auf einer Reise in jedem Posthaus ein Exemplar der Satire *Der Teufel an den Kunstrichter der Leipziger Schaubühne* (1753) einhändigen. Der Hauptstoß erfolgte aus der Schweiz durch zwei Männer, die selbst in erster Linie Theoretiker waren: JOHANN JAKOB BODMER (1698–1783) und JOHANN JAKOB BREITINGER (1701–1776), beide Professoren am Gymnasium in Zürich und schon seit 1721 Herausgeber einer wichtigen Moralischen Wochenschrift *Die Discourse der Mahlern* (bis 1723). Auch die beiden Schweizer, die in engster Werkgemeinschaft lebten, betrachteten sich als Schüler Wolffs, auch für sie ist Dichtung eine Nachahmung der Natur, allerdings nun in dem neuen Sinn, daß die Naturwirkungen auf das Gemüt nachgeahmt werden sollen. In diese sensualistische wirkungsästhetische Richtung wurden die Schweizer durch die *Réflexions critiques sur la poésie et la peinture* (1719) des Abbé JEAN-BAPTISTE DUBOS (1670–1742) gewiesen. Der Betrug der Sinne ist das Ziel der Dichtung. Diese Illusionstheorie führt dazu, daß Bodmer und Breitinger viel mehr als Gottsched auf Anschaulichkeit und intensive Deutlichkeit der Darstellung drängen. Dichten ist ein Bilden, eine Malerei mit Worten. Für Gottsched ist Dichtung sinnreich, für die Schweizer sinnenhaft.

Zur Neufassung und Präzisierung des Nachahmungsbegriffs kommt bei den Schweizern eine entschiedene Erweiterung. Gottsched hatte das stofflich Wunderbare nur geduldet. Von den Schweizern dagegen wird es gefordert, und damit tritt die dichterische Phantasie, die Gottsched vernachlässigt, mehr in ihr Recht. Breitinger sieht «den Poeten an als einen weisen Schöpfer einer neuen idealistischen Welt»[56]. Milton und Shakespeare, von Gottsched als Phantasten und Schwulstdichter grimmig abgelehnt, werden von den Schweizern gepriesen; *Johann Miltons Verlust des Paradieses* (1732) ist Bodmers wichtigste Übersetzung. Überhaupt orientieren sich die Schweizer mehr, als es bisher üblich war, an der Dichtung des bürgerlichen England – alles zukunftweisende Motive, die da anklingen. Auch stilistisch vertreten Bodmer und Breitinger eine neue Forderung, auch hier muß das Wunderbare herrschen, indem der Dichter die Dinge von einer ungewohnten Seite darstellt. Das gelingt ihm, wenn er aus der Perspektive des Affekts auf die Welt sieht, denn im Affekt gewinnt die Welt ein verändertes Ansehen. Der Dichter spricht deshalb die Sprache der Empfindung, und sein Ziel ist es, das «Gemüthe mit einer süssen Unruhe» zu erfüllen[57], in der sich das dichterische Bild dem Herzen des Lesers tief einprägt. Das vernunfthafte Stilideal Gottscheds wird so durch einen affektiven Stilwillen ersetzt. Die Empfindsamkeit schafft sich Raum in der Poetik.

Der Kampf zwischen Gottsched und den Schweizern beginnt, nach anfänglichem gegenseitigem Einverständnis, 1740 mit dem Erscheinen von Breitingers *Critischer Dichtkunst*, der andere Arbeiten Bodmers und Breitingers zur Poetik vorhergehen und folgen. Die Schweizer sind nicht nur durch Einzelergebnisse, sondern auch durch ihre höhere Gesamtauffassung überlegen, die sie Gottscheds Frage nach der Anfertigung durch die Frage nach dem

Wesen der Dichtung ersetzen läßt. Louise Adelgunde Gottscheds Komödie *Der Witzling* (1745) greift mit ihrer Literatursatire in die Auseinandersetzung ein. Während Gottsched eine streitbare, aber eher kleingeistige Schülerschar für sich ins Feld führen kann, gewinnen die Schweizer wertvolle Verbündete und Gleichstrebende, allen voran JOHANN GEORG SULZER (1720–1779), Verfasser einer *Allgemeinen Theorie der schönen Künste* (1771–74), die Batteux viel verdankt, und ALEXANDER GOTTLIEB BAUMGARTEN (1714 bis 1762), Begründer der philosophischen Ästhetik in Deutschland. Baumgartens *Aesthetica* (1750–58) und GEORG FRIEDRICH MEIERS (1718–1777) *Anfangsgründe aller schönen Wissenschaften und Künste* (1748–50) stehen auf dem Boden des Leibniz-Wolffianismus und übernehmen dessen graduelle Unterscheidung zwischen dunkler und verworrener Erkenntnis einerseits, die von den unteren, sinnlichen Seelenvermögen geleistet wird, klarer und deutlicher, das heißt rationaler Erkenntnis andererseits. Kunst ist das Feld der untergeordneten sensitiven Erkenntnis und unterliegt der Beurteilung durch die Ästhetik, die durch rationale Erwägungen deren Regeln feststellt. Diese klare und deutliche ästhetische Erkenntnis der Kunst steht ihrerseits über den nur dunklen und verworrenen Geschmacksurteilen.

Bodmer gelingt es, neben diesen Ästhetikern auch das dichterische Genie der Zeit, den jungen Klopstock, auf seine Seite zu ziehen. Dennoch verläuft das Schicksal der Schweizer dem Gottscheds ähnlich. Wie häufig den Wegbereitern fehlt auch ihnen die geistige Wandlungsfähigkeit, und auf Bodmers dichterische Versuche, Dramen und steife alttestamentliche Epen, sogenannte *Patriarchaden,* senkte sich nach anfänglichem Erfolg der Fluch der Lächerlichkeit. Nur die wertvollen Bemühungen der Schweizer um die Wiedererweckung der mittelhochdeutschen Literatur, die sie mit Gottsched verbinden, wirken zur Romantik weiter. Das lange vergessene *Nibelungenlied,* dessen Handschrift C der Arzt Jakob Hermann Obereit in der Bibliothek des Grafen von Hohenems gefunden hatte, wurde 1757 von Bodmer teilveröffentlicht, und 1782 gab der Zürcher CHRISTOPH HEINRICH MYLLER das gesamte Werk heraus. Obereit war ein Einzelgänger, der in seinen eigenen Schriften eine Brücke von der Tradition Jakob Böhmes im radikalen Pietismus zur Naturwissenschaft und zur modernen Philosophie zu schlagen suchte. Der Sturm und Drang-Theologe Lavater stand ihm nahe.

Brockes und Haller

Während Gottsched und die Schweizer in Anlehnung an die Philosophie Wolffs eine neue Poetik entwickeln, entsteht neben ihnen eine Gedankenlyrik, die das Lob Gottes in der Natur singt und damit ebenfalls Anregungen der Aufklärungsphilosophie aufnimmt. Ihr Inhalt ist weitgehend durch Leibniz und Wolff, ihre Form durch den englischen Aufklärungslyriker Alexander Pope (1688–1744) und seine Schule bestimmt. Vor allem anfangs bleibt auch noch barockes Sprach- und Gedankengut wirksam, das der neuen geistigen Haltung eingeformt wird. Das zeigt sich am Begründer der aufklärerischen Gedankenlyrik in Deutschland, dem Hamburger Patrizier BARTHOLD HEINRICH BROCKES (1680–1747). Er hat 1740 Popes *Essay on Man* und – in postumer Veröffentlichung 1745 – James Thomsons (1700–1748) Jahreszeitengedicht *The Seasons* übersetzt, das Haydn noch 1801 in der Bearbeitung Gottfried van Swietens vertonte; daneben aber auch den *Bethlehemitischen Kindermord* (1715) des berühmten napolitanischen Barockdichters Giambattista Marino. Das Oratorium *Der sterbende Jesus* (1712) ist ein Höhepunkt in der Tradition einer barocken Gattung. Die Komponisten Reinhard Keiser, Johann Mattheson und Georg Philipp Telemann wetteiferten in der Vertonung. Auch Johann Sebastian Bach hat den Text von sechs Arien für die Matthäus-Passion von Brockes übernommen, die den Vorlagen des Vielschreibers CHRISTIAN FRIEDRICH HENRICI, genannt PICANDER (1700–1764), deren sich Bach sonst bediente, überlegen sind.

Brockes' Hauptwerk aber ist die 1721–48 auf neun Bände anwachsende, sehr populäre Gedichtsammlung *Irdisches Vergnügen in Gott, bestehend in Physikalisch- und Moralischen Gedichten*. Schon dieser Titel ist bezeichnend. Im Barock klaffen Irdisches und Göttliches auseinander. Gott ist nur in der Erlösungstat Jesu Christi erkennbar, und die Natur kann allenfalls zum Gleichnis dieses Übernatürlichen werden. Der Aufklärer dagegen kann Weisheit, Güte und Macht Gottes unmittelbar in der Natur selbst finden, die ihm als sinnvolle und schöne Ordnung entgegentritt. Ist dem Barockdichter, etwa Andreas Gryphius, der «Anatomische Schauplatz» ein Memento mori, das auf Einübung ins christliche Sterben dringt, erfahren in der Moderne Expressionisten wie Gottfried Benn oder Georg Heym angesichts der Anatomie Entfremdung und Verfall des Humanen, so kann Brockes begeistert *Die wächserne Anatomie des Menschen* als schöne Einrichtung des Leibes besingen. Zweckmäßigkeit ist Schönheit, Schönheit ist Zweckmäßigkeit. Die Verwendbarkeit der Dinge, in der modernen Dichtung ein Zeichen der Entseelung der Welt, vermittelt ein Sinnerlebnis, das mit naiver Freude ausgekostet wird. Der Wolf zeigt keinen Fehl der Schöpfung an, denn sein Balg dient dem Menschen zum Pelz. Die Welt, als Universum im Sinne der Naturwissenschaft der Zeit verstanden, ist ein Wechselbezug, in dem alles auf alles abgestimmt ist.

Infolgedessen kann auch jeder beliebige Gegenstand der Natur – eine Erdbeere, *Die künstliche Structur der Blätter,* eine Landschaft im Wechsel von Licht und Schatten – das Gedicht hervorrufen. Häufig führt ein erzählender Gedichteingang an die thematische Erscheinung heran, die dann mit liebevoller Genauigkeit bis in alle Einzelheiten des optischen Eindrucks beschrieben wird. So eine *Frühe Knospe an einem Birn-Baum*:

> Dieß trächtige Gewächs, das noch so zart,
> Besah ich mit betrachtendem Gemüthe,
> Und ward mit reiner Lust erfüllt,
> Als ich nicht nur die zarte Zierlichkeit
> Der Knospen selbst, die Vollenkommenheit
> Der Blätter, die sie eingehüllt,
> Die kleinen Knoten mit fünf Spitzen,
> Worin die zarten Bluhmen sitzen,
> Samt ihren schlancken Stielen, sahe,
> Nein gar, wie jeden Theil ein zartes Peltz-Werck schmückte
> Von weißen Zäserchen, vor Lust erstaunt, erblickte ...

Es geht hier zunächst einmal um das An-Sich der Dinge, und erst durch die Betrachtung stellt sich eine Stimmung der erlebenden Person ein, die zum Nachdenken und zur Erkenntnis führt: Die Sinne nehmen die Einzelerscheinung auf, das Gemüt erbaut sich daran, aber die Vernunft allein kann die Eindrücke ordnen, die Empfindungen klären und in geistreicher Kombination vom zufälligen Einzelphänomen, das in die Erfahrung gefallen ist, zur Totalität der Schöpfung und ihrem Schöpfer aufsteigen. Behäbig bewegt sich das Gedicht, meist in freien Versen mit wechselnder Hebungszahl und unregelmäßiger Reimstellung, seltener in spannungslos gewordenen Alexandrinern, zu einem oder mehreren rationalen Schlüssen hin, die dann, meist auch metrisch gestrafft, eine direkte Lehre aussprechen. Der Gedichtaufbau ähnelt häufig der Dreiteiligkeit der barocken und renaissancehaften Bildform des Emblems: Die Überschrift des Gedichts schlägt das Thema an, der Hauptteil beschreibt eine Naturerscheinung, der Schluß legt sie auf Bedeutung und Sinn aus. Das Gedicht ist Ausdruck der Besonnenheit und vermittelt die Lust sinnlicher und geistiger Erkenntnis; die barocke Leidenschaft ist abgeflaut, die moderne Innerlichkeit des Erlebens noch nicht entfaltet. «Moralisch» sind diese «physikalischen» Gedichte, weil sie mit frommer Andacht im Buch der Natur lesen und damit Tugend und Glückseligkeit befördern.

Die gleichen Bildungsmächte wie Brockes haben auch den Berner Patriziersohn ALBRECHT VON HALLER (1708–1777) bestimmt, einen der berühmten Naturwissenschaftler der Zeit, der von 1736–1753 an der neuen Universität Göttingen lehrte. Bis zu einer Englandreise 1728 blieb neben Brockes die spätbarocke Lyrik Lohensteins sein Vorbild, das er später verwarf. Während bei Brockes Weltfreude und Frömmigkeit ohne Spannung ineinander übergehen, hat Haller lebenslänglich in schweren inneren Erschütterungen, von denen sein *Tagebuch* Zeugnis gibt, um den Ausgleich von Religion und Wissenschaft, göttlichem und weltlichem Anspruch gerungen. Bei Brockes entspringt die Dichtung einer kultivierten, sensiblen Wahrnehmungslust, bei Haller ist sie Ausdruck der grübelnden Seele.

Am deutlichsten wird das in Hallers philosophischen Gedichten, die nicht, wie Brockes' Dichtungen, auf eine Erscheinung, sondern auf ein Problem konzentriert sind (u. a. *Die Falschheit menschlicher Tugenden*, 1730, *Über den Ursprung des Übels*, 1734). Seelische Innerlichkeit beginnt sich als gedankliche Tiefe zu äußern. Ertrag einer großen Alpenwanderung ist Hallers berühmte elegische Dichtung *Die Alpen* (1729), sein zur Umwelt am meisten geöffnetes Gedicht, das unter dem Einfluß Thomsons steht. Aus der Sehnsucht nach einem als schön und vollkommen gefeierten Naturzustand, wie er sich im einfachen Leben der Schweizer Gebirgsbauern darstellt, erwächst die Klage über die Entstellung des Menschen in der Kulturgesellschaft. Überraschend ist Hallers Entdeckung der ästhetischen Reize der majestätischen Alpenlandschaft in einer Zeit, deren Natursinn sonst noch auf das Liebliche und Anmutige beschränkt ist. Erst der Sturm und Drang nimmt diese Anschauungsweise auf. Formal ist das Gedicht streng gefügt aus zehnzeiligen, zum Ende hin sich steigernden Alexandriner-strophen, die jeweils ein in sich geschlossenes Bild geben:

> Wann nun von Titans Glanz die Wiesen sich entzünden
> Und in dem falben Gras des Volkes Hoffnung reift,
> So eilt der muntre Hirt nach den betauten Gründen,
> Eh noch Aurorens Gold der Bergen Höh' durchstreift.
> Aus ihrem holden Reich wird Flora nun verdränget,
> Den Schmuck der Erde fällt der Sense krummer Lauf.
> Ein lieblicher Geruch, aus Tausenden vermenget,
> Steigt aus der bunten Reih' gehäufter Kräutern auf.
> Der Ochsen schwerer Schritt führt ihre künft'ge Speise,
> Und ein frohlockend Lied begleitet ihre Reise[58].

Ganz allgemein bevorzugt Haller Alexandriner als «in sich selbst vollkommne Verse», weil «in deren jedem ein Begriff ausgeführt ist»[59]. Die Disziplin des Denkens und Formens verhindert ein Überborden der leidenschaftlichen Bewegung, die häufig im Untergrund der Verse spürbar ist. Kürze und Knappheit des Spre-chens, eine innige Verschränkung von Bildhaftigkeit und Begriff-lichkeit erzwingen und bezeugen die äußerste Zusammenfassung aller geistigen Kräfte. Selbst für Hallers etwas freier ausschwin-gende Gedichte gilt, wie Schiller über das bekannteste von ihnen, die *Trauerode beim Absterben seiner geliebten Mariane,* gesagt hat, «daß uns der Dichter nicht eigentlich seine Empfindungen, son-dern seine Gedanken darüber mittheilt»[60].

Schon früh läßt Hallers dichterische Kraft nach. Seine Staatsro-mane (*Usong*, 1771, *Alfred*, 1773, *Fabius und Cato*, 1774) knüpfen an Montesquieu sowie an Fénelons *Télémaque* und die Barocktra-dition an. Dichterisch unbedeutend, zeigen sie eine konservative Gesinnung. Aus dem *Usong* hat Goethe das Motto des Urgötz ge-nommen: «Das Unglück ist geschehn, das Herz des Volcks ist in den Koth getreten, und keiner edeln Begierde mehr fähig.» In Hal-lers Nähe sind auch der badische Dichter KARL FRIEDRICH DROLLINGER (1688–1742; *Gedichte* postum 1743) und CHRISTIAN FRIEDRICH ZERNITZ (1717–1744) zu sehen. In der französischen Sprache aufgewachsen, ist Haller ähnlich wie Rilke, Werfel oder Kafka, denen in Prag der Kontakt zur lebendigen deutschen Sprachentwicklung fehlte, aus Sprachnot zu einem bedeutenden Stilisten geworden, der von Klopstock bis zum klassischen Schiller tiefen Eindruck gemacht hat.

Die Bremer Beiträger und ihr Umkreis

Die neue Zeitschrift

Haller zog zwar durch die Dunkelheit seines Stils die Angriffe der Gottschedianer auf sich, er selbst aber hielt sich wie der ältere Brokkes im Parteikampf zwischen Gottsched einerseits, Bodmer und Breitinger andererseits zurück. Der jungen Schriftstellergeneration war das nicht von vornherein möglich, doch die besten unter ihnen wurden des Streites bald überdrüssig. Aus dieser Stimmung entstand 1744, von KARL CHRISTIAN GÄRTNER (1712–1791) geschäftlich geleitet, eine Zeitschrift *Neue Beyträge zum Vergnügen des Verstandes und Witzes,* nach ihrem Verlagsort kurz *Bremer Beiträge* genannt, obwohl die meisten Mitarbeiter Leipziger Studenten waren. Die ehemaligen Gottsched-Anhänger drängten von der Kritik zur Produktion. Trotz des Entschlusses zur Neutralität fand eine allmähliche Annäherung an die Schweizer, ein Übergang zur Empfindsamkeit statt. Der Höhepunkt dieser Entwicklung kam, als der junge Klopstock den Kreis mit seinem Freundschaftspathos erfüllte und einige der Mitglieder in ihrer lyrischen Produktion beeinflußte (vor allem NIKOLAUS DIETRICH GISEKE, 1724–1765, und JOHANN ANDREAS CRAMER, 1723–1788). Mit der Veröffentlichung der drei ersten *Messias*-Gesänge Klopstocks (1748) wurde der Bund über sich selbst hinausgeführt.

Satiriker

Dem Gottschedschen Geist noch nicht sehr fern sind satirische Werke im Umkreis der *Bremer Beiträge.* Zeigt sich überall in der frühen Entwicklung der deutschen Aufklärungsliteratur die Beschränktheit der Verhältnisse, so am deutlichsten in der Satire, die zu ihrer vollen Entfaltung ein dynamisches gesellschaftliches und politisches Leben verlangt. Vor Jonathan Swift (1667–1745) haben Minister gezittert, in Deutschland gewinnt von Gottsched bis zur Klassik nur die Literatursatire und durch Lessing die religiöse Satire hohen Rang. Am frühesten wird eine gewisse Höhe des satirischen Stils im komischen Epos erreicht, das ja aus dem Widerspruch zwischen Größe der Form und Belanglosigkeit des Inhalts lebt. Der Bremer Beiträger FRIEDRICH WILHELM ZACHARIÄ (1726–1777) schließt sich mit seinem *Der Renommiste* (1744) an das Vorbild von Boileaus *Le Lutrin* (1674) und Popes *The Rape of the Lock* (1714) an. Zachariäs Stoff ist der Gegensatz zwischen studentischem Stutzertum, wie es in Leipzig herrschte, und der Roheit des studentischen Wesens in Halle und Jena. Sein Held ist ein renommierender Student, dessen Großsprecherei durch die «großsprecherische» Form des heroischen Alexandriners ironisiert wird.

Ein Mitbegründer der *Beyträge* ist der Prosasatiriker GOTTLIEB WILHELM RABENER (1714–1771). Sein Beruf als hoher Steuerbeamter in der Ministerzeit des Grafen Heinrich von Brühl, der Sachsen durch verderbliche Finanz- und Steuermanipulationen bedrückte, hätte ihn zur politischen Satire prädestiniert, aber er kannte auch die Misere des Schriftstellers in dieser Zeit. Im Vorbericht zum 4. Teil seiner *Satiren* (1751–55) heißt es: «In Deutschland mag ich es nicht wagen, einem Dorfschulmeister diejenigen Wahrheiten zu sagen, die in London ein Lord-Erzbischoff anhören, und schweigen, oder sich bessern muß.» So wird die Satire von Friedrich dem Großen geliefert, der zu Brühls Ausgaben allein für den Haarschmuck bemerkte, das Sammeln von Perücken sei eine seltsame Liebhaberei für einen Mann, der keinen Kopf habe[61]. Rabener indessen beschränkt sich mit seiner Kritik auf den bürgerlichen und häuslichen Lebensbereich, allenfalls wird einmal ein Landjunker verspottet. Gesellschaftskritik erscheint nur als moralische Verhaltenskritik, kaum als Angriff auf die gesellschaftliche Ordnung selbst. Trotz der Mannigfaltigkeit der Einkleidungen – Charakteristiken, Traumerzählungen, fingierte Lobschriften, Antritts- und Trauerreden, Briefwechsel, Totenlisten, Wörterbuchartikel usw. – ist die Satire ziemlich einschichtig und überdeutlich, zuweilen platt witzelnd. Der Stil, in privaten Briefen Rabeners oft kräftig zupackend, wird aufgeschwemmt durch Verallgemeinerungsformeln, die der Tendenz zur Typisierung der Personen und Fälle entsprechen. Trotzdem hat Rabener großen Erfolg gehabt, denn die kleinen, aber dringenden Lebensfragen des Bürgertums sind bei ihm aus tüchtiger bürgerlicher Gesinnung angefaßt.

Wie begründet Rabeners Vorsicht war, zeigt das Schicksal eines anderen Satirikers in kursächsischen Diensten, der gewöhnlich neben Rabener gestellt wird, aber nicht zu den Bremer Beiträgern gehört. Freimütige Äußerungen über den Minister Grafen Brühl brachten CHRISTIAN LUDWIG LISCOW (1701–1760) Kerkerhaft und Dienstentlassung. Im Gegensatz zu Rabener ist Liscows Satire persönlich und verfolgt ihre Gegner bis zur Vernichtung – allerdings meist Gegner, die wegen minderen menschlichen und gesellschaftlichen Ranges Verfolgung kaum wert sind. In einem phantasievollen Spiel mit Situationen und Personen wagt sich Liscow trotz der geringfügigen Anlässe auch zu bedeutenden Fragen der Politik und Religion vor. Liscow zugeschrieben wurde die erst 1803 veröffentlichte Schrift *Über die Unnöthigkeit der guten Werke zur Seligkeit,* eine Satire auf die orthodoxe Rechtfertigungslehre des Luthertums. Es ist, wenn es Liscow zugehört, sein bestes Werk. Bekannt wurde der Gottschedgegner dadurch, daß er *Die Vortrefflichkeit und Nothwendigkeit der elenden Scribenten gründlich erwiesen* hat (1734) – in Anwendung eines traditionellen satirischen Umkehrverfahrens.

Ein anderer Alleingänger unter den Satirikern ist der Göttinger Mathematikprofessor ABRAHAM GOTTHELF KÄSTNER (1719–1800), der sich wie die Beiträger von der anfänglichen Parteigängerschaft Gottscheds befreit, aber nicht zum Mitarbeiter der neuen Zeitschrift wird. Kästner hat meisterhafte Epigramme geschrieben, so *Das jüngste Gericht*:

Wenn einst der letzte Tag die Toten wird erwecken,
Da trennen sich die Schafe von den Böcken.
Schwermüthig wird nach ihnen manche Dame sehn,
Wofern die Ziegen nicht schon bei den Böcken stehn.

Das Wesen des witzigen Stils tritt hier beispielhaft heraus – Knappheit und blitzschnelle Bedeutungsverschiebungen. Kästners Form ist distanziert und zugleich gesellschaftlich: Das Epigramm will in Umlauf gesetzt sein, der Aphorismus nach Art Lichtenbergs ist einsam. Merkwürdig sind Kästners *Gedanken über das Unvermögen der Schriftsteller, Empörungen zu bewirken* (1793). Erschreckt vom revolutionären Terror in Frankreich, will Kästner nachweisen, daß die Französische Revolution nicht das Werk philosophischer Schriftsteller wie Rousseau sei. Auch «mehrere deutsche Schriftsteller wollten an dem Zustande ihres Vaterlandes kippeln, und fanden, daß er für sie zu fest sey . . . Am merkwürdigsten waren, die Freyheit sangen und declamirten, sich mit der Pariser Kappe schmückten, auf Fürsten schalten, und sich das Brot wohl bekommen ließen, das ihnen Fürsten gaben[62].» – Hier könnte an Klopstock mit seinem Einfluß auf den Göttinger Hain gedacht sein; das Phänomen selbst reicht, wenn man an die Stelle der Fürsten die parlamentarische Demokratie setzt, bis in unsere Zeit.

Gellerts Gedichte und Fabeln

Der bedeutendste und volkstümlichste unter den Bremer Beiträgern ist CHRISTIAN FÜRCHTEGOTT GELLERT (geb. 1715 in dem kursächsischen Städtchen Hainichen, gest. 1769 in Leipzig). Sein inneres und äußeres Leben verlief in engen Schranken. Ähnlich skrupelhaft wie Haller, doch der Empfindsamkeit schon bereitwilliger hingegeben, hat er als Leipziger Professor ein völlig zurückgezogenes Gelehrtendasein geführt. «Ich bin einmal in Berlin gewesen», ist Gellerts Antwort auf die Frage Friedrichs des Großen in der Audienz, ob er denn niemals aus Sachsen weggekommen sei[63]. Trotzdem war Gellert der Gewissensrat der Nation und ein Dichter, der vielfältige Anregungen aufgenommen und weitergegeben hat.

Als Lyriker am erfolgreichsten war Gellert mit seinen *Geistlichen Oden und Liedern* (1757), von denen sich noch heute eine größere Anzahl in den Kirchengesangbüchern findet. In den von Gellert selbst so genannten «Oden für das Herz» treten Dogma und Lehre zurück gegenüber einem herzlich bewegten Bedenken der Heilstatsachen, so in dem *Preis des Schöpfers*:

> Wenn ich, o Schöpfer! deine Macht,
> Die Weisheit deiner Wege,
> Die Liebe, die für alle wacht,
> Anbetend überlege:
> So weiß ich, von Bewundrung voll,
> Nicht, wie ich dich erheben soll,
> Mein Gott, mein Herr und Vater!

Charakteristisch ist die konditionale Fügung, die in dieser Funktion in Gellerts geistlichen Liedern außerordentlich häufig auftritt: Aus dem anbetenden Überlegen fließt die Empfindung; nach der

Art der Aufklärungstheologie herrscht eine Wechselwirkung von Vernunft und Gefühl. Selbst wo ein hymnischer Ton anklingt, wie in dem berühmtesten der Kirchenlieder, der von Beethoven vertonten Paraphrase des 19. Psalms *Die Himmel rühmen des Ewigen Ehre*, ist die Verkündigung gebrochen durch Betrachtung. Während der Psalm aus ehernem Abstand die Herrlichkeit Gottes und der Welt aussagt, geht es bei Gellert vor allem um das aneignende Gemüt, das mit eindringlichen rhetorischen Fragen – einem überall in Gellerts geistlicher Lyrik beliebten Mittel – die Erscheinungen umkreist und sich ihre Bedeutung für den Menschen vergegenwärtigt. Auch die Natur wird nicht mehr einfach abgeschildert, sondern in ihrem seelischen Ausdruckswert erfaßt. In allen Liedern zeigt sich gegenüber Brockes und Haller eine stärkere Akzentuierung des erlebenden Ich, die auch die eindringliche deklamatorische Vertonung Gellertscher Lieder durch Karl Philipp Emanuel Bach auszeichnet.

Als Epiker ist Gellert durch seine *Fabeln und Erzählungen* (1746–48) bis heute lebendig. Wie im 16. Jahrhundert ist die Fabel auch in der Aufklärung besonders beliebt. Eine Gattung, bei der aus der knappen dichterischen Darstellung unmittelbar eine Belehrung herausspringt, muß in Zeiten, die Kunst als Mittel einer allgemeinen Reform einsetzen wollen, großen Anklang finden. Wichtigstes Vorbild für Gellert ist der Franzose JEAN DE LA FONTAINE (1621–1695). Als Fabeldichter kommt Gellert vom strophischen Alexandriner zum freien Vers, den er mit Meisterschaft handhabt. Leichtigkeit des Reims und eine heitere Lässigkeit des Erzählens verbinden sich mit Genauigkeit des Ausdrucks. Beim Schein der Improvisation herrscht ein strenger Kunstverstand, der konsequent auf die Pointe hinarbeitet. Der eigentümliche Reiz der Fabel besteht darin, daß eine überraschende, weil gewollt abseitige Analogie zwischen zwei verschiedenen Lebensbezirken hergestellt wird. Das Tierische erweist sich plötzlich als menschlich, die himmelschreiende Torheit als gewohnter Lauf der Welt, das Besondere als das Allgemeine. Ein Hintersinn verknüpft Fabel und Moral. In 68 Zeilen wird scheinbar harmlos die *Geschichte von dem Hute* ausgesponnen, den jeder Besitzer in eine neue Form bringt – «das Außenwerk ward neu, er selbst, der Hut, blieb alt» – und zwei Zeilen offenbaren dann überfallartig, was eigentlich gemeint ist:

Und, daß ich's kurz zusammen zieh',
Es ging dem Hute fast wie der Philosophie.

Das heißt nicht nur, die Philosophen beschränken sich darauf, ihre ewig gleichen Probleme und Lösungen immer wieder umzumodeln, es klingt auch leise durch: Die Philosophie ist ein alter Hut.
Wenn in der Fabel *Die Biene und die Henne*, wo beide Tiere einen Streit um ihre Nützlichkeit ausfechten, beim ersten Blick die Dichtkunst auf die armselige und in der Zeit konventionelle Funktion eingeschränkt erscheint:

Dem, der nicht viel Verstand besitzt,
Die Wahrheit durch ein Bild zu sagen,

dann ist in Wirklichkeit der Bezug zwischen «Wahrheit» und «Bild», das die Fabel vor uns hinstellt, so kompliziert, daß es viel einfacher wäre, die gemeinte Wahrheit direkt zu verstehen. Damit kehrt sich bei genauerem Hinsehen der Sinn der Aussage um: Nur der Verständige kann die Wahrheit unter den Bildern der Dichtung finden und schöpft Vergnügen aus diesem Akt der Kombination, von dem der Dumme, dessen Belehrung sie vorgeblich gilt, ausgeschlossen bleibt. Nicht die am Ende ausgesprochene Lehre ist die eigentliche Pointe, sondern die Interferenz zwischen Bild und Lehre, das in diesem Fall noch einen besonderen Reiz für den Kenner bereithält. Der Bienenstock ist nämlich ein traditionelles Symbol, im Christentum für die großen Prediger Ambrosius, Chrysostomus und Bernhard von Clairvaux, im weltlichen Bereich für die Dichtkunst. In der Dreigliederung von Überschrift, «Bild» (lies: Handlung) und Auslegung zeigt sich der emblematische Charakter der Fabel. Die vergnügliche Erzählung hat eine Lehre zum Ziel, die Vergnüglichkeit der Geschichte taucht die Lehre aber auch in ein ironisches Licht. Noch deutlicher ist das bei MAGNUS GOTTFRIED LICHTWER (1719–1783), dessen Fabeldichtung häufig durch die betonte Banalität der Moral einen parodistischen Zug annimmt, so in der köstlichen, später von Wilhelm Busch aufgenommenen Geschichte *Die Katzen und der Hausherr*. Andere wichtige Fabeldichter sind der Elsässer KONRAD PFEFFEL (1736–1809) und der Zürcher Landedelmann JOHANN LUDWIG MEYER VON KNONAU (1705–1785). Gattungseigentümlich ist der Fabel, daß sie in Frage stellt und zugleich in tieferem Sinne fragwürdige Antworten gibt. Sie baut nicht auf, sie reißt ein – nicht selten in sozialkritischer Ab-

81

sicht –, und diese Formtendenz ist so stark, daß selbst der als
Mensch höchst biedere Gellert in seinen Fabeln oft skeptisch und
leise frivol wirkt.

Roman und rührendes Lustspiel

Für die epische Kleinform der Fabel ist Gellert ein Vollender; für
die moderne epische Großform, den Roman, wird er zum wichtigsten Anreger. Der Roman, eine im Barock hoch geschätzte Gattung, ist am Anfang des 18. Jahrhunderts in Deutschland zur bloßen Unterhaltungsware für Müßiggänger abgesunken. Von hier ist
etwa der scharfe moraltheologische Angriff auf die Gattung in der
Mythoscopia Romantica oder Discours von den so benanten Ro-
mans (1698) des Schweizer Pfarrers GOTTHARD HEIDEGGER
(1666–1711) zu verstehen, und noch 1773 klingt in der Vorrede
des *Sebaldus Nothanker* von Friedrich Nicolai die Ausgangslage
des Aufklärungsromans satirisch an, wenn er schreibt: «Wir hoffen
nicht, von der halbunangekleideten Schönen am Nachttische gelesen zu werden, die, indem sie den Grazien opfert, auf Tant mieux
pour elle einen schrägen Blick wirft; nicht von dem piruettierenden
Petimäter, beim Aufstehen oder Frisieren, auch nicht wenn er en
Chenille mit ungepuderten Haaren und hochaufgebundenem
Kadogan von Toilette zu Toilette schwärmt; nicht von dem Hof-
manne, der den Wink des Fürsten und des Ministers zu studieren
versteht und alle Galatage an den Fingern herbeten kann; nicht von
dem Spieler; nicht von der Buhlschwester; nicht von . . .»[64].

Im Roman der Jahrhundertwende werden noch Traditionen des
17. Jahrhunderts bewahrt, angefangen bei der Auffächerung in
hohen und niederen Roman, in der ständische und stilistische
Rangordnung in eins fallen. Der hohe höfisch-historische Roman,
adeligen Helden vorbehalten, lebt weiter als Kavaliersroman;
Fortsetzer des Picaro- oder Schelmenromans, angereichert durch
das Robinson-Motiv, sind die Avanturier-Romane. Im niederen
Roman mit nichtadeligen Helden kommen am frühesten auch
Ansichten einer bürgerlichen Weltzuwendung zu Wort. Der Be-
ginn des Aufklärungsromans läßt sich überhaupt am ehesten vom
Ethos her fassen: *Der redliche Mann am Hofe* (1740) von Goethes
Großonkel JOHANN MICHAEL VON LOEN (1694–1776) ist dem Stoff

nach dem höfisch-historischen Roman verwandt, der ja im Barock schon zum Träger eines Staats- und Herrscherideals, mithin politischer Programmatik, werden kann – der Typus lebt später in Hallers konservativen Staatsromanen weiter. Aufklärerisch ist die Haltung von Loëns Helden, eines Grafen Rivera, der als Vertrauter des Königs von Aquitanien eine Staatsreform einleitet, wobei er das Ränkespiel des Hofes durch die bürgerliche Tugend der Redlichkeit und ein empfindsames Herz besiegt. Goethe trifft genau den Punkt des aktuellen Interesses, auch die Spannung zur Hoflehre des Gracián, wenn er in *Dichtung und Wahrheit* schreibt: «Dieses Werk wurde gut aufgenommen, weil es auch von den Höfen, wo sonst nur Klugheit zu Hause ist, Sittlichkeit verlangte»[65].

Der Roman JOHANN GOTTFRIED SCHNABELS (1692– ca. 1752) *Wunderliche Fata einiger See-Fahrer* ... (1731–43), von Ludwig Tieck 1828 unter dem Titel *Die Insel Felsenburg* neubearbeitet, gehört dagegen in die Linie des niederen Romans, der schon vor DANIEL DEFOES (1660–1731) *Robinson Crusoe* (1719) in Deutschland den Stoff der Robinsonade kennt – erinnert sei an die *Continuatio* von Grimmelshausens *Simplicius Simplicissimus* (1669), wo am Ende der Held als Einsiedler, von der argen Welt abgeschieden, in paradiesischer Natur ein Leben der Arbeit und frommen Betrachtung auf einer einsamen Insel führt. Auch bei Schnabel wird, im Gegensatz zu *Robinson Crusoe*, eine Rückkehr Schiffbrüchiger von einer weit entfernten einsamen Insel nicht angestrebt, und auch bei ihm ist, mittels eingestreuter Lebensläufe, ein düsteres Bild der gesellschaftlichen Welt gezeichnet. Während aber Grimmelshausens Einsiedler keine Menschengemeinschaft begehrt und der bösen Welt um des Jenseits willen den Abschied gibt, heiraten bei Schnabel die letzten Überlebenden einer Schiffskatastrophe, eine adelige Witwe und ein bürgerlicher Diener, und aus ihren Nachkommen sowie weiteren Schiffbrüchigen und europamüden Zuwanderern entsteht als innerweltliche Utopie eine patriarchalisch geordnete, auf bürgerliche Tugend und pietistisch tingierte Frömmigkeit gegründete Idealgesellschaft. Die Insel Felsenburg ist, wie Thomas Morus' frühneuzeitliche *Utopia,* ein Nirgendwo, dem mit der Hoffnung auch Resignation an der vorhandenen Wirklichkeit eingezeichnet ist. Neben einer Lebensgeschichte des Prinzen Eugen (1736), in dessen Armee er als Feldscher in den Niederlanden tätig gewesen war, schrieb Schnabel auch noch einen galanten Roman *Der im Irrgarten der Liebe her-*

umtaumelnde Kavalier (1738). Den Erlebnissen des Helden sind Erzählungen aus der Schwank- und Novellentradition beigemischt, und zwischen seinen amourösen Abenteuern erleidet er heftige Anwandlungen von Reue und Buße.

Der neue Einsatz Gellerts gegenüber diesen Vorläufern liegt zunächst in den Vorbildern. Er nimmt sich als erster deutscher Romancier mit literarischem Anspruch ein Beispiel an den modernsten europäischen Vertretern der Gattung, an Marivaux und Samuel Richardson, durch dessen Briefroman *Pamela* (1740 f.) die Gattung eine bürgerlich-familiäre Prägung erfährt. Der maßgebliche Richardson-Übersetzer ist übrigens der Hamburger Kapellmeister und bedeutende Musikschriftsteller JOHANN MATTHESON (1681–1764), der auch Daniel Defoes *Moll Flanders* ins Deutsche übertragen und unter dem Titel *Der Vernünftler* die erste Moralische Wochenschrift in Deutschland herausgegeben hat (1713–14). Weiter ist Gellerts Versuch neu, in seinem *Leben der schwedischen Gräfin von G**** (1747–48) die Stoff- und Stilbereiche des hohen und niederen Romans miteinander zu verknüpfen. Der totgesagte Ehemann der Heldin, ein adliger Offizier, kehrt aus russischer Kriegsgefangenschaft zurück, nachdem sie mit dem bürgerlichen Freund ihres Mannes eine zweite Ehe eingegangen ist. Der Standesunterschied wird in programmatischer Weise durch die Vernunft ignoriert. Sozialkritisch und auf Lessings *Emilia Galotti* vorweisend ist ein Hauptmotiv der Exposition: Ein schwedischer Prinz, der die Gräfin in seine Gewalt bringen möchte, intrigiert skrupellos gegen den Grafen und versucht, ihn in den Tod zu schicken. Die Fabel ist gegenüber der Handlungsfülle des Barockromans sparsamer, bleibt aber noch abenteuerlich und figurenreich, obwohl sie, polemisch gegen den Abenteurerroman gestellt, vorgibt, eine wahre Begebenheit zu erzählen und ein Incognito der Figuren wahren zu müssen – deshalb die bloße Namensandeutung der Heldin. Neu ist schließlich Gellerts Konzentration auf die seelische Situation. Die Ich-Erzählung, im Barock auf die niedere Gattung des picaresken Romans beschränkt, dient einer in Deutschland bislang ungewohnt differenzierten Darstellung psychischer Vorgänge. Sie schafft ein vertrautes Verhältnis zwischen Erzähler und Leser, ist aber blind für das im englischen Roman längst entdeckte gesellschaftliche Milieu.

Entschiedener Abkapselung gegen die große Welt entspricht ein intensives Streben der Personen nach Gemeinschaftsbildung in der

Intimsphäre von Freundschaft und Ehe, die in der Tugendhaftigkeit der Gesinnungen, noch nicht in der Einmaligkeit der Individualitäten gründet. Nur so ist es verständlich, daß die Gräfin widerspruchslos aus der zweiten Ehe in die erste zurückkehrt und nach dem Tode des Grafen wiederum die zweite Ehe aufnimmt. Nur leise kündigt sich unter dem Ideal der Gelassenheit die Möglichkeit einer Empörung des Herzens an; sie führt zur Katastrophe bei den der jüngeren Generation angehörigen Kontrastfiguren. Bleibt Gellert in der Handlungsführung und in der Psychologie der Figuren auch hinter Richardson zurück, ist doch seine Problemstellung reicher und moderner: Bei Richardson muß sich die Tugend nur vor dem Laster, bei Gellert aber im Zwiespalt der Pflichten vor der Unbegreiflichkeit des göttlichen Ratschlusses bewähren.

Wie im Roman erschließt Gellert auch auf dem Felde des Dramas neue Möglichkeiten, ohne schon eine überzeugende dichterische Lösung zu finden. In einem lateinischen Universitätsprogramm *Pro comoedia commovente* von 1751, das Lessing als Bestandteil der *Abhandlungen von dem weinerlichen oder rührenden Lustspiele* in seiner *Theatralischen Bibliothek* 1754 übersetzte, weist er auf die in Frankreich durch Pierre de Marivaux (1688–1763), Philippe Néricault Destouches (1680–1754) und Pierre-Claude Nivelle de la Chaussée (1692–1754) entwickelte, durch Diderot zum Höhepunkt geführte Form der Comédie larmoyante hin und wird dadurch zu einem Vorläufer Lessings im Bemühen um ein bürgerliches Theater. Der Bürger als Dramenfigur bleibt zwar noch, wie in der Barockpoetik, auf die Komödie eingeschränkt, aber sie soll doch auch seine ernsten Lebensprobleme erfassen. So drängt die Comédie larmoyante das Komische in seinen derben Ausprägungen zurück und gibt dafür dem Rührenden und Ergreifenden Raum. Gellerts eigene Komödien *Die Betschwester* (1745), *Das Loos in der Lotterie* (1746) und *Die zärtlichen Schwestern* (1747) sind Zeugnisse der neuen Gattung, am reinsten das letzte der Stücke, während das erste mit seinem Spott auf die Frömmelei, das Gellert später Gewissensbisse verursachte, noch an die Gottschedschule erinnert. Die Hauptpersonen sind nicht mehr die Typen der älteren Komödie, sondern wandlungsfähige Charaktere mit feinen Nuancen des Verhaltens, am auffälligsten in den «zärtlichen Schwestern» ein junges Mädchen, das vor Liebe und Ehe zurückschreckt, weil es seine seelische Freiheit bewahren will: In der Abwehr des Gefühls zeigt sich eine erste Ahnung von der unberechenbaren Kraft der Leidenschaft, zu der sich die Werther-Zeit zwanzig Jahre später bekennen wird. Die psychologische Vertiefung erfolgt unter Verzicht auf straffe Handlung und scharfe gesellschaftliche Fixierung der Personen und Ereignisse – ein Mangel, der in der Komödie als der eigentlichen gesellschaftlichen Form des Dramas schwer wiegt.

Johann Elias Schlegel

Neben Gellert, dem Mann des großen Publikums, ist JOHANN ELIAS SCHLEGEL (geb. in Meißen 1719, gest. 1749 als Professor an der dänischen Ritterakademie in Soröe), der einzige unter den Bremer Beiträgern, der als Dichter vor allem um das Drama gerungen hat, eine einsame Erscheinung. Interessant im Motiv ist *Der Geheimnißvolle* (1747): Ein reicher Erbe will um seiner selbst willen geliebt sein und tritt deshalb, um das Herz der Geliebten zu prüfen, in verschiedenen Maskierungen auf. Schlegels Lustspiele zeigen zwar gelegentlich rührende Züge und eine Tendenz zur psychologischen Feinzeichnung im Stil Marivaux', bleiben aber doch mehr als die Gellerts im Fahrwasser Gottscheds. Eine Sonderstellung nimmt die gereimte Alexandrinerkomödie *Die stumme Schönheit* (1747) ein. Während die zeitgenössische Entwicklung der Komödie und des Dramas überhaupt auf Wirklichkeitsnähe der Charaktere und der Sprache gerichtet ist, strebt Schlegel hier zur künstlerischen Stilisierung. Die gewichtlose Handlung und die Figurenkomposition sind streng symmetrisch, der Dialog ist von spielerischer Leichtigkeit, wobei ein besonderer Reiz aus der lustspielhaften Verwendung des klassischen Alexandrinerverses entsteht. Erst Goethe in den *Mitschuldigen* hat wieder so gute Lustspielalexandriner geschrieben. Auch in Schlegels letzter und bester Tragödie *Canut* (1746) finden sich – ähnlich wie in seiner Tragödie *Hermann* (1743), einem Arminiusdrama – noch enge Bindungen an die Dramaturgie Gottscheds: Könige und Helden beherrschen das Feld einer merkwürdig abstrakten politischen Handlung; das Gefühl ist einem vorgegebenen Moral- und Pflichtenkodex untergeordnet, der so unbedingt gültig ist, daß Tragik nicht aufkommen kann. Dennoch liegt im Intriganten Ulfo, der aus Ruhmsucht gegen

seinen König aufsteht, auch ein moderner Zug. Er ist ein Binde-
glied zwischen den Machtmenschen des Barock und den gemein-
schaftslosen, allein auf ungehemmte Ich-Entfaltung angelegten
Helden mancher Sturm und Drang-Dramen, denen auch seine zum
individuellen Ausdruck hinzielende Sprachgebärde verwandt ist.
Der Alexandriner ist wie in der Komödie nicht nur als Hemmung
des neuen Ausdruckswillens, sondern zugleich als Brücke zwischen
dem stilisierenden Formenkanon der Gottschedschule und der
Klassik zu sehen.

Auch als Poetiker ist Schlegel, der sich von vielen Seiten anregen
ließ, eine wichtige Übergangserscheinung. Vieles deutet auf Lessing vor: Eine *Vergleichung Shakespeares und Andreas Gryphs*
(1741) wiederholt zwar die in der Gottsched-Schule üblichen Ein-
wände gegen Shakespeare, bemerkt aber zum erstenmal auch
einige der großen dramatischen Qualitäten des Dichters und lenkt
die Aufmerksamkeit auf den fast vergessenen größten Dramatiker
des Barock zurück. Vorausgegangen waren Voltaires sehr bedingte
Anerkennung und Rezeption Shakespeares seit dem Römerstück
Brutus (1730) und die erste deutsche Übersetzung eines Shake-
spearedramas, des *Julius Caesar* (1741), in Alexandrinern durch
den preußischen Gesandten in London CASPAR WILHELM VON
BORCK (1704–1747). Die *Gedanken zur Aufnahme des dänischen
Theaters*, von Schlegel 1747 während seiner Zeit als Privatsekretär
des sächsischen Gesandten in Kopenhagen geschrieben, üben Kritik am französischen Theater, das für Gottsched kanonisch ist, und
lenken den Blick nachdrücklich auf die Engländer, wobei die
These, jedes Volk müsse ein seinem Nationalcharakter entspre-
chendes Theater ausbilden, ein Jahr vor Montesquieus *L'esprit
des lois*, wo der Zusammenhang zwischen Klima, Nationalsitten
und Staatsform herausgearbeitet wird, schon von fern an Herders
Historismus erinnert. Wie Lessing verwirft Schlegel Gottscheds
starres, an der Oberfläche haftendes Regelschema und unterscheidet zwischen «innerlichen Regeln» und «äußerlicher Form» des
Dramas[66].

Trotzdem wäre es falsch, Schlegel allein in der Vorläuferschaft
Lessings zu sehen, wie am deutlichsten seine *Abhandlung von der
Nachahmung* (1742–45) zeigt. Während die deutschen Poetiker
von Gottsched bis Lessing, bei sonstigen Gegensätzen, darin über-
einstimmen, daß die Dichtung den Menschen bessern und belehren
solle, erklärt Schlegel hier das Vergnügen zum Hauptzweck der

Poesie: Ganz von fern klingt die Kantische Bestimmung vom inter-
esselosen Wohlgefallen am Schönen an, wenn auch Schlegel den
moralischen Nutzen durch die Hintertür wieder einführt, indem er
die Belehrung dem Menschen besonders vergnüglich sein läßt. Das
Spezifische der Kunst liegt allerdings in der Lust an der Nachahmung der Wirklichkeit, die nur da stattfinden kann, wo die
Nachahmung sich als solche zu erkennen gibt und nicht darauf prä-
tendiert, als Wirklichkeit genommen zu werden. Von hier erklärt
sich etwa der Sinn des Verses in der Komödie: «Und wenn uns die
Worte an sich selbst verführen zu glauben, daß wir die Personen
reden hören; so erinnert der Wohlklang der Worte unsre Ohren,
daß es ein Werck der Kunst sey . . .[67]» Die Dichtung soll dem
Menschen nicht als Natur, sondern als Kunst erscheinen. In einer
noch unbeholfenen, von Gottsched abhängigen Terminologie, angeregt von Batteux' Lehre über die Nachahmung der *schönen*
Natur in der Kunst, tastet sich hier schon 1742 ein 23jähriger in
die Richtung eines zentralen Gedankens der Hochklassik vor: der
Lehre vom ästhetischen Schein, der sich als solcher einbekennt.
JOHANN ADOLF SCHLEGEL (1721–1793), Bruder von Johann Elias
und Vater der Romantiker, ist als Batteux-Übersetzer hervorgetreten.

Die Aufnahme der Antike

Friedrich von Hagedorn als Wegbereiter der Anakreontik

FRIEDRICH VON HAGEDORN (1708–1754), im gleichen Jahr wie Haller geboren, Hamburger Patrizier wie der fast 30 Jahre ältere Brockes, ist der verehrte väterliche Freund und Ratgeber der Bremer Beiträger. Er steht mit seinen kräftigen, aber weniger zielstrebigen Fabeln und Verserzählungen (am bekanntesten *Johann der Seifensieder*) neben Gellert und wirkt mit seiner Gedankendichtung auf die Beiträger. Der wichtigere Teil seines Werkes, seine gesellige Lyrik, wird für eine andere Gruppe von Dichtern beispielgebend, die sogenannten Anakreontiker. Sie haben ihren Namen nach einem antiken Vorbild, dem griechischen Lyriker ANAKREON, dessen Lieder man in einer Sammlung nachanakreontischer griechischer Lyrik zu besitzen glaubte, die Henri Estienne 1554 herausgegeben hatte. Hagedorn übernimmt die Motive dieser Dichtung aus älteren französischen und englischen Nachahmungen, auch aus der deutschen Barocklyrik, er schult sich an Horaz, aber er greift noch nicht unmittelbar auf die pseudoanakreontische Sammlung zurück; dadurch bleibt er Vorläufer.

Die Anakreontik besingt Liebe, Wein und Geselligkeit, sie verherrlicht den heiteren Lebensgenuß. Wenn im Barock anakreontische Töne aufklingen, geschieht das im Widerspruch zur religiösen Sinngebung des Lebens, die auf Weltüberwindung gerichtet ist. Unter dem Genuß lauert die Lebensangst. Bei Hagedorn schließt sich der barocke Zwiespalt, die anakreontische Motivik wird zum Ausdruck der aufklärerischen Diesseitsgesinnung und Glückseligkeitsreligion. «Der Gehorsam, den er heischet, ist ein fröhlicher Genuß», heißt es von Gott in Hagedorns *Allgemeinem Gebeth nach dem Pope*. Die Freude erscheint als weltliche «Göttin edler Herzen» (*An die Freude*), mit den Eigenschaften, wie sie später in Klopstocks Ode *Der Zürcher See* und in Schillers Lied *An die Freude* gefeiert werden.

Damit öffnet sich für Hagedorn erstmals ein – wenn auch noch ganz schmaler – Zugang zum Geist der Antike. Hagedorn sieht die arkadische Hirtenwelt als eine ideale geistige Landschaft der Harmonie, Heiterkeit und Helle. Seine anakreontischen Schäfer und Schäferinnen sind in einem Zustand geselliger Freiheit, in dem erlaubt ist, was gefällt, aber auch nur das gefällt, was erlaubt ist: Wollen und Sollen sind im Einklang. Freilich mangelt es diesem Ideal an Lebensdichte und Verbindlichkeit. Was aus Frankreich und England an anakreontischer Lyrik nach Deutschland herüberklingt, hat den Lebenshintergrund der aristokratischen Rokokogesellschaft, die in Schönheit und Genuß aufgeht. Hagedorn versucht die anakreontische Haltung auf ein großbürgerliches Patriziat zu projizieren, wie es sich in Hamburg findet, aber bei aller geselligen Kultur dieser Schicht ist die bürgerliche Welt ihrem Wesen nach doch eine Arbeits- und Pflichtwelt, in der die anakreontische Idealisierung keinen tragfähigen Boden findet. Nur der Pöbel ist es, «der die Becher wirklich leeret, wovon der Dichter doch nur singt» (*An die heutigen Encratiten*) – ein solches «als ob», schon bei Anakreon angelegt, breitet sich über Hagedorn in der gesamten Anakreontik aus und macht sie zu einer Art Gesellschaftsspiel, das oft noch dazu mit schulmeisterlicher Pedanterie gespielt wird. Jede Ausstrahlung dieser Freizeitphilosophie auf das Ganze des Lebens wird ängstlich vermieden –

Des Abends Lust, der Nächte Freundschaftszeichen
Verrieth ein rechter Schäfer nicht

dichtet Hagedorn (*Das Gesellschaftliche*) –, und so bleiben die großen Gegenstände und Erfahrungen des Menschen von der Anakreontik ausgeschlossen. Sie errichtet eine reizvolle, aber leicht schablonenhafte Klein- und Scheinwelt, in der mit leiser Frivolität Freigeisterei der Phantasie getrieben wird.

Im geistigen Rahmen der Anakreontik und häufig in der Verhüllung des Rollengedichts nähert sich Hagedorn erstmals im 18. Jahrhundert dem lyrischen Stimmungsausdruck. Allerdings schwingt diese Stimmung noch nicht liedhaft aus, sie wird in einer erdachten Situation, oft in schäferlicher Naturstaffage, entfaltet und spielerisch auf eine Pointe hingeführt, so daß ein fließender Übergang zu Epigramm und Verserzählung entsteht. Häufig besteht das Gedicht Hagedorns aus einer geistreichen Anrede, so etwa *Der Wunsch*:

Du holder Gott der süßten Lust auf Erden,
Der schönsten Göttinn schöner Sohn!
Komm, lehre mich die Kunst, geliebt zu werden;
Die leichte Kunst zu lieben weiß ich schon.

Komm ebenfalls und bilde Phyllis Lachen,
Cythere! gieb ihr Unterricht;
Denn Phyllis weiß die Kunst verliebt zu machen;
Die leichte Kunst zu lieben weiß sie nicht.

Bei aller intellektuellen Distanz, die in der antithetischen Fügung beider Strophen zum Ausdruck kommt, ist dieses Gedicht doch nicht mehr, wie etwa die Gelegenheitsdichtung Hallers, ein Bedenken von Stimmungen, die Rede entspringt unmittelbar einer leicht verschwebenden Empfindung, die sie zugleich erschafft. Das Gefühl selbst ist ironisch gebrochen, während bei Haller ein Bruch zwischen Gefühl und Aussage des Gefühls liegt. Die Leichtigkeit und Eleganz der Sprache, die Hagedorn erreicht, führt ihn zur Meisterung mannigfaltiger metrischer und strophischer Formen, etwa des schwierigen Trioletts, für das *Der erste May* nach einem französischen Vorbild ein schönes Beispiel ist. Sein geistiges Ausdrucksvermögen ist dagegen schmal. Wo das Gefühl zur hymnischen Steigerung drängt, wie in dem geselligen Lied *An die Freude*, ermatten Sprache und Rhythmus schnell.

Gleim und seine Freunde

Im Winter 1739/40 beschäftigten sich drei befreundete Studenten in Halle mit der pseudoanakreontischen Sammlung. Es sind JOHANN WILHELM LUDWIG GLEIM (geb. 1719 bei Halberstadt, gest. 1803), JOHANN PETER UZ (1720–1796) und JOHANN NIKOLAUS GÖTZ (1721–1781). Götz und Uz haben, neben eigenen anakreontischen Versuchen, gemeinsam die unter Anakreons Namen gehenden Gedichte in reimlose Verse übersetzt (1746), wie sie Gottsched schon 1733 und 1736 in der Übertragung von sechs anakreontischen Oden vorgeführt hatte. Noch vor Uz' und Götz' Übersetzung erschien Gleims *Versuch in scherzhaften Liedern* (1744–45), der die wichtige formale Neuerung des wie in der Antike reimlosen Verses in einer größeren Anzahl von eigenen Gedichten durchführt, so in der *Einladung zur Liebe*:

Mädchen, wollt ihr mich nicht lieben?
Seht, hier lieg' ich in dem Schatten!
Seht mich nur, ihr müßt mich lieben!
Rosen blühen auf den Wangen,
In den Adern glühet Feuer,
In den Mienen lacht Vergnügen . . . [usw.]

Der Stilwandel gegenüber Hagedorns Frühanakreontik ist deutlich: An die Stelle der witzigen Zuspitzung auf den Schluß hin ist eine rhythmisch, syntaktisch und gedanklich spannungslose Reihung getreten, die ein am Anfang stehendes Motiv metaphorisch assoziativ auseinanderlegt und ins Endlose weiterlaufen könnte. Der Stimmungsgehalt ist etwas stärker, die Form schwächer als bei Hagedorn.

Später hat Gleim, zum Reim zurückkehrend, seinen Themen- und Formenschatz erweitert, so in den oft nachgeahmten *Preußischen Kriegsliedern* mit einem Vorwort Lessings (1758), die von dem preußischen Patriotismus des Siebenjährigen Krieges getragen sind. Er wirkte gerade beim gebildeten Publikum weit über Preußen hinaus, wenn auch eher als Bewunderung für die Leistungen Friedrichs des Großen denn als Zustimmung zu seinen Zielen. Das Volkstümliche der Kriegslieder bleibt – wirkungsvolles – Kostüm. Gleim verwendet für seine in der Rolle eines Grenadiers vorgetragenen Schlachtenschilderungen die von Klopstock eingeführte, stampfende Chevy-Chase-Strophe der englischen Volksballade. In einigen Romanzen, die französische und spanische (Luis de Góngora) Vorbilder unter Rückgriff auf den deutschen Bänkelsang burlesk nachformen, bereitet er die Balladen- und Romanzendichtung des Göttinger Hains vor. Auch Elemente der mittelhochdeutschen Minnelyrik werden, ins Anakreontische umgedeutet, bei Gleim (*Gedichte nach den Minnesingern,* 1773; *Gedichte nach Walter von der Vogelweide,* 1779) und seinen Nachfolgern bis hin zu den Göttinger Hain-Dichtern aufgenommen. Sogar mit dem seit dem Barock in Mißkredit geratenen Sonett hat Gleim, wie später wieder Gottfried August Bürger, experimentiert. Ein Weg der Erneuerung des Sonetts führt über Gleim und Bürger zu dessen Schüler August Wilhelm Schlegel und den Romantikern, die sich gleichfalls der mittelhochdeutschen Lyrik erinnern. Mit seinen anakreontischen Übungen, zu denen er immer wieder zurückkehrt, gerät Gleim im Lauf der Zeit in einen völlig luftleeren Raum. Nachdem er die, laut Goethe, «zwar dunkle, aber einträgliche Stelle» eines Sekretärs am Domkapitel zu Halberstadt eingenommen hat[68], werden ihm Mäzenat und Freundschaft, schriftlich und persönlich gepflegt und auf fast alle bedeutenden Geister der Zeit ausgeweitet, zum Ersatz für Gesellschaft, Öffentlichkeit und Publikum, zum Surrogat für wirkliche Lebenserfüllung. Hier ist der Grund für den nervösen, übersteigerten Ton dieser Freundschaften und ihre merkwürdige gleichzeitige Unpersönlichkeit, die in hochempfindsamen, halbliterarischen und schon im Hinblick auf die Veröffentlichung geschriebenen Briefwechseln, etwa den *Briefen von den Herren Gleim und Jacobi* (1768) zum Ausdruck kommt.

Ähnlich wie bei Gleim zeigen sich auch bei Götz und Uz Bestrebungen zur thematischen Sprengung des anakreontischen Kreises, die Uz zum Lehrgedicht nach horazischem Muster führen. Odische Begeisterung löst bei ihm Hallers schwerflüssiges Pathos ab und vermittelt zu Schiller, der noch 1793 mit Uzens *Theodicee* (1755) in Wettbewerb treten wollte. Ein komisches Heldengedicht in Alexandrinern *Sieg des Liebesgottes* (1753) gibt der Literatursatire Raum. Vor allem schreiten Uz und Götz auf anakreontischem Feld zu einer Verstärkung des erlebnishaften Moments fort – eine Entwicklung, die sich ähnlich im lyrischen Schaffen des engeren Schülerkreises abspielt, den Gleim in Halberstadt um sich versammelt (JOHANN BENJAMIN MICHAELIS, 1746–1772; KLAMER EBERHARD SCHMIDT, 1746–1824; LEOPOLD FRIEDRICH GÜNTHER VON GOECKINGK, 1748–1828). Bei Goeckingk nimmt das Gedicht anakreontischer Herkunft detailrealistische Züge an, wird intim und herzlich, dabei sensibel für Stimmungsvaleurs der Natur (*Lieder zweier Liebenden*, 1777). Karl Kraus hat in den 20er Jahren Gedichte von Goeckingk in seiner Zeitschrift *Die Fackel* wiederabgedruckt und öffentlich vorgelesen. Verwandt als Lyriker ist ihm CHRISTIAN ADOLF OVERBECK (1755–1821), der Vater des nazarenischen Malers, der, wie zeitweilig auch Goeckingk, dem Göttinger Hain nahestand. Er ist durch Mozarts Vertonung des Liedes *Komm lieber Mai und mache die Bäume wieder grün* unsterblich geworden. Am deutlichsten wird die Verstärkung des Erlebnisausdrucks bei dem älteren Bruder des Schriftstellers Friedrich Heinrich Jacobi, dem oben als Freund und Briefpartner Gleims genannten JOHANN GEORG JACOBI (1740–1814). Ein Lied wie *Der Abend* führt in die Nähe der Goetheschen Lieddichtung. In seinem schmalen Ausdrucksbereich, in Motiv, Kulisse und Sprache zeigt es noch die Herkunft von der Anakreontik an, aber der bei Gleim präzise wie ein Uhrwerk tickende Vers ist nun in ein Schwingen und Fließen gekommen, die Naturstaffage der Anakreontik durchweht ein Hauch untergründiger Erschütterung, statt der Begrifflichkeit steht symbolische Vertiefung, die eine geheimnisvolle, logisch nicht mehr faßbare Identität zwischen Welt und Seele herstellt:

> Da rauscht es! Da wanken
> Auf jeglichem Baum
> Die Äste, da schwanken
> Die Vögel im Traum.
>
> Dies Wanken, dies Zittern
> Der Blätter im Teich –
> O Liebe, dein Wittern!
> O Liebe, dein Reich!

Etwas abseits vom literarischen Betrieb der Anakreontik, aber menschlich Gleim eng verbunden, finden wir EWALD CHRISTIAN VON KLEIST, geboren 1715, gestorben 1759 als preußischer Berufsoffizier an einer Wunde, die er in der Schlacht bei Kunersdorf empfangen hatte. Patriotismus und Weltabkehr stehen in seinem Leben eng beieinander; einerseits drängt das zu sich selbst erwachende Individuum aus den Schranken der reglementierenden Gesellschaft heraus – das ist der Hintergrund für die Aufnahme des antiken Weltfluchtmotivs in der Dichtung der Zeit –, andererseits versucht es, die Isolierung und Sinnlosigkeit einer vereinzelten Existenz in der Hingabe an ein Umfassendes zu überwinden, wozu der Krieg, der einen Augenblick das Mechanisch-Seelenlose des absolutistischen Staates vergessen lassen kann, den Anlaß gibt: hier die Begründung der patriotischen Töne gerade der Anakreontiker. Was bei ihnen literarisches Spiel bleibt, wird bei Kleist, der in seinem Beruf die Einengung durch die Gesellschaft in exemplarischer Weise erfahren mußte, gelebte Wirklichkeit. Eine Radikalisierung solcher Probleme findet sich später bei dem aus der gleichen Adelsfamilie stammenden Heinrich von Kleist. Zwar behält auch Ewald von Kleists patriotische Dichtung – etwa die *Ode an die preußische Armee* oder die heroische Alexandrinerdichtung *Cißides und Paches* (1759) – etwas Künstliches, aber während die anderen Dichter der Zeit Patriotismus vom heimischen Herd aus sangen, hat Kleist seine Vaterlandsliebe mit einem Tode bezahlt, von dem sein bester Freund Lessing denken konnte, er habe ihn gesucht (6. September 1759 an Gleim).

Die Sehnsucht nach Freiheit von der Gesellschaft gibt Kleists Dichtung einen so melancholischen, weltschmerzlichen Grundton, daß sie die Stilhaltung Gleims, von der sie ausgeht, sehr früh durchstößt:

Ich bin der Qual, ich bin des Unglücks Sohn;
Der Tod allein kann meinen Kummer lindern.
Denn Doris bleibt zu lang von mir entfernt,
Durch die ich nur den Wert der Welt gelernt.

Die Schäferwelt zerbricht an dieser Stelle des langen Gedichts *An Wilhelminen* (1744) in der Intensität unverhüllter Erlebnisaussage, ehe es ins Episodische und konventionell Rhetorische absinkt. Aus dem Weltschmerz erwächst auch das Naturgefühl seiner großen fragmentarischen Elegie *Der Frühling* (1749), die, angeregt u. a. von James Thomsons Jahreszeitengedicht *The Seasons*, eine neue Variante im Naturerleben der Epoche zur Geltung bringt: Brockes feiert in der Natur ein Ideal der Sinnenschönheit, Haller des vernünftigen Lebens, Kleist den Freiheitsraum, den ihm die Gesellschaft verweigert. In Hallers *Alpen*, der nächstverwandten und doch auch wieder sehr verschiedenen deutschsprachigen Dichtung, tritt das erlebende Ich ganz zurück; es geht, wie auch bei Brockes, um ein Naturverhältnis des Menschen allgemein. Bei Kleist ist die aus ehernem Abstand gesprochene Alexandrinersprache überwunden durch daktylische, strophenfreie Verse, die an den frei hinströmenden Hexameter anklingen und dem sprechenden Ich Bewegung ermöglichen; er sieht nicht die Natur an sich, sondern in bezug auf sein persönliches Empfinden. Dennoch bleibt auch Kleist bei einer empfindsamen Wahrnehmung und Schilderung von Natur- und Kulturbildern stehen; das Gefühl hat noch nicht so viel Formkraft, daß es eine lyrische Welt aus sich hervortreiben könnte. Hätte Kleist länger gelebt, meint Lessing im XVII. Abschnitt des *Laokoon*, «er würde aus einer mit Empfindungen nur sparsam durchwebten Reihe von Bildern eine mit Bildern nur sparsam durchflochtene Folge von Empfindungen gemacht haben».

Aus dem Kreise Gleims geht schließlich noch CHRISTOPH

AUGUST TIEDGE (1752–1841) hervor, dessen «lyrisch-didaktisches Gedicht» *Urania über Gott, Unsterblichkeit und Freiheit* (1801) aus Zweifeln am Sinn der Welt und des menschlichen Lebens zur Verkündigung einer Metaphysik aufsteigt, in der Gedanken der aufklärerischen Popularphilosophie und der kritischen Philosophie Kants, Argumentation und Empfindung publikumswirksam und reimgewandt zu einer Art Trivialklassik verschmolzen sind. Mit ELISA VON DER RECKE (1756–1833) bildete Tiedge eines der interessanten Paare der großen Gesellschaft des beginnenden 19. Jahrhunderts. Sie verkehrte an den Höfen und mit den berühmten Männern der Zeit und trug zur Entlarvung des Abenteuerers und Betrügers Cagliostro bei, dem sie zunächst verfallen war (*Nachricht von des berüchtigten Cagliostros Aufenthalt in Mitau im Jahr 1779*, 1787). Mit dem Genietheologen Lavater und dem Erbauungsschriftsteller Jung-Stilling befreundet, unterhielt sie auf ihrem Gut Löbichau bei Altenburg einen Miniatur-Musenhof, an dem sich unter anderen Theodor Körner und Jean Paul um sie versammelten.

Der Weg zur Ode

Die Anakreontiker haben die Anregung zu ihren Experimenten mit dem reimlosen, antikisierenden Vers durch zwei andere, etwas ältere Hallesche Studenten empfangen: SAMUEL GOTTHOLD LANGE (1711–1781) und JAKOB IMMANUEL PYRA (1715–1744). Als Nachkommen des Pietismus – Langes Vater ist ein bekannter Vertreter des Hallischen Pietismus Franckescher Prägung – nehmen beide eine religiös gestimmte dichterische Haltung ein, die sich von der der Anakreontiker, trotz biographischer Berührungen, wesentlich abhebt und ihrer Entscheidung zum reimlosen Vers prinzipielle Schärfe gibt. Der Reim ist für sie kein lediglich formales Prinzip – beide haben einigemale selbst Reime verwendet –, sondern eine weltanschaulich beziehungsreiche Größe: Ausdruck einer spielerisch-sinnlichen, auf Reiz und Vergnügen gerichteten Dichtkunst, der sie einen neuen Ernst, eine neue Wahrhaftigkeit der dichterischen Aussage entgegenstellen wollen. In einem Lehrgedicht *Der Tempel der wahren Dichtkunst* (1737) feiert Pyra im Hinblick auf Milton den Dichter als Priester, der seine Gegenstände, auch die weltlichen, mit frommer Ergriffenheit und voll des göttlichen Geistes besingt. Sein *Erweis, daß die Gottschedianische Secte den Geschmack verderbe* (1743), eine der wichtigsten Schriften des Literaturstreites, hebt das «angeborne Feuer» des Dichters gegenüber der bloßen Regelmäßigkeit hervor. In ihrer von Bodmer herausgegebenen Sammlung *Thirsis und Damons freundschaftliche Lieder* (1745) geben die Freunde, wie Lange in der Vorrede zur 2. Auflage sagt, «Empfindungen des Herzens, die wir, ohne an die Kunst zu denken, so aufzusetzen suchten, wie wir sie fühlten». Der hochstilisierten Lyrik der Anakreontiker tritt eine Dichtung zur Seite, die mit pietistischer Gewissenhaftigkeit und Gefühlstiefe das Erlebnis ins Zentrum rückt. Es wird nicht, wie im aufklärerischen Lehrgedicht, ein in sich geschlossener Gedankengang, nicht, wie im anakreontischen Lied, eine in sich geschlossene Situation vorgeführt; das Gedicht wird vielmehr zur feierlichen Zwiesprache der Herzen, die in lockerer Fügung der Gedanken und Bilder sich gegeneinander ergießen. Die im Barock konventionalisierte odische Anrede bekommt, wo zu einem wirklichen Gegenüber gesprochen wird, ihren ursprünglichen Sinn zurück, und so wird bei Pyra und Lange erstmals die von der Anakreontik nur gestreifte innere Form der Ode in deutscher Sprache erfaßt, auch wenn die äußere Nachbildung der antiken Strophen mit ihren verschiedenartigen und vielfältig kombinierten Versfüßen noch unvollkommen bleibt: Getroffen ist das Strenge und Ergreifende der antiken Gattung.

Nach dem frühen Tod des begabteren Pyra schwenkt Lange auf die Linie Gleims ein und wird von Lessing wegen einer unzulänglichen Horaz-Übertragung schriftstellerisch vernichtet (*Ein Vademecum für den Herrn Samuel Gotthold Lange . . .*, 1754). Der Blick auf KARL WILHELM RAMLER (1725–1798), der wenig später zu einer exakten Nachdichtung der horazischen Odenform gelangt und von seinen Freunden und Zeitgenossen als deutscher Horaz gefeiert wird, zeigt, worin die eigentliche Bedeutung Pyras und Langes liegt: Ramler, ein dürftig besoldeter Lehrer an der Kadettenschule in Berlin, fingiert in Preußen eine horazische Welt der Urbanität und imperialen Offenheit, der keine Wirklichkeit entspricht, und kommt so zu einer Dichtung, die bei aller artistischen Vollendung maskenhaft bleibt. Mit Lessing zusammen hat Ramler die *Sinngedichte* des barocken Epigrammatikers FRIEDRICH VON LOGAU (1604–1655) neu herausgegeben (1759) und damit wenigstens punktuell zu einer Kontinuität zwischen Barock- und Aufklärungsliteratur beigetragen, die in Deutschland weithin fehlt. Die öffentlich-politische Ode aus antikischer Bürgergesinnung ist unter den deutschen Verhältnissen des 18. Jahrhunderts nicht möglich, der religiöse Motiv- und Gefühlskreis ist Ramler verschlossen. Erst recht die *Dithyramben* (1763) von JOHANN GOTTLIEB WILLAMOV (1736–1777), dem Sohn von Herders Mohrunger Religionslehrer, denen Herders früheste Rezension galt, bleiben akademisch – woher sollte einem deutschen Gymnasialprofessor in Thorn die rasende Begeisterung der griechischen Bacchanten kommen? Pyra und Lange beschränken sich demgegenüber bis zur Eintönigkeit auf den Lobpreis ihrer innig gelebten Freundschaft, aber in der thematischen Beschränkung gewinnen sie eine Kraft der Gefühlsaussage, die Klopstocks große Odendichtung vorbereitet.

Salomon Geßners Idyllen

Wie die Anakreontik steht auch die Idyllik der Aufklärung in der Tradition der Schäferdichtung, die sich auf Hirtenszenen des Alten Testaments, auf den hellenistischen Dichter Theokrit (ca. 300–260 v. Chr.) sowie auf Vergil (70–19 v. Chr.), Horaz (65–8 v. Chr.), Longus (geboren wahrscheinlich im 2. oder frühen 3. Jh.) u. a. zurückbezieht. Die mittelalterliche Pastorelle gehört ebenso in diesen Zusammenhang wie der Schäferroman, die kleinepische Mischform der Schäferei, oder das Schäferdrama, das von der Renaissance bis ins 18. Jahrhundert reicht – zu den Schäferspielen Gottscheds (*Atalanta,* 1741), Gellerts (*Das Band*, 1744), Gleims (*Der blöde [= schüchterne] Schäfer*, 1745), des jungen Goethe und Mozarts. Wie die Anakreontik ist aber auch die Idyllik des 18. Jahrhunderts innerhalb der Tradition eigenständig, gewinnt sie, wenngleich nicht Realitätsdichte, so doch einen Realitätsbezug. Die ältere Schäferdichtung ist ein geistreiches Spiel mit einer schäferlichen Maskierung, die es als solche zu durchschauen gilt. Wo ernsthaft im Barock das Lob des Landlebens erklingt, da gewinnt es seinen Nachdruck aus der Zeitklage über Verderbnis und Unruhe der großen Welt, kaum aus einer für sich beständigen Lust am naturhaften Dasein. Erst indem der Erbsündegedanke des Christentums abklingt und zurücktritt, kann der Mensch als von

Natur gut gefeiert werden, kann sich die Naturkulisse zum Naturideal wandeln, das dem sehnsüchtigen Rückblick auf ursprüngliche
Zustände auch Vorblicke auf Zielvorstellungen freigibt – wie etwa
bei Rousseau, dessen Naturideal allerdings von Voltaire skeptisch
betrachtet wurde. Naturrecht, Naturreligion, Naturgesellschafts-
lehre der Aufklärung meinen eine aus der Abtragung nur historisch legitimierter Lebensformen zu erzielende, herzustellende
Natur, und mit Grund bringt deshalb diese Epoche eine Erneuerung der antiken Gattung der Idylle, die aus der sentimentalischen,
bei Theokrit auch ironischen Distanz des hochzivilisierten Stadt-
menschen die naturhafte Kultur einfacher Hirten und Bauern darstellt. Die Idylle zeigt eine Insel in sich ruhenden, erfüllten Daseins
im Rhythmus eines den Naturvorgängen angeschmiegten Lebens,
das sich in Episoden bewegter Zuständlichkeit darbietet: als
Wechselgespräch und Wettgesang der Hirten, als lyrisch-monolo-
gische, dialogische oder episch beschriebene Liebesbegegnung
oder Liebesentfernung, sogar als Totenklage, wo vor der dunklen
Folie das Glück des Lebens um so intensiver aufleuchtet.

Es ist kein Zufall, daß ein Schweizer zum Neubegründer der
Gattung Idylle in der deutschen Literatur des 18. Jahrhunderts
wird und sie zugleich maßgeblich bis zum Sturm und Drang repräsentiert – SALOMON GESSNER (geb. 1730 in Zürich, gest. ebd.
1788); zeigt sich doch schon in Hallers *Alpen* der Übergang von
der barocken zur aufklärerischen, Rousseau vorwegnehmenden
Konfrontation zivilisierten und einfachen Lebens. Die aufklärerische Staatswirtschaftslehre des sogenannten Physiokratismus, begründet von François Quesnay, die von Frankreich aus ganz
Europa übergreift, erklärt die Landwirtschaft zum eigentlich produktiven Wirtschaftszweig; die bis dahin vernachlässigten Bauern
rücken ins Blickfeld, und in der Schweiz gibt es ein selbstbewußtes
freies Bauerntum, in dem die Aufklärung mit Erstaunen sogar naturhafte philosophische Köpfe entdecken kann. So wird durch
Geßners Freund, den Zürcher Stadtarzt Hans Kaspar Hirzel
(1725–1803), *Die Wirthschaft eines philosophischen Bauern*
(1761), des Kleinjogg aus Wermatswil, gefeiert, dem Goethe,
Heinse, Herder, Lavater, aber auch der philosophische Fürst Prinz
Ludwig von Württemberg huldigten[69]. Geßner selbst, der mit seinem Bändchen *Idyllen* (1756) schnell europäische Bekanntheit er-
langte – Rousseau hat ihn begeistert gelesen, auf Diderots Wunsch
wurden *Moralische Erzählungen und Idyllen von Diderot und*

S. Geßner (1772) veröffentlicht, und an der Übersetzung von *Der Tod Abels* hat sich der spätere französische Finanzminister Turgot, ein Physiokrat, beteiligt –, betont zwar in seiner Vorrede übereinstimmend mit Gottsched und anderen älteren Poetikern die Fiktionalität seiner idyllischen Dichtung, die uns in ein entferntes goldenes Zeitalter versetzen solle, aber in einem privaten Brief an seinen Freund Gleim getraut er sich doch, gegensätzlich zu *dem* Lande, wo der «Landmann zum armen Sclaven gemacht» wird, «auf unsern Alpen Hirten zu finden, wie Theokrit zu seiner Zeit»[70]. Von Geßner wie von vielen Zeitgenossen wird damit die Schweizer Freiheit gegen die Zustände im Großteil des übrigen Europa ausgespielt.

Man wird allerdings in Geßners Idyllen schwerlich solchen Hirten begegnen. Er zeigt vielmehr in literarischen Genrebildchen, die wie Geßners eigene Illustrationen zu seinen Werken rokoko-antikisch stilisiert sind, empfindsame Schäfer und Schäferinnen, die mit hochkultivierter, nicht durch Arbeit und Lebenszwänge abgelenkter Sensibilität ihre Empfindungen in der Natur und angesichts der Natur auskosten. Eine sanft rhythmisierte Prosa ist das nuancenreiche, an Umfang der Töne schmale Instrument für die Wiedergabe dieser Seelenzustände. Geßners kleiner Hirtenroman *Daphnis* (1754), *Daphnis und Chloe* von Longus nachfolgend, entspricht in Stil und Atmosphäre seinen Idyllen. In der idyllischen Bibeldichtung *Der Tod Abels* (1758) ist unter dem Einfluß Klopstocks das stilistische Repertoire zum Emphatischen hin erweitert; in der «Schweizer Idylle» *Das hölzerne Bein* klingt Schweizer Geschichte und Umwelt zitathaft an. Geßner hat keine wirklichen Hirten und Bauern dargestellt, aber er hat seinen Kunstfiguren sein eigenes intensives und heiteres, sensualistisches Naturgefühl unterlegt, das stark genug war, auch seinem biographischen Leben mit seinen mancherlei beruflichen Irrfahrten und Dilettantereien eine Prägung zu geben. Als Aufseher über den Zürcher Sihlwald lebte der Patriziersohn sommers im ländlichen Forsthaus eine behagliche Existenz, deren Ambiente Gottfried Keller in seinem *Landvogt von Greifensee* ausgemalt hat. Eine andere Spiegelung Geßners und seiner Dichtung findet sich in Wilhelm Raabes *Hastenbeck*. In der Geschichte des Verlagswesens ist Geßner wichtig durch seinen Zusammenschluß 1770 mit den Verlegern Orell und H. R. Füßli zu dem Verlag Orell, Füßli, Geßner & Co.

Der originellste Nachfolger Geßners ist der ehemalige Benediktinermönch Franz Xaver Bronner (1758–1850), der in seinen zahlreichen Idyllen einen einzigen Stoffbereich, das Fischerleben, abschreitet. Seine erste Sammlung *Fischergedichte und Erzählungen* wurde von Geßner mit einem Vorwort versehen und 1787 verlegt. Sein *Leben, von ihm selbst beschrieben* (1795–97) gibt Einblick in die Auseinandersetzung zwischen Katholizismus und Aufklärung in Süddeutschland.

Winckelmann

Die Anakreontik, die Aufnahme der antiken Odenform und die Idyllik Geßners sind nur erste Vorboten einer Renaissance der Antike, die schließlich außerhalb der Literatur vor sich geht, aber unübersehbare Rückwirkungen auf sie hat. Sie vollzieht sich durch Johann Joachim Winckelmann, den Begründer der modernen Archäologie, dem deshalb eine Schlüsselstellung in der deutschen Literaturgeschichte zukommt, obwohl er kein literarischer Autor im engeren Sinne war und an der deutschen Dichtung seiner Zeit auch als Leser kaum Anteil genommen hat. Charakteristisch ist immerhin, daß sich Winckelmann am Golf von Salerno durch einen Reisegefährten Geßners Idyllen vorlesen ließ[71].

Goethe hat in seinem Prosadithyrambus auf Winckelmann von 1805 diesen eine «antike Natur» genannt, »die gleich anfangs ihr ungeheures Probestück ablegte, daß sie durch dreißig Jahre Niedrigkeit, Unbehagen und Kummer nicht gebändigt, nicht aus dem Wege gerückt, nicht abgestumpft werden konnte. Sobald er nur zu einer ihm gemäßen Freiheit gelangte, erscheint er ganz und abgeschlossen, völlig im antiken Sinne[72].» Geboren 1717 als Schuhmachersohn in Stendal – der französische Schriftsteller Henri Beyle nahm aus Winckelmannverehrung diesen Ortsnamen als Pseudonym an –, hatte Winckelmann alle Härten zu erdulden, denen mittellose Schüler und Studenten im 18. Jahrhundert ausgesetzt waren. Über das Studium in Halle und Jena, erbärmlich bezahlte Lehrerstellen an kleinen Lateinschulen und eine Bibliothekarstätigkeit bei dem Diplomaten und Historiker Graf Heinrich von Bünau, einem weniger erfolgreichen Rivalen des Günstlings und Ministers Graf Brühl in Dresden, führte Winckelmanns Weg mit einem kleinen Stipendium des katholischen sächsischen Hofes

nach Rom; eine Konversion aus religiöser Indifferenz war vorangegangen. Es ist ein merkwürdiges zeitliches Zusammentreffen,
daß ein Jahr vor Winckelmanns Glaubenswechsel 1754 ein anderer
Wiederentdecker der Antike, der Historiker Edward Gibbon, in
London zum Katholizismus konvertiert war. In Rom errang Winckelmann als Bibliothekar gelehrter und einflußreicher Kardinäle,
schließlich als Präsident der Altertümer beim Vatikan eine mate-
riell prekäre, wissenschaftlich aber glänzende Position, die ihm
eine umfassende Kenntnis der antiken Kunstwerke in Rom, Flo-
renz und Neapel vermittelte. Noch in Dresden war er dem späteren
Direktor der Galerie und Kunstschriftsteller CHRISTIAN LUDWIG
VON HAGEDORN (1712–1780), dem Bruder des Dichters, nahegekommen, dessen *Betrachtungen über die Malerei* (1762) die in
Frankreich ausgebildete Theorie der Malerei auf deutschen Boden
zu verpflanzen suchten. In Rom entstand eine enge Beziehung zu
Raffael Mengs, dem führenden deutschen Vertreter des Klassizismus in der Malerei neben dem jüngeren, strengeren, vom Glück
weniger begünstigten Asmus Jakob Carstens.

Als Kunstgelehrter wurde Winckelmann eine europäische
Autorität, von der in Rom geführt zu werden sich Fürstlichkeiten
zur Ehre anrechneten. Gesellschaftlich gewann er eine bei seiner
Herkunft in dieser Zeit einzigartige Souveränität, und doch muß
gegenüber Goethes Äußerung wohl der Preis ins Auge gefaßt werden, den eine in täglichem Balanceakt zwischen verschiedenartig-
sten Ansprüchen und innervatikanischen Parteiungen behauptete
Unabhängigkeit kostete: die Einsamkeit des Homosexuellen, des
Konvertiten, des Deutschen kleinbürgerlicher Herkunft unter italienischen Kirchenfürsten, Klerikern und Aristokraten. Die unter-
irdische Bedrohung Winckelmanns schlägt in seinem rätselhaften,
das gebildete Europa erschütternden Ende nach außen: Statt die
Möglichkeit einer Reise nach Griechenland mit seinem Lieblings-
schüler, dem Reiseschriftsteller JOHANN HERMANN FREIHERR VON
RIEDESEL (1740–1785), zu ergreifen – der Griechenverehrer kam
nie über Paestum hinaus nach Süden in den großgriechischen
Raum –, entschloß sich Winckelmann ohne erkennbares Motiv
zum Besuch im fremdgewordenen Deutschland, erlitt auf der Fahrt
einen Nervenzusammenbruch, kehrte unvermittelt nach Aufenthalten in München und Wien wieder um und fiel 1768 in Triest
einem Raubmord zum Opfer. Riedesels *Reise nach Sicilien und
Großgriechenland* (1771) trug Goethe in Sizilien «wie ein Brevier

oder Talisman am Busen»[73]. Winckelmanns die Phantasie gefangennehmendes Leben wurde vielfach literarisch behandelt, u. a. durch Wilhelm Schäfer, Ernst Penzoldt, Werner Bergengruen und Gerhart Hauptmann.

Die geistige Entwicklung Winckelmanns lief von der Theologie über die Altphilologie zur Altertumskunde. Es ist eine Szene von großer sinnbildlicher Kraft, daß Winckelmann als junger Lehrer in Schwierigkeiten geriet, weil er während der Predigt die Homerischen Werke, ins Gesangbuch versteckt, gelesen hatte[74]. Mit divinatorischer Sicherheit wandte sich Winckelmann der griechischen Antike zu – er wurde ein Grieche in Rom, wie er im Februar 1758 seinem Freunde Berendis schrieb – und führte damit eine Wandlung des Antikenverhältnisses herbei, die sich bis in unsere Gegenwart als Bevorzugung der griechischen vor der römischen Kultur im deutschen Neuhumanismus bemerkbar macht. An die Stelle des bis dahin herrschenden gelehrt-antiquarischen Interesses an den Zeugnissen des Altertums tritt eine eminente Kraft der sinnlichen Einfühlung und geistigen Ganzheitsanschauung. Das kennerhafte und geschmäcklerische Verhältnis zur antiken Kunst ist abgelöst durch eine zugleich ethische und ästhetische Vision des Menschlichen in der antiken Kunst, durch die Winckelmann zum Begründer der Griechenreligion der Klassik wird und zum ersten Vertreter der klassischen Idee der ästhetischen Erziehung, die den Menschen durch die Kunst zu sich selbst führen will. Winckelmann hat sein Antikenbild mit missionarischem Eifer gegen das Rokoko abgesetzt, nicht nur, weil dessen Antiken-Vorstellung anders, sondern auch weil sie menschlich unverbindlich war.

Er sieht in der Antike Einfachheit statt moderner Künstelei, für die ihm der große Bildhauer Bernini steht, und zeigt damit eine Lessing vergleichbare Frontstellung, zumal auch Winckelmann eine gewisse Animosität gegen Frankreich besitzt; er betont Kontur und plastisches Volumen statt der malerischen Impression und des Ornaments; er faßt «edle Einfalt und stille Größe»[75], Harmonie und Proportion als Merkmale des Griechischen im Gegensatz zur Exaltiertheit und zum Raffinement der bewegten Oberfläche bei den Neueren. Er zeigt damit das Verhältnis des modernen sentimentalischen Betrachters zu einem verlorenen Ideal, das er ebenso entwirft wie am Objekt erkennt. Doch auch wenn Winckelmann moderne Innerlichkeit in die Griechen hineinlegt, bleibt seinem Griechenbild ein Moment der Aktualität, das es von der vorhergehenden Epoche abhebt. Wir stehen unter seinem strengen Anspruch, wenn uns in der antiken Plastik der Klassik die Schwermut und der Glanz einer in idealischer Ferne verbleibenden Menschheit anrühren.

Methodisch ist bahnbrechend, daß Winckelmann versucht hat, die Antike aus ihren eigenen Voraussetzungen und zugleich in ihrer Spannung zu uns, ihrem Anspruch an uns zu fassen. Dabei gerät ihm Griechenland zu einer Utopie republikanischer Freiheit und naturhaften, am Anblick des nackten Körpers geschulten, vom Klima begünstigten heidnischen Schönheitssinnes. Die paradoxe These, «der einzige Weg für uns, groß, ja, wenn es möglich ist, unnachahmlich zu werden, ist die Nachahmung der Alten»[76], sagt bei ihm, daß in griechischer Kunst die Natur in ihrer Vollkommenheit wohnt. Ihre Schönheit ist für ihn eine platonische Idee, die in empirisch vorfindbaren Phänomenen sich offenbart und zu deren geistiger Einheit man sich in der sinnlichen Erfahrung ihrer Erscheinungsmomente zurückzutasten hat. So wird denkbar, daß über die Griechen der nähere Weg zur Natur geht als über deren zerstreute Bekundungen selbst, wodurch der Künstler unnachahmlich in seiner Naturnähe wird, wenn er in der griechischen Kunst die Quellen der Natur aufsucht, wenn er lernt zu denken und zu empfinden wie die Alten. Die *Gedancken über die Nachahmung der griechischen Wercke in der Mahlerey und Bildhauer-Kunst* (1755), Winckelmanns noch in Dresden geschriebene Frühschrift, die ihn mit einem Schlage bekannt machte, vereinigt auf diese Weise die seit dem 16. Jahrhundert geläufige, auf die *Ars Poetica* des Horaz zurückgehende Aufforderung, die vorbildlichen Werke der Alten nachzuahmen, mit dem aufklärerischen Pathos der Natur und dem modernen Originalitätsgedanken.

Wegweisend ist hier schon Winckelmanns Verbindung von eindringender Interpretation des Einzelwerkes, mit der er die Laokoon-Gruppe des Vatikan für lange Zeit ins Zentrum der Kunstdiskussion rückt, und Verallgemeinerung. Sie führt in seinem Hauptwerk, der *Geschichte der Kunst des Alterthums* (1764) zum Entwurf eines universalgeschichtlichen Entwicklungsschemas der Kunst, zur Begründung ihrer Verschiedenheit bei Ägyptern, Phöniziern, Persern, Etruskern und Römern sowie des Vorrangs der Griechen aus den Umweltbedingungen, vornehmlich den unterschiedlichen klimatischen Faktoren, schließlich zu einer geschichtlich begründeten Theorie des Schönen und des Ausdrucks. Winckelmann formuliert im ersten Satz der Vorrede seinen Anspruch, «... keine bloße Erzählung der Zeitfolge und der Veränderungen in derselben, sondern ... einen Versuch eines Lehrgebäudes zu liefern». Das hebt ihn weit über die Stufe der bloßen Künstlergeschichte, wie sie der berühmte Renaissance-Kunsthistoriker Giorgio Vasari (1511–1574) gegeben hatte, und macht ihn zu einem Vorläufer des Herderschen Historismus, wobei wiederum ein Einfluß Montesquieus nicht wegzudenken ist. Obwohl Winckelmanns Schema im einzelnen längst überholt ist – vor allem in seiner Unterbewertung des alten Orient und der griechischen Archaik –, bleibt es doch grundlegend als methodischer Ansatz.

Ebenso vorbildlich, wenn auch spezieller für die Archäologie, ist Winckelmanns hermeneutisches Verfahren, das am deutlichsten in den *Monumenti antichi inediti* (1767f.) hervortritt. Er zog zur Deutung antiker Kunstwerke in einem bisher unbekannten Ausmaße die griechische Mythologie und die Zeugnisse der griechischen Schriftsteller heran, während die römischen Archäologen vor ihm auf den Denkmälern vor allem Darstellungen der römischen Geschichte und Sage gesucht hatten. Malerei und Plastik sind ihm Dichtung in Bildern, die antike Mythologie wird ihm zum Zeugnis künstlerischer Phantasie, die allgemeinverbindlich Grundformen des menschlichen Lebens ausprägt. Es ist kein Zufall, daß Goethe in bezug auf Winckelmann sein Bekenntnis abgelegt hat, «... das letzte Produkt der sich immer steigernden Natur ist der schöne Mensch»; das Kunstwerk, das ihn darstellt, nimmt «alles Herrliche, Verehrungs- und Liebenswürdige in sich auf und erhebt, indem es die menschliche Gestalt beseelt, den Menschen über sich selbst, schließt seinen Lebens- und Tatenkreis ab und vergöttert ihn für die Gegenwart, in der das Vergangene und Künftige begriffen ist. Von solchen Gefühlen wurden die ergriffen, die den olympischen Jupiter erblickten...[77]» Wird bei Winckelmann das Schöne zum Gegenstand einer quasi religiösen Verehrung, so wird auch das Religiöse ins Schöne zurückgenommen. In der Herausarbeitung dieser Grundposition und der Identifizierung mit ihr – Winckelmann wird hier zur Spiegelungsfigur der Goetheschen Romerfahrung – ist Goethes Winckelmann-Schrift ein früher Höhepunkt der Winckelmann-Biographik, weil sie die Faszination eines ganzen Zeitalters in sich faßt.

Klopstock

Der Dichter als Priester

Obwohl FRIEDRICH GOTTLIEB KLOPSTOCK (geb. 1724 in Quedlinburg, gest. 1803 in Hamburg) von den Zeitgenossen bei seinem Auftreten als Revolutionär empfunden wurde, steht er in einer weit zurückreichenden literarischen Tradition: In der berühmten sächsischen Fürstenschule Pforta ist ihm das antike Epos Homers und Vergils, die pindarische und horazische Lyrik zum Besitz geworden. Er hat als Schüler Pyras *Tempel der wahren Dichtkunst* und Schriften der Schweizer kennengelernt, die das Ideal einer herzrührenden, heiligen Dichtkunst vor ihm aufrichteten. An Bodmers nach Milton geformtem Bild des religiösen Epikers hat Klopstock nach eigenem Zeugnis (an Bodmer 10. 8. 1748) weinend hinaufgestaunt wie Caesar an der Statue Alexanders des Großen. Während des Theologiestudiums, das ihn 1746 aus Jena nach Leipzig führte, ist Klopstock dem Kreis der Bremer Beiträger nahegetreten, und zu Bodmer hat sich ein enges, allerdings bei einem Schweiz-Aufenthalt bald getrübtes Freundschaftsverhältnis hergestellt, ehe er 1751 den Ruf des dänischen Königs nach Kopenhagen annahm, der ihm eine lebenslängliche, von allen bürgerlichen Pflichten freie dichterische Muße schenkte. In Deutschland war sein besonderer Gönner der aufgeklärte Markgraf Karl Friedrich von Baden, der den bekanntesten deutschen Physiokraten Johann August Schlettwein zum Hofrat berief. Vom Aufenthalt bei Hofe wußte sich Klopstock für längere Deutschland-Reisen zu lösen, und seit 1770 hat er fast dauernd in Hamburg gelebt.

Sein Dichtertum hat Klopstock als religiöse Berufung erfahren. In einer Art visionärem Traum, wie er in einer empfindsamen, durch den Nachklang pietistischer Erweckungen und Visionen erregten Zeit möglich war, stand eines Nachts dem Portenser Schüler der Messias als Held eines Epos vor Augen, nachdem er vorher schon lange einen epischen Stoff gesucht und auch ein patriotisches Thema erwogen hatte (*An Freund und Feind*, 1781). Die lateinische Abschiedsrede des Primaners, *Declamatio, qua poetas epopeiae auctores recenset F. G. K.* (1745), die unter den europäischen

Epikern Milton den Kranz zuerkennt, strahlt ein kaum verhülltes prophetisches Sendungsbewußtsein aus, an dem Klopstock als Dichter lebenslänglich festgehalten hat. Die antike Vorstellung vom Dichter als Seher, in den Poetiken der Renaissance und des Barock zur leeren Floskel erstarrt, bei Pyra und Lange erstmals wieder aus christlichem Geist lebendig geworden, gewinnt in der Darstellung durch Klopstock eine bis dahin unerhörte Leuchtkraft. Dichtung wird ihm zur enthusiastischen Form der Wahrnehmung und Deutung der Welt, allem Regelwerk enthoben und jeder bloßen Vernunfterkenntnis überlegen. Die in der Dichtung erfahrene und ausgesprochene Wahrheit, für Klopstock noch nicht wesentlich von der Wahrheit der Wissenschaft geschieden, ist die höchste dem Menschen überhaupt zugängliche. Kein Wunder deshalb, daß Klopstock in seiner *Deutschen Gelehrtenrepublik* (1774) und kleineren theoretischen Schriften zwar feinste Bemerkungen über Einzelprobleme der Dichtung, vor allem zur Metrik gemacht hat, aber jeder ausgreifenden Poetik, die als Fesselung des schöpferischen Geistes hätte empfunden werden können, aus dem Wege gegangen ist. Kein Wunder aber auch, daß der neue dichterische Geltungsanspruch tiefsten Eindruck auf die Zeitgenossen machte. Von der Gottsched-Partei heftig befehdet, scharte Klopstock bei seinem Auftreten eine exklusive Gemeinde um sich, die ihn als «poetischen Messias», wie es bei Bodmer heißt[78], empfing und damit seinen Prophetenanspruch besiegelte. Noch der Göttinger Hain versammelte sich wie eine Sekte um Klopstock, und weder das Selbstgefühl der Sturm und Drang-Genies noch die Kunstverherrlichung der Klassik und Romantik sind denkbar ohne seine Vorgängerschaft.

Die Messiade

Klopstock hat sich immer als den Sänger des *Messias* verstanden. Drei Jahrzehnte hat er an seinem Hauptwerk gearbeitet. 1748 erschienen die ersten drei Gesänge der Dichtung in den *Bremer Beyträgen*: ein epochemachendes Datum in der deutschen Literaturgeschichte; 1773 wurde der letzte Teil des Werkes veröffentlicht. Als alter Mann erklärte der Dichter rückblickend auf sein Leben, «er wäre vielleicht nie Dichter geworden, wenigstens schwerlich Dichter geblieben, wenn ihn nicht der Gegenstand seines Gefühls, seiner Verehrung gehoben und gehalten hätte»[79].

Diese Entscheidung zum religiösen Großepos ist im Zusammenhang eines prekären Verhältnisses der Aufklärung zu dieser Gattung zu sehen. Einerseits schätzt man das Epos traditionell als königliche Form der Dichtung, und ihm gelten besondere Bemühungen der Zeit, sei es in Originaldichtungen wie eben der *Messiade*, Wielands *Oberon*, Goethes *Hermann und Dorothea*, sei es in Übersetzung und Erörterung vorhandener Muster wie Homer, Vergil, Ariost, Tasso, Milton, auch Dante. Andererseits muß gerade der Aufklärung die Voraussetzung des Epos, eine Welt der Begegnung von Göttern und Menschen, fragwürdig sein, und in der Klassik dringt der Zweifel tiefer zu der Frage, wie weit sich überhaupt die zerklüftete, arbeitsteilige bürgerliche Welt der Moderne und die reflektierte Innerlichkeit ihrer Menschen in der archaischen Eposform fassen lassen, ob nicht vielmehr der Roman das Epos der bürgerlichen Welt sei. Epen, die an diesen Problemstellen vorbei geschrieben werden, sind schon beim Erscheinen hoffnungslos veraltet, so etwa *Der sächsische Prinzenraub* (1743) des Gottschedianers Daniel Wilhelm Triller (1695–1782) nach einem historischen Ereignis des 15. Jahrhunderts oder das *Hermann*-Epos (1751) Christoph Otto von Schönaichs, auf Grund dessen er von Gottsched zum Dichter gekrönt wurde – eine in der Zeit deplaziert wirkende große Geste der Renaissance. Epen höheren Anspruchs enthalten eine Antwort auf die Problematik der Gattung in der Moderne. Die schlichteste ist die Parodie der Eposform im komischen Epos, das deshalb im Rationalismus eine besondere Blütezeit erlebt. Differenzierter ist die leise ironische Brechung der Mythologie bei Wieland, die bedeutendste Lösung Goethes Ermöglichung des Epos aus der Idylle in *Hermann und Dorothea*, die Spiegelung der großen geschichtlichen Welt in der kleinen überschaubaren Welt des Ackerbürgertums.

Klopstock will den höchsten Gegenstand der Menschheit, ihre Erlösung durch Jesus Christus, in der höchsten dichterischen Gattung besingen, doch er will es mit dem Anspruch theologischer Angemessenheit der dichterischen Form. Indem er aber ein bis in die Darstellungsweise hinein christliches Epos anstrebt, treibt er mit letzter Konsequenz nichts anderes als die Unangemessenheit der antiken Gattung zum christlichen Weltbild heraus. Während der Theologie der Zeit die christliche Erlösungslehre zu verblassen beginnt, stellt Klopstock sie mit unerschütterter Gläubigkeit in die Mitte des Werkes: Zehn epischen Gesängen der Passion Jesu Christi, der in der vollen Bedeutung des Wortes als Gottessohn gesehen wird, entsprechen zehn Gesänge seiner Verherrlichung, die ihn als Auferstehenden und Verklärten, als Weltenrichter und in der Himmelfahrt zeigen. In der Darstellung treten alle Bedingungen und Beschränkungen der irdischen Wirklichkeit, wie sie die Evangelienberichte enthalten, zurück. Christus ist weniger Schmerzensmann als Hohepriester, der noch in der Erniedrigung herrscht. Die Passion erscheint als liturgisches Fest auf kosmischer Bühne. In der Bewegung der Himmelskörper spiegeln sich die Geschehnisse ebenso wie in der Anteilnahme der himmlischen und höllischen Heerscharen, der lebenden, toten und noch ungeborenen Menschheit, die unter dem Kreuz versammelt ist. Die Erlösung wird als ein raum-zeit-sprengendes Ereignis verstanden, das für alle Geschöpfe Gegenwart ist. Das alte exegetische Verfahren der typologischen Verknüpfung von Episoden und Aussagen des Alten und des Neuen Testaments, wie man es auch im *Oberammergauer Passionsspiel* findet, wird in diese Konzeption eingeschmolzen. Gott handelt in der Erlösung mit sich selbst, und nicht mitwirkend, sondern nur empfangend ist die Welt beteiligt, weshalb alle geschichtlich Handelnden – die Jünger, die Juden, die Römer – zur Statisterie erstarren. Der Geschehniszusammenhang geht unter in der Flut der Gefühlsäußerungen und Erörterungen, die aus der zeitlichen Wirklichkeit die zeitlose Wahrheit herauszuschöpfen versuchen.

Bei aller scheinbaren orthodoxen Strenge des Werkes bricht sich damit doch der Zeitgeist in Klopstocks Epos Bahn. Er bekundet sich schon inhaltlich darin, daß Klopstock die Hauptgestalt eines reuigen Teufels Abbadona einführt, dessen Schicksal die Leser tief beunruhigt hat. Er wird am Ende im Gericht begnadigt. Die der orthodoxen Lehrmeinung von der Ewigkeit der Höllenstrafen widersprechende Heimholung aller Geschöpfe in die göttliche Gnade, auch der in der Hölle schmachtenden Sünder, deutet sich an. Vor allem aber äußert sich die Moderne in der Darstellungsweise Klopstocks. Die Erlösung wird aus der Geschichte in die Innerlichkeit der anteilnehmenden Seele hinübergespielt, die in ihren stürmischen Versuchen, den Heilsvorgang in seinem kosmischen und Ewigkeitshorizont zu begreifen, im Auf und Ab des Erliegens und Vollbringens bei diesem Bemühen ihre eigene

Schwingungsweite staunend erfährt. Die religiöse Genußhaltung des Spätpietismus, der die Aneignung der religiösen Gehalte fast wichtiger wird als dieser Gehalt selbst, und die aufklärerische Selbstgewißheit des Menschen, der sich anschickt, Gottes Verborgenheit in der Geschichte aufzuhellen durch den Blick auf die zeitlos gültigen Gesetze des Seins, verschmelzen miteinander.

Wenn Klopstock seinen christlichen Inhalt in die Form des antiken Epos zu gießen versucht, folgt er dem Vorbild JOHN MILTONS (1608–1674). Das antike Epos kann Götter und Menschen miteinander vereinen, denn die antiken Götter sind innerhalb der Welt und innerhalb von Zeit und Raum. Der christliche Gott aber ist ewig und allgegenwärtig; er bricht von außen in die Welt ein und kann deshalb nicht, wie die antiken Götter, mit dem Menschen auf die gleiche Handlungsebene gebracht werden. Milton hat in seinem *Paradise Lost* (1667) dieses Dilemma zwischen antiker Eposform und Christentum eher verdeutlicht als gelöst, wenn er mit imponierender Unbekümmertheit den christlichen Gott, Engel und Teufel nach Art der antiken Götter auffaßt und nach dem Bilde des Menschen formt. Klopstock geht den entgegengesetzten Weg. Indem er versucht, jede Vermenschlichung Gottes und der Geister zu vermeiden, Gott als raum-zeitlich unendlich, den Menschen als Empfänger, nicht Mitwirkenden der Erlösung darzustellen, endet er in der Zersetzung der traditionellen Epos-Struktur. Aus dem epischen Nacheinander der Ereignisse wird ein polyphones Nebeneinander, ein ewiges Jetzt, aus der Wechselwirkung von Geister- und Menschenwelt eine Überschichtung, in welcher der Strom des Erzählens zum Stehen kommt. Statt eines Erzählers, der den Personen gegenübersteht, spricht ein hymnisch Feiernder, der, mitten in der Situation der Erlösung befindlich, von seinen Erregungen fortgerissen wird. Der gleichmäßig hinströmende epische Hexameter der Antike verfällt bei Klopstock in Unruhe und Atemlosigkeit, rhetorische Gewaltanstrengungen versuchen das Unsagbare zu sagen, vielgliedrige Satzgebilde umkreisen das Geheimnis, Aussagesätze treten zurück gegenüber Anruf, Bekenntnis und Verkündigung. Bei aller Schönheit im Detail, besonders der lyrischen Partien, ist das Werk im ganzen mißlungen, allerdings in großartiger Weise, denn die individuelle Unfähigkeit zur Epik wird bei Klopstock zum Ausdruck der geschichtlichen Stunde: Das Epos als konkretes und plastisches Totalbild der Welt im Sinne Homers wird unmöglich für eine Zeit, in der das Göttliche gleichermaßen in eine unendliche Tiefe des Weltraumes und der menschlichen Seele einsinkt. Was bleibt, ist eine Ausdrucksfähigkeit der Sprache, wie sie so in Deutschland noch nicht dagewesen war.

Die Lyrik

Reiner und freier erklingt dieser neue Ton in Klopstocks Lyrik, die er selbst nur als Nebenwerk angesehen und erstmals 1771 in einer Sammlung veröffentlicht hat. Abgesehen von den schon 1758 und 1769 erschienenen, dichterisch unbedeutenden *Geistlichen Liedern* und Kirchenliedbearbeitungen ist Klopstocks gesamte Lyrik odisch; alle seine Motive sind, wie es die Odenform fordert, von feierlicher Würde oder können durch Erhabenheit des Fühlens zu ihr gesteigert werden. Freundschaft, von Klopstock immer wieder besungen, wird in der mehrgliedrigen, an die Bremer Beiträger gerichteten Ode *Auf meine Freunde* (1747) als schöpferische, ausstrahlende Kraft erlebt, während sie bei Pyra und Lange oder den Anakreontikern noch viel selbstgenügsamer ist. *Der Zürcher See*, Klopstocks andere große Freundschaftsode (1750), überhöht den Zürcher Freundeskreis des Dichters, der sich bei seiner Schweizer-Reise um ihn scharte, zu einer Jüngerschaft, die durch die «Göttin Freude» zu reinerer Menschlichkeit eingeweiht wird. Auch die von Schubert vertonte Ode *Die frühen Gräber* (1764) verschmilzt Landschaftserlebnis und Freundschaftskult, jetzt aber in elegischer Wendung. Die silberne Mondnacht erinnert an die «Edleren, deren Male schon ernstes Moos bewächst»; doch die Assoziation von Mondaufgang, sich rötendem Tag und dem Erwachen des Maies lassen untergründig das Auferstehungsmotiv anklingen.

Klopstocks Liebeslyrik, vor allem bedeutend die sogenannten Fanny-Oden an seine unglücklich geliebte Cousine Marie Sophie Schmidt und die sogenannten Cidli-Oden an seine spätere Frau Meta Moller, deren *Briefwechsel* mit Klopstock zu den schönsten der Zeit gehört, wendet sich bewußt vom anakreontischen Spiel ab und verkündet die Liebe als «letzten und göttlichsten Zug» (*An Gott*, 1748) Gottes und seiner Geschöpfe. Eines der wenigen liedhaftem Ton sich nähernden Gedichte Klopstocks, *Das Rosenband* (1752), Goethes *Mit einem gemalten Band* verwandt und gleichfalls von Schubert sowie von Richard Strauss komponiert, wendet das anakreontische Motiv in die Verbindlichkeit des gelebten Lebens. Die leichte Verknüpfung der Liebenden durch das Rosenband steigert sich zur unlösbaren Verbindung der Blicke, aus dem Schlummer der Unbewußtheit wird helles Bewußtsein. Das anakreontische Liebesspiel ist fiktiv der Welt enthoben, während hier Liebe die Welt verklärt:

> Sie sah mich an; Ihr Leben hing
> Mit diesem Blick an meinem Leben,
> Und um uns ward's Elysium.

Neben die Freundschafts- und Liebeslyrik Klopstocks tritt seine politische Odendichtung, die von einem aufgeklärt-christlich-bürgerlichen Menschlichkeitspathos getragen ist, ohne daß der prophetisch in die Ferne des Ideals gerichtete Blick die Realität der politischen Mächte erfassen könnte. Die dänischen Könige werden zum positiven Gegenbild Friedrichs des Großen, die Französische Revolution erscheint zunächst als leuchtend erneuertes goldenes Zeitalter, dann als teuflische Fratze ihrer ursprünglichen Ideen. Konsequent im Eintreten für die Französische Revolution blieb der Klopstock-Jünger und -Exeget KARL FRIEDRICH CRAMER (1752–1807; Sohn von Johann Andreas Cramer), Mitglied des Göttinger Hains, der wegen seiner radikalen Ansichten 1794 einer Kieler Professur enthoben wurde und 1796 nach Paris ging. Am deutlichsten zeigt sich die Weltfremdheit von Klopstocks politischen Ansprüchen und Vorstellungen, aber auch der Mangel an Anknüpfungspunkten im staatlichen Leben einer Zeit, die den deutschen Patrioten zum Pensionär der dänischen Krone macht, in Klopstocks Nationalgefühl, das in die dämmernde Frühe des Germanentums zurückschweift. Die sogenannte Bardenlyrik, begonnen durch Heinrich Wilhelm von Gerstenberg, die ihren Namen einem Irrtum, nämlich der Identifizierung der germanischen Skalden mit den keltischen Barden verdankt, wird durch Klopstock auf ihren Höhepunkt geführt und dem Göttinger Hain vermacht. Angeregt durch Teildruck und lateinische Übersetzung der *älteren Edda* (1750) sowie durch die Übersetzung der *jüngeren Edda* ins Deutsche (1765) auf dem Weg übers Französische (1756), will die Bardenlyrik die Gesänge der altgermanischen Dichter und ihre Götterwelt wiederbeleben und fortsetzen und damit die Unmittelbarkeit des Deutschtums zum Christentum demonstrieren, die alle antiken Vermittlungen überspringt. Neben Klopstock sind als Bardendichter KARL FRIEDRICH KRETSCHMANN (1738–1809) und der Wiener Jesuit MICHAEL DENIS (1729–1800) mit seinen *Liedern Sineds des Barden* (1772) zu nennen. Im Austausch der antiken Mythologie von Klopstocks früheren Gedichten gegen die erneuerte germanische Mythologie zeigen sich Züge dichterischer Erstarrung ebenso wie in seinen meist der späteren Zeit angehörigen Gedichten über Dichtung – ein manieristisches Thema, das uns aus der Gegenwart geläufig ist.

Bei aller Mannigfaltigkeit der Themen ist Klopstocks lyrische Form doch weithin von seiner zentralen Thematik geprägt. Religiöse Ergriffenheit, der Quellpunkt seines Dichtens, trägt auch die lyrische Aussage zu enthusiastisch-feierlicher Höhe des Gefühls. Sie erfaßt Freundschaft, Liebe, Patriotismus, Kunstgesinnung und erfüllt sich im odischen Ausdruck der religiösen Führungs- und Sendungsgewißheit, in der Feier Gottes in Natur und Menschenleben. Mit der elegischen Vorahnung des Todes, in der hymnischen Vorwegnahme der Seligkeit wird die Erscheinungswelt überschritten. Wie Pyra, Lange und die Anakreontiker orientiert sich Klopstock am antiken Vers, aber nicht mehr nur die Reimlosigkeit, sondern vor allem die Möglichkeit der freien rhythmischen Entfaltung ist für ihn dabei maßgebend, wobei wie später vom Sturm und Drang der große Schatten Pindars beschworen wird. Während die Vorläufer auch im reimlosen Vers meist ein alternierendes jambisches Metrum beibehalten, nutzt Klopstock die Kombination verschiedenartiger Versfüße in den antiken Strophen zur Gewinnung starker rhythmischer Bewegungen und Kontraste, die zwar von den antiken Metren ausgehen, sie aber häufig in einer entfesselten Sprachdynamik überspülen: «Frei aus der schaffenden Seel enttaumeln» (*Auf meine Freunde*) will das Lied des Dichters als reißender Strom[80], und so wird ihm die antike Metrik und Strophik, zusammen mit den freirhythmisch verstandenen alttestamentlichen Psalmen, Wegbereiterin zu seiner Erfindung der freien Rhythmen, die er vor allem in den großen religiösen Hymnen der Jahre 1758/59, in ihrer Mitte die *Frühlingsfeyer*, ausbildet. Hier, wo Klopstock sich im Gotteslob seinen Vorbildern, den Psalmisten, am nächsten weiß, findet der inspirative Stil, in dem das Wehen des Geistes die Schranken der herkömmlichen Metrik durchbricht und Form nicht als schöne Rundung, sondern als absoluter Ausdruck verstanden ist, seine eindringlichste Verwirklichung, ehe der Dichter später zu festen, oft neugebildeten metrischen Schemata zurückkehrt.

Nicht nur durch den Rhythmus, auch durch Gedankenführung, Syntax und Metaphorik stimmt sich Klopstock als Lyriker zu einer Sprache der Begeisterung. Die Einheit und Harmonie der Welt, dem Aufklärer im Denken gegenwärtig und deshalb in der aufklärerischen Gedankenlyrik in einer rationalen Sprachstruktur dargestellt, ist Klopstock in seinem inspirierten Gefühl vorgegeben. Es kann mit ungeheurer Kühnheit und Sicherheit von Bild zu Bild, Aussage zu Aussage schweifen, weil allein schon die Ganzheit des Welt- und Gotteserlebens die Teile zum Ganzen zusammenschließt. Das Siebengestirn und das Frühlingswürmchen, aber auch das Privateste des Lebens und das Allgemeinste der Weltordnung sind in *einem* Atemzug beschworen, gefühlsträchtige «Machtwörter» und verschwimmende Vorstellungen erwecken das Herz zur Ahnung unendlicher Fülle. Auch im Satzbau treten die logischen Beziehungen hinter der emotionalen Intensität zurück. Inversionen verlegen die bedeutungsschwersten Wörter an die rhythmischen Schwerpunkte, zwischengekeilte oder in langen Ketten aufsteigende Nebensätze, in der Ode *An Fanny* (1748) zum Beispiel über fünf Strophen hingezogen, spannen die Empfindung auf das Vorstellungszentrum hin, plötzliche Wendungen des Gedankens und der Stimmung reißen in einen Wirbel der Bewegung hinein. Es entsteht eine gewollte Dunkelheit der lyrischen Rede, die alle Kräfte anspannen und erregen will, ohne schon die geheimnisvolle und zugleich klare Tiefe der Goetheschen Symbolsprache zu besitzen. Immer behält die Klopstocksche Lyrik einen Zug von Rhetorik und Öffentlichkeit, denn das Ich ist sich zwar unerhört wichtig geworden, aber es bleibt auch im Gedicht Träger einer Botschaft, indem es sein Erleben Gottes, der Natur, der Liebe, der Freundschaft und des Vaterlandes stellvertretend vorlebt.

Die Dramen

Klopstocks Dramatik kann sich an Rang nicht mit den Oden und der *Messiade* messen, obwohl seine expressive, mit gefühlsintensivierenden Wortwiederholungen arbeitende Dramensprache ebenso wie seine kontrastreichen Gemälde der Leidenschaften über Heinrich Wilhelm von Gerstenbergs *Ugolino* zum Sturm und Drang-Drama ausstrahlen. Die Bibeldramen *Der Tod Adams* (1757), *Salomo* (1764) und *David* (1772) stehen im alttestamentlichen «Vorhof zu dem Heiligthume» [81]. In der *Messiade* ist der Mensch Zuschauer beim Gericht der Gottheit, in den Dramen fällt er selbst in die Hände Gottes. Hier wie dort wird durch den Einbruch des Göttlichen die Menschenwelt schemenhaft, während sie im gleichzeitigen bürgerlichen Drama psychologische Dichte und Milieutreue gewinnt. Der Held ist nicht besonderer Charakter, sondern Exempel für das Handeln Gottes am schwachen und dennoch begnadigten Menschen. Die Nebenfiguren sind, wie in der Messiade, eine Art betrachtender Chor: Gegenspiel oder Tragik kommen nicht zur Entfaltung. Ähnlich ist der Befund für Klopstocks dramatische Trilogie *Hermanns Schlacht* (1769), *Hermann und die Fürsten* (1784) und *Hermanns Tod* (1787), die der besonderen patriotischen Idealgestalt des Dichters gewidmet ist. Auch der Kriegsheld Hermann ist, wie die Helden der Bibeldramen, passiv: Wie sie unter dem Zugriff Gottes, so leidet er unter einem Schicksal, das allerdings in der germanischen Welt dunkel und ohne Rettung bleibt. Selbst in *Hermanns Schlacht*, wo der Ausgang des Ringens im Teutoburger Wald lange hin und her wogt, vollzieht sich der Kampf außerhalb der Bühne wie ein von fern entschiedenes Verhängnis, das von den Bühnenpersonen, auch von Hermann, der erst nach dem Sieg auftritt, nur Reaktionen, keine Aktion fordert. Ein Überwuchern lyrisch-chorischer Einlagen zeigt in den Hermann-Dramen auch äußerlich die Verfehlung der dramatischen Form an.

Lessing

Selbstbildung als freier Schriftsteller

Neben der priesterhaften Gestalt Klopstocks steht GOTTHOLD EPHRAIM LESSING (geb. 1729 in Kamenz, gest. 1781 in Wolfenbüttel) als der erste Vertreter eines modernen, in Deutschland seltenen Schriftstellertyps, der die geistigen Auseinandersetzungen des Tages sucht. Während Klopstock in *Stunden der Weihe* (1748) an der Messiade dichtet, beginnt Lessing, ebenfalls Leipziger Student der Theologie, seine literarische Karriere mit anakreontischen *Kleinigkeiten* (1751) wie dem bekannten Studentenlied *Gestern, Brüder, könnt Ihr's glauben . . .*, mit Epigrammen und mit Komödien im Stil der Gottsched-Schule: *Der junge Gelehrte* (1747), einer Komödie Ludvig Holbergs motivverwandt und von der Neuberschen Truppe uraufgeführt, *Der Misogyne* (1748), *Die alte Jungfer* (1749). Tieferen Gehalt und Anregungen aus der Comédie larmoyante bekommt Lessings Komödienschaffen mit dem *Freygeist* (1749), wo der Theologe Theophan den Freigeist Adrast von seiner Verachtung der Theologen heilt, indem er sich als ganzer Mensch zeigt, und mit den *Juden* (1749), wo zunächst noch schüchtern der Kampf gegen den Antisemitismus aufgenommen wird.

Das Tragödienschaffen Lessings gerät früh unter den Einfluß des bürgerlichen Trauerspiels, wie es in England entsteht. Hier, wo die bürgerliche Emanzipation am weitesten fortgeschritten ist und die klassizistische, auf Standespersonen soziologisch festgelegte Tragödie keine so überzeugende Verwirklichung erfahren hat wie im Frankreich des 17. Jahrhunderts, wird der Bürger zuerst tragödienfähig. Möglicherweise beeindruckt von dem englischen Juwelier GEORGE LILLO (1693–1739), dessen *Kaufmann von London* seit 1754, dreiundzwanzig Jahre nach seinem Erscheinen, mit großer Anteilnahme in Deutschland aufgenommen wurde, veröffentlicht Lessing 1755 das erste originale deutsche bürgerliche Trauerspiel *Miß Sara Sampson.* Im Unterschied zu Lillo, der einen handfesten Kriminalfall, Kaufleute im Geschäft, eine professionelle Prostituierte, den Polizeiapparat mit Gerichtsdienern, Stockmeister und Scharfrichter auf die Bühne bringt, bleibt bei Lessing

– schon durch die Imitation englischer Verhältnisse – die Milieuzeichnung blaß.

Er bringt statt dessen psychologische Vertiefung: Bei Lillo sinkt
ein erst guter Mensch zum kriminell Bösen ab. Zwar werden dem
Helden Tugend und göttliche Weltordnung fragwürdig, aber das
sind nur Zeichen seines Verfalls. Die Psychologie ist linear, Moral
ist unmittelbar gesellschaftliche Norm. Lessings Heldin Sara unterscheidet demgegenüber zwischen Anspruch der Gesellschaft
und Stimme des Gewissens; sie hört und anerkennt diese Stimme,
aber auch die Stimme ihres Herzens. In der Liebe zu ihrem Verführer und Entführer Mellefont liebt sie dessen besseres Selbst und
setzt ihn daraufhin in Bewegung, und doch wird sie durch diese
Liebe auch in Verfehlungen gestürzt. Mellefont wiederum, ein
Verwandter des Verführers Lovelace aus Richardsons Roman
Clarissa, leidet unter dem Zwiespalt zwischen Spontaneität des
Gefühls und Institution der Ehe und wird sich in der Gleichzeitigkeit von Gut und Böse zum Rätsel und moralischen Ungeheuer.
Gemeinsam ist Lessing und Lillo der Rückgriff auf eine skrupel-
lose, an die Machtweiber des Barock erinnernde Intrigantin, mit
deren Hilfe die an sich undynamischen Helden in Aktion gebracht
werden. In den Zentralfiguren zeigt sich eine Wendung von der
Schwarzweißmalerei der älteren Tragödie zu mittleren Charakteren – der verführten Unschuld, dem umkehrenden Wankelmüti-
gen –, die nicht mehr in erhabener Größe dulden, wie die Märtyrer
des Barock und seiner Tradition, sondern durch ihre Schwäche un-
serem Mitleiden nahe sind.

Die Handlung der *Sara Sampson* hat ihre Stringenz darin, alle
Konfliktmomente auszufalten und aufzuheben, die in der Entfüh-
rung Saras liegen: Im Auftauchen der Intrigantin Marwood wird
Mellefont von seiner liederlichen Vergangenheit eingeholt, in der
Ankunft von Saras Vater erscheint die verzeihende Liebe der
Familie; in Mellefonts Scheu vor der Ehe tritt die Motivationslage
der Entführung ins Licht, in seiner Bereitschaft, Marwood und
Sara zusammenzuführen, sein Bedürfnis nach Bestätigung seiner
selbst und seiner Wahl. In der Universalität der Vergebung, deren
die vergiftete Sara fähig ist, bekräftigt sich, daß sie selbst solcher
Vergebung würdig war, und Mellefonts Selbstmord schließt seinen
Zwiespalt zwischen Spontaneität und Institution der Ehe, denn
seine spontane Handlung gründet die unverbrüchlichste Ehe – im
Tode. Aus der Zerstörung der Familie am Anfang tritt am Ende

deren geistige Herstellung heraus, besiegelt durch die Adoption von Mellefonts unehelicher Tochter, die nun das geistige Kind aus seiner Ehe mit Sara wird. Ströme sentimentaler Tränen sind über die unglückliche Sara vergossen worden, die durch die Verfehlung zur Verklärung geht, während Lessing selbst die tragische Problematik des Sittlichen, die hier erahnt wird, bald tiefer zu erfassen gelernt hat. Dieser Hauptrichtung gegenüber bleiben drei Komödien nach Plautus und die patriotische Kurztragödie *Philotas* (1759), die allzu künstlich auf einen dramatischen Extrakt gebracht ist, antikisierende Zwischenspiele. Zahlreiche dramatische Entwürfe und Fragmente, darunter ein *Faust* (in Arbeit seit 1758) und eine Alexandrinertragödie *Samuel Henzi* (1749) über eine Episode aus der Schweizer Zeitgeschichte, bezeugen den kraftvollen und experimentierfreudigen Selbstbildungsprozeß des Dichters, der geistesgeschichtlich in der Mitte steht zwischen Goethes organischer Bildung und Reifung und der unbeweglichen «Fertigkeit» älterer Dichter von Gottsched bis Klopstock. Eine Marginalie von Lessings Wirkungsgeschichte ist es, daß ein Faustdrama des Wieners PAUL WEIDMANN (1746–1810) unter Lessings Namen aufgeführt worden ist.

Neben seiner Dichtung entwickelte Lessing schon als Student eine ausgebreitete journalistische und kritische Tätigkeit, die ihn 1748 im Gefolge seines begabten, leichtlebigen Vetters CHRISTLOB MYLIUS (1722–1754) über Wittenberg nach Berlin führte, wo er von nun an vorwiegend lebte. Postum veröffentlichte Lessing dessen *Vermischte Schriften* (1754), hauptsächlich Komödien und Schäferspiele im Stil der Gottschedschule. *Beyträge zur Historie und Aufnahme des Theaters* (1750), eine *Theatralische Bibliothek* (1754–58), eine feuilletonistische Beilage *Das Neueste aus dem Reiche des Witzes* (1751) und viele Rezensionen für die *Berlinische Privilegirte Zeitung* (später *Vossische Zeitung* nach dem Verleger Christian Friedrich Voß) in den Jahren 1748–55 zeigen Lessing in stürmischem Fortschritt lehrend lernend. Auch als Übersetzer wurde Lessing tätig, u. a. von Voltaires *Kleineren Historischen Schriften* (1752) und von des spanischen Arztes Juan Huarte (geb. ca. 1520) *Prüfung der Köpfe zu den Wissenschaften* (1752). Ein erneutes Studium in Wittenberg 1752, das mit der Magisterpromotion abschließt, festigt den eigentümlichen Charakter von Lessings wissenschaftlicher Arbeit. Immer wieder entzündet sich sein Temperament an der Polemik, die an Rang ihre Gegenstände meist weit hinter sich läßt. Das gilt zum Beispiel von Lessings Auseinandersetzung mit der journalistischen Großmacht des Philologen und Antiquars CHRISTIAN ADOLF KLOTZ (1738–1771) in den *Briefen antiquarischen Inhalts* (1768–69). Wichtiger als Anlaß und Ergebnis ist der Denkprozeß selbst, in dem geistige Unabhängigkeit gewonnen, bestätigt und ausgestrahlt wird. Die essayistische Darstellungsweise Lessings mit ihren an die Improvisation des Gesprächs erinnernden Wendungen, provokatorisch mehr als abrundend, entfaltet einen aufklärerischen Stil «natürlicher» Rede, in deren Originalität eine Verbindung zur Prosa des Sturm und Drang liegt. Publikumsbildung und Selbstbildung, aber auch Theorie und dichterische Praxis rücken bei Lessing aufs engste zusammen, wie am Beispiel der *Fabeln* (1759) und seiner Fabeltheorie deutlich wird. Lessing verengt hier die Form, indem er nur die knappste Exemplifizierung einer Moral gelten lassen will. Eine Fabel über die Fabel ist die Geschichte vom *Besitzer des Bogens,* dessen weithin treffender Bogen beim Spannen zerbricht, nachdem er ihn mit einer geschnitzten Jagd hat schmücken lassen. Als Kritiker kommt Lessing zur Reife in den *Briefen die neueste Literatur betreffend,* die in freundschaftlicher Zusammenarbeit mit Mendelssohn, dem Verleger Nicolai und anderen Berliner Aufklärern 1759–65 erscheinen. Beim fingierten Empfänger, einem verwundeten Offizier, dürfte Lessing an den Freund Ewald von Kleist gedacht haben. In seinen Beiträgen, die vor allem die ersten Jahrgänge beherrschen, rechnet Lessing mit Gottsched ab, weist auf Shakespeares Genie hin, dämmt die literarische Mittelmäßigkeit ein. Die Synthese von Dichtung, Wissenschaft und Journalismus, mit entschiedenem Wirkungswillen auf den ganzen Menschen gerichtet, gibt dem Journalisten und Polemiker Lessing Gewissen, dem Gelehrten Beweglichkeit, dem Dichter helles künstlerisches Bewußtsein.

Minna von Barnhelm

1760–64 nahm Lessing Dienst als Sekretär des preußischen Generals von Tauentzien und geriet damit in das militärische Treiben des Siebenjährigen Krieges. Das Ergebnis dieser Epoche unruhiger Welterfahrung ist seine an Realitätsgehalt reichste Dichtung, die

Komödie *Minna von Barnhelm oder das Soldatenglück* (1763 begonnen, Druck 1767). Die bekümmerte Frage der Zeitgenossen und Lessings selbst, wie Deutschland eine Komödie hervorbringen solle, da ihm doch eine tragende gesellschaftliche Kultur für diese gesellschaftlichste Gattung fehle – hier ist sie beantwortet, indem mit genialem Griff der Mangel zum Reichtum gemacht wird. Es ist in der Tat keine in sich geschlossene, einheitliche Gesellschaft im Sinne der französischen Komödie, was da in einem bescheidenen Berliner Wirtshaus im Durcheinander der Nachkriegszeit zusammengewirbelt wird: ein abgedankter preußischer Offizier in Zahlungsschwierigkeiten, sein ehemaliger Wachtmeister, jetzt Bauernschulze, eine Offizierswitwe, ein französischer Abenteurer, ein grober Troßknecht, zum Bedienten avanciert, ein sächsisches Edelfräulein, das im kürzlich noch feindlichen preußischen Ausland seinen verschollenen Bräutigam sucht. Verschwunden sind die blassen, aus Verlegenheit und literarischer Tradition geborenen Allerweltspersonen und -konflikte, verschwunden jene komischen Charaktertypen wie der Geizige, der Verschwender, der Schmarotzer, die lediglich als Gegenbilder des gesellschaftlichen Menschenideals konzipiert sind. Jetzt rückt der individuelle Charakter ins Spielfeld, der in einem dialektischen Verhältnis zur Norm steht, insofern nur im Individuellen noch eine Norm anschaulich und sinnfällig wird.

Das Hier und Heute, das Fragwürdige der gesellschaftlichen Ordnungen selbst ist zum komischen Thema geworden, denn der Major von Tellheim fällt gerade dadurch aus der sozialen Bindung heraus, daß er die gesellschaftlichen Konventionen mit absurder Konsequenz vertritt: Nicht nur fühlt sich der in seiner Ehre gekränkte, zu Unrecht verdächtigte Offizier verpflichtet, seine Verlobung mit dem Fräulein von Barnhelm zu lösen – wie ein trotziger Knabe schleudert er ihr darüber hinaus seine Entschlossenheit ins Gesicht, lieber demonstrativ im Elend zu verkommen, als einen Millimeter breit von seinen berechtigten Forderungen zurückzuweichen. Sein subjektiver Gerechtigkeitsanspruch ist zu stark, als daß er sich in die Ungerechtigkeit der Welt fügen könnte. Ganz selbstverständlich aber setzt er dabei Gesellschaftsordnung und Weltordnung in eins, indem er sich ausschließlich an der Wertschätzung der Gesellschaft orientiert. Ein Defekt in der Gesellschaft genügt, um ihn an Gott und der Welt verzweifeln zu lassen. Man hat ihm in Berlin etwas vorenthalten, und er will von niemandem mehr etwas haben. Er glaubt sich außerhalb der Gesellschaft zu stellen, ihr das Spiel aufzukündigen und macht sich zu ihrem Sklaven. Das ist seine Komik.

Tellheim wird von ihr geheilt durch seine Gegenspielerin, das sächsische Edelfräulein Minna von Barnhelm, und ihre Bundesgenossen: den Bedienten Just, den Wachtmeister Werner, die Kammerzofe Franziska. Die Möglichkeit der Heilung liegt darin, daß Tellheims Herz von vorn herein menschlicher ist als seine Grundsätze. Es ist sinnvoll, daß gerade eine Frau Tellheims Gegenbild werden kann. Der Offizier ist durch seinen Beruf am engsten an gesellschaftliche Konventionen gebunden; die Frau ist sozial weniger streng fixiert, ihr ist es leichter, den gesellschaftlichen Ordnungen und Wertungen mit Souveränität gegenüberzutreten. Für Tellheim ist die Ehre «nicht die Stimme unsers Gewissens, nicht das Zeugnis weniger Rechtschaffnen»[82], für Minna ist sie das – neben ihrem gesellschaftlichen Stellenwert – zumindest *auch*. Vor allem aber wehrt sie sich dagegen, das Leben so, wie Tellheim es mit seinem Verhalten tut, auf eine Formel zu bringen. Gott will die Menschen glücklich, auch wenn man seine Rechnungen nicht nachrechnen kann. Mit Recht ist gesagt worden, daß es zwischen Minna und Tellheim um eine Theodizee geht: Noch auf dem Grunde seines Trotzes verbirgt sich ein Glaube, die Offenbarung der Güte Gottes erzwingen zu können.

Wie vollzieht sich nun die Heilung Tellheims? Es liegt ein Zug tiefer Komik darin, daß der Mann, der so wenig Sinn für Ökonomie besitzt, immer wieder in Abrechnungen hineingezogen wird, in denen hinter dem finanziellen ein moralisches Soll und Haben auftaucht. Tellheim, der mit egozentrischem Edelsinn andere, etwa die Witwe seines ehemaligen Rittmeisters, in seiner Schuld erhält, ist mit ängstlicher Sorgfalt darauf bedacht, selbst in niemandes Schuld zu geraten, und muß sich von seinem Diener Just, von seinem Wachtmeister Werner und zuletzt von Minna belehren lassen, daß das Leben ein freies Spiel des Gebens und Nehmens ist, aus dem keiner ohne Schulden davonkommt und in dem nur der Hochmütige niemandem etwas zu danken haben will. Und noch in anderer Weise wird Tellheim zu sich selbst gebracht: Das Fräulein spielt ihm eigenes Unglück vor, und schon erkennt der Major seine Souveränität gegenüber gesellschaftlichen Wertungen, die er bisher verabsolutiert hatte. Um Minnas willen ist er bereit, das königliche Handschreiben, das ihm volle Wiederherstellung seiner Ehre bringt, zu zerreißen. Beide Lehren für Tellheim gehören zusammen: Erst indem er seine innere Freiheit von der Gesellschaft erfährt, kann er sich gelöst in ihr Spiel einfügen. Noch ehe er selbst recht versteht, hat sich ihm Minna im Symbol des Ringes, der Einbeziehung des einzelnen in ein Ganzes bedeutet, aufs neue geschenkt.

Damit ist das Stück reif zum Komödienschluß. Der inneren Lösung tritt die äußere als glückhafte Bestätigung hinzu, die dem Major durch ein Handschreiben Friedrichs des Großen seinen gesellschaftlichen Rang wiedergibt in dem Augenblick, in dem er innerlich über ihn hinausgewachsen ist. Dadurch wird der Deus ex machina aus einer Notlösung der Komödie zum Komödienmotiv. Nicht die Gesellschaft mit ihren Konventionen, sondern eine Menschlichkeit behält das letzte Wort, die sich in der Gesellschaft darstellt, aber sich nicht in ihr erfüllt. Zwar wird Tellheim durch Minna beschämt, aber Minna auch durch Tellheim, denn gerade in der «Heilung» des Majors kommt ein Adel seiner Seele zur Erscheinung, vor dem ihr Spiel mit ihm unangemessen erscheinen muß, selbst wenn es seinen Zweck erreicht hat. Minna und Tellheim fliehen am Ende aus der großen Welt in die Idylle einer reinen, sich selbst genügenden Humanität. Selbst im märchenhaft heiteren Komödienausklang kann sich der leise Schatten der Resignation nicht verleugnen, der über dem deutschen Humanitätsideal liegt.

Laokoon

1775 erst hat Lessing auf einer Italien-Reise jene Laokoon-Gruppe der vatikanischen Sammlungen mit eigenen Augen gesehen, die neun Jahre vorher im Titel seiner fragmentarisch gebliebenen Abhandlung *Laokoon oder über die Grenzen der Malerei und Poesie* erscheint. Gegenüber Winckelmanns und Goethes Drang zur Anschauung und lebendigen Erfahrung der antiken Kunst wirkt Lessing noch als der altertümliche Antiquar, der vor allem in den Büchern den Weg nach Rom und Athen sucht. Dennoch hat Lessing sich im Vorwort seines Buches mit Recht ironisch von dem Ästhetiker Baumgarten distanziert, der die Beispiele seiner Ästhetik einem Wörterbuch entnommen habe – schon der Titel weist darauf hin, daß in seiner Schrift das einzelne Kunstgebilde als eigene Wirklichkeit ernst genommen wird. Die Erkenntnis kann nur aus dem Einzelwerk heraus entwickelt, sie kann nur an ihm verifiziert werden. Der Ästhetiker muß erst verstehen, dann urteilen, nicht umgekehrt. Winckelmann bemerkt mit mißbilligendem Seitenblick, daß der Laokoon der vergilischen *Aeneis* schreit, was dem antiken Kunstprinzip der edlen Einfalt und stillen Größe zu widersprechen scheint. Lessing fragt zuerst, *warum* der vergilische Priester hemmungslos klagt, wenn die Schlange des Apoll ihn und seine Söhne erwürgt, während der Laokoon der spätantiken Plastik, welche die gleiche Episode aus dem Kampf um Troja darstellt, nur verhalten seinen Schmerz äußert. Aus der vergleichenden Befragung der beiden Kunstwirklichkeiten auf ihre innere Notwendigkeit erwächst ihm die grundlegende Einsicht, daß die Künste nicht nach einem von außen herangetragenen allgemeinen Zweck oder Gesetz, sondern nur in der Eigentümlichkeit ihrer Mittel und damit in ihrer Verschiedenheit begriffen werden können. Vorläufer in dieser Richtung sind der Abbé Jean Baptiste Dubos (1670–1742) mit seinen *Réflexions critiques sur la poésie et sur la peinture* (1719) und Denis Diderot mit seiner Schrift *Lettre sur les sourds et muets* (1751). Auch wenn Lessings Unterscheidung zwischen bildender Kunst und Dichtung – die bildende Kunst stellt räumliche Erstreckungen, also Körper, die Dichtung zeitliche Erstreckungen, also Handlungen dar – allzusehr den Dramatiker verrät, als daß sie kanonische Geltung beanspruchen könnte, so ist doch seine Fragestellung für die deutsche Kunstdiskussion des 18. Jahrhunderts von größter Bedeutung, denn Lessings Forderung schiebt die dichterische Kleinmalerei der Natur, die von Brockes bis Ewald von Kleist herrschte, beiseite.

Die Hamburgische Dramaturgie

1767 wurde Lessing an die von einer Gruppe wohlhabender, kunstliebender Bürger begründete Hamburgische Entreprise als quasi offizieller Journalist berufen. Die Epoche der Wandertruppen sollte endlich abgeschlossen, ein stehendes Nationaltheater mit literarischem und kulturpolitischem Anspruch, getragen von bürgerlichem Gemeinsinn, geschaffen werden. Direktor des

Unternehmens war der unbedeutende Schriftsteller JOHANN FRIEDRICH LÖWEN (1727–1771); Prolog und Epilog zur Eröffnung verfaßte JOHANN JAKOB DUSCH (1725–1787), von Lessing in den *Literaturbriefen* scharf angegriffen, produktiv in allen Gattungen sowie als flüchtiger Übersetzer, am ehesten profiliert als Verfasser von Schäferdichtungen, komischen Heldengedichten und des Romans *Geschichte Carl Ferdiners* (1776–80), dessen empfindsamer Held mit den Augen des Skeptikers angeschaut wird.

Lessing begleitete die Aufführungen mit seinen Theaterkritiken, aber bald brach der Versuch zusammen. Die Zukunft gehörte dem verbürgerlichten Hoftheater nach Art Mannheims oder Weimars, wie es dem Übergangscharakter der deutschen Gesellschaft, der Verbürgerlichung im politischen Rahmen des Absolutismus, entsprach. «Über den gutherzigen Einfall, den Deutschen ein Nationaltheater zu verschaffen, da wir Deutsche noch keine Nation sind![83]» So klingt Lessings bitterer Nachruf auf das Vergangene. Geblieben sind seine Kritiken, gesammelt als zweites kunsttheoretisches Hauptwerk, die *Hamburgische Dramaturgie* (1767–69). In der Besprechung heute meist vergessener Stücke dringt der Dramaturg zu den Grundfragen des Dramas vor, die leitmotivisch immer wieder aufgegriffen werden. Das Gegenbild zu seinem Entwurf eines modernen deutschen Dramas ist die klassizistische Tragödie, wie sie im Frankreich des 17. Jahrhunderts entsteht, im 18. Jahrhundert etwa im Drama Voltaires weiterlebt und durch die Gottschedschule hausbacken in Deutschland nachgeahmt wird. Leitbilder sind Aristoteles, Shakespeare, das englische bürgerliche Trauerspiel und die Dramatik und Dramaturgie DENIS DIDEROTS (1713–1784), des bedeutendsten Fortsetzers der Comédie larmoyante, den Lessing schon früher übersetzt hatte (*Das Theater des Herrn Diderot,* 1760, 2. Aufl. 1781).

Bereits diese erste Orientierung zeigt, daß die Frontstellung in Lessings Kampf um das Drama nicht national bestimmt ist, wenn auch nationale Empfindlichkeiten gegen Frankreich mitschwingen. Es geht vielmehr darum, ein bürgerliches gegen ein höfisches Theater durchzusetzen. Anstelle des vollkommenen Menschen, der, als höfischer Held oder Märtyrer alles Menschliche von sich abstreifend, unsere Bewunderung verlangt, fordert Lessing auf der Bühne den Helden von «gleichem Schrot und Korn» wie wir[84]. Anstelle der äußeren, oft politischen Verwicklungen, der jähen Glückswechsel und Katastrophen der älteren Tragödie, in denen der Mensch des Barock die Unbeständigkeit und Nichtigkeit der Welt erlebt, will Lessing eine weniger weit ausladende als gefühlsintensive Handlung, die psychologisch feinmaschig aus den Figuren herausgesponnen ist und die Welt als in sich sinnhaltig erweist. Statt der theatralischen Komprimierung unter dem Gesetz der Einheiten des Ortes und der Zeit, das dem Theaterstück nur *einen* Ort und die Zeitspanne *eines* Tages zuweist und es in einen festlichen Raum des Überall und Nirgend erhebt, soll sich das Drama, wenn auch konzentriert, so doch frei und milieugerecht aus seinen räumlichen und zeitlichen Voraussetzungen entwickeln. Zielt das höfische Drama auf Repräsentation, Stilisierung, Überhöhung der Natur, so verlangt Lessing Wahrheit, Menschlichkeit, Ausdruck der Natur.

Wie er als Programmatiker das Bild der französischen klassischen Tragödie in einer Weise polemisch verzerrt, die bis in die Gegenwart nachwirkt, so kommt Lessing auch – unbewußt – zu einer Umdeutung seiner Autoritäten. Shakespeare, bisher wegen der Vernachlässigung der dramaturgischen Regeln verurteilt oder entschuldigt, wird ihm zum großen Erfüller der aristotelischen Dramaturgie, zum Modell seiner Genieauffassung. Die französische Klassik hat den Aristoteles gekannt, aber mißverstanden, indem sie aus den inneren Gesetzen des Dramas äußere Vorschriften machte. Shakespeare hat Aristoteles nicht gekannt, aber ihn erfüllt, denn die aristotelischen Regeln liegen in der Natur des Dramas. Dichtung, im Gefolge Gottscheds als gelehrte Kunst mißdeutet, wird hier zu sich selbst gebracht. Der Dichter braucht nicht zu wissen, was jeder Schulknabe weiß, denn er kann etwas, wozu kein Gelehrter imstande ist. Das Genie trägt die Regeln der Dichtung in sich, es ist gesetzlich hervorbringende schöpferische Kraft. Vom Aufklärungsdenken ausgehend, ist so eine Konzeption des Kunstschöpferischen entwickelt, die die Aufklärung hinter sich läßt, auch wenn Lessing das Einmalige und Besondere Shakespeares noch nicht erkennen kann und will.

Noch weitertragend ist die produktive Umdeutung des Aristoteles. Hatte der Philosoph die Erinnerung an den kultisch-religiösen Ursprung des griechischen Theaters dadurch festgehalten, daß er die Wirkung der Tragödie als Reinigung von den Elementaraffekten des Schreckens und Jammers beschrieb, die den Menschen im Angesicht des tragischen Schicksals erfassen, so übersetzt Lessing die aristotelische Auffassung ins Christlich-Humanitäre, Schrek-

ken und Jammer in Furcht und Mitleid, die er nicht, wie der Grieche, abreagiert, sondern in «tugendhafte Fertigkeiten» verwandelt
wissen will[85]: Indem der Zuschauer die am Tragödienhelden sichtbar werdende Exponiertheit und Gefährdung des Menschen auf
sich bezieht, erhöht sich seine Liebes- und Hilfsbereitschaft gegenüber dem Nächsten. Der Grieche begegnet in der Tragödie dem
Göttlich-Übermenschlichen, das den Menschen erschüttert, Lessing dem Nebenmenschen, mit dem er leidet, wobei er in diesem
Mitleiden auch sich selbst fühlt. Hier zeigt sich der Aufklärer Lessing der Empfindsamkeit zugehörig, und es bestätigt sich am speziellen Fall, daß Empfindsamkeit auf dem Boden der Aufklärung
wächst, denn der Glaube, die sich selbst genießende Empfindung
dränge über sich hinaus in soziale Praxis, setzt großen moralischen
Optimismus voraus. In diesem Sinne kann Lessing Mitleid gelegentlich als «sich fühlende Menschlichkeit» umschreiben[86]: sie
fühlt sich angesichts der Mitleidswürdigkeit des Helden und der
Mitleidsfähigkeit des eigenen Herzens. – So löst sich eine alte Kon-
troverse der Lessingforschung, ob das Mitleid in Lessings Tragödientheorie als altruistischer Affekt oder bloßer Selbstgenuß zu
verstehen sei. Bei allem Abstand von Aristoteles ist damit die
Tragödientheorie der französischen Klassik und des Barock, wie sie
bei Gottsched verengt fortlebt, endgültig überwunden. Die Tragödie vermittelt nicht mehr nur die auf den bestimmten moralischen
Fall gezielte Lehre, sie ergreift den ganzen Menschen. Im schöpferischen Mißverständnis des Aristoteles ist die Tür zur Tragödie der
Goethe-Zeit aufgestoßen.

Auf den ersten Blick allerdings wirkt Lessings moralische Deu-
tung der Affekterregung durch die Tragödie altertümlicher als die
Position Mendelssohns und Nicolais, die von beiden in einem
Briefwechsel über das Trauerspiel zwischen den drei Freunden vertreten wird. Im Rückgriff auf Dubos' *Réflexions critiques* . . ., die
Mendelssohn auf die Systemansprüche der rationalistischen
Ästhetik der Leibniz-Wolff-Schule abzustimmen sucht, bestimmen Mendelssohn und Nicolai das Ziel des Trauerspiels – wie der
Dichtung überhaupt – als Erregung der Leidenschaften, die ästhetische Lust erweckt, wobei moralische Gesichtspunkte nur insofern
eine Rolle spielen, als den Moralgrundsätzen allzu scharf widersprechende Vorgänge im Drama für der Anteilnahme hinderlich
gehalten werden. In Wirklichkeit ist Lessings Argumentation einen
Schritt weiter, denn Mendelssohn und Nicolai können die Lust

126

durch Leidenschaftserregung nur deshalb von Moralmaßstäben freisetzen, weil sie dem rationalen Erkenntnisvermögen die alleinige Zuständigkeit für die Moralität des Menschen vorbehalten, während Lessing dem Affekt des Mitleids unmittelbar moralische Wirkungen anvertraut und damit eine moralische Positivität unserer Empfindungskräfte selbst annimmt. Nicht nur können die Affekte gebessert werden, sie können auch den Menschen bessern. Wo Mendelssohn und Nicolai den Affekten im Bereich der ästhetischen Illusion einen Freiraum schaffen, gibt Lessing den Affekten eine wichtige Funktion in der moralischen Selbstbildung und Selbstverwirklichung des Menschen. Der 1756–57 geführte, nicht zur Veröffentlichung bestimmte Briefwechsel ist als Station Lessings vor der *Hamburgischen Dramaturgie* wichtig, aber auch, weil er Einblick in die Lebendigkeit und Spontaneität der Ästhetikdiskussion des Lessingkreises gibt.

Emilia Galotti

Während *Minna von Barnhelm* aus dem Zeiterlebnis herauswächst, ist Lessings nächstes großes Drama, die Tragödie *Emilia Galotti* (1772), das Ergebnis langjährigen Ringens mit einem literarischen Motiv, dem Virginia-Stoff des römischen Geschichtsschreibers Livius. Unter der Arbeit an der *Hamburgischen Dramaturgie* hatte sich Lessing mit einem anderen antik überlieferten, dabei weltweit verbreiteten literarischen Stoff beschäftigt: dem der *Matrone von Ephesus*, einer bitteren Satire auf die Untreue der Frauen. Eine Witwe, die ihrem jüngst verstorbenen Gemahl in dessen Gruft nachsterben will, läßt sich von einem Soldaten verführen, der in der Nähe bei gekreuzigten Räubern Wache stehen muß, und sie hilft sogar, den Leichnam des Ehemannes ans Kreuz zu heften, als dem Soldaten Strafe droht, weil einer der gekreuzigten Räuber während der Schäferstunde gestohlen worden ist. Lessing tut alles, um im Sinne der Forderungen der *Hamburgischen Dramaturgie* den extremen Fall zu mildern und psychologisch verständlich zu machen, läßt dann aber doch das Projekt liegen, das in der Tat besser zum absurden Theater als auf Lessings Bühne der Humanität paßt.

Durch unglückliche verlegerische Projekte im Bunde mit dem Übersetzer Johann Joachim Bode, der sich vom Soldatensohn und

Sauhirten zum bedeutenden Verleger hocharbeitete, völlig mittellos geworden, trat Lessing 1770, einundvierzigjährig, erstmals in die feste, bald gehaßte Bindung eines bürgerlichen Berufs ein, indem er die Leitung der berühmten, einst von Leibniz betreuten Bibliothek von Wolfenbüttel übernahm. Etwas von der Enge der Studierstube, des über Büchern rechnenden Kunstverstandes scheint auf den ersten Blick der neuen Tragödie anzuhaften. Mit dramaturgischer Ökonomie ist aus dem politischen Stoff – ein Vater ersticht seine Tochter, um ihre Tugend vor der Gewalt des Tyrannen zu schützen, und löst damit die Revolution aus – der psychologisch interessante Fall herauspräpariert. Was im Barock eine Haupt- und Staatsaktion, beim jungen Schiller ein sozialkritisches Tendenzstück geworden wäre, ist bei Lessing auf die Familientragödie zurückgeführt. Neutralisierender Schauplatz ist ein italienisches Duodezfürstentum. Bedachtsam wird gegen Schluß die Figur des Fürsten, an der sich *Emilia Galotti* zum politischen Zeitstück ausweiten könnte, in den Hintergrund gespielt.

Dennoch hat das Stück einen lebendigen Nerv; es ist zwar nicht im Motiv erlebt – das gibt es erst seit Goethe –, aber im Problem. Es beginnt gleichsam da, wo *Minna von Barnhelm* aufhört: Wie Tellheim und Minna wollen sich auch Graf Appiani und seine Braut Emilia Galotti aus der großen Welt der Gesellschaft und des Hofes auf seine Güter zurückziehen, aber man hindert sie daran. Die in sich ruhende, selbstgenügsame Sittlichkeit, in der freischwebenden Idealität des Komödienschlusses möglich, wird tragisch in das Räderwerk eines Weltlaufes gezogen, der alle menschlichen Haltungen und Entscheidungen in einem noch viel tieferen Sinne problematisch macht, als es in *Miß Sara Sampson* geschehen ist. Wieder muß dabei eine Intrigantenfigur das äußere Geschehen vorantreiben: der Höfling Marinelli, der mit kriminellen Praktiken Emilia Galotti ihrem prinzlichen Liebhaber in die Hände zu spielen versucht; aber mehr als die Intrigantin Marwood aus *Miß Sara Sampson* ist Marinelli in den tragischen Kernbezirk des Stückes miteinbezogen, denn in seiner Gestalt tritt am schärfsten die große Vergeblichkeit heraus, die über allem Planen und Vorsorgen der Figuren dieses Stückes liegt. Er, der Rechner, scheitert an der Unberechenbarkeit des menschlichen Herzens, an den Empfindsamen, die er verspottet: ein Motiv, das in Schillers Intriganten von Franz Moor bis Wallenstein fortlebt.

Wieviel tiefer aber als in *Miß Sara Sampson* ist jene Unberechenbarkeit des Herzens, die Vielschichtigkeit des Psychologischen und Moralischen erfaßt! Der Prinz von Guastalla ist ein weiterentwickelter Mellefont, nicht mehr ein trauriger Verführer an der kurzen Kette seines schlechten Gewissens, vielmehr eine bei aller moralischen Haltlosigkeit glänzende Erscheinung. Er ist soweit von einer ins Ästhetische gewendeten Innerlichkeit bestimmt, daß er der bürgerlichen Tugend gefährlich werden kann. Ihm gegenüber das Ensemble der Galottis: der Vater Odoardo, ein hitzköpfiger, unbeugsam starrer Ehrenmann, die Mutter, gewitzigt und doch hilflos, der Bräutigam Appiani in todesnaher Schwermut, und vor allem Emilia – ein Mensch, der sich zur Reinheit entscheidet, weil er die Anfechtung kennt. Sie alle sind mittlere Charaktere im Sinne der *Hamburgischen Dramaturgie*; wie wenig aber *Emilia Galotti* als bloße Probe auf die dramaturgische Theorie verstanden werden darf, zeigt die Figur der Gräfin Orsina, der verlassenen Geliebten des Prinzen, deren Durst nach Rache reine, imposante Kraftäußerung jenseits von Gut und Böse ist. Schon bei den anderen Personen der Tragödie ist an die Stelle der papierenen Empfindsamkeitssprache der *Miß Sara Sampson* und des geschliffenen Konversationstones der *Minna von Barnhelm* eine Äußerungsweise getreten, die der Spontaneität des Seelischen Raum gibt. Lessing fußt hier auf der Psychologie Leibniz' aus seinen *Nouveaux Essais sur l'entendement humain*, die bei ihrer postumen Veröffentlichung durch Rudolf Erich Raspe 1765 große Wirkung taten. In *einem* Wort kann Licht auf das innerste Geheimnis des Unbewußten fallen, so wenn der Prinz in seiner grausamen Gedankenlosigkeit «recht gern» ein Todesurteil unterschreiben will[87] oder Emilia auf die Frage der Mutter, wer sie in der Kirche mit seinen Anträgen belästigt habe, nicht den Prinzen, sondern, der Mutter ganz unverständlich, «Ihn selbst» nennt[88] und damit verrät, wie sehr der Prinz zum Ziel ihrer Gedanken und Gefühle geworden ist. Die Gräfin Orsina spricht eine Sprache der Leidenschaft, wie sie so im deutschen Drama vor Lessing noch nicht gehört worden ist. Über einer dumpf grollenden Erschütterung wetterleuchtet ein schmetterndes Spiel des Witzes, der blitzenden Formulierungen, des grausamen Raisonnements. So äußert sich eine Hellsicht an der Grenze des Wahnsinns; die verzweifelte Vernunft bäumt sich gegen den Sturm der Affekte auf, der dann im Drama der Geniezeit entfesselt wird. Nie sonst ist Lessing bei allem Unterschied dem Sturm und Drang so nahegekommen.

Auch der tragische Konflikt hat sich gegenüber *Miß Sara Sampson* entscheidend zugespitzt. Das zeigt sich vor allem in Emilia und Odoardo Galotti. Für beide stellt sich die Frage der sittlichen Selbstbestimmung des Menschen. Bei beiden befinden sich Gewissen und Sitte im Einklang, solange sie in der Geborgenheit der bürgerlichen Ordnung stehen. Ihr entrissen und der Welt des Diabolischen konfrontiert, fühlt sich Emilia haltlos und antwortet auf die Gefährdung ihrer Sittlichkeit mit dem freien Entschluß zum Tode als Rettung vor Verführung. Der alte Galotti aber, in diese Situation einbezogen, nimmt die Tat auf sich. Er rettet die Tochter, indem er ihr Mörder wird, die Sittlichkeit, indem er gegen das Gesetz verstößt, das er doch gleichzeitig anerkennt: Im extremen Fall können allgemeines Moralgesetz und der sittliche Anspruch der Situation an den Menschen auseinanderklaffen; aus dem tragischen Widerspruch wächst die Tat, die ihn zugleich wieder schließt. Während Odoardo sich dem Prinzen als irdischem Richter stellt, ruft er Gott an, der als himmlischer Richter hinter der Sittenordnung steht und sie durch die tragische Krise rettet. Nicht die Tat der Verzweiflung, sondern ein Akt des Vertrauens schließt die Tragödie.

Die Lösung der *Emilia Galotti* ist immer wieder der Kritik ausgesetzt gewesen. Man hat den alten Galotti als eine Art tragischen Dummkopf angesehen, der von Übereilung zu Übereilung schreitet. Die Motivierung seiner Tat steht und fällt aber mit der Motivierung von Emilias Todesentschluß, zu dessen Ausführung sie ihren Vater provoziert, indem sie auf die Verführbarkeit ihrer Sinne, ihr «Blut» hinweist[89]. Wo in Sara Sampson noch Schwäche und Verklärung zeitlich aufeinander folgen, macht Lessing hier Emilias Schwäche zum Argument ihrer Stärke und damit zum Mittel der Verherrlichung. Eine Unschärfe dieses Schlusses liegt allerdings darin, daß der Text offenläßt, wie weit Emilia wirklich diese Schwäche fürchtet, wie weit sie nur Vorwand für ihren Wunsch ist, durch den Tod dafür zu büßen, daß sie durch den Prinzen affizierbar war. Gerade dann aber müßte sie für die Zukunft gefeit sein, es sei denn, Verführbarkeit werde als bloß sinnlicher Mechanismus gedacht. Daß jedenfalls das Motiv des Blutes, selbst wenn eine starke und zurückreichende Faszination Emilias durch den Prinzen angenommen werden kann, nicht recht überzeugt – auch sprachlich sinkt die Figur hier ab –, zeigt weniger einen technischen Fehler als eine Grenze von Lessings Menschenbild. Nur aus der Unbewußtheit eines den ganzen Menschen bezaubernden Gefühls, nicht aber aus einem kahlen Nebeneinander abstrakter Sinnlichkeit und abstrakter Sittlichkeit könnte jene unschuldig-schuldige Hingabe fließen, vor der Emilia zurückschaudert. Sie müßte Gretchen sein, wenn wir mit ihr fürchten sollten; weil sie es nicht ist, wird Odoardo Galotti zum eigentlichen Träger des tragischen Konfliktes.

Lessings religiöses Vermächtnis

Zeitlebens hat sich der Pfarrersohn Lessing mit theologischen Fragen beschäftigt; in seiner Wolfenbütteler Epoche tritt die Theologie immer mehr in den Vordergrund seines Schaffens, und die Schriften dieser Jahre machen den genialen Außenseiter zur wichtigsten Erscheinung der evangelischen Religionsgeschichte der Zeit. Noch einmal wird an ihrer größten Gestalt sichtbar, daß die deutsche Aufklärung ein unaufhörliches kritisches Gespräch mit dem Christentum ist. Dieses Gespräch beginnt Lessing von der Peripherie her, mit seinen *Rettungen* (1754) verketzter Einzelgänger oder religiöser Richtungen. In diesen Zusammenhang gehört das Fragment *Gedanken über die Herrenhuter* aus dem Jahre 1750, seit dem sich Lessings theologische Grundposition auszubilden beginnt. Mit dem Satz «Der Mensch ward zum Tun und nicht zum Vernünfteln erschaffen» das praktische Christentum der Herrnhuter verteidigend, verwirft er die Versuche, das Christentum in der Vernunft zu begründen oder historisch zu beweisen. Es kann nur im Glauben und im Tun bestehen. Das ist einerseits Taktik: dem Christentum als positiver, das heißt auf Offenbarung ruhender, Religion wird so indirekt bescheinigt, daß es weder vernünftig noch historisch legitimiert ist; andererseits liegt darin aber auch eine Charakteristik von Lessings eigener Haltung, die zwar nicht christlich, aber durchaus eine des Glaubens an eine Humanitätsreligion ist.

Generell sind Lessings theologische Arbeiten voller taktischer Wendungen und Verhüllungen, niemals persönliche Bekenntnisse, immer auf einen scharf umrissenen Problemgehalt gerichtete Sacherörterungen. Am deutlichsten wird dieser Grundzug in der aufsehenerregenden polemischen Auseinandersetzung mit der lutherischen Geistlichkeit, voran dem orthodoxen Hamburger

Hauptpastor JOHANN MELCHIOR GOEZE (1717–1786), die sich an Lessings Veröffentlichung der deistischen *Fragmente eines Ungenannten* (1774, 1777, 1778), verfaßt von dem Hamburger Gymnasialprofessor HERMANN SAMUEL REIMARUS (1694–1768), anschließt. Die Ergebnisse des Kampfes um die Fragmente, der von Lessing mit zunehmender persönlicher Schärfe und in einem glanzvollen, dialektisch federnden Stil geführt wurde, liegen in seinem religiösen Vermächtnis vor, der kleinen Schrift *Die Erziehung des Menschengeschlechts* (1780). Im Gegensatz zum Deismus, der jede spezielle Offenbarung ableugnet, anerkennt Lessing eine religiöse Offenbarung. Während aber die lutherische Orthodoxie die Vernunft durch die Offenbarung gefangennimmt, die Aufklärungstheologie Vernunft und Offenbarung gleichsetzt, deutet Lessing Offenbarung als göttliche Erziehungshilfe auf dem Wege der Menschheit, die sich mit zunehmender Reife des Zöglings selbst überflüssig macht. Die reine Vernunft und damit die reine Sittlichkeit, der Tugend Selbstzweck wird, kommen in einem geschichtlichen Prozeß zu sich selbst. Dadurch, daß Lessing im Vorblick auf das noch nicht erreichte Geschichtsziel spricht, an dem die Vernunft die Offenbarung eingeholt und ihre Einkleidungen abgestreift haben wird, ist seine Position eine des Glaubens, der die Vernunft unterfängt; das bewahrt seinen Offenbarungsbegriff davor, zu einer bloß taktischen Hilfskonstruktion zu verblassen. Im Schlußparagraphen deutet Lessing den Gedanken der Palingenesie an, der Seelenwanderung durch immer neue Inkorporationen, der seine Faszination für das Zeitalter daraus gewann, daß er dem Menschen den Ausblick auf ein tätiges Fortschreiten auch nach dem Tode eröffnete.

Eine zweite Schrift Lessings aus seinen letzten Jahren, *Ernst und Falk. Gespräche für Freymäurer* (1778–80), läßt seine Geschichtsidee am Beispiel der Freimaurerei, der Lessing nahegetreten war, deutlich werden. Die geschichtlichen Formen – Staat, Gesellschaft, Religion – gelten als notwendig im Gang des menschlichen Fortschritts, aber relativ im Verhältnis zum Ziel des Fortschreitens. Diese Gedanken enthalten einen Keim zur Geschichtsphilosophie Hegels und bilden eine Grundlegung für den deutschen Idealismus, soweit er es unternimmt, das Christentum einer als übergeordnet empfundenen Menschheitsidee zu integrieren.

Nathan der Weise

«Ich muß versuchen, ob man mich auf meiner alten Kanzel, auf dem Theater, wenigstens noch ungestört will predigen lassen», schrieb Lessing am 6. September 1778 an Elise Reimarus, als ihm die Zensur jede weitere Äußerung im Fragmentenstreit verbot. Das Ergebnis dieses Versuchs ist Lessings letzte Dichtung, das «dramatische Gedicht» *Nathan der Weise* (1779). Zahlreiche Ideen, die unmittelbar aus der vorhergehenden theologischen Diskussion herübergenommen sind, lassen sich im *Nathan* verwandelt wiederfinden, vor allem in der berühmten, auf Boccaccios *Decamerone* zurückgreifenden Ringparabel. Bei Boccaccio werden die drei monotheistischen Weltreligionen – Christentum, Judentum, Islam – von einem weisen Juden, den der Sultan Saladin mit der Frage nach der besten Religion in Verlegenheit bringen will, drei Ringen verglichen, von denen zwei so treue Kopien des dritten sind, der zur Herrschaft berechtigt, daß man den echten Ring nicht herausfinden kann. Der religiösen Wahrheitsfrage wird Skepsis entgegengestellt. Lessing läßt den Helden seines Dramas, den weisen Juden Nathan, in der gleichen Situation die Geschichte weiterführen: Der Richter, zur Entscheidung des Streites der Erben aufgefordert, verweist die Streitenden auf die dem echten Ringe zugesprochene Eigenschaft, seinen Träger vor Gott und den Menschen angenehm zu machen, und zieht die Folgerung, daß derjenige der Erben, dem es gelingen werde, durch seine Liebeskraft diese Fähigkeit seines Ringes an den Tag zu legen, der Besitzer des echten Ringes sei. Mit diesem Spruch ist der Ring aus einem Besitz in eine Aufgabe umgedeutet. Die Religion ist dem Menschen nicht als Wahrheit, sondern als Mittel zur Bewährung gegeben; die religiöse Wahrheit kann nicht formuliert, nur gelebt werden. Lessings Toleranz ist nicht Skepsis, vielmehr Herausforderung.

Mit der inhaltlichen erschließt sich zugleich die formale Funktion der Ringparabel: Sie ist Mitteilung einer Lehre an Hand einer Geschichte; da diese Lehre als bloße Mitteilung jedoch gar nicht verifiziert werden kann, erfolgt ihre Verifizierung in Form eines Geschehens. Die Aufforderung zum Handeln wird durch eine Handlung beantwortet, die spiegelbildlich auf die Parabel zurückverweist, insofern die Parabel von der Entzweiung der Religionen erzählt, das dramatische Geschehen aber ihre geschwisterliche

Wiedervereinigung zeigt. Drei Personen oder Personengruppen, die einander zunächst völlig beziehungslos oder feindlich gegenüberstehen – ein junger christlicher Tempelherr, den der Kreuzzug nach Palästina und in mohammedanische Gefangenschaft gebracht hat, der Sultan Saladin als islamischer Herrscher von Jerusalem und der jüdische Kaufmann Nathan mit seiner Adoptivtochter Recha – werden im Verlauf des Stückes auf wunderbare Weise immer näher zueinander geführt, bis zuletzt «unter stummer Wiederholung allseitiger Umarmungen» der Vorhang fällt. Der Tempelherr und Nathans Ziehtochter Recha dürfen sich als Geschwister, Saladin als den Bruder ihres Vaters erkennen. All das ist Fügung, und so kann *Nathan der Weise* als fromme Verherrlichung einer göttlichen Vorsehung verstanden werden, als eine dramatisch exemplifizierte Erziehung des Menschengeschlechts. Doch sind die Menschen nicht Objekte; sie bewähren sich als Subjekte des Geschehens, denn die Vereinigung der Getrennten schreitet in dem Maße fort, wie es gelingt, das in der Parabel ausgesprochene Gebot vorurteilsfreier praktischer Frömmigkeit und Nächstenliebe zu verwirklichen. Die verwandtschaftliche Beziehung der Personen ist vorgegeben, aber sie muß innerlich nachvollzogen und angeeignet werden, ehe sie volle Wirklichkeit gewinnen kann, und der Anstoß dazu geht von einer Gestalt aus, die biologisch in dieses Verwandtschaftsverhältnis nicht hineingehört, sondern durch Geist und Entschluß, die es deshalb auch zu einem geistigen, vom Menschen verantworteten macht: Es ist der Jude Nathan, Rechas Adoptivvater. Das Motiv der Adoption, das sich schon in *Miß Sara Sampson* fand und in Zerrform am Schluß des Lenzschen *Hofmeisters* wiederauftaucht, unterstreicht den Charakter der Familie als geistige Form, die sich demgemäß im erziehenden, nicht mehr im herrschenden Vater repräsentiert. Erst bei Goethe und in der Romantik wird die Mutter zur zentralen familiären Gestalt, gleichzeitig mit der Wandlung der Vernunftnatur in Mutter Natur.

Wie Nathan zum Adoptivvater wurde, erfahren wir aus einer anderen Geschichte, die in allem korrespondierend zur Ringparabel angelegt ist: Die Ringparabel in III,7 ist ein «Märchen», erzählt in taktischer Absicht und tendenziell der ganzen Menschheit als Lehre mitgeteilt; die in IV,7 von Nathan dem Klosterbruder als Geheimnis anvertraute Geschichte schildert in einem rückhaltlosen Bekenntnis die Peripetie seines gelebten Lebens: Seine gesamte Familie, Frau und sieben Söhne, sind bei einem Judenpogrom von Christen ermordet worden, und doch hat Nathan-Hiob es vermocht, seinen Hader gegen Gott zu überwinden und das elternlose Christenkind Recha als Geschenk der Güte Gottes anzunehmen. Nathan hat im entscheidenden Augenblick einen radikalen Glaubensakt vollbracht, indem er noch seinen Entschluß, sich Gottes Willen zu fügen, als durch Gott ermöglicht versteht: «Ich will! Willst du nur, daß ich will!» Daß dieses Verstehen richtig ist, wird bekräftigt durch seinen Namen, der auf hebräisch «Gott hat gegeben» heißt: er hat doppelt gegeben: das Kind, das eines Tages zum Anlaß der geistig-natürlichen Familienausweitung werden wird, die sich im Stück abspielt, und die Kraft es zu halten.

Diese Kraft ist es, die das Geschehen in Gang setzt, das die Geschichte der Ringparabel einlöst; Nathans Glaube ist es, der ihre «Theologie» trägt – und überholt. Denn das Problem der Ringparabel wird sich am fernsten Tage nicht dadurch erledigen, daß eine der positiven Religionen den Sieg der Liebenswürdigkeit erringt, vielmehr dadurch, daß diese Religionen immer durchsichtiger werden auf den Gott, der die Liebe trägt – so wie jetzt schon dieser Gott, nicht irgend ein spezieller Gehalt der jüdischen Religion, Nathans Leben gründet; so wie jetzt schon Nathan in der Ringparabel das Positive seiner positiven Religion überragt: Während er sich auf das Blutsband der Väter als Rechtfertigung der Religionen beruft, rechtfertigt er, der Adoptivvater aus dem Geist, sie in Wirklichkeit mit Vernunftgründen, indem er sie funktionalisiert. «Über tausend tausend Jahre»[90] werden die Hüllen der Religionen ganz von der Wirklichkeit Gottes abgestreift sein. Nicht Gott wird auf das Maß unserer Vernunft, sondern unsere Vernunft auf das Maß Gottes gebracht sein. Gott wird vor uns stehen als nichts anderes denn die Bedingung der Möglichkeit des Menschen, in Liebe und durch Liebe Subjekt der Geschichte zu sein. Sofern die Vernunft nicht auf den Grund dieses Grundes zurückkann, bleibt Glaube ihr vorausgesetzt. Das ist die esoterische Auflösung der exoterischen Frage der Parabel, zu der ihre Bildlichkeit nicht mehr hinreicht.

Durch Nathan hindurch und mit seiner Hilfe vollzieht sich eine Theodizee. Nathans «Handeln» in der Grenzsituation ist ein gläubiges Erkennen der Stellung des Menschen zu Gott und Welt, und so kann er für alle anderen Figuren des Stückes der Erzieher werden, der ihnen hilft, sich selbst und die Welt zu verstehen. Nur der christliche Patriarch von Jerusalem in seinem finsteren Fanatismus ist von diesem Bildungsprozeß ausgeschlossen, trifft nie mit

Nathan zusammen. Im Unterschied zur üblichen Grundfigur des Dramas, des Zusammenstoßes konträrer Willensrichtungen, sind in Lessings dramatischem Gedicht die wichtigsten Handlungen ein Erkennen und Erkennenlassen von Zusammenhängen und Zusammengehörigkeiten. Hier der innere Grund für den überwiegend analytischen Aufbau der Handlung, für das Fehlen eines dramatischen Konflikts, für eine Sprache, die auf vernunfthelle Durchleuchtung der Vorstellungen und Leidenschaften gerichtet ist, zuletzt auch für die in einem Drama verwunderliche Mittelstellung einer Erzählung, eben der Ringparabel.

Aneignend wie zum Angebot der Vorsehung auf die Zukunft hin verhält sich der Mensch in *Nathan* auch zur Vergangenheit. Wenn die Idealgestalt Nathan nicht zu blutleerer Idealität verblaßt, liegt das darin begründet, daß er als ein auf besondere Weise so gewordener Mann erscheint, der sich zu dieser Besonderheit bekennt und sie in jedem anderen anerkennt. Er bleibt Jude, Saladin Muslim, der Tempelherr ein Christ, aber nicht als Gefangener und Befangener, vielmehr als einer, in dem das Besondere auf ein allgemein Menschliches hin durchsichtig wird. Dieselbe Transparenz kennzeichnet auch insgesamt die dramatische Welt des Stückes. Mittelalter und Orient haben keine atmosphärische Dichte, weil sie vielmehr fruchtbare Situation als Lebensraum bedeuten. Geführt und herausgefordert durch die Geschichte, wird der Mensch fähig, die Wahrheit zu ergreifen; die Wahrheit selbst aber bleibt ein Jenseits, das nicht in den geschichtlichen Prozeß einbezogen ist. Das Drama spielt in der Geschichte, aber es weist zugleich über sie hinaus, indem es in einzelnen exemplarischen Figuren das Ziel der Geschichte vorwegnimmt. Daher die idealisierende Form, die Stilisierung der Rede in Blankversen, fünfhebigen Jamben, die durch *Nathan* zum klassischen deutschen Dramenvers werden, und die Überhöhung des Schlusses zum Tableau, einem aus dem Fluß des Geschehens herausgehobenen Bild und Sinnbild des Vollkommenen, das keine Erfahrung, sondern eine Idee ist. Die tragische Gefährdung des Menschen, in *Minna von Barnhelm* als Möglichkeit anklingend, in *Emilia Galotti* als Konflikt aufgebrochen, ist in der Vision einer höheren Ordnung aufgehoben.

Dramatiker neben Lessing

Auch Lessings Bruder KARL GOTTHELF LESSING (1740–1812) war literarisch tätig. Sein Lustspiel *Die Mätresse* (1780) behandelt das Zeitthema der verführten Unschuld, wobei sich die verlassene Heldin zur Anklage und Verachtung erhebt. JOHANN FRIEDRICH VON CRONEGK (geb. 1731, gest. in der Sylvesternacht 1757/58) ist mit seiner Märtyrertragödie *Olinth und Sophronia* (postum veröff. 1760) nach einer Episode aus Tassos *Befreitem Jerusalem* durch Lessings vernichtende Kritik in den ersten Stücken der *Hamburgischen Dramaturgie* unsterblich geworden. Sie gehört mit ihren standhaft leidenden Tugendhelden ebenso wie Cronegks tragisches Erstlingswerk *Codrus* (1758) noch in den Bereich der von Gottsched ausgehenden Alexandrinertragödie nach französischem Vorbild, von der sie sich nur durch eine hochgetriebene melancholische Empfindsamkeit unterscheidet, die ebenso Cronegks Lyrik auszeichnet. Auch Cronegks Komödie *Der Mißtrauische* (postum 1760) zeigt als Freund des Helden einen empfindsamen tugendhaften Schwermütigen.

Im gleichen Jahr 1755 wie Lessings *Miß Sara Sampson* erschien das Trauerspiel *Rhynsolt und Sapphira* des Schauspielers CHRISTIAN LEBERECHT MARTINI (1728–1801) über eine geschichtliche Begebenheit aus der Regierungszeit Karls des Kühnen von Burgund. Schon die Wahl der Prosa zeigt die Abkehr von der hochstilisierten Tragödie der Gottschedschule, die Nähe zum bürgerlichen Trauerspiel. Die beiden Helden, der verleumdete und ungerecht hingerichtete Kaufmann Denfeld und seine Ehefrau Sapphira, deren Hingabe der Intrigant und Fürstengünstling Rhynsolt durch Verfolgung des Mannes erzwingen will, zeigen sich tief angefochten bei aller Standhaftigkeit. Exemplarisch sind der tugendhafte Bürger und seine Frau dem skrupellosen «Hofmann» gegenübergestellt[91]. Der hintergangene Herrscher beklagt das Elend der Fürsten: «Ihr Beherrscher der Welt! müßt ihr nicht erzittern, so oft ihr die Stufen eures Thrones betretet, wenn ihr menschlich seid?[92]» – hier klingt erstmals ein großes Thema Schillers an. «Tugend und Menschlichkeit» pressen dem Herzog Tränen ab[93], aber gerade das macht ihn zum vorbildlichen Herrscher, vor dem der «zum Unmut und Aufruhr geneigte Bürger» mit «seiner geringen Einsicht» verstummen muß[94]. Was als Hofkritik beginnt, endet als Apologie des Absolutismus: die Zwitterhaftigkeit ist zeittypisch.

JOHANN GOTTLOB BENJAMIN PFEIL (1732–1800), Goethes Tischgenosse in Leipzig, ließ sein bürgerliches Trauerspiel *Lucie Woodvil* (1756) Lessings *Miß Sara Sampson* binnen Jahresfrist folgen. Schon bei Sara zeigte sich eine Spannung zwischen geltenden Moralnormen der Gesellschaft und Gewissen: Sara ist bereit, vor der Welt als Sünderin zu erscheinen, wenn sie es nur vor ihrem Gewissen nicht mehr ist. Bei Pfeil steht diese Spannung im Zentrum des Stückes. Inzest und Mord fließen daraus, daß der Vertreter der älteren Generation das gesellschaftliche Ansehen zu hoch stellt und deshalb nicht einzugestehen vermag, daß seine Pflegetochter Lucie sein uneheliches Kind ist; trotzdem leidet er unter der «Blindheit und Torheit, mit der die Welt nur gar zu oft Leute erhebet, die sie nicht kennet, mit der sie Handlungen als Tugenden preist, die bei allem ihrem äußerlichen Glanze Laster sind»[95]. Die verführte Lucie besteht weniger aus Liebe als aus Stolz vor der Welt auf der Ehe mit ihrem Verführer. Sie haßt die Tugendhaften, weil sie selbst gern tugendhaft wäre. In beiden Fällen entsteht ein hochdifferenziertes Charakterbild, das bei den Zeitgenossen lebhaftes Interesse erweckt hat.

Pfeils Roman *Die Geschichte des Grafen von P.* (1755) klingt nicht nur im Titel an Gellerts *Leben der schwedischen Gräfin von G**** an. Aus der Gesellschaft, deren Intriganz noch religiös als Eitelkeit der Welt interpretiert wird, findet der Held, nachdem er sich im Unterschied zur *Schwedischen Gräfin* tief hat verstricken lassen, in die gesellschaftsferne Innerlichkeit und Gelassenheit des Herzens. «Hier empfind ich, daß die Religion und die Freundschaft die einzigen Quellen sind, woraus der Mensch seine wahre Glückseligkeit des Lebens zu schöpfen hat[96].»

JOACHIM WILHELM VON BRAWE (1738–1758) beginnt mit einem bürgerlichen Trauerspiel *Der Freygeist* (1758) und wandelt das gleiche Motiv einer ausgeklügelten, grenzenlosen Rache, die unter dem Vorwand von Freundschaft und väterlicher Liebe ihr Opfer ins Verderben treibt, in einer Römertragödie *Brutus* (postum veröff. 1768) ab. Das Stück ist eine der ersten deutschen Tragödien in Blankversen. Das Moderne des *Freygeist* besteht darin, daß der Freigeist, der dem Laster verfällt, zuletzt aber bekehrt und bestraft wird, das Objekt einer metaphysischen, ideellen Verführung ist, die ihn nicht nur im Diesseits, sondern auch im Jenseits zugrunde richten will. Der Verführer zur Freigeisterei ist selbst keiner; der Teufel ist ein Moralist und Metaphysiker, der aus Haß auf die anfängliche Tugend seines Opfers handelt. Nicht nur die Tugend, auch die Weltanschauungen werden damit in eine dramatische Dialektik gezogen.

Weitere Vertreter des bürgerlichen Theaters der Zeit sind TOBIAS PHILIPP FREIHERR VON GEBLER (1726–1786), OTTO HEINRICH FREIHERR VON GEMMINGEN (1755–1836) mit seinem *Teutschen Hausvater* (1780), Diderots *Père de famille* nachgebildet und von Einfluß auf Schillers *Kabale und Liebe,* ferner die Schauspielerdichter GUSTAV FRIEDRICH WILHELM GROSSMANN (1744–1796) mit seinem «Familiengemälde» *Nicht mehr als sechs Schüsseln* (1780) sowie die Wiener CHRISTIAN GOTTLOB STEPHANIE D. Ä. (1733–1798) und sein Bruder GOTTLIEB STEPHANIE D. J. (1741–1800), der als ehemaliger Offizier das Offiziersmilieu beizuziehen liebte. Bei Gemmingen heiratet ein junger Adeliger, auf seine Karriere verzichtend, das von ihm verführte bürgerliche Mädchen. Alle diese Dramatiker brachten, laut Goethe, «den Wert des mittleren, ja des unteren Standes zu einer gemütlichen (= gemütvollen) Anschauung, und entzückten das große Publikum»[97]. Von der Befriedigung dieser Bedürfnisse gehen auch die Erfolgsautoren des Theaters der Klassik Iffland und Kotzebue aus, während CORNELIUS HERMANN VON AYRENHOFF (1733–1819), ein österreichischer Feldmarschall, die Alexandrinertragödie bis an die Grenze der siebziger Jahre heranführt.

Joachim Wilhelm von Brawe war mit dem reifen Lessing befreundet und wurde von ihm gefördert. CHRISTIAN FELIX WEISSE (1726–1804) ist ein enger Freund aus Lessings Leipziger Studentenzeit. Durch die Breite seiner Produktion, in der er alle Gattungen bearbeitet und alle Zeittendenzen widergespiegelt hat, wurde er ein führender Bühnenschriftsteller. Als Lustspieldichter entwikkelte er sich von der Typenkomödie zur Comédie larmoyante, als Tragiker von der französisch orientierten Alexandrinertragödie (u. a. *Richard III.,* 1759, von Lessing im 73. bis 79. Stück der *Hamburgischen Dramaturgie* scharf kritisiert) über antikisierende Jambentragödien zum bürgerlichen Trauerspiel, das stoffliche (*Romeo und Julia,* 1767) und formale Anregungen Shakespeares (*Jean Calas,* 1774) aufnimmt. Das letztgenannte Drama behandelt einen das zeitgenössische Europa bewegenden französischen

Justizskandal, dessen Opfer durch religiösen Fanatismus zu Fall gebracht und durch Voltaire postum rehabilitiert worden war. Schwächer an dichterischer Kraft als der zwanzigjährig gestorbene Brawe, zeigt Weiße die gleiche Grundtendenz zur Darstellung aktivistischer, leidenschaftlicher Charaktere, die auf dem Weg vom Alexandriner über den Blankvers zur Prosa auch sprachlich an Dynamik gewinnen.

Seinen größten Erfolg erzielte Weiße als Herausgeber einer Kinderzeitschrift *Der Kinderfreund* (1775–82) und als Begründer des deutschen Singspiels, das auf die englische ballad-opera, auf Vaudeville und Opéra comique zurückgeht. Von dem Leipziger Thomaskantor Johann Adam Hiller komponiert, stofflich wie die späteren Ifflandschen und Kotzebueschen Familienstücke dem bürgerlichen Alltag angehörig, haben Weißes Singspiele (u. a. *Die verwandelten Weiber, oder: Der Teufel ist los*, 1752, nach einer Operette des Engländers Coffey; *Lottchen am Hofe*, 1767) die Bühnen im Sturm erobert und zusammen mit den Singspielen FRIEDRICH WILHELM GOTTERS (1746–1797) und anderer eine Tradition begründet, die schließlich in die Operette des 19. Jahrhunderts einmündet. Zugleich geht von hier ein Weg zur nicht mehr höfisch orientierten Spieloper, die in Wien die Anregungen der neapolitanischen Opera buffa aufnimmt. Stephanie der Jüngere hat das Libretto zu Mozarts *Schauspieldirektor* (in: *Sämmtliche Singspiele*, 1792) verfaßt und den Text von CHRISTOPH FRIEDRICH BRETZNER (1748–1807) zur komischen Oper *Die Entführung aus dem Serail* (1782) bearbeitet. Sie gehört, ähnlich wie Beethovens *Türkischer Marsch* und andere Rezeptionen der Janitscharenmusik, zu den späten aufklärerischen Reflexen der jahrhundertelangen Auseinandersetzung Europas, besonders des Habsburgerreiches, mit den Türken. 1683, fast aufs Jahr hundert Jahre früher, hatten die Türken vor Wien gestanden; erst 1787–92 führt Österreich seinen letzten Türkenkrieg. Während im Barock, etwa in Gryphius' Trauerspiel *Catharina von Georgien* (1657), der Muselman in der Rolle des heidnischen Tyrannen faszinierend und erschreckend auftritt, ist er hier zum Vorbild der Humanität geworden, der finstere Heide Osmin zur komischen Figur. Bassa (= Pascha) Selim gibt den gefangenen Sohn seines Todfeindes mit dessen geliebter Konstanze frei, die durch Seeräuber in seine Gewalt gekommen war und von dem Christen Belmondo entführt werden sollte. Singspielhaft heiter ist Bassa Selim ein Opern-Pendant zu Saladin in Lessings drei Jahre älterem Humanitätsmärchen *Nathan der Weise.*

In der *Entführung aus dem Serail* wird, wie noch entschiedener in der *Zauberflöte* und in Beethovens *Fidelio*, die Spieloper zur humanitären Programmatik hin überschritten, während die Opera seria, die höfisch geprägte heroische Oper, trotz ihrer Reform durch Christoph Willibald Gluck erst in der Mitte des 19. Jahrhunderts eine neue Höhe in Deutschland erreicht, nun freilich in einer gegenüber dem Barock völlig veränderten geistesgeschichtlichen und kunstsoziologischen Situation. Bemühungen Wielands (*Alceste*, 1773), Herders (*Brutus*, 1774; *Philoktet*, 1774) und Maler Müllers um die seriöse Oper bleiben isoliert; Mozarts *Idomeneo* (1781) nach einem Text von Giambattista Varesco und *Titus* (1791) nach einem Libretto von Caterino Mazzola gehören nicht der Kernzone seines Werkes an. Der Uraufführungserfolg des letztgenannten Werkes, das als Festoper anläßlich der Krönung Kaiser Leopolds II. zum König von Böhmen in Auftrag gegeben worden war, blieb gering trotz des zeitgemäßen Themas von der Milde des römischen Kaisers, der eine Revolte niederschlägt und den Verschwörern verzeiht. *Don Giovanni,* Mozarts am weitesten ins Tragische vertiefte Figur, steht im Rahmen des dramma giocoso, des heiteren Musikdramas, dessen Text Lorenzo da Ponte schrieb. Es ist ein Zeichen für das Auslaufen der alten Tradition der großen Oper, wie sie Gottsched bekämpft hatte, daß 1765 das Hamburgische Opernhaus, Schauplatz einer ehedem glanzvollen Musikkultur, abgebrochen und an seiner Stelle das Schauspielhaus errichtet wurde, in dem Lessing als Theaterkritiker gesessen hat.

Volkstümliche Theatertradition im katholischen Raum

Der Wiener Hans Wurst und seine Wandlungen

Eine Sonderentwicklung des Dramas und Theaters spielt sich in Wien ab, wo die Barocktradition der italienischen Oper, des Jesuitendramas und des volkstümlichen, mit der Commedia dell'arte verwandten, mit einer Wurzel zum Fastnachtspiel zurückgehenden Bandenstückes bis tief ins 19. Jahrhundert, ja bis zu Hofmannsthal und Schnitzler hinüberreicht. Sammelbecken war die Wiener Volkskomödie mit der komischen Hauptfigur Hans Wurst. Er wurde in Wien zu einer mit Dialektfärbung sprechenden Narrenfigur in alpenländischer Bauernjacke und bordierten Hosen, mit weißer Tellerhalskrause und grünem Spitzhut, bewaffnet mit der Narrenpritsche und den Berufsinsignien des Sauschneiders, also Schweinekastrierers. Der Hauptvertreter dieses Wiener Hanswursttyps am Beginn des 18. Jahrhunderts ist JOSEPH ANTON STRANITZKY (1676 [?]–1726), Pächter des Theaters am Kärntner Tor, in dem sich ein Publikum einfand, das vom einfachen Volk bis zur Hofaristokratie reichte. So gibt es den ergötzten Bericht einer englischen Lady Montague von 1716, die zu einer Amphitryon-Aufführung mitgenommen worden war, bei der Jupiter seine Verwandlung vor allem dazu benutzt, im Namen Amphitryons Schulden zu machen, und die beiden Sosiasse den Logen gegenüber, die mit höchsten Standespersonen besetzt waren, die Hosen herunterließen[98].

Stranitzkys Schüler als Hanswurstdarsteller sind GOTTFRIED PREHAUSER (1699–1769) und JOSEPH FELIX VON KURZ, gen. BERNARDON (1717–1784). Prehauser zeigt als Darsteller eine Neigung zu in sich geschlossenen, gemütvolleren Komödien und zum Singspiel. FRIEDRICH WILHELM WEISKERN (1710–1768), langjähriger Odoardo, das heißt komischer Alter, bei Prehauser, verfaßte zahlreiche Texte für dessen Bühne und für Kurz-Bernardon. Auch das Libretto zu Mozarts Singspiel *Bastien und Bastienne* (1768) stammt von ihm. Kurz-Bernardon, der wichtigste Textlieferant für sich selbst, ein genialer Stegreifspieler von höchster Ausdruckskraft der Mimik und Gestik, geriet trotz oder vielleicht auch wegen seiner Publikumserfolge immer stärker ins Schußfeld der von Nord- und Mitteldeutschland bestimmten Aufklärungsästhetik, vertreten vor allem durch Sonnenfels, der auch in Wien das literarisch ausgeformte Gesellschaftslustspiel unter Vertreibung des Hanswurst durchsetzen wollte. Kurz schrieb burleske und phantastische Szenarien, die der Improvisation weiten Raum ließen. Die Texte geben deshalb auch nur einen schwachen Eindruck von der theatralischen Wirksamkeit dieser Gesamtkunstwerke, in denen Wort, Musik, Tanz und szenische Verwandlungskünste zusammenwirkten. Komisch ist nicht der gegen die gesellschaftliche Norm Verstoßende, sondern das menschliche Ich schlechthin, das verwirrt ist durch den Wirbel der Welt. Das barocke Theater mit seinem Gegeneinander von Nichtigkeit und verführendem Glanz der Welt gerät in ein selbstvergessenes, heiteres und bodenloses Spiel, wobei der Autor, der sein eigener Hauptdarsteller ist, sich selbst mit Episoden und Situationen seiner Biographie in den sogenannten Bernardoniaden als Kunstgestalt auf die Bühne bringt. Charakteristisch für den Kehraus barocker Motive ist etwa die Komödie *Der aufs neue begeisterte und belebte Bernardon* (aufgeführt 1754), die damit beginnt, daß der erschossene Held, von der trostlosen Geliebten Rosalba betrauert, unter Blitz und Donner als Geist erscheint mit den Worten:

(fröhlich)　Ja, mein Schatz, laß dich umfangen.
(traurig)　　Stad, bald hät ich mich vergessen,
　　　　　　　Daß der Tod mich hat gefressen[99].

Am Ende des Stückes stellt sich derselbe von den Parzen wiedererweckte Held tot, um die untreue Rosalba zu überführen und sich alsbald mit einer anderen zu trösten. Ergebnis einer Zusammenarbeit von Kurz mit Joseph Haydn ist eine musikalische Kinderpantomime in *Der neue krumme Teufel*, deren Partitur verlorengegangen ist.

Den Übergang zur literarisch voll ausformulierten Zauberkomödie sowie – unter dem Einfluß Carlo Goldonis – zum Sittenstück mit komischen Charakteren in einem fest umrissenen Milieu vollzieht PHILIPP HAFNER (1731–1764), der dadurch zum eigentlichen Vater der Wiener Volkskomödie, zum Vorläufer Raimunds und Nestroys wird. *Mägera, die förchterliche Hexe* (aufgeführt 1762 oder 63) verrät auch Einwirkungen Molières und Holbergs.

Die Handlung ist schematisch, die Figuren sind Charaktertypen: der geizige Vater will die Tochter nicht dem jungen Geliebten, sondern dem reichen alten Bewerber verheiraten. Hanswurst glänzt nach altem Brauch in mehreren Verkleidungen als Leichenbitter, Bäcker usw. Das Zaubermotiv ist ironisch und aufklärerisch-vernünftig behandelt: Die wohltätige Zauberin bestraft nicht nur die geldgierigen Eltern, die «ihre Kinder ihrer Gewinnsucht aufopfern»[100], sondern entlarvt die Flatterhaftigkeit der Liebhaberinnen gleich noch mit. Gegenüber den älteren Schauspielerstücken ist der Dialog geschliffen und geschmeidiger, aber die reiche naive Phantasie fehlt.

Schikaneder

Unter dem zunehmenden Druck der Reformpartei wurde die volkstümliche Komödie von der Hofbühne in die Wiener Vorstadttheater abgedrängt, kam hier aber zu neuer Blüte. Das Leopoldstädter Theater, gegründet 1781, wurde die Heimat des Kasperl oder Wurstl, einer liebenswürdigen Abwandlung des Hans Wurst, kreiert durch den Schauspieler JOHANN JOSEPH LAROCHE (1745–1806). Singspielkasperliaden wie JOACHIM PERINETS (1763–1816) *Kaspar, der Fagottist* (1791) mit Parallelen zur *Zauberflöte* behandeln Motive des Kunstmärchens anmutig und verspielt. Den Höhepunkt erreicht das volkstümliche Märchentheater aber mit EMANUEL SCHIKANEDER (1751–1812), dem dynamischen und risikofreudigen Prinzipal des Theaters an der Wien, der für ein Jahrzehnt das Theaterleben Wiens als Schauspieler, Gesangskomiker und Regisseur beherrschte, mehrfach große Vermögen erwarb und durch den Prunk seiner Inszenierungen wieder verspielte.

Das Glück Schikaneders, das ihn unsterblich machte, bestand darin, daß es für die *Zauberflöte* (1791) zu einer Zusammenarbeit mit Mozart kam, der zur deutschen Oper drängte. Schikaneders große literarisch-theatralische Leistung war es, daß er nicht, wie Hafner, mit den Tendenzen der Aufklärung das volkstümliche Zauber- und Maschinentheater domestizierte, sondern umgekehrt die Buntheit des Kunstmärchens der Zeit, das Wieland im Rückgriff auf die französischen Contes des fées in Deutschland einbürgerte, mit der Naivität der barock fundierten Volkstheatertradition verband und dieser Fülle die Ideale der Aufklärung einprägte – eine Leistung, die, wenn auch auf niedrigerem literarischen Niveau, an Goethes Einbettung der äußersten Problemlagen seiner Epoche in die alte volkstümliche Stoffwelt des Faust erinnert: Nicht zufällig hat sich Goethe mit einer Fortsetzung der *Zauberflöte* beschäftigt, und nicht ohne Grund hat man die Frage stellen können, ob das *Vorspiel auf dem Theater* des *Faust* nicht ursprünglich als ein Vorspiel zur *Zauberflöte* gedacht war; die Möglichkeit einer Zusammenarbeit von Mozart und Goethe, in Goethes Phantasie aufblitzend, ist eine utopische Vision der deutschen Literatur- und Musikgeschichte.

Mozart gewann durch die Vertiefung des Märchenstoffes die Möglichkeit, von der Opera buffa und dem Singspiel her die Großform der seriösen deutschen Oper auszubilden, und was an Schikaneders Libretto Konglomerat blieb, schmolz er durch seine Musik zur Einheit zusammen. In Handlung und Personenkonstellation waltet eine freie, spielerische Kombinatorik überlieferter Elemente, die mit neuen Bedeutungen aufgeladen werden. Das Gegeneinander von weiblicher Fee und männlichem Magier, von Königin der Nacht und Sonnenpriestertum Sarastros exponiert die Grundsymbolik der Aufklärung: des Aufstiegs aus Finsternis zum Licht, von der Natur zum Geist, der seinerseits die Natur versöhnt, die Entzweiung überwindet. Mann und Weib, in Sarastro und der Königin der Nacht durch weiblichen Herrschaftsanspruch entzweit, werden in Tamino und Pamina vereinigt, das patriarchalische Verhältnis der Geschlechter wird hergestellt und damit die Welt in Ordnung gebracht. Sarastro gehört in die bemerkenswerte Reihe der aufgeklärten Herrscher und der Vatergestalten auf der deutschen Bühne der Zeit, die, das mütterliche Prinzip überwiegend, Familie und Generationenfolge als geistige Formen und Beziehungen, Institute der Erziehung und kulturellen Reproduktion erscheinen lassen: er ist darin ein naher Verwandter des alten Sampson, Galottis und Nathans, aber auch der Schillerschen Väter vom Grafen Moor bis zu Wilhelm Tell, in denen diese Konstellation, wenn auch krisenhaft, fortbesteht. Die sinnliche, magischvorpersonale Macht der Liebe wird durch die Feuer- und Wasserprobe, im Gang also durch das Elementarreich, zur geistig-natürlichen, in der Anspannung des Vertrauens und Zweifelns vertieften Bindung geläutert: aus dem Bildzauber («Dies Bildnis ist bezaubernd schön . . .») wird personale Begegnung, aus dem Herrscherrecht kraft Geburt ein Herrscherrecht kraft Verdienst: Tamino «ist ein Prinz. – Mehr! Er ist ein Mensch!»[101] Im Buffo-Paar, den Vogelmenschen Papageno und Papagena, wird das Vitale der Menschheit heiter in die Versöhnung eingeschlossen. Auch *P*amina und *P*apageno, ein ungleiches Paar, reimen sich in dem Jubelgesang aufeinander, der das patriarchalische Geist-Reich überstrahlt mit der Vision eines erneuerten Paradieses. Mann und Weib spielen ein Gott-Naturspiel in reigenartiger Verschlingung, in der die Hierarchien untergehen: Die Liebe

> . . . wirkt im Kreise der Natur.
> Ihr hoher Zweck zeigt deutlich an,
> Nichts Edlers sei, als Weib und Mann.
> Mann und Weib, und Weib und Mann
> Reichen an die Gottheit an.

Die Prüfung des fürstlichen Liebespaares vollzieht sich in einem Initiationsritual, in dem die Freimaurer die Bräuche altägyptischer Priesterorden fortzuführen glaubten. Der Name Sarastro, die italienische Form für Zarathustra, weist auf den Stifter der altiranischen Religion mit ihrem Licht- und Feuerkult, dessen Gestalt im *West-östlichen Divan* des alten Goethe eine tiefe Neudeutung erfährt. Die Logenbrüder Mozart und Schikaneder trafen sich in der Bühnenverherrlichung des Humanitätsglaubens ihres Ordens. In einer Musik, die gleichfalls Volkstradition und äußerste musikalische Möglichkeiten der Opera seria, die objektiven, metaphysisch gegründeten Ordnungsprinzipien der Fuge und tiefsten individuellen Seelenausdruck miteinander verband, gelang hier und nur hier auf dem Boden der Aufklärung die Versöhnung von Moderne und Tradition, Bildungstheater und Volkstheater. Wir wissen von Grillparzer, daß er als Sechsjähriger das Textbuch der *Zauberflöte* kennenlernte, indem er auf dem Schoße des Stubenmädchens seiner Mutter deren Lektüre mitlas[102].

Sebastian Sailer und Ferdinand Rosner

Völlig versprengt und folgenlos, wenn auch einer kleinen Lesergemeinde einschließlich Mörike bekannt, steht der bis Wien berühmte katholische Prediger SEBASTIAN SAILER (1714–1777), wie

Abraham a Santa Clara aus Oberschwaben stammend, mit den in alemannischer Mundart geschriebenen biblischen Singspielen, Nebenprodukten einer Laune, durch die er seine geistlichen Brüder in den Klöstern seiner Heimat erheiterte. Der Autor läßt etwa in seiner *Schöpfung* (Erstaufführung 1743) Adam und Eva nicht nur, sondern auch Gottvater und die Engel als gänzlich naive Gemüter auftreten, ohne daß Gottvater dabei von seiner Verehrungswürdigkeit verlöre. Er rückt väterlich, ja brüderlich an seine Geschöpfe heran. Die Komik ist bei alledem geistreich und modern. Sie liegt darin, daß vorausgesetzt wird, was erst geschehen soll. Gottvater wartet das Frühjahr als bequemste Zeit zur Schöpfung ab, weil da ohnehin alles wächst und grünt, und hebt mit Selbstgefälligkeit seine Schöpfung durch das Wort von allen irdischen Formen der Tätigkeit, etwa der Handwerker, ab. Adam erwacht mit dem Gruß: «G'lobt sey Jesas Chrischt!» zum Leben[103]. Er und Eva sind vor dem Sündenfall genau so liebenswürdige und schwache Menschen wie nach ihm, und selbst der Cherub, der mit dem «fuiriga Säbel» vor dem verscherzten Paradies aufgestellt wird, hat keine größere Sorge, als daß auch rechtzeitig Ablösung kommt – wofür die schwäbischen Kreissoldaten vorgesehen sind[104]. Woran Klopstock im *Messias* scheitert, Ewigkeit Gottes und Raumzeitlichkeit der Geschichte miteinander zu vermitteln, daraus zieht dieser Aristophanes der Provinz den Kontrastwitz der Komödie, der indessen nicht der Säkularisierung des Religiösen, vielmehr der humoristischen Relativierung des Menschen gilt, dessen Denk- und Vorstellungskategorien der unfaßbaren göttlichen Liebe und Majestät so völlig unangemessen sind. Auf der Höhe der Aufklärung zeigt sich eine katholische Schöpfungsfrömmigkeit, die zugleich fromme Weltlichkeit ist.

Während Sailers Spiele aus dem Geist des Volkes, aber kaum für das Volk geschrieben wurden, überlebt im Oberammergauer Passionsspiel alte Laienspieltradition das bayerische Verbot der volkstümlichen Passionsspiele von 1770[105]. Zwar erweiterte sich die Ausstrahlung dieses Spiels erst im 19. Jahrhundert in den gesamten deutschen Sprachraum, ja über ihn hinaus, und in alle Bildungsschichten, aber schon im 18. Jahrhundert ist die Wirkung einzigartig. Allein im Spieljahr 1760 wohnten mehr als 14 000 Zuschauer der Aufführung bei[106]. Das Spiel gehört zu den wenigen literarischen Zeugnissen der Zeit, die intensiv in das Leben der breiten bäuerlichen Bevölkerung hineinwirkten. Die Aufführungen gehen auf ein Gelübde der Gemeinde im Pestjahr 1633 zurück, alle zehn Jahre ein Passionsspiel aufzuführen. Erst 1750 aber erhält das Spiel, ursprünglich eine Kompilation zweier Augsburger Passionsspiele des 16. Jahrhunderts, eine durchgreifende einheitliche Prägung durch den Ettaler Benediktiner-Pater FERDINAND ROSNER (1709–1778), der seine literarische Formsprache im lateinischen Schultheater der Ordensschulen entwickelte und sie in der *Passio Nova* (1750) auf das bayerisch gefärbte deutschsprachige Volksschauspiel übertrug. Etwa gleichzeitig mit dem Erscheinen der ersten Gesänge von Klopstocks *Messiade* (1748), die im protestantischen Kulturraum einer neuen Literatursprache des subjektiven Seelenausdrucks Bahn bricht, wird Rosners *Passio* zur letzten Krönung und Zusammenfassung des literarischen Barock. Chorauftritte, allegorische Bilder, Figuren und Szenen, musikalische Untermalung und Umrahmung schmücken die schlichte erzählende Szenenfolge prächtig aus; Prolog, Epilog und Betrachtungen in Alexandrinern, dem repräsentativen Metrum des Barock, zwischen den neun Spielakten in alten Knittelversen gliedern und überhöhen die Handlung. Vor allem aber hat Rosner das theologische Instrument der präfigurativen Verweisung des Alten Testaments aufs Neue Testament virtuos gehandhabt, indem er nach den Passionsakten jeweils drei Episoden aus dem Alten Testament in stummen Szenen, durch daktylische Kommentare mit Auftakt erläutert, einfügt, die traditionell auf die Passion hin gedeutet werden; so etwa der Verkauf Josephs durch seine Brüder auf den Judas-Verrat, Kains Verzweiflung auf die Verzweiflung des Judas usw. Am Ende des Spiels steht die Feier des apokalyptischen Lammes. Wird in Aufklärung und Sturm und Drang die säkularisierende *Post*figuration – etwa Christi durch Werther, des verlorenen Sohnes durch den Hofmeister Läuffer – zu einem der wichtigsten Mittel literarischer Säkularisierung, der Inanspruchnahme religiöser Bilder und Vorstellungen für die Bedeutungsanreicherung weltlicher Figuren und Situationen, so zeigt sich in Rosners *Passio* die theologische *Prä*figurationstechnik als Mittel geistlicher Deutung der Welt noch einmal in voller Mächtigkeit. Dient in Klopstocks *Messiade* die großräumige theologische Dimensionierung dazu, die Weite der menschlichen Seele auszumessen, so dient hier Betrachtung noch streng der theologischen Lehre. Rosners Passionstext wurde zunächst nur handschriftlich überliefert, und im 19. Jahrhundert wurden Text und Inszenierung ins Klassizistisch-

Nazarenische übersetzt. Rosners Name geriet in völlige Vergessenheit, ein Sachverhalt, der ihn als Volksdichter bestätigt.

Wieland

Selbstaussprache und Anpassung an das Publikum

Klopstock hat die Lyrik, Lessing das Drama, CHRISTOPH MARTIN WIELAND (geb. 1733 in Oberholzheim bei Biberach, gest. 1813 in Weimar) die deutsche Epik des 18. Jahrhunderts erstmals zu gültigen Lösungen geführt. Im Unterschied zu Klopstocks unwandelbarer Fertigkeit und zu Lessings richtungssicherer Selbstbildung ist Wieland Umwege gegangen. Der schwäbische Pfarrersohn erlebt im pietistischen Pädagogium Kloster Berge bei Magdeburg, einer Vorbereitungsanstalt für die Universität, die nach den Prinzipien August Hermann Franckes eingerichtet war, den ersten Zwiespalt zwischen religiöser Ergriffenheit und philosophischem Skeptizismus (1747–49). Frühe dichterische Versuche als Tübinger Jurastudent (u. a. *Lobgesang auf die Liebe*, 1751; *Die Natur der Dinge*, 1752, gegen den Materialismus des lateinischen Schriftstellers Lukrez gerichtet) folgen der Gedankendichtung der Zeit: Haller, Hagedorn, Klopstock und Ewald von Kleist. 1752 nimmt Wieland eine Einladung Bodmers an, der nach dem Bruch mit Klopstock einen neuen Jünger sucht, und lenkt gefügig von der weltlichen Empfindsamkeit zu einer epigonalen religiösen Schwärmerei zurück (u. a. die Patriarchade *Der gepryfte Abraham*, 1753; *Empfindungen eines Christen*, 1757). Diese Haltung ändert sich unter dem Einfluß Shaftesburys und der französischen Dichtung, die Wieland in der Freundschaft mit dem Arzt und Schriftsteller Johann Georg Zimmermann und der späteren Rousseau-Schülerin Julie Bondeli kennenlernt, nachdem er 1754 Bodmers Haus verlassen hatte und 1759 nach Bern übergesiedelt war. Ein Produkt des klassischen Anspruchs ist das heroische Hexameter-Epos *Cyrus* (1759), das infolge der inneren Unmöglichkeit der Form Fragment bleibt – ebenso wie ein früherer Versuch *Hermann* (1751) in Klopstocks Fahrwasser. Während die Dramendichtung dieser und der späteren Zeit, selbst das von Goethe in *Götter, Helden und Wieland* angegriffene Opernlibretto *Alceste* (1773), das in Konkurrenz zu Glucks Alceste-Musik von Anton Schweitzer vertont wurde, mehr eine Außenschicht seines Schaffens bilden, ist Wieland in der Dialogerzählung *Araspes und Panthea* (1760) auf dem Wege zu dem zentralen Thema, das er von nun an immer wieder abwandelt, weil es den Wendepunkt seines eigenen Lebens in diesen Jahren bezeichnet: die Desillusionierung des Schwärmers im Zusammenstoß mit der Wirklichkeit.

Die Ernennung Wielands zum Senator und Kanzleiverwalter seiner Heimatstadt Biberach (1760) bringt Jahre der Konzentration und Besinnung. Nach heftigen Konflikten mit der bürgerlichen Gesellschaft wegen einer leidenschaftlichen Liebesepisode mit einem einfachen Mädchen findet sich der Dichter in eine Konventionsehe, die auf einer radikalen Trennung von Geist und Leben beruht. Doch auch in der Zeit der Reife bleibt Wieland anpassungsbereit an den Publikumsgeschmack. Der Verkehr im Schloß Warthausen des Grafen Stadion, eines aufgeklärten, französisch gebildeten Diplomaten in kurmainzischem Dienst, und die Wiederbegegnung mit seiner früheren Verlobten Sophie Gutermann, die als Gattin des Mainzer Hofrates La Roche dem Stadionschen Kreis angehört, geben Wieland die Erfahrung der großen Welt, lassen ihn aber auch mit seinen *Comischen Erzählungen* (1765) auf die Ebene einer bloßen Gesellschaftsdichtung absinken, in der die persönliche Wahrheitskrise allzu behend in die konventionellen erotischen Motive und Stimmungen der Rokoko-Gesellschaft umgesetzt wird. Ein ähnlicher Vorgang wiederholt sich später, als Wieland, durch Stadions weitreichenden Einfluß seit 1769 Professor der Philosophie und der Schönen Wissenschaften an der kurmainzischen Universität Erfurt, 1772 mit seinem Staatsroman *Der goldene Spiegel* die Berufung zum Erzieher des jungen Herzogs Karl August von Sachsen-Weimar durch die Herzoginwitwe Anna Amalia erreicht. Meisterhaft in der Form, die Ideal und Satire in ein ironisches Wechselspiel bringt, zeigt das Werk in seinem aufgeklärt-absolutistischen Programm der Prinzenerziehung den Seitenblick Wielands nach dem Hof, vor allem auf Joseph II. Noch als Freund Goethes und gefeierter Schriftsteller der Nation, der die Anfeindungen der Stürmer und Dränger überstanden hatte, ließ Wieland bei der Breite seiner Produktion ökonomische Interessen mitsprechen, so bei dem populären journalistischen Unternehmen des *Teutschen Merkur* (1773–1810), der ersten vielseitigen, auch politisch interessierten schöngeistigen Monatsschrift Deutschlands nach dem Vorbild des *Mercure de France,* und bei seinem letzten großen Roman aus der Welt der Antike, *Aristipp und einige seiner*

Zeitgenossen (1800–1801), der in Gesprächen und Briefen die politischen, künstlerischen und philosophischen Neuigkeiten des 4. Jahrhunderts v. Chr. abhandelt. Wielands späterer Beitrag zur neuen Gattung der Novelle im Gefolge von Goethes *Unterhaltungen deutscher Ausgewanderten,* das *Hexameron von Rosenhayn* (1805), ist leichtgewichtige Unterhaltungsliteratur.

Dennoch wäre es falsch, Wielands Anpassungsgabe und Publikumsbezogenheit allzu vordergründig motiviert zu sehen. Sie ist die Rückseite einer seismographischen Empfindlichkeit, die in weitsichtig-differenzierten Urteilen über aktuelle literarische und politische Erscheinungen wie etwa die Französische Revolution zum Ausdruck kommt. Sie befähigt Wieland zu einem umfassenden Übersetzungswerk. Seine beste Leistung auf diesem Gebiet sind kommentierte Übertragungen aus der griechischen und römischen Dichtung (Aristophanes, Euripides, Lukian, Horaz, Cicero). Literaturgeschichtlich am wirkungsvollsten war die Prosaübersetzung von SHAKESPEARES *Theatralischen Werken* (1762–66), die den englischen Dramatiker in Deutschland einbürgert, indem sie ihn dem Zeitgeschmack annähert. Auf Wieland fußt dann die philologisch treuere Prosaübertragung (1775–82) des Ästhetikers JOHANN JOACHIM ESCHENBURG (1743–1820). Auch bei Gottfried August Bürger gibt es Anläufe zur Shakespeareübersetzung, an denen der junge August Wilhelm Schlegel beteiligt ist. Die gleiche Sensibilität, die Wieland in die Gefahr des Selbstverlustes bringen kann, läßt ihn auch das Brüchige seiner weltanschaulichen Position der Skepsis und die Grenzen seines Talents erkennen. So ist der Publikumsliebling in Wirklichkeit einsam. Es zeigt sich, daß der Publikumsgeschmack um so mehr als geheimer oder offener Verführer wirkt, je mehr der Ausdruck eines eigentümlichen seelischen Gehalts zum Anspruch und Kennzeichen des Talents wird.

Wielands Versepik

Als Versepiker entwickelt Wieland in den *Comischen Erzählungen* seine stilistische Eigenart. Sie überschreiten den moraldidaktischen Rahmen der Fabel, mit der sie den freien Vers gemein haben, und geben der erzählten Geschichte, vor allem aber dem Erzähler

Raum, der sich zur Geltung bringt, indem er ein ironisches Einverständnis mit dem Publikum herstellt. Mit einer Vielzahl von scheingelehrten Anspielungen auf den gemeinsamen Bildungsbesitz der Gesellschaft schafft er eine Atmosphäre der Exklusivität und des geselligen Spiels, das die zweideutigen Situationen umkreist und zugleich witzig entschärft.

Sowohl inhaltlich wie formal führt die philosophische Idylle *Musarion* (1768) über die *Comischen Erzählungen* hinaus. Bleibt Wieland dort bei der Desillusionierung stehen, so verkündet die Hetäre Musarion, die den jungen Schwärmer Phanias zu ihrer Philosophie der Grazien bekehrt, ein Lebensideal des Maßes und heiteren Lebensgenusses, nachdem sie die philosophischen Lehrer des Jünglings, einen weltverachtenden Stoiker und einen weltüberfliegenden Pythagoreer, in ihrer menschlichen Schwäche bloßgestellt hat. Eine Idylle ist das Werk deshalb, weil Idealität und Harmonie durch eine Kunst des Ausschnitts ermöglicht sind, die vor der Wahrheitsfrage resigniert. Musarions Leben in Schönheit ist ein kunstvoller und von allen Seiten bedrohter geistiger Balanceakt. Diszipliniert wie diese Lebenshaltung ist der streng symmetrische Aufbau in drei Büchern, die Phanias als philosophischen Schwärmer, als Enttäuschten und als wieder Aufgerichteten vorführen. Wie wenig endgültig die hier gefundene formale und ideelle Lösung ist, zeigt sich daran, daß Wieland wenig später in den Kleinepen *Idris und Zenide* (als Fragment veröffentlicht 1768) und *Der neue Amadis* (1771) eine verwirrende, aus Ariost, Ritterromanen und französischen Feenmärchen witzig-willkürlich zusammengewürfelte Wunderwelt erschafft. Wird im komischen Epos der älteren Aufklärung die Eposform nicht eposgemäßen Gegenständen übergestülpt, so werden hier eigentlich substantielle epische Gehalte und Motive komisch aufgehoben; an die Stelle der objektiven Totalität der epischen Welt tritt die subjektive Totalität der Reflexion im Erzählvorgang, die nicht nur die erzählten Gehalte, sondern auch die formalen Bedingungen und Mittel des epischen Erzählens selbst erfaßt. Der Erzähler ironisiert sein Tun, indem er etwa gemeinsam mit dem Leser einen passenden Reim sucht, über den Fortgang der Geschichte diskutiert oder einen Deus ex machina belächelt, den er zur Tugendrettung einer Schönen bemüht.

Erst ein neues Streben nach Vereinfachung und Verbindlichkeit der Aussage ermöglicht – über Zwischenstufen wie die reimfreie

Verserzählung *Geron der Adelich* (1777) und das Kleinepos *Gandalin oder Liebe um Liebe* (1776) – Wielands klassischen Beitrag zum Epos, seine umfangreiche Versdichtung *Oberon* (1780). Wie im *Idris* und im *Neuen Amadis* verwendet der Dichter hier eine – allerdings jetzt weniger freie – Umformung der Stanze. Sie ist aus Ariosts *Orlando furioso* übernommen, und auch die Stoffwelt des Werkes erinnert wieder an den von Wieland geliebten italienischen Renaissance-Dichter und seine eigene frühere Versepik. Dennoch vollzieht sich jetzt ein Übergang von dem Vorbild Ariosts mit seiner vielfältig verschlungenen Handlungsfülle zur klassischen Klarheit Vergils. Der Handlungsaufbau ist linear, der Inhalt der Erzählung gewinnt gegenüber dem Erzählvorgang an Wichtigkeit. Erhalten bleibt eine Eigenschaft fast aller Wielandschen Dichtung: die Ironie. Sie äußert sich im Verhältnis zur Form, insofern der anspruchsvollen Stanze ein behaglicher Erzählton abgewonnen wird. Ironie herrscht aber auch gegenüber der Rittergeschichte, einem französischen Abenteuerroman nachgebildet, die den Inhalt des Epos bildet. Der junge Held Hüon wird zur Sühne einer Bluttat von Kaiser Karl dazu verurteilt, dem Kalifen von Babylon den linken Tischnachbarn zu erschlagen, die Thronerbin als Braut zu küssen und noch dazu vier Backenzähne des Kalifen und eine Handvoll Bart mitzubringen. Wie die ritterliche Aufgabe selbst ist auch ihre Erfüllung spielerisch, denn sie wird weniger durch außergewöhnliche ritterliche Leistungen als durch heitere Zufälle und Zaubermittel vollbracht. Hüon gewinnt einen Ring, der unsterblich macht, dazu ein Horn, das göttliche Hilfe herbeischafft und alle Gegner in eine Tanzraserei verfallen läßt. Die Stelle der epischen Götter und Geister nehmen im *Oberon* die Elfenherrscher Oberon und Titania ein, aus den englischen Quellen Chaucer, Pope und Shakespeares *Sommernachtstraum* übernommen, die den Helden auch in den späteren Verwicklungen nicht untergehen lassen. Als Hüon und seine neu gewonnene Verlobte das Keuschheitsgebot brechen und damit den Zorn Oberons anheimfallen, erhält sie der Zauberring am Leben. Titania nimmt sich des Kindes der beiden an, Oberon löst den Helden vom Marterpfahl und rettet schließlich das standhafte Liebespaar vorm Feuertode. Oberon und Titania haben sich entzweit angesichts der Untreue eines Menschenpaares, nun vereinigen sie sich wieder über der Treue Hüons und seiner Amanda.

Diese Außenhandlung ist nicht nur märchenhaft unwirklich, sie ist auch unwesentlich; sie hat nicht einen Bruchteil des Gewichtes, das Handlung und Stoffwelt etwa bei Homer, Klopstock oder in Goethes *Hermann und Dorothea* besitzen. Wesentlich ist dagegen die seelische Haltung der Personen. Im märchenhaften Rahmen zeigen die Liebenden wirkliche Treue und eine wahrhafte Reifung. Hier gewinnt nun auch der «Fall» der Liebenden, der sie ins Elend stürzt, einen eigentümlichen, für Wieland neuen, positiven Sinn. Es geht nicht mehr um die Entlarvung hochgetriebener Ideale durch die Sinnlichkeit und Körperlichkeit des Menschen, vielmehr um einen schmerzlichen, doch notwendigen Erziehungsakt, der das naive Glückskind Hüon, das bisher einfach seinen Impulsen gefolgt ist, zu Mäßigung, Bändigung, Selbstbeherrschung und Selbstverantwortung führt. Wie *Musarion* gewinnt auch *Oberon* seine Rundung und Geschlossenheit dadurch, daß ein praktisches Lebensideal unter Verzicht auf eine Gesamtdeutung der Welt gestaltet wird; doch dieses Lebensideal selbst hat sich weiterentwickelt vom heiteren Lebensgenuß in der Idylle zur tätigen Behauptung in den Wechselfällen des Weltlaufs. Ein Einsiedlerdasein der Liebenden bleibt eine Episode, die sie zu sich selbst bringt, dann aber folgt die gewaltsame Rückholung in die Sphäre des Handelns. Eine realistische, auf Bewährung gegründete und angelegte Tugend, ein humanes, seelisches Heldentum im ritterlichen Gewand, das der Hilfe des Göttlichen vertrauen kann: das ist Wielands Beitrag zum Humanitätsideal der Klassik.

Von hier aus wird eine Verwandtschaft mit der klassischen Symbolgestalt in dem scheinbar gewichtlosen Werk sichtbar. In der Beziehung zwischen Hüon und Amanda wird Liebe exemplarisch verwirklicht, ebenso wie im Versagen des Kontrastpaares Liebe überhaupt scheitert. Oberon und Titania sind keine wahren Götter, sie sind aber auch keine bloßen Allegorien, sie stehen für die festliche Daseinsmacht des Eros in der Welt, die sich in jeder wirklich gelebten Liebe bezeugt, in jeder scheiternden untergeht. Die geschlossene Welt des antiken Epos, in dem Sinn und Sein identisch waren, ist für Wieland ebensowenig wie für Goethe wiederherstellbar. Goethe kommt zum Epos, indem er die großen geschichtlichen Umwälzumgen der Zeit in einer eingefriedeten, in sich ruhenden Bürgerwelt reflektiert oder ins Tierreich «übersetzt». Das sind die Lösungen von *Hermann und Dorothea* und *Reineke Fuchs.* Wieland löst die Aufgabe ironisch-humoristisch, indem er im *Oberon* das Ideal in das Kostüm einer sentimentali-

schen Sehnsuchts- und Märchenwelt hüllt und es damit leise in
Frage stellt, während er sich doch zu ihm bekennt.

Don Sylvio von Rosalva

Wieland ist als der leidenschaftlichste Reimer zwischen Barock und
Romantik bezeichnet worden. Trotzdem liegt seine größte Leistung wohl auf dem Gebiet des Prosaromans. Er macht die von
Gellert zu literarischem Rang erhobene Gattung zum Träger philosophischer Fragestellungen und vermittelt so zum großen Welt-
anschauungsroman der Klassik. Seine Anknüpfungspunkte sind
der französische Gesellschaftsroman, voran Claude Prosper Jolyot
Crébillons (1707–1777), und die jüngere englische Generation,
Henry   Fielding   (1707–1754),   Tobias   George   Smollet
(1721–1771) und Laurence Sterne (1713–1768). Zeitgenossen
haben Wieland den deutschen Crébillon genannt. Auch geht der
Stern des größten humoristischen Romans der europäischen Literatur bei Wieland auf, des *Don Quijote* von CERVANTES
(1547–1616).

Besonders Wielands erster Roman *Don Sylvio von Rosalva*
(1764) zeigt diese Einwirkung. Sein Held, der junge Adlige Don
Sylvio, lebt auf ähnliche Weise in der Wahnwelt der Feenmärchen,
die in der ersten Hälfte des 18. Jahrhunderts vor allem in Frankreich modern waren, wie Don Quijote sich in die phantastischen
Ritterromane seiner Zeit versponnen hat (übrigens hat Wieland
selbst dieser Zeitmode durch seine Sammlung *Dschinnistan oder
auserlesene Feen- und Geister-Mährchen* [1786–89] Rechnung getragen). Während aber der fehlgeleitete Aktivismus und ethische
Rigorismus des Edlen von La Mancha aufs grausamste mit der
Wirklichkeit zusammenstoßen, träumt sich Don Sylvio von der
Welt weg in ein Zauberreich der Schwärmerei und Sentimentalität.
Don Quijote muß mit seinem Leben bezahlen, Don Sylvio wird
durch Liebe, also echtes Gefühl, von der Empfindelei, dem falschen Gefühl, befreit. Einerseits ist also der Konflikt bei Wieland
leichter als bei Cervantes, andererseits aber auch komplizierter,
denn Wieland spielt das Thema des Wahns in allen Personen des
Romans durch. Jede lebt in ihrer eigenen Illusion: die Erzieherin
Sylvios, seine Tante, im Glauben an die Schlechtigkeit der Men-

schen, Don Sylvios Vater in der Hoffnung auf eine königliche Pension, Pedrillo, Sylvios Bedienter und Genosse seiner Abenteuer, dem Sancho Pansa nachgebildet, in einer eigentümlichen Mischung von Bauernschläue und Bauernglauben, so daß Herr und Diener sich abwechselnd ihre Irrtümer vorwerfen und einander immer tiefer verwirren. Sogar die Menschen, die Don Sylvio heilen, sind in Täuschungen verwickelt. Donna Felicia, seine Geliebte, hat sich von den Dichtern gefangennehmen lassen; sie lebt in poetischen Gemälden und Schäfereien, und bei der lebensklugen adligen Gesellschaft, der sie angehört, taucht das Illusionsmotiv spiegelbildlich wieder auf: Hatte sich bisher das Unwahrscheinliche und Wunderbare als Wahn erwiesen und damit die gemeine Erfahrung recht behalten, so wird nun die Kontrastgeschichte der schönen Jacinte eingeschaltet, die das Wahrscheinliche als Täuschung entlarvt: die vermeintliche Zigeunerin ist adlig, das Freudenmädchen tugendhaft, die Schauspielerin wahrhaftig.

Neben dieser Handlungsführung haben zahlreiche Exkurse des Romans die Aufgabe, das Realitätsproblem ins Prinzipielle zu vertiefen. Wir erfahren, daß unsere Umstände unser Weltbild bestimmen, und enden schließlich dabei, daß es keinen Beweis für die Unmöglichkeit der Feen des Don Sylvio gebe, also in erkenntnistheoretischer Resignation, über die nur die Berufung auf einen «Vernunftinstinkt» hinweghelfen kann. Auch hier wird, wie in *Musarion* und *Oberon*, die theoretische Frage praktisch beantwortet; wir stehen am Ansatz der Wielandschen Ironie, der dem Sternes und Fieldings ähnelt, was erst die Übernahme von Gestaltungsprinzipien fruchtbar macht: Der Aufklärer verhält sich ironisch zur Welt, wenn sie ihm in ihrem letzten Grund fragwürdig geworden ist, aber doch praktisch vertraut bleibt. (Die romantische Ironie besitzt dagegen einen metaphysischen Bezugspunkt.) So ist Wieland – vergleichbar in unserer Zeit Thomas Mann – zugleich seiner Welt überlegen, weil er sie auf ihre praktischen Gegebenheiten durchschaut, und ihr unterlegen, weil er ihr Sein und ihr Sollen nicht mehr positiv ausformulieren kann.

Dem entspricht der Stil des Romans, der durch eine gleitende Perspektive des Erzählens ausgezeichnet ist. Einmal spricht der Erzähler als vertrauter Kenner seiner Gestalten, dann wieder tritt er unvermittelt in die Perspektive seiner Figuren über, so daß, was eben noch als gültige Aussage über die Welt erschien, sich im nächsten Augenblick als wahnhafte Verzerrung enthüllt. Der Erzähler ironisiert auf diese Weise die Figuren, indem er ihr Denken von innen her durchsichtig macht; er ironisiert den Leser, indem er ihn immer wieder auf eine falsche Fährte lockt und ihm dann das Vergnügen gönnt, seinen Fehler selbst einzusehen, und er ironisiert sich selbst, indem er dem eigenen Standpunkt zur Wahrheitsfrage die Unbedingtheit und Verbindlichkeit nimmt und ihn als einen unter verschiedenen möglichen erscheinen läßt. Das Wechselspiel von Wahn und Wirklichkeit ist also nicht nur das Thema des Romans, es ist auch Formprinzip des Erzählens. Die ganze Doppeldeutigkeit tritt zutage, wenn etwa das Feenland des grotesken, eingeschobenen Märchens vom Prinzen Biribinker mit viel größerer Intensität vergegenwärtigt wird als das «wirkliche» Spanien, in dem Don Sylvio und seine Gesellen leben. Es ist folgerichtig, daß da, wo ein positiver Beweis der Wirklichkeit nicht geführt werden kann, die Heilung Sylvios durch ein Märchen versucht werden muß, das noch viel toller ist als dessen Phantasien; das märchenhafte Schweifen der Einbildungskraft, eine Grundrichtung des Wielandschen Dichtens, wie schon an der Versepik sichtbar wurde, legitimiert sich dadurch, daß es sich selbst ad absurdum führt. Es ist aber auch ebenso folgerichtig, daß da, wo der positive Wirklichkeitsbeweis fehlt, die Grenzen zwischen Märchen und Wirklichkeit verschwimmen, wie es im *Don Sylvio* geschieht, wo zuletzt der arme Junge Sylvio die reiche Braut bekommt und drei parallele glückliche Paare den Abschluß machen. Die Handlung ist geschlossen, die Frage nach der wahren Wirklichkeit bleibt offen. Der Roman endet in dem gleichen spielerischen Schwebezustand, den die gesamte Erzählung in einer bis dahin unerhörten sprachlichen Geschmeidigkeit, Freiheit und Spannkraft durchhält.

Geschichte des Agathon

Don Sylvio von Rosalva ist ein Nebenwerk, in einer Schaffenspause entstanden, zu Wielands bedeutendstem Roman *Geschichte des Agathon*, der den Dichter über Jahrzehnte seines Lebens begleitet hat. 1762 entstand das erste Kernstück, 1766/67 und 1773 erschien der Roman als Fragment, und erst die Ausgabe letzter Hand von 1794 hat ihm einen Abschluß gegeben, der mehr den Willen zur Lösung als eine Lösung selbst vor Augen führt. Die Entstehungsgeschichte zeigt das Besondere des Romans: Der Barockroman, Gellerts *Schwedische Gräfin* und noch *Don Sylvio* sind Ergebnisse einer konstruktiven, Lösungen ersinnenden Phantasie; *Agathon* ist mit seinem Autor gewachsen und enthält als gestaltetes Material dessen Lebenserfahrung.

Schon das Handlungsfeld des Romans läßt sein Gewicht erkennen. *Don Sylvio* spielt in einer spanischen Rokoko-Kulisse, *Agathon* in der Antike, die für Wieland eine besondere Bedeutung hat: Während Winckelmann und Goethe die griechische Klassik zum idealen Gegenbild ihrer eigenen Zeit stilisieren, sieht Wieland die griechische Kultur als einen Lebensraum, der ihm in Distanz und Überschaubarkeit das Modell einer der eigenen Zeit in allem Unterschied doch verwandten Gesellschaft gibt. Das historisch Abgerückte wird zum Spiegel, in dem die Gegenwart sich ihrer selbst vergewissern kann. Die *Geschichte des Agathon* wird so zum ersten historischen Roman Deutschlands im engeren Sinne, und sie erfüllt zugleich die Gattung des Bildungsromans. Agathon, ein junger Grieche edler Abkunft, ist nicht, wie Don Sylvio, eine liebenswürdige, aber nur mittelmäßige Erscheinung; er ist ein Mensch mit voll entfalteter intellektueller Physiognomie, fähig, seine Erfahrungen auf höchstem Niveau reflektierend sich zuzueignen, und zugleich ein Mann des Handelns, der die Gesellschaft als lebendigen, daher auch in der Gestaltung des Romans dichten Widerstand erfährt, wo Sylvio einfach über sie hinwegträumt. Infolgedessen erlebt Agathon, im Unterschied zu Don Sylvio, wirklich eine «Geschichte». Die in der Zeit beliebte Etikettierung, die der Wahrheitsfiktion dient und einen an der Wirklichkeit orientierten gegen den «romanhaften» Roman minderen Anspruchs abheben soll, hat hier einen besonderen Sinn. Don Sylvio wird von einer fixen Idee befreit, Agathons Leben führt durch alle zentralen Erfahrungsgebiete des Menschen hindurch und wird damit zu einem repräsentativen Bildungsgang.

Allerdings liegen über diesem Bildungsgang eigentümliche Schatten. Bereits der Gedanke einer Erziehung, die sich in der Verflüchtigung, statt in der Aufrichtung und Bestätigung von Idealen abspielt, hat etwas Beunruhigendes, denn er zielt ja auf eine nur negative Bestimmung des Menschen. So wird Agathon in immer tiefere Krisen hineingeführt. Die erste Etappe seines Weges ist bestimmt durch die Erfahrung und Entzauberung der Liebe, die der Held mit der schönen Danae erfährt. Als Kind in religiöser

Schwärmerei erzogen, als Jüngling in einer schwindelerregenden öffentlichen Laufbahn gescheitert, erliegt Agathon, indessen er von Tugend und Unschuld der Geliebten träumt, der Liebeskunst einer Hetäre. Die zweite Erziehungsetappe Agathons bringt ihm am Hof von Syrakus, wo er zum leitenden Minister aufsteigt, nach dem traumhaft flüchtigen politischen Spiel der ersten Jugend die tiefe Enttäuschung an der Sphäre der Macht, die seinen Reformversuchen widersteht. Ebensowenig wie das Ideal der reinen Liebe läßt sich das des vollkommenen Staates verwirklichen. Die Problematik des richtigen Lebens reicht aber noch viel tiefer, denn selbst die Desillusionierung führt den Menschen in neue Irrtümer hinein: Wohl hat sich Agathon in der schönen Danae getäuscht, wohl hat sie ihn in seiner Täuschung bestärkt; aber indem er aus seiner Verblendung erwacht und sie moralisch verurteilt, fällt er in eine neue Fehlsicht der einst Geliebten, während die «Wahrheit» der großen Hetäre – und deshalb ist Wieland als Dichter immer wieder von diesem Typus fasziniert – gerade im nuancenreichen, die Eindeutigkeit der sittlichen Maßstäbe überspielenden Ineinander von Sinnlichkeit und Geistigkeit, Immoralität und Kultur liegt. Immer bleibt dem Menschen bei seiner Beurteilung der Dinge ein Teil der Wirklichkeit verstellt, und wo sich ihm neue Perspektiven eröffnen, schließen sich ihm andere durch seinen geistigen Ortswechsel wieder zu. Alle Tugenden werden mit Schwächen erkauft, und der Gedanke, der Mensch sei ein Produkt der Umstände, schon im *Don Sylvio* ausgesprochen, wird vor allem im Mittelteil des Romans zum beherrschenden Motiv, das die Vorstellung einer Läuterung des Menschen zurückdrängt. Erziehung ist ein Durchgang des Menschen durch immer neue Formen des Irrtums, Individualität ist nichts anderes als eine je individuelle Beschränktheit der Perspektive. Der Lebensgang des Menschen erscheint nicht mehr, wie im älteren hohen Roman, als Vervollkommnung oder bloße Bestätigung einer Vollkommenheit, noch nicht, wie seit Goethes *Wilhelm Meister*, als organische Entwicklung, sondern als ein Zusammenspiel von vergangenen und gegenwärtigen Erfahrungen zu immer komplexeren Konstellationen, bei dem das Ziel offen bleibt: *Agathon* ist Bildungsroman, noch nicht Entwicklungsroman.

Der Dichter hat im Schlußteil des Werkes versucht, seinen Helden aus der Fragwürdigkeit aller Werte, die in keiner anderen der großen Dichtungen Wielands so scharf artikuliert wird, zu einem positiven Bildungsergebnis zu führen, aber es ist klar, daß diese Bemühung an den eigenen Voraussetzungen des Romans scheitern muß. Der weise Archytas, Stadtherr von Tarent, dessen Freund und Schüler Agathon nach dem Zusammenbruch aller Pläne und Lebenshoffnungen wird, verkündet und lebt ein Tugendideal, dessen innere Brüchigkeit nur allzu deutlich ist. Denn wenn die Tugenden des Archytas und seiner Tarentiner, wie wir erfahren, das Produkt bestimmter Umstände sind – einer leidenschaftslosen Veranlagung, günstiger Lebensbedingungen –, wie sollen sie dann als Leitbilder Verbindlichkeit gewinnen? So wie die Natur alles Mögliche hervorbringt, hat sie eben in Archytas auch einmal Tugend hervorgebracht; sie ist nicht mehr als allgemeingültiges Muster, noch nicht als individuelle Selbsterfüllung formulierbar.

Auch sprachlich bezeugt sich die Schwäche dieses Schlußteils in einem Streben nach Monumentalität, das leicht in Allgemeinplätze hineinführt. In den früheren Teilen des Romans dagegen ist Wielands Stil, ähnlich dem des *Don Sylvio,* ironisch und subjektiv. Wie dort bringt sich der Erzähler, im älteren Epos und hohen Roman Stimme einer ehernen Wahrheit, die das Wesen der Welt offenlegt, in seiner Subjektivität zur Geltung und spricht den Leser als einen einzelnen an, der die Dinge auf eine je besondere Weise sieht. Auch er kann nur die Abweichungen vom Tugendideal, nicht dieses selbst benennen, und so läßt er auch in den Reflexionen lieber die Ansicht seiner Figuren als seine eigene zu Worte kommen. Die subjektiven Brechungen der Wirklichkeit im Bewußtsein der Gestalten setzen sich zu einer facettenreichen Deutung der Welt zusammen. Das Leben hat seine Eindeutigkeit und Durchsichtigkeit verloren – ein Sachverhalt, den der Ironiker, indem er ihn konstatiert, zugleich ganz leise genießt. Die Welt bedarf der Auslegung im Erzählvorgang, einer Auslegung, die nur als unendlicher Prozeß, als Relativierung aller Meinungen durch die Erfahrung möglich ist. Daß der Erzähler das gesamte Erfahrungsmaterial des Romans überschaut, wogegen die Figuren Schritt für Schritt von ihm überrascht werden, gibt ihm die Geschichte sicher in die Hand. Sobald dieser Überblick des Erzählers aufgegeben wird, wie häufig in unserer Gegenwart, muß der Roman völlig seine Gestalt ändern. Wieland setzt in der Erzählhaltung über einen großen historischen Einschnitt hinweg die Linie der deutschen Nachfolger des spanischen Picaro-Romans, vorab des Grimmelshausenschen *Simplicissimus,* fort, dessen Ich-Erzähler distanziert und ironisch auf sich und seine früheren Erlebnisse zurückblickt, wenn auch noch nicht im Sinne einer universalen Relativierung, die das Erzählen selbst in seinem Ordnungsgefüge zur Disposition stellt.

«Geschichte der Abderiten» und späte Romane

Agathon als Bildungsroman erfaßt die Gesellschaft nur als Medium der Entfaltung des Helden; hier liegt der typisch deutsche, vom Individualitätsgedanken getragene Beitrag zur Gattung des Romans. Die *Geschichte der Abderiten*, Wielands erster Roman der Weimarer Zeit (teilveröffentlicht 1774, erweitert 1781), ist ein Roman ohne Held, der die Gesellschaft in ihrer Breite darstellt. Wieder wählt Wieland eine antike Einkleidung: Die Bürger des Stadtstaates Abdera sind die Schildbürger des Altertums. Zur Höhe des philosophischen Romans erhebt Wieland das Schildbürgermotiv dadurch, daß er die Abderiten, im Alltag ganz brauchbare Leute, großen Erscheinungen des menschlichen Lebens gegenüberstellt. Drei Bücher schildern geniale Einzelne – den Philosophen Demokrit, den Arzt Hippokrates und den Dichter Euripides – in ihrer Auseinandersetzung mit der Masse der Toren. Das vierte Buch zeigt in kunstvoller Steigerung am Prozeß um des Esels Schatten die Korruption von Recht und Politik, das fünfte Buch die Perversion von Religion und Wissenschaft. Eine durchgehende Handlung fehlt, aber die einzelnen Episoden sind straff aufgebaut, so daß ein reizvoller Kontrast zwischen der losen Reihung der Einzelglieder und ihrer in sich strengen Komposition entsteht. Das Weltbild des Romans ist pessimistisch. Die wenigen Weisen resignieren in ihren Versuchen, die Narrheit auszutreiben. Die Toren werden nicht durch Klugheit besiegt, sondern durch Frösche und Mäuse, vor denen sie schließlich das Feld räumen. Die satirische Gesellschaftskritik des Romans bleibt dadurch eingeengt, daß Wieland Torheit und Weisheit abstrakt faßt als vorgegebene Eigenschaften einzelner Menschen. Die treibenden gesellschaftlichen Kräfte, die den Menschen überformen und verwandeln, die Entwicklungen und Vermittlungen, in denen das Individuum sich anpaßt oder Widerstand leistet, treten nicht ins Blickfeld. Es ist charakteristisch, daß die weisen Männer von außen nach Abdera kommen und ohne wirkliche Beziehung dazu bleiben: Die lebendige Wechselwirkung von Individuum und Gesellschaft kann von Wieland noch nicht gestaltet werden. Dazu kommt die Beschränktheit des Ausschnitts aus der Gesellschaft, den der Roman bietet. Wieland ironisiert kleinstädtische «Politik», wie er sie in Biberach erlebt hat; die damals in Deutschland herrschende politische Form, der Absolutismus in allen seinen Spielarten, wird nicht berührt. Auch die große Begabung bleibt den Schranken unterworfen, die der Satire in Deutschland im 18. Jahrhundert entgegenstehen. Der tragische Aspekt der Torheit – Demokrit könnte in Abdera ein Sokrates-Schicksal erleiden – wird völlig vermieden; die Erzählhaltung überlegener Distanz entspricht der kühlen Unangefochtenheit der Weisen in Abdera, die lächelnd und gelassen auf die närrische Welt herabblicken.

Zwei Romane aus Wielands Spätzeit, beide in der hellenistischen Spätantike handelnd, suchen am Thema der Schwärmerei eine vertiefte Auseinandersetzung mit der Religion: *Peregrinus Proteus* (1791) ist ein edler religiöser Schwärmer, der in einer Unterhaltung in Elysium die aufgeklärten Vorurteile seines Biographen Lukian besiegt. Keimzelle des dialogischen Romans sind Lukians Totengespräche, zu deren Wiederbelebung als Gattung Wieland in Deutschland beiträgt: Berühmte Tote führen in Elysium Unterredungen miteinander. *Agathodämon* (1799), ein als Wundertäter und höheres Wesen verehrter Neupythagoreer, benutzt den Aberglauben der Menschen zu ihrer Erziehung und entwickelt eine Geschichtsphilosophie, nach der Jesus Christus als frommer Schwärmer ein notwendiges Werkzeug der Weltvernunft zum sittlichen Fortschritt der Menschheit ist. Christi Selbstverständnis als Gottessohn wird als Wahn aufgelöst und zugleich als Voraussetzung für den Erfolg seiner göttlichen Sendung gerechtfertigt – das ist Wielands letztes Wort zum Christentum.

Epik neben Wieland

Roman und Epos

Wielands Ritterepos in Versen findet seine unmittelbare Nachfolge bei dem Wiener JOHANN BAPTIST VON ALXINGER (1755–1797) mit dessen *Doolin von Maynz* (1787) und *Bliomberis* (1791). Im sechsten Jahrzehnt des 18. Jahrhunderts beginnt mit und neben Wieland der kontinuierliche Aufstieg des Romans in Deutschland. Ein Vorläufer Wielands in der Rezeption des Cervantes ist WILHELM EHRENFRIED NEUGEBAUER (1735 [36?]–1767), vermutlich Verfasser des Romans *Der teutsche Don Quichotte oder die Begebenheiten des Marggrafen von Bellamonte* (1753). Der Held ist wie Don Sylvio ein am Ende geheilter Schwärmer. MORITZ AUGUST VON THÜMMEL (1738–1817), seit 1768 Minister in Sachsen-Coburg, gibt mit seinem komischen Heldengedicht *Wilhelmine* (1764) einen Nachklang der in der ersten Jahrhunderthälfte so beliebten Gattung, in dem schon die neuen Zeittendenzen hörbar werden. Der Übergang vom heroischen Vers zu einer rhythmischen Prosa zeigt das Zurücktreten der Eposparodie im engeren Sinne, das leise Eindringen idyllischer Elemente in eine ironische Darstellung, der die Liebesgeschichte des biederen Pfarrers Sebaldus und der nicht mehr ganz naiven Kammerjungfer Gelegenheit zur Konfrontation von Stadt- und Landleben, beschränkter Unschuld und weltläufiger Frivolität gibt.

Thümmels Roman *Reise in die mittäglichen Provinzen von Frankreich im Jahr 1785 bis 1786* (1791–1805) gehört ebenso wie Johann Georg Jacobis Folge lyrisch untermalter Stimmungsbilder *Die Winterreise* (1769) und *Die Sommerreise* (1770) in die Nachfolge von Sternes *Sentimental Journey* (1768); desgleichen JOHANN GOTTLIEB SCHUMMELS (1748–1813) *Empfindsame Reisen durch Teutschland* (1770–72). Als Schulmann hat Schummel einen aufklärerischen Erziehungsroman *Wilhelm von Blumenthal* (1780–81) und *Spitzbart, eine komi-tragische Geschichte für unser pädagogisches Jahrhundert* (1779) geschrieben, eine Satire auf die Weltfremdheit der Basedowschen Pädagogik, die gleichwohl – und das macht ihren Rang aus – die liebenswürdigen persönlichen Züge des Helden und die positiven Ansätze in seinen idealistischen Verstiegenheiten durchschimmern läßt. Der Held, ein Schuldirektor, geht jämmerlich zugrunde, nachdem die Tochter sich hat verführen und entführen lassen, und der Sohn wird «einem wackern Offizier unter die Zucht gegeben, der nach aller Wahrscheinlichkeit einen guten und brauchbaren Soldaten aus ihm ziehen wird»[107]. So das tief ironische Gegenbild zu den Bestrebungen Basedows und der pädagogischen Rousseau-Schule. Die *Empfindsamen Reisen durch Teutschland* sind dagegen ein unreifes Frühwerk. Das diskontinuierliche Erzählen, das Gespräch mit dem Leser und andere Eigentümlichkeiten Sternes sind nur formale Tricks, um konventionellen Motiven der Romantradition – Verstoßung, Erbschaft, Vermögensverlust, Rettung eines gefallenen Mädchens, Wiederfinden – einen neuen Reiz zu geben.

Während Jacobi nur das empfindsame Element der Vorlage aufnimmt und Schummel in seinem Reiseroman durchaus epigonal bleibt, gelingt Thümmel mit der *Reise in die mittäglichen Provinzen von Frankreich* eine substantielle Verschmelzung von Empfindsamkeit und Satire, die auch das Vorbild auszeichnet. Die Reise eines Hypochonders, die ihm den Anblick der sozialen, religiösen und politischen Entartungen Frankreichs am Vorabend der Revolution verschafft, hat für ihn eine ambivalente Bedeutung: Sie gibt ihm Welterfahrung, Genuß der Natur und der menschlichen Gemeinschaft, aber sie läßt ihn auch als einen im letzten ungebundenen und unverbindlichen Zuschauer immer wieder auf sich selbst zurückfallen, so daß am Ende Schwermut und Leere schlimmer sind als vor der Reise. Die Unterbrechung der Prosa durch Verse bei Jacobi und Thümmel weist auf das ältere Vorbild des französischen Reiseromans (Chapelle, 1626–1686) zurück. Auch Adolph von Knigges *Reise nach Braunschweig* (1792) vereinigt Komik und Empfindsamkeit. Biedere, aber etwas bornierte Bürger vom Lande reisen in die Hauptstadt, um dort dem Ballonflug eines kühnen Luftschiffers beizuwohnen, den sie just verpassen, nachdem sie mannigfach den Tücken des Stadt- und Weltlebens zum Opfer gefallen sind. Das Geplante mißlingt, aber der Zufall fügt alles zusammen. Die Kürze der Route kontrastiert der Fülle von retardierenden Ereignissen, deren Verflechtungen bis nach Indien reichen: die Reise nach Braunschweig wird so zur Reise durch eine Welt, die Knigges Romanerstling *Roman meines Lebens* (1781) noch extensiv in einer Mehrzahl von Lebensläufen mit gesellschaftskritisch-satirischer Tendenz ausbreitet.

Auch Sternes Hauptwerk *The Life and Opinions of Tristram Shandy* (1759–67) findet in Deutschland Nachfolge, aber erst Jean Paul gelingt es, eine verwandte humoristische Totalansicht des Lebens und der Kunstform zu verwirklichen. Eine aktualisierende Aufnahme von Sternes Gedanken, daß die Menschen durch nichts so tiefgreifend charakterisiert werden wie durch ihr Steckenpferd, unternimmt Friedrich Nicolai, Lessings Freund, in seinem Pfarrerroman *Das Leben und die Meinungen des Herrn Magister Sebaldus Nothanker* (1773–76), der sich schon im Titel auf Sterne bezieht. Sebaldus Nothanker, den Nicolai aus Thümmels *Wilhelmine* als Hauptfigur entlehnt hat, ist ein Original. In seinem Leben unorthodox auf ein praktisches Christentum gerichtet, gelten seine Spekulationen einem so unpraktischen, in radikal pietistischen Kreisen aktuellen Thema wie der Auslegung der Apokalypse, in der er noch dazu besonders närrisch verfährt, indem er sie aus Franzosenhaß auf die Geschichte Frankreichs bezieht. Die Stadt Paris ist ihm die große Hure Babylon. In seiner Grundüberzeugung, daß alle Sünder zuletzt in die göttliche Versöhnung einbezogen werden, die von der Orthodoxie gepredigte Ewigkeit der Höllenstrafen also nicht stattfinde, überschneiden sich Gedankengänge des extremen Pietismus, wo diese Meinung zuhause war, mit Neigungen der Aufklärung, die es ohnehin nicht sehr mit den Höllenstrafen hielt. Die Abweichung von den verbindlichen Lehrnormen kostet Nothanker sein Amt; er durchläuft einen Leidensweg der Verstoßung und Verfolgung, der Nicolai ausgiebig Gelegenheit gibt, seine Satire über die Vertreter orthodoxer Geistlichkeit und pietistischer Frömmelei, die in dieser Phase der Orthodoxie schon recht nahegerückt war, zu ergießen.

Auch die Empfindsamen bekommen ihr Teil. Der Dichter Säugling, eine Karikatur von Johann Georg Jacobi, heiratet Nothankers sentimentale Tochter Marianne, wonach Säugling sein Projekt eines empfindsamen Romans vergißt und sich zum ordentlichen Landwirt entwickelt. Trotz der Ansätze zur Darstellung der zeitgenössischen deutschen Gesellschaft bleibt aber die Perspektive des Werkes im ganzen eng, und Nicolai begründet das aus Charakter und Lebensstellung seines Helden: «Man beliebe sich nicht zu wundern, wenn es sich etwan ergeben sollte, daß, alles wohl berechnet, in diesem Werke mehr Meinungen als Geschichte und Handlungen vorkämen. Der ehrliche Sebaldus kannte die große Welt nicht, die die Engländer highlife nennen. Spekulation war die Welt, in der er lebte, und jede Meinung war ihm so wichtig, als kaum manchem andern eine Handlung»[108]. Infolgedessen liegt das Schwergewicht des Buches auf einer polemisch-satirischen Zeichnung der geistigen, vor allem der theologischen und literarischen Zeitverhältnisse. Ein «Pendant» zu den *Leben und Meinungen des Herrn Magister Sebaldus Nothanker* lieferte der selbst aus dem Amt verstoßene und verkommene CHRISTIAN WILHELM KINDLEBEN (geb. 1748, gest. 1785[?]) mit seinem Roman *Leben und Abentheuer des Küsters zu Kummersdorf Willibald Schluterius* (1779). Kulturhistorisch aufschlußreich ist sein *Studenten-Lexicon* (1781).

Von Nicolais Roman inhaltlich mit angeregt und im Titel auf Sterne deutend, dabei auch der älteren Tradition des komischen Heldengedichtes nahestehend ist die *Jobsiade* (1799) des Bochumer Arztes KARL ARNOLD KORTUM (1745–1824), deren erster Teil 1784 unter dem Titel *Leben, Meynungen und Thaten von Hieronimus Jobs, dem Kandidaten* erschien. Wie Zachariäs genau vierzig Jahre älterer *Renommiste* ist auch Kortums Held ein verbummelter Student, bei dem nun allerdings der ganze Lebenslauf von der Geburt als schwäbischer Ratsherrensohn bis zum Tod als Nachtwächter von Schildburg, wo er Amt und Würde seines Vorgängers erheiratete, dargestellt wird. Mit dem heroischen Heldengedicht, das eine weltbewegende Begebenheit, nicht eine Biographie schildert, ist der parodistische Bezugspunkt Zachariäs verschwunden. Kortum verzichtet auf den Alexandriner und den mythologischen Götterapparat und bedient sich stattdessen des durch den jungen Goethe wiederbelebten Knittelverses mit einer bis zum äußersten getriebenen Füllungsfreiheit, das heißt der Lizenz, eine Senkung mit mehreren unbetonten Silben zu füllen. Die parodistische Absicht zeigt sich deutlich darin, daß Kortum in dieser modernen Variante des ursprünglich streng alternierenden Knittels die altertümliche, seit Opitz verpönte metrische Betonung unbetonter Silben wiedereinführt, so daß eine geradezu abenteuerliche Holperei des Verses entsteht:

Man sagt, es hätte schon andre Fälle gegeben,
Daß man ohnmächtige Menschen, bei noch lebendigem Leibe, aus Irrtum hab
Zu frühzeitig gebracht in die Erde hinab[109].

Die von Kortum selbst gefertigten primitiven Illustrationen in der im 18. Jahrhundert gänzlich veralteten Technik des Holzschnittes, die stilistische Analogien in den Holzschnitten von Claudius' *Wandsbecker Bothen* haben, unterstreichen die spätmittelalterlich-altdeutsche Einkleidung, mit der Kortum liebe- und genußvoll spielt, die aber auch nicht ohne Aussagefunktion ist: Ironisieren bei Zachariä der großmäulige Alexandriner und der renommistische Held einander wechselseitig, so kontrastiert und entspricht der Knittelvers dem modernen und doch so altväterlichen, hinterwäldlerischen Lebenslauf Jobsens zum Schildbürger. Die deutschen Kleinstädter des 18. Jahrhunderts sind perennierendes Mittelalter – ein Aspekt, der bei Jean Paul sehr viel schärfer satirisch beleuchtet wird. Dabei ist auch der hintersinnige Kortum zu grotesken, an Jean Paul gemahnende Kapriolen fähig, ohne freilich dessen Abgründigkeit zu erreichen. Hierher gehört die Idee, den buchhändlerisch sehr erfolgreichen Nachtwächter Hieronimus als scheintot zu einer Fortsetzung seiner Biographie wiederaufleben zu lassen, während seine Frau vor Schrecken stirbt. Wahrscheinlich hat gerade die biedere Variante des Grotesken und Satirischen Kortums Werk zu einem populären Buch des 19. Jahrhunderts werden lassen, das noch Wilhelm Busch zu seiner Bildergeschichte *Jobsiade* (1874) anregte.

Der bedeutende Romancier JOHANN KARL WEZEL (1747–1819) knüpft zwar mit seiner *Lebensgeschichte Tobias Knauts des Weisen* (1773–76) bei *Tristram Shandy* an, aber sein Hauptwerk *Herrmann und Ulrike* (1780) steht eher im Zeichen des Fieldingschen Sittenromans. Die Liebesgeschichte des Kleinbürgersohnes mit der Baronesse läßt ein Gemälde der deutschen Gesellschaft entstehen, das in seiner Breite und milieugetreuen Lebendigkeit an Fieldings *Tom Jones* (1749) erinnert, im deutschen Roman jedenfalls kein Gegenstück besitzt. Wie Fielding will auch Wezel den Roman dem Lustspiel und der Biographie nähern: «so würde die wahre bürgerliche Epopöe entstehen, was eigentlich der Roman sein soll[110].» Von dem Engländer übernimmt Wezel das verwandelte Schema des Schelmenromans, das auch in der *Jobsiade* oder in Knigges *Geschichte Peter Clausens* (1783–85) eine Rolle spielt. Eine Übersetzung Knigges ins Englische unter dem Titel *The german Gil Blas* deutet dabei auf ein wichtiges französisches Vorbild der Gattung: den *Gil Blas de Santillane* (1715–35) von ALAIN-RENE LESAGE (1668–1747). Wezels Held wird in schnell abwechselnde, sehr verschiedenartige Situationen hineingeworfen, denen er sich bis nahe an die moralische Selbstaufgabe anpaßt, bis er zum leitenden Politiker eines kleinen Fürstenhofes aufsteigen kann. Erst in der Chance einer Situation, die ihm durch die Geliebte zugespielt wird, überwindet Herrmann seine Bestimmbarkeit. Ein neues psychologisches Interesse gewinnt das Schema dadurch, daß die äußeren Lebensstationen der Entfaltung, Bewährung und Erfüllung einer Liebesbeziehung dienen, die durch schwere innere und äußere Krisen hindurchgehen muß. Am Ende befiehlt der aufgeklärte Fürst die Ehe trotz des großen Standesunterschiedes der Liebenden. Fieldings Verspottung des Richardsonschen Tugend- und Empfindsamkeitsideals wiederholt sich bei Wezel und steigert sich zu Szenen von einer genialen und grotesken Komik. Im Gegensatz zu Wezels Helden stürzt Knigges Peter Clausen, nachdem ihm gleichfalls der Aufstieg aus dem Abenteurertum zum Minister gelungen ist, und zieht sich in ein gesellschaftsfernes philosophisches Landleben zurück. Kontrastierend ist der Haupthandlung, bei insgesamt sehr skeptischer Geschichtsbetrachtung, ein phantastisch-utopischer Reisebericht eingeschaltet, der eine kulturell reduktionistische Idealgesellschaft auf einer Insel schildert. Wezels satirischer Roman *Belphegor* (1776), mit Voltaires *Candide* verwandt, überrascht durch die äußerste Schärfe seiner Gesellschaftskritik, ist aber als literarische Leistung schwach.

Andere deutsche Vertreter des humoristischen Romans wie KARL AUGUST MUSÄUS (1735–1787) mit seinem dem *Don Quijote* nachfolgenden *Grandison der Zweite* (1760–62; parodistischer Titelbezug auf Richardsons *History of Sir Charles Grandison*, 1753–54) und JOHANN GOTTWERTH MÜLLER VON ITZEHOE (1743–1828) mit *Siegfried von Lindenberg* (1779) stehen hinter Wezel zurück. *Siegfried von Lindenberg* hat einen harmlos-törichten Dorfjunker zum Helden, dessen Ehrgeiz sich darauf richtet, es großen Fürsten gleichzutun. Durch die *Volksmährchen der Deutschen* (1782–86) bereitet Musäus die romantische Wiedererweckung des Märchens vor. Allerdings ist sein Begriff des Märchens noch sehr fließend mit Übergängen zu Legende, Sage, Anekdote und anderen Gattungen. Die Erzählweise ist nicht auf Naivität gestimmt, wie später bei den Brüdern Grimm, sondern humoristisch bis ironisch, reich an aktuellen Anspielungen auf das geistige und gesellschaftliche Leben der Zeit, im Stilistischen kombinatorisch. Das Werk war ein großer buchhändlerischer Erfolg, dem sich die

Neuen Volksmährchen der Deutschen (1787–92) der CHRISTIANE BENEDIKTE NAUBERT (1756–1819) anhängten.

Im Unterschied zu den Nachfolgern Fieldings und Sternes bleiben JOHANN TIMOTHEUS HERMES (1738–1821) und SOPHIE LA ROCHE (1731–1807), in ihrer Jugend Verlobte Wielands, Mutter der Maximiliane und Großmutter der Bettina und des Clemens Brentano, im Fahrwasser des Richardsonschen Tugendromans. Hermes' Werk *Sophiens Reise von Memel nach Sachsen* (1769–73) ist ein in Deutschland spielender Zeitroman. Seine wilden Verwicklungen spiegeln die chaotische Situation des Siebenjährigen Krieges in den durch die Russen heimgesuchten Teilen Brandenburg-Preußens wider. Die Briefform gibt Gelegenheit zur psychologischen Feinzeichnung einer Heldin, die ihr Lebensglück verscherzt, weil sie dem Gelassenheitsideal der älteren Aufklärung, etwa aus Gellerts *Schwedischer Gräfin,* nicht mehr entspricht. Sie ist ihrer Umwelt unverständlich, weil ihre Liebe schon so weit individualisiert ist, daß sie einem tugendhaften Manne die Ehe verweigert, dem sie tief moralisch verpflichtet ist. Daß sie bei ihrer fünf Bände füllenden Reise von Memel nach Sachsen nur bis Königsberg kommt, könnte ein komisches Motiv sein; bei Hermes ist es ein Zeichen ihrer Vielschichtigkeit und Unentschlossenheit. Während Gellert extreme Situationen zur sittlichen Bewährung herbeiführt, dienen sie Hermes auch zur Offenlegung hochempfindsamer, expressiver Seelenverfassungen. Der Brief ist mehr als bei Gellert, der erst zaghafte Anläufe in dieser Richtung nimmt, Medium der Seelenaussprache, wenn auch noch nicht in solcher Radikalität wie in Goethes *Werther.* Weithin dient er auch der Vermittlung der komplizierten Handlung. Stärker ist das Moment des Seelenausdrucks in Sophie La Roches *Geschichte des Fräuleins von Sternheim* (1771), aber sie bleibt nicht nur von der Welt *Werthers,* sondern auch vom gebrochenen Lebensgefühl der Sophie getrennt durch ihre optimistische Aufklärungsmoral, welche die Tugend belohnt und eine Verabsolutierung des Gefühls zum Lebensprinzip nicht zuläßt. Wie lange überhaupt altertümliche Strukturen tragfähig bleiben, läßt sich an einem Beispiel zeigen: Noch 1779–81 veröffentlicht CHRISTIAN FRIEDRICH TIMME (1752–1788) ein auf Richardson und den heroischen Barockroman zurückgreifendes Werk *Faramonds Familiengeschichte in Briefen*, das die große Standhaftigkeit eines Wiener Reichshofrats unter den Prüfungen und Heimsuchungen der bösen gesellschaftlichen Welt schildert.

Der Tod erscheint als Belohnung im Augenblick der vollen Reha-
bilitierung.

Mit dem Aufblühen des Romans tritt die Gattung in das Blickfeld der Literaturtheorie. Es geht um die Förderung einer deutschen Romanproduktion, die ein gehobenes Publikum in seiner
Empfindungsfähigkeit, seinem Urteil und seiner moralischen Sensibilität bilden soll. CHRISTIAN FRIEDRICH VON BLANCKENBURG
(1744–1796), ein gebildeter preußischer Premierlieutenant und
Literaturliebhaber, Bewunderer Wielands, bestimmt in seinem
Versuch über den Roman (1774) den Roman als die epische Form
der Moderne im Gegensatz zum Epos als der epischen Form des
Altertums. Das ist ein bei dem bedeutenden Popularphilosophen
CHRISTIAN GARVE (1742–1798) und bei dem Ästhetiker Sulzer
vorbereitetes, Herders Historismus nahestehendes Argument, das
den Roman von der Vormundschaft des Epos freisetzt und auf dem
Weg über Hegels Ästhetik noch die Romantheorie der Gegenwart
beherrscht. Das Epos stellt Ereignisse und Taten von öffentlicher
Bedeutung in gehobener Rede, der Roman dagegen in schlichter
Darstellung die «innre Geschichte» eines Menschen in seiner individuellen Besonderheit, Konkretheit und Vervollkommnungsfä-
higkeit dar[111]. Blanckenburg verlangt eine Bildungsgeschichte des
Charakters, die vom Dichter als «Schöpfer und Geschichtschreiber
seiner Personen zugleich» im Zusammenwirken aller seelischen
und äußeren Faktoren durchsichtig zu machen ist[112]. Alle äußeren
Geschehnisse sind nur in Hinblick auf diese innere Geschichte von
Interesse. Wie in der zeitgenössischen Dramaturgie, mit besonderem Nachdruck bei Lessing, ist der Begriff der Handlung bei Blanckenburg psychologisiert. Die Tendenz der bürgerlichen Kultur,
den aus ständischen Bindungen sich emanzipierenden Menschen
als in sich gegründeten, freien einzelnen zu verstehen und seine
personale Durchbildung als Maß seiner Menschlichkeit zu nehmen, verstärkt sich unter den deutschen Verhältnissen, die einen
so geringen äußeren Entfaltungsraum bieten. Der romantheore-
tische Reflex zeigt sich bei Blanckenburg darin, daß der Bildungsroman den Vorzug vor dem Handlungs- und Gesellschaftsroman
erhält.

Die Konzentration auf eine möglichst anschauliche und unmittelbare Vergegenwärtigung des Menschen im Roman läßt Blanckenburg eine Möglichkeit des Romans mit Zurückhaltung betrachten, die bei zeitgenössischen Romanciers, etwa bei Wieland,

eine besondere Rolle spielt und entschieden zur Physiognomie dieser Gattung gehört: die Ausprägung einer subjektiven Perspektive des Erzählers, der seinerseits eine erdichtete Figur ist und sich an ein erdichtetes Lesersubjekt wendet, in welchem dem realen Leser eine Leserrolle mit bestimmten Spielregeln der Verständigung zwischen Erzähler und Publikum vorgeschlagen ist. Die Betonung der Besonderheit des Helden, des Erzählers und des Lesers konstituieren zusammen eine Eigenart des modernen Romans, die sich am frühesten im komischen, satirischen und humoristischen Genre ausbildet und die wesentlich zu seiner besonderen Bedeutung für das Lebensgefühl der Zeit beiträgt. Sie liegt darin, Ausdruck einer subjektiven Lebenserfahrung zu sein. Auch den Möglichkeiten des Briefromans steht Blanckenburg noch skeptisch gegenüber; erst in einer bedeutenden Rezension von Goethes *Werther*, der kurz nach dem *Versuch über den Roman* erscheint, erkennt Blanckenburg voll die Chance dieser Modegattung der Zeit, die Welt im Medium des Ich zu spiegeln[113].

Vorab ergibt Blanckenburgs Tendenz zur illusionistischen Vergegenwärtigung der Romancharaktere in ihrer Welt eine Annäherung an das Drama, die ihn den Dialog im Roman sowie die indirekte Charakterisierung der Figuren durch Handlungs- und Redeweise empfehlen lassen. Mit diesen Ansichten steht Blanckenburg nicht allein; sie sind vorbereitet bei Bodmer und Breitinger mit ihrer Illusionsästhetik, aber auch bei Lessing und Diderot und finden einen nachdrücklichen Sprecher in JOHANN JAKOB ENGEL (1741–1802), einem Berliner Aufklärer und Prinzenerzieher, der in seiner Abhandlung *Über Handlung, Gespräch und Erzählung* (1774) gattungsübergreifende Elemente der Dichtung untersucht und damit die Scheidung zwischen Epik und Dramatik unterläuft. Auch Engel empfiehlt dem Erzähler dramatische Unmittelbarkeit. Auf dem Boden der Aufklärung entspricht dieses Überspielen der Gattungsgrenzen der Episierung des Dramas im Sturm und Drang, vor allem in Goethes *Götz von Berlichingen*, wo Raum und Dasein Götzens wichtiger sind als seine Aktionen, oder bei Lenz, wo die deformierende Wirkung des Milieus die dramatischen Impulse der Figuren verkümmern läßt. Auch an die Familiengemälde im bürgerlichen Drama der Zeit, etwa in Diderots *Père de famille*, ist zu denken. Blanckenburg und Engel sind in ihrer theoretischen Richtung Wegweiser einer Entwicklung, die bei den Romantikern mit ihren Versuchen, die Gattungen zu synthetisieren, ebenso manifest wird wie im dramatischen Roman und im epischen Drama der Gegenwart.

Als Romanautor gibt Engel selbst ein Beispiel szenisch-dialogischen Erzählens in seinem «Charaktergemälde» *Herr Lorenz Stark,* das vor der Buchausgabe von 1801 in einem Teildruck 1795–96 in Schillers Zeitschrift *Die Horen* erschien. Aus minutiös gezeichneten Details baut Engel die Figuren und ihren Lebensraum auf, wobei die Erzählfunktion auf die Herbeiführung von Situationen zusammenschrumpft, in denen die Personen selbst das Wort nehmen können. Die gesamte Handlung verdichtet sich in Gesprächen, so daß eine Art von dramatischen Bildern mit Zwischentexten entsteht. Noch konsequenter in der Durchführung des dialogischen Romans sind FRIEDRICH TRAUGOTT HASE (1754–1823) mit seinen «dramatischen Romanen» *Gustav Aldermann* (1779) und *Friedrich Mahler* (1781) sowie AUGUST GOTTLIEB MEISSNER (1753–1807) mit seinem historischen Dialogroman *Alcibiades* (1781–88). In der Ritter- und Räuberromantik des ausgehenden Jahrhunderts wird die halbepische Dialogform sogar ausgesprochen publikumswirksam. In Handlung, Charakteren und Milieu – der Titelheld ist Inhaber eines Handlungshauses im Generationenkonflikt mit seinem Sohn – ist Engels *Lorenz Stark* ein erfolgreicher Vertreter des Familienromans der Goethezeit, der sich im kleinen Kreis bürgerlicher Alltagssorgen und Wunschbilder, auf dem Boden strenger bürgerlicher Moralvorstellungen bewegt, während Hases Helden vor der Alternative Selbstbewahrung oder gesellschaftlich-politische Karriere stehen. Meißner stellt seinen historischen Helden kommentarlos, ohne moralische Verurteilung, aber auch ohne die Verherrlichung des Immoralismus vor uns hin, die sich im Sturm und Drang-Roman Heinses findet. Gerade darin zeigt sich noch einmal besonders deutlich, was den Roman dieser Richtung kennzeichnet. Auch Cervantes' *Don Quijote* oder Diderots *Jacques le Fataliste* (1792 auf deutsch, 1796 im französischen Original), um nur zwei Meisterwerke der Weltliteratur zu nennen, bestehen über weite Partien aus Unterhaltungen der Helden. Während diese Gespräche aber eingebunden sind in einen großen Erzählzusammenhang, in dem sich der Erzähler prononciert zur Geltung bringt, ziehen Engel, Hase oder Meißner aus Blanckenburgs Ansatz die Konsequenz, den epischen Erzähler hinter der Figurenrede verschwinden zu lassen. Sie nehmen darin eine Position vorweg, die der Romancier Spielhagen theoretisch im

19. Jahrhundert vertritt, allerdings ohne sich ganz dem epischen Dialog zu verschreiben.

Die Erzählung

Neben Märchen und orientalischen Geschichten, wie sie Wieland liebt – sie sind u. a. ein Reflex der arabischen Märchensammlung *Tausendundeine Nacht*, die in der französischen Übersetzung (1704–17) von Antoine Galland (1646–1715) eine große Wirkung im 18. Jahrhundert ausübte (deutsche Übersetzung von Johann Heinrich Voß 1781–85) – ist die sogenannte moralische Erzählung eine besonders charakteristische Gattung der Aufklärung. Sie ist mit der Novelle darin verwandt, daß sie sich auf eine außerordentliche Begebenheit konzentriert; von ihr unterschieden und der langen Tradition der Exempelgeschichte darin verbunden, daß sie das Außerordentliche zum Zwecke der Erkenntnis und Exemplifizierung einer allgemeinen Wahrheit verwendet, sei diese nun als eine metaphysische, moralische oder psychologische Gesetzmäßigkeit gefaßt. Dabei ist die Grenze zur Novelle im ausgehenden 18. Jahrhundert so fließend, daß der Abbé als Erzähler in Goethes *Unterhaltungen deutscher Ausgewanderten* die Prokuratornovelle aus den *Cent nouvelles nouvelles* als moralische Erzählung bezeichnet und noch Kleist seine Novellen unter dem Titel «Moralische Erzählungen» veröffentlichen wollte.

Vorbild der moralischen Erzählung des 18. Jahrhunderts sind die *Contes Moraux* (1763) von JEAN-FRANCOIS MARMONTEL (1723–1799), die schon 1762–70 von FRIEDRICH VALENTIN MOLTER (1722–1808) ins Deutsche übersetzt wurden. Immerhin finden sich bereits in den Moralischen Wochenschriften der ersten Jahrhunderthälfte moralische Erzählungen, an denen sich der Rückbezug zur älteren Exempelgeschichte deutlich erkennen läßt. So enthält der Hamburger *Patriot* in Nr. 21 des Jahrgangs 1724 die Geschichte eines Einsiedlersohnes, der in haarsträubenden Verbrechen seines Reisebegleiters am Ende die Taten eines Engels, in den scheinbaren Ungerechtigkeiten des Weltlaufs den Gang der göttlichen Gerechtigkeit erkennen darf: die Sensationsgeschichte als Theodizee. Hauptvertreter der moralischen Erzählung in Deutschland sind SOPHIE LA ROCHE, die schon im Titel *Moralische*

Erzählungen im Geschmack Marmontels (1782–84) ihr Vorbild einbekennt, CHRISTIAN LEBERECHT HEYNE (1751–1821) mit seinen *Bagatellen* (1783–85 unter dem Pseudonym ANTON-WALL) und AUGUST HEINRICH JULIUS LAFONTAINE (1758–1831), der Autor zahlloser Familienromane. Einen sozialkritischen Zug kann die moralische Erzählung als Kriminalgeschichte annehmen, wie sie sich häufig in den vierzehn «Sammlungen» von *Skizzen* (1778–96) des in verschiedenen literarischen Gattungen erfolgreichen Trivialautors August Gottlieb Meißner findet. Da wird etwa hinter einer lakonischen Zeitungsnotiz – Kristallisationspunkt auch für Kellers *Romeo und Julia auf dem Dorfe* – ein unglücklicher Mensch sichtbar, der im Zusammenbruch seiner Existenz seine von ihm geliebte Ehefrau tötet, um sie vor dem religiösen Frevel des Selbstmordes zu bewahren, oder unter der reißerischen Überschrift *Blutschänder, Mordbrenner und Mörder zugleich, den Gesetzen nach, und doch ein Jüngling von edler Seele* taucht ein im Grunde harmloses Liebespaar auf, das von seiner Umwelt in die Verzweiflung getrieben wurde. Die Mitleidswürdigkeit des Verbrechers hatte schon eine Rolle in der Sammlung berühmter Strafrechtsfälle *Causes célèbres et intéressantes* des Rechtsgelehrten François Gayot de Pitaval gespielt, die 1747 ff. in neun Bänden ins Deutsche übersetzt wurden. In Meißners größtenteils wohl authentischen Geschichten geht es darum, daß der individuelle Fall in seiner Vielschichtigkeit durch den Schematismus der Gesetze und die gedankenlose Anwendung der moralischen Normen verfehlt wird und daß sich doch dieser individuelle Fall aufs Allgemeinmenschliche zurückführen läßt: das vermeintliche moralische Scheusal ist ein Mensch wie du und ich – ein Zeigegestus, der heute an die sogenannte Regenbogenpresse übergegangen ist. Bereits bei Meißner wird als ein Grund der besonderen Popularität der Gattung erkennbar, daß das Lehrhafte einen Vorwand für die Darbietung greller Effekte liefern kann.

Eine Variante der Kriminalgeschichte bieten die *Biographien der Selbstmörder* (1785) von CHRISTIAN HEINRICH SPIESS (1755–1799). Seine *Biographien der Wahnsinnigen* (1795–96) beurteilen die Geisteskrankheiten als selbstverschuldetes Übel, vor dem sie die Menschen bewahren helfen möchten. Unter diesem kurzschlüssigen rationalistischen Deutungsschema verbirgt sich aber eine gefährliche innere Nähe des Verfassers zu seinem Thema. Spieß fiel in seinem Todesjahr selbst in Wahnsinn bis zur

Tobsucht. Im Zusammenhang der Ritterdichtung, die Goethes *Götz von Berlichingen* nachfolgt, aber auch unter der Fernwirkung von Horace Walpoles (1717–1797) neugotischer Horrorgeschichte *The Castle of Otranto* (1764) stehen Rittererzählung und Ritterroman, bei denen sich zuweilen unter dem altdeutschen Kostüm, zu dem auch sprachliche Altertümelei beiträgt, die Tendenzen der Aufklärung wiederfinden: Antiklerikalismus, besonders Feindschaft gegen das Mönchstum, Toleranz gegen die Heiden und Sozialkritik. Hierher gehört neben Christian Heinrich Spieß und JOHANN CHRISTOPH KRAUSE (1749–1799) auch JOHANN FRIEDRICH ERNST ALBRECHT (1752–1814) mit seinen *Skizzen aus dem Klosterleben* (1786) und GEORG LEONHARD WÄCHTER (1762–1837), der unter dem Pseudonym VEIT WEBER *Sagen der Vorzeit* (1787–98) herausgab. Schließlich gibt es noch eine Weiterführung der alten Gattung des Schwankes, etwa bei AUGUST FRIEDRICH ERNST LANGBEIN (1757–1835) oder in der Sammlung *Straußfedern* (seit 1787) von Musäus, die später Tieck übernahm.

Leitideen des Sturm und Drang und ihre Träger

Geschichte, Natur, Individualität

Dreimal in fünfzig Jahren strömen religiöse Kräfte vornehmlich pietistischen Ursprungs mit besonderem Nachdruck in die weltliche Kultur des 18. Jahrhunderts ein und formen sie um. In der Mitte des Jahrhunderts erwecken sie die Empfindsamkeit und Klopstock, im siebenten Jahrzehnt den Sturm und Drang, am Ende des Jahrhunderts wirken sie auf die Romantik (Schelling, Novalis, Schleiermacher, Steffens). Zwischen Empfindsamkeit und Sturm und Drang bestehen enge Zusammenhänge, etwa im Göttinger Hain oder im empfindsamen Darmstädter Freundesbund der großen Landgräfin Henriette Christiane Caroline, in dem Herder seine spätere Frau Caroline Flachsland und Goethe seinen engen Freund JOHANN HEINRICH MERCK (1741–1791) findet, 1772 Redakteur des zeitweiligen Parteiblattes der Stürmer und Dränger, der *Frankfurter Gelehrten Anzeigen*. Redaktioneller Mitarbeiter war JOHANN GEORG SCHLOSSER (1739–1799), mit Goethes Schwester Cornelia seit 1773 verheiratet, ein Illuminat, der sich aber schroff von der Französischen Revolution abwandte und darin Friedrich Leopold von Stolberg und seinem Kreis nahekam. Ein anderes Mitglied des Darmstädter Zirkels ist FRANZ MICHAEL LEUCHSENRING (1746–1827), ein Journalist mit außerordentlich weitreichenden Verbindungen und Projekten, der durch Goethes Fastnachtsspiel *Pater Brey* moralisch diskreditiert wurde und als Anhänger der Französischen Revolution 1792 nach Paris ging. Seine Briefe sind wichtige Dokumente einer geistig-politischen Entwicklung, aber auch der schweren persönlichen Not eines Schriftstellers zwischen Literatur und Politik, der in Deutschland wenig Raum zur Entfaltung hatte.

Auch Sturm und Drang und Aufklärung sind nicht einfach als Gegensatzpaar zu begreifen. Schon der Unterschied in Dauer und Wirkungsbreite – die Aufklärung beherrscht ein Jahrhundert, der Sturm und Drang nur ein Jahrzehnt und auch da nur eine kleine Gruppe von Gesinnungsgenossen, während Klopstock, Wieland und Lessing abseits bleiben – sollte davor bewahren, beide Erscheinungen, wie es immer wieder geschieht, gleichwertig einander gegenüberzustellen. Sie verhalten sich vielmehr zueinander wie Evolution und Revolution, deren Neues eine stürmische Erfüllung und Verwandlung des Alten ist – wie sehr, zeigt sich daran, daß zwar Lessing dem Sturm und Drang kühl gegenüberstand, die Stürmer und Dränger aber von Herder über Goethe und Klinger bis zu Lenz ihm höchste Verehrung zollen, zum Teil mit Lessingzitaten in den Dichtungen, so in Klingers *Leidendem Weib* und Lenz' *Hofmeister.*

Der revolutionäre Zug des Sturm und Drang wird zunächst darin sichtbar, daß neben die Theologenkinder und Großbürgersöhne der älteren Aufklärung nun auffällig viele Abkömmlinge der unteren sozialen Schichten treten: Herder und Jung-Stilling stammen von armen Dorfschulmeistern und Handwerkern, Hamann und Schiller von unstudierten Wundärzten ab, Voß und Ulrich Bräker kommen aus dem Bauernhaus, Maler Müller ist Gastwirtssohn, Klingers Vater ist Konstabler, der Vater von Moritz ein heruntergekommener Regimentsmusikus. Gegenüber der Empfindsamkeit werden im Sturm und Drang die biographischen Beziehungen zum Pietismus dichter, die religiösen Ursprünge noch klarer. Hamann, der große Wegbereiter, Herder, Lavater, der junge Goethe, Lenz, Moritz, die Grafen Stolberg, Schubart, Claudius, Jung-Stilling, Ulrich Bräker, der junge Schiller haben Anregungen aus dem Pietismus erfahren; Hamann, Lavater, Jung-Stilling, Claudius, F. H. Jacobi gehören zu den geistigen Vätern der Erweckungsbewegung des 19. Jahrhunderts. Jung-Stilling, Hamann, Herder, Claudius, Goethe, Lavater sind außerdem Kenner der im Pietismus überlieferten Mystik und des Neuplatonismus, einige auch Jakob Böhmes, dessen theosophische Schriften Lavater «eine unerschöpfliche Goldfundgrube von Deutschheit und Poesie» nennt[114]. So hat es einen tieferen Sinn, daß der Schweizer CHRISTOPH KAUFMANN (1753–1795), der «Gottesspürhund» (Maler Müller), der der ganzen Bewegung ihren Namen gegeben hat, indem er den Titel *Sturm und Drang* für ein Drama Klingers vorschlug, im Pietismus herrnhutischer Richtung endet. Auch die Sprache der Geniebewegung legt ein Zeugnis für die seit der Empfindsamkeit fortschreitende Einstrahlung religiöser Motive und Begriffe ab.

Bei der Verbreiterung der Berührungsflächen zwischen Religion und Welt im Sturm und Drang beschleunigt sich der Säkularisationsprozeß, der die religiöse Lebensreform ins Literarische verschiebt. JOHANN GEORG HAMANN (1730–1788), von Friedrich Karl von Moser «Magus im Norden» genannt, zeitweise Königsberger Packhofverwalter im preußischen Zolldienst, hat nach dem Scheitern einer Geschäftsreise 1756 in London eine christliche Bekehrung erlebt. Seine Schriftstellerei ist ein Versuch, aus dieser Erfahrung Welt, Wissenschaft und Literatur zu deuten. Die *Sokratischen Denkwürdigkeiten*, dem gleichen Jahr 1759 zugehörig wie Nicolais *Briefe die neueste Literatur betreffend*, rechtfertigen seine Wendung gegenüber zwei Freunden, dem Kaufmann Berens und dem Philosophen Kant. Hamann wird offensiv gegen die Vernunftgewißheit und den Autonomiegedanken der Aufklärung, deren Galionsfigur Sokrates er in sokratischer, das heißt zur Besinnung anstoßender, fragender Ironie für sich reklamiert. Die Aufklärung sieht Sokrates als Lehrer praktischer Weltweisheit. Für Hamann ist er ein aufs Christentum vordeutender Heide, gegenüber den aufklärerischen Sophisten der Mann des existentiellen Fragens, des wissenden Nichtwissens («Ich weiß, daß ich nichts weiß»), der sich glaubend seinem Daimon, einer göttlichen Stimme, anvertraut. Nicht der Mensch erkennt Gott, er wird von ihm erkannt.

Mit der Auslieferung des Menschen an den Gott der Offenbarung, aus der allein dem Menschen Freiheit zukommt, hat Hamann eine entscheidende Rolle für den Spätpietismus und seine Neuprägung in der Erweckungsbewegung des 19. Jahrhunderts gespielt und auch in den Katholizismus des Münsterischen Kreises der Fürstin Gallitzin ausgestrahlt. Als er bei einem Besuch in Münster starb, wurde er in ihrem Garten begraben, da dem Protestanten der katholische Friedhof verschlossen blieb. Der eigentliche Sturm und Drang hat von Hamann entscheidende Anregungen geholt, aber seine strikte christliche Bindung abgestreift. JOHANN GOTTFRIED HERDER (geb. 1744 im ostpreußischen Mohrungen, gest. 1803 in Weimar), Freund und Schüler Hamanns während der Königsberger Studienzeit, ehe er 1764–69 als Schulmann, später Pastor, nach Riga berufen wurde, ringt lebenslänglich um eine Synthese zwischen Christentum, dem Spinozismus und dem Neuplatonismus. Der junge Goethe löst sich vom Christentum. Für Hamann ist die Heilige Schrift Schlüssel zu Natur und Geschichte, sein Gott stellt sich der Welt dar; der Gott Herders *verwirklicht* sich in der Welt, kommt in Natur und Geschichte erst eigentlich zu sich. Das auch von Lessing in seiner *Erziehung des Menschengeschlechts* behandelte Thema, der Zusammenhang von Geschichte und Offenbarung, wird von Herder in seiner Zeit als Hofprediger in Bückeburg (1771–76), wohin er nach Jahren der Wanderschaft und nach dem epochemachenden Zusammentreffen mit Goethe in Straßburg (1770–71) berufen wurde, breit entrollt. Die Begegnung mit der pietistischen Gräfin Maria Eleonore von Schaumburg-Lippe führt zu einer religiösen Konzentration, durch die ihm Matthias Claudius und Lavater naherücken. *Auch eine Philosophie der Geschichte zur Bildung der Menschheit* (1774) feiert die Geschichte als «Schauplatz der Gottheit»[115], nicht aber mehr in dem traditionellen, besonders dem Barock geläufigen Sinne, daß ein göttlicher Spielleiter den Menschen ihre Rollen in einem vorentworfenen Spiel zuteilt, sondern im Sinne der Entfaltung eines organischen Prozesses, der von immanenten Wachstumskräften gesteuert wird. Geschichte ist *Natur*geschichte der Menschheit in einem spirituellen, nicht vitalistischen Sinne, da Natur für Herder Gottnatur bleibt.

Während die Aufklärung weithin durch Bibelkritik und historische Interpretation der Schrift das Christentum zersetzt, erschließt Herder *Die älteste Urkunde des Menschengeschlechts* (1774–76), den biblischen Schöpfungsbericht, in ihrer religiösen Aussagekraft gerade dadurch, daß er, ausgehend vom täglichen Schöpfungsgeschehen des Sonnenaufganges, ihre historische Dimension sichtbar macht. Geschichte verwandelt sich ihm in *Auch eine Philosophie* aus der Fortschrittsleiter der Aufklärung in einen Entwicklungszusammenhang, der seinen Sinn in jedem Augenblick und in jeder einzelnen Erscheinung trägt. Die Fülle und Mannigfaltigkeit der Gestalten ist notwendig, damit das Gute und Göttliche in seinem Reichtum voll aktualisiert werden kann. Analog dem Wachstum des Menschen durchläuft die Menschheit in Völkern und Kulturen Wachstumsphasen je eigener Vollkommenheit. Der Hochmut der Spätzeit, der sich Herder zugehörig weiß, gegenüber früheren Formen des Menschlichen ist deshalb völlig unangebracht, ein Zeichen der Dekadenz. Hier ist der Punkt, an dem die Charakterisierung von Epochen in schärfste Kritik an der Zeit umschlägt, der «Herz! Wärme! Blut! Menschheit! Leben!» verlorengegangen sei[116].

Das Geschichtsverständnis ist die Basis für das Bündnis der jungen Generation mit dem osnabrückischen Historiker und Politiker JUSTUS MÖSER (1720–1794), der Geschichte als Werden eines Volkes, nicht mehr nur als Folge von Regenten, Verfassungen und Verträgen verstehen will, wie er in seinem Aufsatz *Deutsche*

Geschichte, einem Beitrag zu Herders Sammlung *Von deutscher Art und Kunst. Einige fliegende Blätter* (1773) schreibt; es ist ein Ausschnitt aus der Vorrede zum ersten Bande der *Osnabrückischen Geschichte* (1768). Möser sieht aus der Vielzahl kleiner überschaubarer Gemeinwesen wie im alten Griechenland die Größe und die Kraft des nationalen Lebens erwachsen. Ein solches Gemeinwesen ist ihm das Bistum Osnabrück, das, ein Kuriosum in der an Kuriositäten nicht armen Verfassung des Reiches, seit dem Westfälischen Frieden 1648 abwechselnd von einem katholischen und einem evangelischen Bischof aus dem Hause Braunschweig-Lüneburg regiert wurde. Bei diesem Wechsel blieben die alten Landstände, in anderen Territorien meist vom Absolutismus zurückgedrängt, kräftig, ähnlich wie in Hannover, wo die seit 1714 in England regierende Dynastie durch ihre Abwesenheit ein Adelsregiment begünstigte.

Bei Möser, der seine Laufbahn als Sekretär der Landstände begann, zeigt sich eine merkwürdige Pfropfung aufklärerisch-bürgerlicher, während eines Englandaufenthalts befestigter Anschauungen auf eine konservativ-ständische Grundstimmung. So vertrat er zwar die Rechtmäßigkeit der bäuerlichen Leibeigenschaft, kritisierte aber Machtmißbrauch des Adels. Das Mittelalter, in der Osnabrückischen Verfassung in die Gegenwart hineinragend, wird von ihm neugewertet als Epoche einer gewachsenen freiheitlichen Ordnung, die dem Individuum Raum ließ. Gegenüber der einseitigen Abwertung des «finsteren» Mittelalters bei den meisten Aufklärern, für die des Schweizers ISAAK ISELIN (1728–1782) *Geschichte der Menschheit* (1764, 5. Aufl. 1786) ein Beispiel ist, feiert Möser in seiner Abhandlung *Von dem Faustrecht* (1770), die Goethe begeisterte und mit zum *Götz* hinführte, das Mittelalter als Epoche des größten Gefühls der Ehre, der mehrsten körperlichen Tugend und einer eigenen Nationalgröße und das Faustrecht «als ein Kunstwerk des höchsten Stils»[117]; parallel kommt Herder zu einer, freilich vorsichtigeren, Umwertung, die sich bei ihm wie bei Möser durch die Akzentuierung des individualistischen und pluralistischen Zuges von der romantischen Mittelalterverherrlichung mit ihrem religiösen Universalismus unterscheidet. Hier ist der Boden für Goethes vorübergehende, aber intensive Beschäftigung mit der Gotik des Straßburger Münsters. Auch überall in seinen *Patriotischen Phantasien* (1774–86), sprachkräftigen Betrachtungen über alle möglichen großen und kleinen Fragen der Zeit, geht es Möser darum, die Mannigfaltigkeit ursprünglicher und überlieferter Lebensformen gegenüber den Nivellierungstendenzen der Moderne zu behaupten. Mösers Tochter JENNY VON VOIGTS (1749–1814), die Herausgeberin der *Patriotischen Phantasien*, hat sehr zeittypische empfindsame Briefe an die Fürstin Luise von Anhalt-Dessau hinterlassen.

Ein Geistesverwandter Mösers in der Betonung der Eigenwüchsigkeit und Mannigfaltigkeit historischer Gebilde ist der Schweizer JOHANNES VON MÜLLER (1752–1809), ein Historiker der jüngeren Generation, der gleichfalls mit Herder in Kontakt kam. Wie Tacitus der römischen Kaiserzeit die Werte der Vergangenheit mahnend vor Augen führen will, sieht Müller seine Aufgabe in der Verherrlichung der alten naturhaften Zustände der Schweiz, die er, von seinem Landsmann, dem Idyllendichter Salomon Geßner nicht unberührt, nach den Mustern des klassischen Arkadien und des biblischen Patriarchentums in einem bewußten künstlerischen Formwillen stilisiert. Seine *Geschichten schweizerischer Eidgenossenschaft* (1780–1808) sind eine Quelle zu Schillers *Wilhelm Tell*. Eine pietistische Bekehrung und die Begegnung mit Herder, auch der Wechsel aus der Schweiz in den Dienst der Fürstenhöfe Kassel, Mainz, Wien und Berlin weiten seinen Blick ins Universalhistorische (*24 Bücher allgemeiner Geschichte besonders der europäischen Menschheit,* 1809). Vom Glanz Napoleons geblendet, geht er als Minister in die Dienste des westfälischen Königs Jérôme Bonaparte, in seinen letzten Tagen davon überzeugt, daß Europa seine geschichtliche Rolle ausgespielt habe und die Fackel an einen neuen Ort der reinen Natur – Amerika – übergeben werde. Sein praktisches Wirken ging dahin, die Universität Göttingen vor Eingriffen französischer Funktionäre zu retten – die frühere Wirkungsstätte seines Landsmannes Albrecht von Haller, dessen *Alpen* Müller das Motto seiner Schweizer Geschichte entnommen hatte.

Herders Idee der Entwicklung, am organischen Leben gebildet, weist auf das zweite Schlüsselwort des Sturm und Drang: Natur. In der Aufklärung als Vernunftnatur gefaßt, von Rousseau als Stand der Harmonie gepriesen, wird die Natur von Hamann im Hauptabschnitt seiner *Kreuzzüge des Philologen* (1762), *Aesthetica in nuce* überschrieben, als lebendige Rede des Vatergottes «an die Kreatur durch die Kreatur»[118], von Herder und dem jungen Goethe als dynamische Selbstverwirklichung der göttlichen Kraft verstanden. In diesem Sinne wird der statische Substanzbegriff von Spinozas Pantheismus in eine Bewegungsvorstellung übersetzt und das von einem ideenartigen, logoshaften Göttlichen ausgehende Emanationssystem des Neuplatonismus zu einem dynamischen Panentheismus weiterentwickelt, unter dessen Ahnherren auch Jakob Böhme zählt. Es ist ein Panentheismus, bei dem das Göttliche nicht mehr, wie im Neuplatonismus, als logischer Grund, sondern als Quellgrund der von ihm ausfließenden Welt, als das Schöpferische, Produktive in der Natur verstanden wird. Die Vorstellungstätigkeit der gegeneinander isolierten «fensterlosen» Leibnizschen Monaden wird in allseitige, ineinandergreifende Wirksamkeit umgedacht. So die Quintessenz von Herders Schrift *Gott* (1787), deren gedankliche Ansätze weit zurückreichen. Die Aufklärung hat laut Hamann die Natur durch Abstraktion aus dem Wege geräumt und ihre Werkzeuge im Menschen, Sinne und Leidenschaften, verstümmelt. Im Sturm und Drang ist Natur nicht länger das vernünftig Geordnete, das regelhafte System, vielmehr das ursprünglich Lebendige, die organische Gestalt; auch konkrete, erfahrene Umwelt der konkreten Existenz.

Neben die Schweiz, als Inbegriff naturhafter Lebensmöglichkeiten seit Albrecht von Hallers *Alpen* gepriesen, in Goethes Schweizerreise mit den Brüdern Stolberg 1775 überschwenglich erfahren, wie das 18. und 19. Buch von *Dichtung und Wahrheit* belegen, tritt die Südseeinsel Tahiti als ein Bild des in die Gegenwart hineinragenden Ursprungs, als Wirklichkeit eines irdischen Paradieses naiver, guter Menschen, von dem die früheren Insel-Utopien schon geträumt haben mochten. In den Reisebeschreibungen von La Dixmerie von 1770 und Louis-Antoine de Bougainville (1771), vor allem aber in Georg Forsters Bericht von seiner Reise um die Welt mit dem berühmten englischen Kapitän Cook wird es greifbar, und die Vision erscheint in der Literatur von Friedrich Leopold von Stolbergs Inselroman über Jean Paul und Mörikes Insel Orplid bis in die Schlager des 20. Jahrhunderts, nachdem schon 1777, in seinem Todesjahr, das jambische Epos *Tayti, oder die glückliche Insel* des ehemaligen Bremer Beiträgers Friedrich Wilhelm Zachariä gedruckt worden war. Gerstenberg und Adolf Overbeck spielten zeitweilig mit dem Plan, Voß, Claudius, Miller, Friedrich Leopold von Stolberg und – Klopstock! für die Auswanderung nach Tahiti zu erwärmen[119].

Mit der Neudeutung der Natur erfährt auch, wie aus Hamanns

Äußerungen schon hervorging, das Menschenbild der Aufklärung eine wesentliche Umformung. Die Renaissance hat die Individualität entdeckt, der Sturm und Drang erhebt sie zum Programm. Es geht zwischen Aufklärung und Sturm und Drang nicht einfach um die Rebellion des Gefühls gegen die Vernunft, wie immer wieder gesagt worden ist, sondern um ein ganzheitliches Menschenbild. Für den Aufklärer ist der Mensch bestimmt durch den Hinzutritt der Vernunft zur tierischen Natur, für den Sturm und Drang durch seine individuelle Totalität. Die Aufklärung sieht geistige, seelische und körperliche Eigenschaften, die dem Menschen gattungshaft zugehören; der Sturm und Drang sieht Leib, Seele und Geist als unteilbaren Ausdruck der Eigentümlichkeit der Person. «Große Philosophen mögen diese Herren immer sein, große allgemeine Menschenkenntnis, Gesetze der menschlichen Seele Kenntnis, aber wo bleibt die *individuelle*?», fragt der Dichter Lenz die Aufklärer in seinen *Anmerkungen übers Theater*[120]. Gefühl, Leidenschaft ist für den Sturm und Drang nicht ein Gegenpol zum Denken, vielmehr ein letzter Wesensgrund des Menschen, zu dem die Reflexion zurücktastet, den sie aber nicht einholen kann: «Der empfindende Mensch fühlt sich in Alles, fühlt Alles aus sich heraus» – sogar der Wissenschaftler und Philosoph. «So ward Newton in seinem Weltgebäude wider Willen ein Dichter, wie Buffon in seiner Kosmogonie, und Leibnitz in seiner prästabilirten Harmonie und Monadenlehre.» «Der tiefste Grund unsres Daseyns ist individuell, so wohl in Empfindungen als Gedanken.» Das sagt Herder in seiner Abhandlung *Vom Erkennen und Empfinden der menschlichen Seele* (1778), welche die Leibniz-Wolffsche Hierarchie der Seelenkräfte, für die schon Klopstock nur Hohn übrig hatte, einreißt. Was der «hellen und klaren Philosophie», die auf dem «Leibnitzischen Schachbrett» spielt, die «Hölle unterster Seelenkräfte» war, wird zum Zentrum der Existenz.

Luther und der Pietismus wirken gleichermaßen an der Ausformung dieser Anthropologie mit: der Pietismus, indem er, die personale Gotteserfahrung betonend, die Person als unwiederholbare Individualität mit einem einmaligen Welt- und Gottesverhältnis begreift – Hamann spricht in der *Aesthetica* von «individueller Wahrheit»[121] –; Luther, indem er Hamann den Weg zur Überwindung des Leib-Seele-Dualismus zeigt, denn «Geist» ist der Mensch für Luther mit Leib und Seele, soweit er in der Gnade steht, «Fleisch» aber der ganze Mensch im Sündenstand. Hier anknüpfend, verkündet Hamann die Einheit des Menschen; Handeln, Erkennen und Glauben als Totalakte der Persönlichkeit. Der rätselvolle, mit Andeutungen und Zitaten beladene Stil Hamanns ist im Inhalt dieser Botschaft begründet. Hamann, ein Stotterer, ist unfähig, ein begrenztes Thema im Nacheinander logischer Schritte abzuhandeln. Er will, von jedem Einzelnen intuitiv-assoziativ aufs Ganze ausgreifend, zentrale Anschauung, totale Mitteilung, und er stellt sich damit in eine Stiltradition, die auf Mystik und jüdische Kabbala zurück- und auf Herders leidenschaftlich erweckende Sprache vorweist. Das Stammeln wird so zum Vorzug, zum Siegel der Inspiration: auch Moses stammelte – ein Motiv, das über Herder zum jungen Goethe läuft.

Genie, Sprache, Volk

Bedeutet für Hamann Gottes Reden zur Leiblichkeit und Sinnlichkeit des Menschen noch eine gnädige Herablassung des Schöpfers, so kommt es durch Herder und den Zürcher Theologen JOHANN KASPAR LAVATER (1741–1801, gestorben an einer Verwundung durch einen französischen Soldaten in einem der Napoleonischen Kriege), der ähnlich wie Hamann von der Religion her den Sturm und Drang auslösen hilft, zu einem wahren Gefühls- und Sinnenenthusiasmus, einer Feier und Heiligung des Leibes. Lavater will nicht nur die seelischen, sondern auch die körperlichen Züge Jesu Christi in den Menschen wiederfinden – das ist der Ansatzpunkt seiner *Physiognomischen Fragmente* (1775–78), in denen er Gesichts- und Körperbauformen studiert, eifrig unterstützt durch Goethe und einen großen Freundeskreis, der die physiognomische Mode ausbreiten hilft. Ein besonders geistreicher Kritiker dieser Mode ist der Aphoristiker Lichtenberg (u. a. *Ueber Physiognomik; wider die Physiognomen,* 1778). Überhaupt wird Christus für Lavater zum Modell des Menschen, dem in diesem Vorbild Vollkommenheit und Schöpferkraft verheißen ist. Lavater sieht in Christus die religiöse Darstellung des Genietums, zu dem sich die gesamte Zeitströmung des Sturm und Drang bekennt. Auch hier ist ein Aufklärungsmotiv aufgenommen, das uns aus Lessings *Hamburgischer Dramaturgie* wohlbekannt ist. Steht aber dort Genie in einem dialektischen Bezug zum Kunstgesetz, so wird bei den Stürmern und Drängern das Genie dem Gesetz enthoben, es drängt zur schrankenlosen Selbstverwirklichung und ist als Originalgenie unvergleichlich – leicht ist hier das Genieideal in seiner Zusammengehörigkeit mit dem neuen Individualitätsgedanken zu fassen, wie überhaupt die Genieidee nur deshalb in Deutschland besonders tief Wurzel schlagen kann, weil sie religiös vorbereitet ist. Lavaters *Unveränderte Fragmente aus dem Tagebuch eines Beobachters seiner Selbst* (1773) ist ein frühes Zeugnis der Selbstanalyse des modernen Individuums aus religiösem Geist.

Gleichzeitig mit Youngs *Conjectures on Original Composition*, denen große Bedeutung für die Ausformung der Genielehre zukommt, faßt Hamann in den *Sokratischen Denkwürdigkeiten* Sokrates als Beispiel des Genies, und die *Aesthetica in nuce* feiert drei Jahre später die »Orgien und Eleusinischen Geheimnisse« der schönen Künste, das heißt die Mysterien, bei denen die Seele eine rauschhafte Einung mit Gott, Tod und Auferstehung im Schaffensprozeß erlebt[122]. Verworfen sind die Kunstregeln, auf die noch die Aufklärungsästhetik baut und mit deren Hilfe sie Dichtung zur Nachahmung der durch Abstraktion getöteten Natur verkümmert, das heißt zur Abstraktion der Abstraktion macht. Für Hamann ist der schöpferische Mensch freigesetzt zur «Gegenwürkung in die Kreatur», zur Mitarbeit am Werk Gottes, den er gemäß einem alten Bild als «Poet am Anfang der Taten» bezeichnet[123], und während Hamann noch diese Mitarbeit im Sinne der Berufung Adams auffaßt, sehen die Stürmer und Dränger den Künstler, gleichfalls eine traditionsreiche Metapher aktualisierend, als selbstherrlichen Prometheus.

Wie Lessing entwickelt auch der Sturm und Drang seinen Geniegedanken an der Gestalt Shakespeares, der zum Heiligen der jungen Generation wird. Wohl kann sich Genie in allen möglichen menschlichen Lebensformen bezeugen, aber am meisten nachgesonnen wird doch über die Erscheinung des großen Künstlers. Der Sammelband *Von deutscher Art und Kunst*, schon im Zusammenhang mit Möser genannt, enthält auch Herders Aufsatz *Shakespeare*, an dem der Wandel der Geniekonzeption besonders deutlich wird. Für Lessing ist Shakespeare Genie, weil sein Drama nach denselben Gesetzen gebaut ist wie das griechische. Für Herder liegt die Größe Shakespeares gerade darin, daß sein Drama eine neue, einmalige Gestalt ist. Der Dichter bringt eine je eigene Kunstwelt hervor, er ist Entdecker seelischer Kontinente, die noch kein

Mensch betreten hat. Er ahmt nicht mehr die Naturerscheinung oder Naturwirkung nach, sondern ist selbst naturhafte Kraft. Der Sturm und Drang begreift erstmals das Kunstwerk als «lebendiges Ganze» nach Analogie des Naturphänomens, und er genießt es zugleich als Konfession des Künstlers, als Abdruck seiner Seele, «inniger, einiger, eigner, selbstständiger Empfindung»[124]. In diesem Sinne feiert Goethe das Straßburger Münster und dessen Meister Erwin von Steinbach in seiner Abhandlung *Von deutscher Baukunst* (1772, datiert auf 1773, Wiederabdruck in: *Von deutscher Art und Kunst*). Eine solche Betrachtungsweise zerstört die Grundlagen der normativen Ästhetik, die von der Antike bis zu Lessing auf allgemeingültige Kunstgesetze vertraut hatte.

Dennoch ist Genie nicht Willkür; anstelle der Bindung an eine allgemeinverbindliche Norm wird es von Herder erstmals in seinen wegbereitenden Frühschriften *Über die neuere Deutsche Litteratur* (1767) und *Kritische Wälder* (1769) auf die Geschichte, von Goethe in seinem genannten Aufsatz auf die gestalthafte Notwendigkeit der Natur bezogen. Die alte Idee der klassischen Muster, nach der moderne an antiken Autoren gemessen werden: Klopstock ein neuer Homer, Uz ein neuer Anakreon, Geßner ein neuer Theokrit – wird von Herder beiseite geräumt. Nicht nur sind die klassischen Muster unerreichbar, weil einer ganz anderen geschichtlichen Situation entsprungen; die moderne Dichtung verfehlt auch durch Nachahmung ihre mit der geschichtlichen Stunde gegebenen eigenen Möglichkeiten. Wie eine Pflanze wurzelt der große Dichter im geschichtlichen Boden seines Volkes und Kulturzustandes. Seine Dichtung ist Ausdruck einer Nationalindividualität, die ebenso einmalig ist wie die der Person. Abseits vom Staat, den er als mechanisches Gebilde beargwöhnt, wird Herder zum Begründer eines Kulturnationalismus, der den aufklärerischen Gedanken eines Fortschrittwettbewerbs der Nationen überwindet durch die Idee einer Völkergemeinschaft, in der jedes Volk auf eine besondere Weise die Menschheit darzustellen berufen ist. Die Treue jedes Volkes zu sich, jedes einzelnen zu seinem Volke versteht Herder als einen religiösen Auftrag. Das 19. und 20. Jahrhundert hat den Nationalismus aufgenommen und mit allen – auch den verhängnisvollen, für Herder noch nicht übersehbaren – Konsequenzen ausgebildet.

Nicht nur für die Dichtung, auch für die Sprache führt Herder in Anlehnung an Hamann die geschichtliche und nationale

Betrachtungsweise durch. Bei Hamann bildet die Sprache einen Schwerpunkt seines Denkens von den *Kreuzzügen des Philologen* bis zu den Schriften der achtziger Jahre wie *Zwey Scherflein zur neusten Deutschen Litteratur* (1780), denn in der Sprache findet er die vollkommenste Darstellung der sinnlich-geistigen Totalität, in der die schöpferische Begegnung zwischen Gott, Welt und Mensch stattfindet. Auch wenn Herder, nach dem Vorgang des französischen sensualistischen Philosophen Etienne Bonnot de Condillac (1715–1780), in seiner Abhandlung *Über den Ursprung der Sprache* (1772) von Hamann abweichend einen menschlichen, nicht mehr unmittelbar göttlichen Ursprung der Sprache annimmt, stimmt er doch mit Hamann überein in der Würdigung der Sprache als eines Zugangs zum göttlichen Geheimnis der Welt, des Menschen und der Völker. Während die Aufklärung in der Sprache nur ein mehr oder weniger vollkommenes Werkzeug sieht, ist sie für Herder ein lebendig sich entwickelnder Organismus. Hamanns Satz aus der *Aesthetica in nuce*: «Poesie ist die Muttersprache des menschlichen Geschlechts»[125], wird bei Herder der Ausgangspunkt einer Sprache und Dichtung zusammenschließenden Theorie. Poesie ist demnach nicht Ergebnis kultureller Verfeinerung, wie sie doch von altersher verstanden worden war, vielmehr die ursprüngliche Äußerung des Menschseins überhaupt. Sprache, in ihrem Urzustand voller Bilder und Leidenschaften, entwickelt sich allmählich zu Abstraktion und Begrifflichkeit; sie verliert an Fülle, was sie an Präzision gewinnt. Aus der Poesie der Frühe wird die Prosa des Alters. Allein der Dichter behält in diesem geschichtlichen Prozeß den Zugang zu den Ursprüngen, seine Schöpferkraft trifft in die lebendige Mitte der Sprache, und so stellt sich in der Dichtung die Sprache in ihrer jugendlichen Leidenschaft und Bildfülle wieder her. Die Ursprache der Menschheit ist Poesie, die Poesie ist Ursprache, schön als Ausdruck des ganzen Menschen, totale konkrete Sprache. Sie wird damit zum erstenmal von allen anderen sprachlichen Äußerungsweisen, die den Menschen nur partiell artikulieren und betreffen und so zu seinem Abstraktwerden beitragen, qualitativ unterschieden. Der Dichter erneuert Sprache und Denken seines Volkes, er ist als Erfüller zugleich Herr der geschichtlichen Stunde.

Wenn Dichter und Dichtung aus den Quellen des Ursprünglichen, die in der Geschichte aufspringen, gespeist werden, dann müssen diejenigen sozialen Schichten und kulturellen Zeugnisse für sie besondere Bedeutung gewinnen, in denen das nationale Wesen auch in der Gegenwart ursprünglich lebendig ist: das einfache Volk, Volkskunst, Volkssprache. Auch die Aufklärung hatte ihr Augenmerk auf die unteren Klassen gerichtet, aber sie hatte überall doch nur die Vernunft wiederfinden wollen, die sie selbst verbreitete. Jetzt geht man zum Volk, um zu lernen, um zurückzuholen, was man selbst durch Überfremdung und Verbildung verloren hat. Justus Möser, der 1749 noch ein *Arminius*-Drama im Gottschedgefolge geschrieben hatte und später (1781) die wichtigste Gegenschrift zu Friedrichs des Großen *De la littérature allemande* publiziert, versucht in seiner Abhandlung *Harlekin, oder Vertheidigung des Groteske-Komischen* (1761) den von Gottsched vertriebenen Hanswurst, die Stimme des Volkes, auf die Bühne zurückzuholen. Auch Lessing hat dessen Vertreibung kritisiert. Das volkstümliche Puppentheater, das Fastnachtsspiel Hans Sachsens und das Volksbuch kommen zu Ehren – man denke an Faust und Genoveva. Vor allem aber greift man auf die Lyrik der Volksüberlieferung zurück. Im *Auszug aus einem Briefwechsel über Ossian und die Lieder alter Völker*, abgedruckt in *Von deutscher Art und Kunst*, wird Herder zum Herold des Volksliedes mit seinen kühnen «Würfen und Sprüngen» von Höhepunkt zu Höhepunkt, zum Verkünder Ossians, bei dem der Sturm und Drang mit höchstem Enthusiasmus die Charakteristika alter Volkskunst entdeckte, die der zeitgenössische Erfinder dieses angeblichen keltischen Dichters der Frühe, der Schotte JAMES MACPHERSON (1736–1796), mit großem Feingefühl für die Sehnsüchte der Zeit in seine literarische Mystifikation hineingelegt hatte. Der Bardendichter Denis hat Ossian 1768–69 in Hexametern übersetzt, Friedrich Leopold von Stolberg in freier Form 1806. Herders Ossianschrift enthält an eigenen Übersetzungen u. a. die berühmte schottische Ballade *Edward*.

Auch in der Volksliedbegeisterung sind neben englischen Anregungen einheimische religiöse Traditionen wirksam. Wie der Pietismus sich von der gelehrten Theologie ab zu den einfältigen Frommen gewandt und den Offenbarungen der Laien gelauscht hatte, um hier Ausgüsse des Heiligen Geistes zu empfangen, so sucht jetzt der Theologensohn Gottfried August Bürger im *Herzensausguß über Volkspoesie* (1776) «wahre Ausgüsse einheimischer Natur» beim Volk[126], und der junge Goethe sammelt im Elsaß, wie später die Romantiker, Volkslieder von den Lippen der «ältesten Müttergens», wie er im September 1771 an Herder schreibt. Eine neue Dimension dichterischer Sprache tut sich hier auf. Kein Wunder bei alledem, daß nun auch der Bauer zum Helden der ernsthaften Dichtung werden kann und die literarische Sozialkritik die Lage der bedrückten Kleinbürger und Bauern erfaßt, etwa in der *Pfandung* (1775) von Leisewitz, in *Kabale und Liebe* von Schiller oder im modischen Thema der Kindsmörderin, des verführten Mädchens aus dem Volke.

Die Wendung der Genies zur literarischen Volksüberlieferung wird dadurch begünstigt, daß Volkslied, Volksbuch und Puppentheater als volkstümliche Unterhaltungen noch in der Gegenwart der Zeit lebendig sind, und zwar in der Prägung, in der sie im Verlauf des 16. Jahrhunderts mit zunehmend höfischer Orientierung von Kunst, Literatur und Kultur in eine literarische Unterschicht abgedrängt worden waren. Damals ist ein noch tieferer Riß entstanden als der zwischen barocker Ständeliteratur und aufklärerischer Bildungsliteratur. Ihn wollen die Stürmer und Dränger schließen – das ist auch ein Sinn ihrer Verherrlichung des Mittelalters, die ohnehin zeitlich einen Schwerpunkt in der Wende zum 16. Jahrhundert hat; das ist aber vor allem ein Sinn ihrer Einbeziehung der alten Überlieferungen in ihre literarischen Bestrebungen, und die kritischen Zeitgenossen haben das durchaus erfaßt: In seinem 1777 f. zur Verspottung der Volksliedbegeisterung der Genies gesammelten *Feynen kleynen Almanach vol schönerr echterr libliccherr Volckslieder* fingiert Friedrich Nicolai als Herausgeber den kunstsinnigen zeitgenössischen Schuster Meister Säuberlich, der die Lieder aus dem Munde des Schusters und Bänkelsängers Meister Wunderlich haben will, oder besser aus dem Munde seines Gespenstes. Denn Wunderlich (ein Name, der auf G. A. Bürger verweist) muß ruhelos als Gespenst umgehen, weil ihm 1617 die Aufnahme in die «Fruchtbringende Gesellschaft» verweigert worden ist. Die Gründung dieser Gesellschaft war ein Markstein der Konsolidierung der höfisch ausgerichteten Barockkultur.

Es wäre allerdings eine Illusion zu meinen, die sozialkritische oder politische Schriftstellerei hätte in der sozialen Unterschicht erhebliche Wirkungen ausgelöst. Lokale Aufwallungen wie die sächsischen Bauernunruhen 1789 hatten kein politisches Programm und wurden schnell unterdrückt. Immerhin berichtet RUDOLPH ZACHARIAS BECKER (1751–1822) in seinem außerordentlich weit verbreiteten *Noth- und Hilfsbüchlein für Bauersleute* (seit 1788) über Bauern, die unter dem Eindruck von Zeitungsberichten zur Französischen Revolution und unter Berufung auf Bibelsprüche des Glaubens waren, «als könne nun jeder thun, was er wolle und brauche nichts mehr an die Obrigkeiten abzugeben»[127]. Am ehesten erreichten Lieder das Volk, die brutal in das Leben der Unterschicht eingreifende Einzelereignisse behandelten, in denen sich die Gesamtsituation anschaulich zusammenfaßte. So wurde Christian Friedrich Daniel Schubarts *Kaplied*, während der Gefangenschaft des Dichters auf dem Hohenasperg geschrieben und gegen den Soldatenschacher und die Zwangsaushebungen des Herzogs von Württemberg gerichtet, vor 1806 in Kasernen und 1809 von ausrückenden Rheinbundtruppen gesungen. Es erschien im ersten Band von *Des Knaben Wunderhorn* als Volkslied, und Achim von Arnim berichtete 1811 an Jakob Grimm, er habe es in allen Dörfern auf einhundert Meilen herum gehört[128]. Auch in dem *Mildheimischen Liederbuch* (1799) Rudolf Zacharias Beckers, einer Lyriksammlung mit volkspädagogischer Absicht, ist das *Kaplied* unter der Rubrik *Für Soldaten, Landwehr- und Landsturmmänner* abgedruckt, daneben allerdings auch ein anderes Soldatenlied Schubarts mit durchaus affirmativer Tendenz:

Vivat der Soldatenstand, dieser Stand der Ehre!
Was wär' unser Vaterland, wenn nicht dieser wäre?
Hopsasa, trallala!
Vivant die Soldaten!

Trotz der ideellen Rückbindung des Genies an das Volk kann der Sturm und Drang Merkmale einer eigentümlichen sozialen und einer politischen Ortlosigkeit zeigen. Herders Geschichtsschreibung richtet sich auf Völker und Kulturen; Staaten sind ihm «künstliche Anstalten der Gesellschaft»[129], «hölzerne Maschinen»[130]. Die Kritik am Absolutismus hat als mögliche Konsequenz die Abwendung vom Staat, die Gleichgültigkeit gegen ihn. Der Unabhängigkeitskrieg der englischen Kolonien, der 1776 zur Gründung der Vereinigten Staaten führt, die amerikanische Erklärung der Menschenrechte, die in der Französischen Revolution wiederaufgenommen wird, finden ein lebhaftes Echo bei den fortschrittlichen Geistern Europas von Klopstock über Schubart, Friedrich Leopold von Stolberg, Voß bis hin zu Friedrich dem Großen; Freiwillige aus Europa, voran der spätere Revolutionär

Marquis de Lafayette, eilen der jungen Republik zu Hilfe; die Verpachtung deutscher Landeskinder an die Engländer für den amerikanischen Krieg erweckt allgemeinen Abscheu; aber Stürmer und Dränger wie Lenz in seinem *Waldbruder* und Klinger in *Sturm und Drang* lassen ihre Helden ohne jedes Interesse für die Idee der amerikanischen Freiheit wahllos auf englischer oder amerikanischer Seite als Offiziere in den Krieg ziehen – es geht ihnen weniger um politische Freiheit als um individuelle Selbstverwirklichung. Auch persönlich zeigte Klinger diese Wahllosigkeit bei den Versuchen, in welchem Heer auch immer eine Offiziersstelle zu finden[131]. Man ist erinnert an Heinrich von Kleist, der trotz heftiger antifranzösischer Affekte mit dem Gedanken spielen konnte, in die napoleonische Armee gegen England einzutreten.

Man muß fragen, wie weit das Genieideal mit den hybriden Zügen der prometheischen Selbstverherrlichung überhaupt Ausdruck solcher Ortlosigkeit ist. Der Aufklärer fühlt sich als Bürger, das Genie steht praktisch auf sich allein, gehalten lediglich in elitären Gruppen; das Volk, dem man sich nahefühlt, lebt in einer anderen, außerliterarischen Welt. Die Begegnung mit ihm ist ein literarisches Wunschbild, bestenfalls Episode. Herders *Journal meiner Reise*, 1769 auf der Schiffsreise von Riga nach dem Westen entstanden, ist ein Zeugnis für die inneren Widersprüche nicht nur des Verfassers, sondern der ganzen Bewegung. Klopstock ist «Priester» einer Gemeinde; Lessing und Wieland wollen als freie Schriftsteller ein Publikum bilden; die Stürmer und Dränger aber tragen eine geheime Sehnsucht zum Handeln und Tun, zur Umwälzung der Welt in sich, die sie im Schreiben nicht erfüllen können. «. . . daß handeln, handeln die Seele der Welt sei, nicht genießen, nicht empfindeln, nicht spitzfündeln», deklamiert Jakob Michael Reinhold Lenz in seiner Abhandlung *Über Götz von Berlichingen* (von Lenz erwähnt 1775). «Guter Gott Platz zu handeln und wenn es ein Chaos wäre das du geschaffen, wüste und leer, aber Freiheit wohnte nur da . . .[132]» Diese Freiheit gibt es nicht, und so müssen die Stürmer und Dränger entweder über ihre literarische Laufbahn hinauswachsen, wie Klinger, der in Rußland eine glänzende gesellschaftliche Karriere machte, oder unter Schmerzen die produktive Selbstbeschränkung und Selbsterkenntnis des Künstlers leisten, wie Goethe, oder hinter ihre Jugendideale zurückfallen, wie Herder, oder scheitern, wie Lenz, der im Wahnsinn endet, und eine Reihe von Halbgenies, so Goethes Bekannter aus Wetzlar

AUGUST SIEGFRIED VON GOUE (1742–1789), der im Trunk verkam. Auch dieser tragische Aspekt gehört zum Bild einer literarischen Revolution, ohne die es keine Klassik und Romantik gäbe.

Der junge Goethe

Leipzig

Für den Frankfurter Patriziersohn JOHANN WOLFGANG GOETHE
(geb. 28. 8. 1749) tat sich eine neue Welt auf, als er 1765 zum
Jurastudium nach Leipzig kam, aus der mittelalterlich eingehegten
Freien Reichsstadt in das weltoffene Zentrum wirtschaftlichen und
geistigen Lebens, dessen kultureller Glanz allerdings bereits leise
zu verblassen begann, denn Gottsched und Gellert hatten sich
selbst überlebt und besaßen für die akademische Jugend keine
Überzeugungskraft mehr. Zwiespältig ist daher Goethes Verhalten
in der neuen Umgebung. Einerseits bemüht er sich um möglichst
schnelle Anpassung an den eleganten Ton, andererseits spürt er
bald die Fragwürdigkeit und Brüchigkeit der Leipziger Gesellschaft und Kultur. Zugang findet Goethe in der Familie des Malers
und Kupferstechers Adam Friedrich Oeser, einer Übergangsge-
stalt vom Rokoko zum Klassizismus, von dem Winckelmann in
Dresden gelernt hatte und bei dem jetzt Goethe, der begabte
Zeichner, in den Zeichenunterricht geht, zusammen mit dem
späteren preußischen Staatskanzler Karl August von Hardenberg.
Es entsteht eine Freundschaft mit Oesers Tochter Friederike. In
der Familie des Verlegers Breitkopf lernt er den Singspielkompo-
nisten Johann Adam Hiller kennen, und am Mittagstisch des Zinn-
gießers Schönkopf verliebt er sich in dessen Tochter Käthchen.
1768 endet Goethes Leipziger Studienzeit mit einer seelischen
Krise und schwerer körperlicher Krankheit.

Die Dichtung des jungen Goethe spiegelt die Spannungen wieder, ohne sie schon als Ganzes gestalten zu können. Die pathe-
tisch-rhetorische Haltung der Frankfurter Kindheitsdichtungen
(u. a. *Poetische Gedanken über die Höllenfahrt Jesu Christi*, Fragmente einer Alexandrinertragödie *Belsazar*) wird in Leipzig sofort
aufgegeben. Die Gedichtsammlungen *Annette* (handschriftlich
1767), *Lieder mit Melodien* (handschriftlich 1768) und *Neue Lieder* (anonym 1769 mit der Jahreszahl 1770) gehen mit Virtuosität
auf den herrschenden anakreontischen Stil ein. Zuweilen – etwa in
Die Nacht, An den Mond, Unbeständigkeit – klingt ein empfindsa-

mer Ton, blitzt ein schön gesehenes Naturbild auf, die aber durch die epigrammatische Zuspitzung überspielt werden. Von der Konvention zur Konfession gehen die drei *Oden an meinen Freund* (1767). Schmerz und Erbitterung über ein gesellschaftliches Verleumdungsspiel, das seinen besten Freund Ernst Wolfgang Behrisch, später Prinzenerzieher in Dessau, veranlaßt, eine Leipziger Hofmeisterstelle aufzugeben, sprechen sich aus in freien Rhythmen, der von Klopstock geschaffenen hoch expressiven lyrischen Form. Erstmals bahnt sich hier, wenn auch noch jugendlich unsicher, die eigentümlich Goethesche Symbol- und Bekenntnissprache an.In Wilhelm Raabes *Akten des Vogelsangs* hat die erste Strophe der dritten Ode die Bedeutung eines Leitmotivs.

Auch im Schäferspiel *Die Laune des Verliebten* (1767), Gipfel der Gattung, die von Gottsched propagiert worden war, waltet schon Goethes Tendenz, sich vom Andrang des Erlebens durch das poetische Bild zu befreien. Wie der junge Goethe seine Studentenliebe Käthchen Schönkopf, so quält der Schäfer Eridon seine Amine mit Eifersucht. Das Motiv des an sein Gefühl ausgelieferten, sich ihm ausliefernden Menschen – in der späteren Dichtung Goethes immer wieder variiert – sprengt fast den graziösen schäferlichen Rahmen und wird mit großer künstlerischer Ökonomie in ihn zurückgebogen. Wenn Eridon mit seiner Geliebten versöhnt wird, indem man ihm die eigene Schwäche vordemonstriert, wird die Frage nach der Ungewißheit des Gefühls nicht gelöst, sondern nur auf den Fragenden zurückgeworfen. Als Summe der Leipziger Gesellschaftserfahrungen kann das Lustspiel *Die Mitschuldigen* (geschrieben 1769) gelten, obwohl es erst nach der Rückkehr nach Frankfurt Gestalt gewinnt. Hier verdächtigt jeder jeden, weil jeder auf seine Weise eine Maske trägt. Das wechselseitige Verzeihen und Durchschauen stiftet Komplicenschaft. Der Spitzbube des Stückes ist der «ehrlichste» Mann unter lauter falschen Ansprüchen; auf seinem Niveau trifft man sich zuletzt. Der Rückgriff auf die Tradition der Stegreif- und Typenkomödie mit ihren grotesk-komischen Übertreibungen und Stilisierungen hilft zur distanzierenden Verfremdung, und der Alexandrinervers, in der *Laune des Verliebten* empfindsam unterspült, betont in seiner kalten Präzision das Maskenhaft-Konventionelle dieses Treibens.

Lyrik seit Straßburg

Nichts zeigt besser die Unentschiedenheit und Unruhe der langen Frankfurter Genesungszeit, als daß der Dichter der *Mitschuldigen* geistige Heimat im pietistischen Kreis der entfernten Verwandten Susanna Katharina von Klettenberg sucht, wovon seine Briefe an den Leipziger Nachfolger Behrischs, Ernst Theodor Langer, Zeugnis ablegen. Christliche Naturmystik und die *Unparteiische Kirchen- und Ketzer-Historie* des radikalen Pietisten Gottfried Arnold beschäftigen den Kranken. Was hier an inneren Kräften aufgeschlossen wird, findet Richtung und Ziel in Straßburg, wohin Goethe am 1. 4. 1770 zur Fortsetzung seines Studiums aufbricht. Studienberater wird ihm hier sein Tischgenosse Johann Daniel Salzmann, ein Aktuar. Die Erschütterung einer ersten großen Liebe zu der Sesenheimer Pfarrerstochter Friederike Brion und die Begegnung mit Herder, der sich wegen einer Augenoperation in Straßburg aufhielt, bringen Goethe den Durchbruch zu einem völlig neuen Weltverhältnis und Daseinserlebnis. In Friederike und ihrem Lebenskreis erfährt Goethe die Schlichtheit und Natur, die Herder verkündet; Oliver Goldsmith's (1728–1774) empfindsam-idyllische Schilderung einer Landpfarrersfamilie in *The Vicar of Wakefield* (1766), die Herder zur Lektüre empfiehlt, wird für Goethe ein literarisches Medium zu dieser Wirklichkeit. Herders Ahnung einer neuen Poesie findet nun in Goethe Erfüllung.

Am schnellsten gewinnt das Neue Gestalt in der Lyrik. Gegenüber der unpersönlichen artistischen Kunstübung der Leipziger Anakreontik sind die *Sesenheimer Lieder* an Friederike Erlebnisaussage und individueller Ausdruck von einer bisher nicht gekannten Intensität. Der lyrisch fruchtbare Moment, der besondere Lebensaugenblick, erfahren von einer besonderen Seele, regt nicht nur das Gedicht an, er geht auch unmittelbar und bestimmend in das Gedicht ein, ja er ist das Gedicht selbst:

> Wie herrlich leuchtet
> Mir die Natur!
> Wie glänzt die Sonne!
> Wie lacht die Flur!

Die Bewegungen des Sprechens und des Fühlens sind hier identisch geworden, und in gleicher Weise werden Hingabe und Selbsterfahrung in der Liebe, Geben und Nehmen eins:

> O Mädchen, Mädchen,
> Wie lieb' ich dich!
> Wie blinkt dein Auge,
> Wie liebst du mich!

heißt es im *Mayfest*, oder «Laß mich ihr und laß sie mein» (*Kleine Blumen, kleine Blätter*, Erstfassung); «Und doch, welch Glück! geliebt zu werden, Und lieben, Götter, welch ein Glück!» (*Willkommen und Abschied*). Die Liebe, in der Anakreontik meist auf sich selbst bedachte Sinnlichkeit, ist jetzt ein Weltzustand totalen Austauschs, der sich in solchen Umkehrformeln bezeugt.

Immer wieder fließen auch Natur und Seele ineinander: «Es dringen Blüten aus iedem Zweig ... Und Freud und Wonne aus ieder Brust»; «So liebt die Lerche ... Wie ich dich liebe ...» (*Mayfest*). Die Eiche als aufgetürmter Riese in *Willkommen und Abschied*, die Finsternis mit hundert schwarzen Augen sind Gebilde des eignen Innern, aber die Stimmung wird erst Gestalt, indem sie in die Außenwelt übertritt und sie verwandelt. Herzschlag und Hufschlag des Pferdes klingen im jambischen Rhythmus des Gedichtanfanges geheimnisvoll zusammen. Im einmaligen Begegnen und Abschiednehmen sind alle Seligkeit und aller Schmerz, die Unendlichkeit und Endlichkeit dieser Liebe und jeder Liebe gegenwärtig. Die ganze Schöpfung spricht im lyrischen Ich, und die letzten Requisiten der anakreontischen Diminutivwelt – Zephir, die Frühlingsgötter, Kränzchen, Sträußchen, kleine Blumen, kleine Blätter – werden rasch in den großen Kontur des neuen Allgefühls eingeschmolzen. In *Kleine Blumen, kleine Blätter* wird dieser Prozeß selbst zum Gedicht. Was tändelnd anfängt, endet mit einem Gebet an das Schicksal, das in der klassischen Endfassung *Mit einem gemalten Band* um der Einheit des Tons willen gestrichen ist, und mit der innigen Aufforderung: «Reich mir deine liebe Hand!» Beethovens Vertonung hat die klassische Umformulierung «Reiche frei mir deine Hand» in einen jubelnden melodischen Aufschwung gefaßt.

Bei aller Unmittelbarkeit ist diese Lyrik aber auch Form im höchsten Sinne. Der Neuerer schöpft aus der Stiltradition der Volksdichtung. Vom Volkslied übernimmt Goethe die lockere Reihung von Vorstellungen, Bildern und Situationen, die dem Fluß des Empfindens folgt. Die Ballade besonders, durch Thomas Percys Sammlung englischer Volksballaden *Reliques of ancient English Poetry* (1765) ins Blickfeld gerückt, ist eine Neuschöpfung aus dem Geist der Volkskunst, die bei Goethe und den Genossen des Göttinger Hains nebeneinander erfolgt. Goethes frühe Balladen, etwa das *Heidenröslein* oder der *König von Thule,* sind sangbar wie die Volksballade, die in Deutschland seit dem Barock ein unterliterarisches Dasein gefristet hatte; sie sind, wie einige der Sesenheimer Lieder, vertont worden, z. T. sogar mehrfach, wobei die Skala der musikalischen Umsetzungen vom schlichten Volkston bis zur expressiven Charakteristik bei Beethoven reicht. Komponisten sind außer ihm Karl Siegmund Freiherr von Seckendorff (1744–1785), Johann Friedrich Reichardt (1752–1814) und Karl Friedrich Zelter (1758–1832), die alle drei Goethe persönlich nahe kamen. Reichardt, seit 1775 preußischer Hofkapellmeister unter Friedrich dem Großen, verlor 1794 seine Stelle wegen revolutionärer Gesinnungen. Neben seiner Arbeit als bedeutender Musikschriftsteller gab er von 1793 bis 1801 einen *Revolutionsalmanach* heraus. 1808 wurde er für kurze Zeit Hofkapellmeister Jérôme Bonapartes in Kassel.

Die Balladen Goethes geben eine auf Höhepunkte zusammengedrängte schicksalhafte Handlung, sie verwenden altertümliche und dialektgefärbte Wendungen und Wortfügungen von großer Sinnfülle gerade in äußerster Schlichtheit, aber sie sind nicht antiquarisch und imitativ. Statt der weitschweifenden Ausbreitung, wie sie das Volkslied und später die Romantiker lieben, konzentriert Goethe seine Gedichte. Dem Prinzip der Reihung läuft bei seinen Liedern und Balladen das Prinzip der symbolischen und metaphorischen Verdichtung entgegen. Komprimierende Sinn- und Wortfügungen wie «ein rosenfarbnes Frühlingswetter», «Blütendampf», «Lebensglut» wären so im Volkslied nicht möglich, ebensowenig wie die Vielschichtigkeit der Symbolik des Bechers im *König von Thule.* Der Becher stellt die Einheit des Gedichtes her und schließt eine unausschöpfliche Fülle der Bezüge in sich zusammen. Er ist Gefäß der Liebe und des Lebens, der Erinnerung und der Selbstvergessenheit, Sinnbild des Daseins, das sich sinkend erfüllt, und des unübertragbar Eigenen, durch das der Mensch, nur ein Glied in der unendlichen Kette der Geschlechter, doch zugleich unmittelbar zum Leben ist.

Im August 1771 kehrt Goethe aus Straßburg nach Frankfurt zurück und eröffnet als Lizentiat der Rechte eine Advokatur. Das Verhältnis zu Friederike ist schuldhaft gelöst. Bürgerliche Einordnung und geniehafte Entfaltung sind die Pole, zwischen denen sich sein Leben in den nächsten Jahren bewegt. Eine Reihe von Künstlergedichten und dramatischen Skizzen wie *Künstlers Morgenlied, Des Künstlers Erdewallen, Des Künstlers Vergötterung,* 1773–74 geschrieben, sprechen den Gegensatz zwischen Genie und Gesellschaft aus. Die Kunst ist heilig; in einer Morgenandacht liest der Künstler

Andacht liturg'scher Lektion
Im heiligen Homer,

aber sie muß doch nach Brot gehen:

Uranfängliche Schönheit, Königin der Welt!
Und ich soll dich lassen für feiles Geld –

Zuletzt wird wieder eine Liebesbegegnung zur Summe der Situation. Eine Verlobung mit der Frankfurter Bankierstochter Anna Elisabeth Schönemann 1775 wird bald gelöst unter inneren Kämpfen, die sich ebenso wie das Glück dieser Liebe in den Lili-Liedern verhaltener aussprechen als die Sesenheimer Lyrik. Schönstes lyrisches Zeugnis der seelischen Spannung, die sich im Bild der gelassen reifenden Frucht besänftigt, ist das Gedicht *Auf dem See*, entstanden 1775 während Goethes erster Schweizerreise. Auch sonst durchstreift Goethe in diesen Jahren auf weiten Fußmärschen und Ritten das Land. Im Bild des Wandrers, dessen ursprünglich religiöser Sinn noch im epischen Fragment des *Ewigen Juden* (aus dem Jahr 1774) aufleuchtet, erfährt der Sturm und Drang seine Freiheit und Schrankenlosigkeit, aber auch seine Umgetriebenheit.

Goethes große Hymnen, die diese Symbolik ausformen, entstehen seit der zweiten Rückkehr nach Frankfurt. Die Idylle *Der Wandrer* (wohl 1772) läßt den Kulturmenschen auf der Suche nach der Kunst die Natur und in der Natur ein neues Verständnis der Kunst als einer anderen Natur finden. *Wandrers Sturmlied* (wohl 1772) und *An Schwager Kronos* (entstanden 1774) überhöhen die reale Situation des Wanderns im Unwetter und der Reise in der klappernden Postkutsche ins Symbolische der Lebensreise und der Selbstbehauptung beim Sturm feindlicher Gewalten, aber auch unter dem Sturm der Inspiration, wobei mit einem humoristischen Seitenblick die Unverhältnismäßigkeit von realem Anlaß und idealer Bedeutung im Auge behalten wird. Während die Welt ihre Wärme von Apoll, dem Sonnengott, empfängt, glüht im Sturmlied das Genie von innen, aus dionysischer Kraft. Die Anrufung Pindars deutet auf den zweiten Quell der Sturm und Drang-Lyrik: Das liedhafte Schaffen begeistert sich am Volkslied, die Hymnendichtung an Pindar, den man für einen Dichter freirhythmischer Dithyramben hielt, und an Klopstocks freien Rhythmen, deren Baugesetz – Verzicht auf metrische Bindung des Rhythmus und logische Ordnung der Rede zugunsten einer inspirativ gesteigerten Ausdruckssprache – nun mit letzter Kühnheit verwirklicht wird: in Wortzusammenballungen, Satzsprengungen und Umstellungen, in rhythmischen Gipfeln und Schwingungen, wie sie so Klopstock nie gewagt hat. Wie das Ich des Genies gegenüber Klopstock noch weiter aus seinen Bindungen herausgetreten ist, so auch seine Sprache, wenn es seine höchsten Gehalte verkündigt.

Höhepunkte der Jugendhymnik Goethes sind *Mahomets-Gesang* (1772/3), *Prometheus* (wohl 1774) und *Ganymed* (wohl 1774) – die beiden ersten dem Umkreis dramatischer Entwürfe angehörig. *Prometheus* und *Ganymed,* von Schubert vertont, sind mythischen Gestalten in den Mund gelegt: dem Halbgott, der in der Empörung gegen Zeus die Menschen erschuf, und dem Jüngling, der von Zeus als Mundschenk der Götter entrückt wird. *Mahomets-Gesang* ist der Gesang zu Ehren Mahomets. Während sich das religiöse Genie im Dramenfragment über den Religionsstifter tragisch verschattet, wird es von seinen Anhängern lyrisch gefeiert im alten religiösen Symbol des Flusses, der zum Meere Gottes eilt. Ähnlich kontrapunktisch zum dramatischen Entwurf, wenn auch nicht, wie *Mahomets-Gesang,* unmittelbar in den dramatischen Kontext gehörig, verhält sich die *Prometheus*-Hymne. Die Rebellion gegen die Götter erscheint in dem einzigen freirhythmisch abgefaßten Drama Goethes durchaus nicht so unproblematisch positiv wie in der Hymne, die als Antigebet verstanden werden kann. Zwar läßt sich aus den zwei Akten des Fragments über den geplanten Ablauf der Handlung keine Klarheit gewinnen, aber soviel scheint sicher, daß die Schöpfungsleistung des Prometheus, durch die er sich unabhängig gegen die Götter stellen will, aus einer hybriden Vereinseitigung innerhalb zweier ewiger Grundrichtungen des Lebens fließt, die Goethe später als Verselbstung und Entselbstigung bezeichnet und durch die Zusammenstellung der Prometheus-Hymne und des *Ganymed* in seiner Lyrik angedeutet hat. Wie Prometheus höchste Kraftfülle in trotziger Vereinzelung erlebt, so drängt alles Lebendige danach, unbedingt es selbst zu sein. Bis in die Plastizität und Selbstbewußtheit der Sprache und ihrer Bilder wirkt die Verselbstungstendenz. Wie Ganymed der Liebesglut des Frühlings, durch dessen Mittlerschaft ihn die Liebe des göttlichen Vaters sucht, mit Hingabe antwortet, so will aber auch alles Lebendige «umfangend umfangen» im All aufgehoben sein, und wieder wirkt das Hinschmelzen bis in Satzbau und Rhythmus, die alle Beziehungen in ein Fließen und Gleiten bringen. Erst die Polarität beider Tendenzen macht das Ganze der Welt aus. Im urbildlichen Sehen zeichnet sich schon bei diesen Hymnen der Frühzeit die Möglichkeit der Klassik ab.

Götz von Berlichingen

In Goethes Rede *Zum Shakespeares-Tag,* 1771 kurz nach seiner Rückkehr aus Straßburg niedergeschrieben, findet sich der berühmte Satz, Shakespeares Stücke drehten sich alle «um den geheimen Punkt, . . . in dem das Eigentümliche unsres Ichs, die prätendierte Freiheit unsres Wollens, mit dem notwendigen Gang des Ganzen zusammenstößt»[133]. Diese Äußerung sagt weniger über Shakespeare als über Goethes Erfahrung des Tragischen, die der neuen Genie-Haltung entspringt. Lessing sieht den einzelnen Menschen als Exponenten einer Weltordnung, die sich wohl vorübergehend tragisch verdunkeln kann, im ganzen aber heil ist. Der Angehörige des Sturm und Drang will das «Eigentümliche seines Ichs» erfüllen und muß dabei mit den anderen Eigentümlichkeiten um sich her, die das Ganze der Welt ausmachen, um so härter zusammenstoßen, je kräftiger er auf seinem Selbst beharrt und seinen Freiheitsanspruch geltend macht. Goethe hat in mehreren Dramenfragmenten und -plänen – *Caesar, Mahomet, Prometheus* – den «geheimen Punkt» anvisiert, wo der große Mensch mit der Welt, das wurzelhaft Eigentümliche mit dem Allgemeinen zusammenprallt, und *Faust* und *Egmont* verwandeln die Genieauffassung des Tragischen dem klassischen Weltbild ein. Die früheste geschlossene Darstellung findet die Tragödie des Individuums in der *Geschichte Gottfriedens von Berlichingen* (1771), nach der Kritik

Herders gestrafft und 1773 veröffentlicht als *Götz von Berlichingen mit der eisernen Hand. Ein Schauspiel.*

Es ist kein Zufall, daß der junge Goethe seinen ersten tragischen Stoff in der Geschichte gewinnt; stellt sich doch in ihr, wie das Herder erstmals deutlich gesehen hat, das je Einmalige und Besondere menschlicher Lebensformen am sinnfälligsten dar. Wie im *Faust* und später im *Egmont* faßt Goethe auch im *Götz* mit genialem Griff in die Geschichtsepoche des 16. Jahrhunderts, wo gewachsene und eigentümliche Ordnungen bedroht werden durch neuzeitliche Organisation und Norm. Der tüchtige, auf seinen Vorteil bedachte Raubritter Gottfried von Berlichingen, der dem jungen Goethe aus dessen Autobiographie entgegengetreten war, wird schon bei seinem ersten Auftritt ins Exemplarische gesteigert. Der Klosterbruder Martin, in seiner Lebenskraft gebrochen, weil er einer fremden Ordnung untersteht, die seinem Lebensgesetz widerspricht, genießt in der Begegnung mit Götz die «Wollust, einen großen Mann zu sehn»[134]: eine in sich ruhende, mit sich übereinstimmende Persönlichkeit, die die Freiheit ihres So-Seins gegen die Welt verteidigt. «Freiheit» ist das Kennwort des Götzschen Lebenskreises. Der Lobpreis der Freiheit steht am Wendepunkt seiner Lebensbahn, vor der Gefangennahme durch die Truppen der Reichsexekution; Freiheit ist das letzte Wort des Sterbenden.

Dieses Wort gewinnt seinen besonderen Glanz dadurch, daß es sich mit einem zweiten Ideal, dem des Rechts, zu einer Vision des richtigen Lebens verbindet. Götz träumt von einer Welt, in der jeder Mensch seinem inneren Gesetz folgen darf und in der doch das Rechte geschieht, von einer Welt der Harmonie zwischen Einzelnem und Ganzem. Der Einzelgänger, der auf eigene Faust, als Selbsthelfer handelt, fühlt sich als Vorkämpfer des Reiches, und wenn die untergehende Ordnung des alten deutschen Kaiserreiches als diese Welt der Harmonie, die aufkommende Ordnung der Neuzeit als Welt des Verfalls erscheint, dann wird die Darstellung der Geschichte zur rückwärts gewandten Utopie. Das Rechte erscheint als das Vergangene, das Falsche als das Kommende, in Wirklichkeit aber geht es um einen Konflikt, der mit einem zeitlichen, geschichtlichen Nacheinander nichts zu tun hat, obwohl er sich natürlich literatursoziologisch orten läßt: um die Unversöhnlichkeit von Ich und Welt, genauer um den Widerstreit zwischen der sich einzig wissenden Individualität und der gleichen modernen Gesellschaft, die dieses Ideal mit der Freisetzung des Menschen aus seinen überkommenen Bindungen möglich macht und zugleich an seiner vollen Verwirklichung hindert, sofern sie neue, zunehmend abstrakte und zugleich hoch verinnerlichte gesellschaftliche Regelungssysteme hervorbringt. In einem Stück, in dem die bürgerlichen Pfeffersäcke verspottet werden, wird von dem Ritter Götz eine Problematik durchlitten, die der für Goethe heraufkommenden modernen Gesellschaft angehört und im gesamten Sturm und Drang zum Austrag kommt, wenn er provokativ das Originale, Gewachsene dem Regelhaften und Mechanischen entgegenstellt.

Wie diese Problematik unlösbar ist, so wird Götzens Vision tragisch widerlegt. Zunächst durch seine Gegenspieler. Götzens aufeinander bezogene Ideale der freien Selbstverwirklichung und des Rechtes erscheinen in deren Sphäre auseinandergerissen als Zerrbilder wieder. Das Recht, ohne Bezug auf die Person, ist mechanisch und blind; die gleiche Symbolfunktion, die hier das Römische Recht besitzt, hat später im *Egmont* der Gleichschritt der spanischen Soldateska. Der edle Götz wird im Namen des Rechts vernichtet. Der Drang zur Selbstverwirklichung, ohne Bezug auf das Recht, wird zur Fratze. Der Bischof, Weislingen, Adelheid, Franz – alle erheben einen unbedingten Anspruch auf Icherfüllung, und immer schärfer tritt das Dämonische einer Welt heraus, in der jeder, indem er scheinbar seinem Willen folgt, zum Getriebenen wird. Der joviale Egoismus, der in den Anfangsszenen sich produziert, endet in einem Taumel von Mord, Verrat und Verbrechen. Adelheid von Walldorf, das dämonische Triebwesen, regiert die Stunde. In ihrer treulosen Hinwendung zu immer anderen Liebhabern klingt das alte Motiv von der unbeständigen «Frau Welt» an. Ein anonymer Untergrund – revoltierende Bauern, Zigeuner, Söldner – wird lebendig. Während erst in mosaikartig gefügten Szenen behäbig Lebensraum neben Lebensraum gestellt wird, verwandelt sich schließlich das Geschehen in einen reißenden apokalyptischen Strom, der Götz verschlingt. Vor allem die große Bauernkriegsszene der Urfassung mit der Rache der Bauern an ihren adligen Quälern hat einen eschatologischen Zug.

Doch dieser Untergang ist nicht nur von außen bedingt. Die Widerlegung der Götzschen Vision vollzieht sich auch in seiner eigenen Existenz, und allein dadurch bekommt sein Scheitern tragische Notwendigkeit. Götz hat viele Freunde, die sich ihm freiwillig unterordnen, *ein* Mann aber ist es, um den er mit Leidenschaft wirbt, und gerade an ihm muß er scheitern: Weislingen. Weislingen und Götz waren einst Freunde und Brüder wie Kastor und Pollux, das beispielhafte Paar, aber durch sein bloßes Dasein in ruhiger, unbeirrbarer Kraft hat Götz Weislingen aus der Bahn geworfen und zu einer Selbstbehauptung gezwungen, deren der Schwächere nicht fähig war. «Sein Daseyn ist ein Monument deiner Schwäche», ruft ihm Adelheid höhnisch zu[135]. Rivalität, nicht erotische Unbeständigkeit, ist Weislingens wichtigster Antrieb. Götz sitzt ihm wie ein Pfahl im Fleische, und deshalb wird Weislingen zur Schlüsselfigur des Gegenspiels, das Götz in den Tod treibt. In einem übertragenen Sinne gestaltet hier Goethe das typische Sturm- und Drangmotiv der feindlichen Brüder, wie es auch bei Klinger, Leisewitz und Schiller auftaucht. Es meint den Gegensatz zwischen Ich und Umwelt, der in die Selbstentzweiung führt. Der Widerspruch der Existenz, der in seiner Umwelt zum höhnischen Fratzenspiel wird, stellt sich im großen Menschen rein dar. Auch Götz, der für Freiheit und Recht kämpft, macht – allein durch das Gewicht seines Daseins – andere unfrei. Das starke Ich, indem es sich selbst darstellt, fordert die Welt heraus und muß an ihrer Gegenwirkung zerbrechen. Die eiserne Hand, Reliquie des Selbsthelfertums, ist zugleich vordeutendes Zeichen seiner fortschreitenden Isolierung und Verstümmelung.

Der Erfolg des *Götz* führt zu einer Mode der Ritterdramatik; herausragend sind die Bayern-Dramen *Otto von Wittelsbach* (1782) des Joseph Marius Babo (1756–1822) über den «Helden und Verbrecher» Pfalzgraf Otto, der den König Philipp von Schwaben ermordete, und *Agnes Bernauerin* (1780) des Grafen Joseph August von Törring-Cronsfeld (1753–1826) über den später von Hebbel dramatisierten Stoff. Der Konflikt von Anspruch des Herzens und Staatsraison, der bei Hebbel zwischen Vater und Sohn ausgetragen wird, ist bei Törring zwar angelegt, aber entschärft durch einen Intriganten, dem letztlich die Verantwortung für das Todesurteil gegen Agnes zufällt. Friedrich Julius Heinrich Reichsgraf von Soden (1754–1831) ist der Verfasser eines Schauspiels *Leben und Tod Kaiser Heinrichs IV.* (1788) und eines «Volksschauspiels» *Doktor Faust* (1797). Weitere Verfasser von Ritterdramen sind Jakob Maier (1739–1784) und Ludwig Philipp Hahn (1746–1814). Am Übergang zum trivialen Ritter- und Räuberroman der klassischen Epoche steht die zweiteilige, nach Art eines Romans in je drei Bücher eingeteilte Szenenfolge *Hasper a Spada* (1792–93) des vielgelesenen Unterhaltungsschriftstellers KARL GOTTLOB CRAMER (1758–1817), der mit seinem Roman *Leben und Meinungen, auch seltsamliche Abenteuer Erasmus Schleichers, eines reisenden Mechanikus* (1789) und anderen, analog formulierten Titeln in die Geschichte der Sterne-Nachfolge in Deutschland gehört. Bei zahlreichen fast zitathaften Anspielungen auf *Götz von Berlichingen* wirkt doch *Hasper a Spada* im ganzen eher wie ein Gegenwurf, denn bei Cramer ordnet sich der «große Geist» des anarchischen Selbsthelfers am Ende «in die heilsamen Schranken der Geseze»[136] – ein Ton Schiller in dem eklektischen Potpourri, das mit einer von der Zeit schon überholten Fortschrittlichkeit in abstrusem Antiklerikalismus schwelgt und dem aufsteigenden Territorialstaat des 13. Jahrhunderts Züge der Aufklärung verleiht – hier könnte eine geistige Linie zu Willibald Alexis' *Hosen des Herrn von Bredow* führen, einem exemplarischen historischen Roman des 19. Jahrhunderts. Wie Babo und Törring in ihren «vaterländischen» Trauerspielen einen bayrischen, propagiert Cramer einen thüringischen Patriotismus. Die grellen Effekte entstammen einer nur lose mit dem Hauptthema verbundenen Familiengeschichte mit Entführung, Mord und Vergewaltigung.

Von «Götz» zu «Stella»

Götz von Berlichingen bedeutet eine Revolution der dramatischen Form. Wo der Held weniger durch sein Handeln als durch sein Dasein wirkt, ist auch das Drama mehr Situationenfolge als Handlungszusammenhang. Die Einheiten des Ortes und der Zeit werden unter Anlehnung an Shakespeare völlig beiseite geworfen, die Shakespearischen Freiheiten des Orts- und Zeitwechsels überboten durch eine Reihung von Szenen, die zuweilen nur wenige Sätze, einen charakteristischen Moment festhalten. Das Drama wird zum «schönen Raritätenkasten», wie Goethe in der Rede *Zum Shakespeares-Tag* sagt[137], in dem die Bilder der Geschichte in bunter Folge und Fülle am Zuschauer vorbeiziehen. *Clavigo* (1774), Goethes nächstes großes Drama, das auf Grund einer geselligen Wette innerhalb von acht Tagen entstanden ist, bringt demgegenüber einen Rückgriff auf die dramatische Form Lessings, die Konzentration auf wenige Schauplätze und einen kurzen Zeitraum.

Der formalen Straffung entspricht eine inhaltliche Beschränkung. Der großen Tragödie folgt ein intimes Seelendrama. Götz ist der Mensch im Widerstreit mit der Welt, Clavigo der Mensch im Widerstreit mit sich, in der Problematik des Gefühls, die Goethe in der Friederiken-Episode eindringlich an sich erfahren hatte und die bereits in der Gestalt Weislingens angeklungen war. Damit greift Goethe ein Thema auf, das Lessing in der Mellefont-Figur der *Miß Sara Sampson* präludiert, ohne doch schon dem Freiheitsverlangen des Helden eine überzeugende Begründung geben zu können. Diese Begründung ergibt sich nun aus dem Geniedenken des Sturm und Drang: Clavigo, ein Mann dürftiger Herkunft, im Begriffe, die Hofwelt zu erobern, ist beherrscht vom Willen zur Größe und Selbstbestimmung, ohne doch Größe zu besitzen. Er sucht die Macht, aber er ist nur ein talentierter, empfindsamer Literat; er will Hofmann werden, ist aber doch ein Bürger. Weder der verlassenen Geliebten, die ihn an die Schranken der bürgerlichen Welt fesselt, noch seinem Ziel kann er die Treue halten und geht an seiner inneren Zwiespältigkeit, an seiner Wehrlosigkeit gegenüber wechselnden Einflüssen und Stimmungen zugrunde: eine neue Variante des bürgerlichen Trauerspiels, die auf den Intriganten zu verzichten vermag und die Spannung zwischen öffentlicher und privater, höfischer und bürgerlich-familiärer Sphäre, die in der Literatur der Zeit eine große Rolle spielt, in das Innere des Helden verlegt. Das gelingt, weil, bei Protegierung durch den Hof, die Öffentlichkeit doch eher schon bürgerlich-literarisch geprägt ist. Genieideal und Geniemoral rücken, gespiegelt in diesem «halb gros halb kleinen Menschen» (1. Juni 1774 an Schönborn), in ein seltsam ironisches Licht, die Unbeständigkeit des Menschen zeigt neben ihrem tragischen auch ihren banalen Aspekt. Der Schlußakt transponiert den Helden und seine Problematik auf eine neue geistige und stilistische Ebene. Sind Handlungsführung und Dialog der ersten Akte bestimmt durch die Lebenserinnerungen des bekannten französischen Aufklärers Beaumarchais (1732–1799), den Goethe als rächenden Bruder im Stück auftreten läßt, so gleitet der Schluß in die Stimmungslage der Ballade hinüber. Der treulose Liebhaber wird erstochen an der Bahre der toten Geliebten, im Tode stellt sich eine höhere Gemeinschaft der Liebenden her, hinter der das Irdische versinkt. Ein Stilprinzip der Verklärung, das im *Stella-, Egmont-* und *Faust*-Schluß weiterentwickelt wird, bewirkt hier noch einen Stilbruch. In *Clavigo* wird zwar schon der

Autor zum Dramenhelden, aber noch nicht, wie später in *Torquato Tasso,* die Dichterexistenz zum Thema.

Stella; ein Schauspiel für Liebende, 1775 entstanden, führt die in *Clavigo* angelegten Tendenzen weiter. Noch reiner ist der Typus des Seelendramas ausgeprägt. Steht dort der Held durch seinen Drang nach Größe noch in Bezug auf die soziale Welt des Handelns und Wirkens, so ist in *Stella* bei den Hauptfiguren dieser Bezug völlig gelöst. Nur der erste Akt entwickelt als Kontrast in der Postmeisterin und ihrem Haus ein Bild bürgerlicher Tüchtigkeit und nüchterner Bescheidung; dann gehört das Feld allein einer flutenden, überschwenglichen, stammelnden Sprache der Empfindung. Clavigo hat seine Liebe dem Ehrgeiz aufgeopfert; in Fernando bricht das Rätsel der erotischen Leidenschaft in aller Tiefe auf: Das Gefühl, indem es den Menschen ganz erfüllt und beseligt, gibt sich aus und läßt ihn elend, als betrogenen Betrüger zurück. Der Mann, der durch seine geniale Liebeskraft zwei Frauen, Cäcilie und Stella, zu reinster menschlicher Entfaltung gebracht hat, droht sie auch zu vernichten. Der Konflikt in dem Dreiecksverhältnis von Fernando, Cäcilie, der verlassenen Frau, und Stella, der wiedergefundenen Geliebten, ist unversöhnlich, und Goethe hat ihn in einer Bearbeitung von 1806 zum Tragischen gewendet. In der Fassung von 1775 steht am Schluß ein Tableau, das Fernando mit der Geliebten und der Frau in einem unaufhebbaren Bund zusammenschließt: «Eine Wohnung, Ein Bett und Ein Grab[138].» Gemeint ist damit nicht eine reale Lösung, ein bequemes Arrangement, vielmehr ein Überschreiten der Wirklichkeit. Das in der Empirie bedingte und endliche Gefühl erscheint in der Schlußapotheose absolut und unendlich und umfaßt nun zugleich Entsagung und Erfüllung, Augenblick und Ewigkeit. *Stella,* der Stern der Liebe, geht auf in einem Raum idealer Innerlichkeit.

Neben den beiden großen Dramen stehen in den Jahren 1773–75 dramatische Kleinformen. Satiren und Farcen führen von der Satire gegen Personen aus Goethes Umkreis über die Verspottung meist literarischer Zeiterscheinungen zum Welttheater. Mit Vorliebe verwendet Goethe den von ihm neugeschätzten altdeutschen vierhebigen Knittelvers mit Paarreim, dessen Senkungen er oft mehrsilbig füllt. Er schafft sich so eine körnige, kräftige Sprache mit großer Ausdrucksweite vom Grob-Komischen bis zum drängenden Ton der Verkündigung. Auch im Drama vollzieht sich der Rückgriff auf die volksmäßige Kunsttradition: Puppen-, Fastnachts- und Jahrmarktspiel. Das *Jahrmarktsfest zu Plundersweilern* (entstanden 1773) sieht den Lauf der Welt als einen großen Jahrmarkt. *Ein Fastnachtsspiel vom Pater Brey* (entstanden 1773) und *Satyros oder der vergötterte Waldteufel* (entstanden 1773) rücken das Genietreiben in die gleiche komische Distanz. Im *Satyros* erscheint das Genie als wilder Satyr. Originalität, Ursprung, Ganzheit als höchste Werte der Geniebewegung sind in ihm mit solcher Konsequenz verwirklicht, daß sie sich in sich überschlagen. Der Voll-, ja Übermensch, begabt mit einer Kraft der Natur- und Liebesoffenbarung, die sogar die reine Seele Psyche hinreißt, ist auch Halbmensch, halb Mensch, halb Tier. *Hans Wursts Hochzeit oder der Lauf der Welt*, ein Fragment von 1775, bringt die Spannungen, unter denen Goethe lebte, in ungeheuren Obszönitäten zur Entladung, die an Rabelais, vor allem aber an die theatralische Grundschicht des Mimus erinnern, wie sie sonst nur die Wiener Volkstheatertradition konserviert, allerdings meist etwas mehr sublimiert.

   Götter, Helden und Wieland (1774) steht als Prosasatire für sich. In Form eines Totengesprächs, wie sie der spätantike Autor Lukian, als Skeptiker ein Liebling Wielands, erfunden hatte, wird Wielands Humanitäts- und Grazienideal aus der Sicht des Sturm und Drang-Titanismus verhöhnt, die Antike als Zeitalter einer ursprünglichen starken Menschheit gefeiert. Die Moral der Kraft und der unbedingten Selbstverwirklichung, in *Satyros* und *Pater Brey* relativiert, trägt sich hier übermütig auftrumpfend vor, und es zeigt Wielands menschliche Größe, daß er diese Anrempelei gelassen hingenommen hat. Der *Prolog zu den neuesten Offenbarungen Gottes* (1774) richtet sich gegen den Theologen Karl Friedrich Bahrdt und eine flach-rationalistische Theologie. Alle diese Gelegenheitsdichtungen tragen zur Ausbildung jenes Goethe ganz eigentümlichen stilistischen Feldes bei, aus dem die Faust-Dichtung erwächst. Die Singspiele *Erwin und Elmire* und *Claudine von Villa Bella*, beide aus dem Jahre 1775, gehören in die Nachfolge Christian Felix Weißes und der französischen Operette sowie des Schäferspiels. Gemeinsam ist ihnen ein schäferliches Ambiente. In *Erwin und Elmire* wird der unglücklich Liebende ein Einsiedler; die liedhafte Ballade *Ein Veilchen auf der Wiese stand*, von Mozart und PHILIPP CHRISTOPH KAYSER (1755–1823) aus Goethes Frankfurter Kreis vertont, gehört hierher. In der Komposition durch die Herzogin Anna Amalia wurde das Stück 1776 im Liebhabertheater der Weimarer Hofgesellschaft aufgeführt. *Claudine von Villa Bella* spielt auf einem Landgut in einem idealen Süden, halb Italien, halb Spanien. Dissonant zum konventionellen Gesamtduktus sind Sturm und Drang-Reminiszenzen wie die Volkslied- und Balladenbegeisterung und das Motiv der feindlichen Brüder, von denen einer aus Überdruß an der Gesellschaft zum Vagabunden wird: «Wo habt Ihr einen Schauplatz des Lebens für mich? Eure bürgerliche Gesellschaft ist mir unerträglich!»[139]

Die Leiden des jungen Werthers

Die erste längere Unterbrechung von Goethes Frankfurter Advokatenzeit sollte nach Absicht des Vaters Goethe der beruflichen Fortbildung dienen. Im Mai 1772 schrieb sich Goethe in der Matrikel des Reichskammergerichtes zu Wetzlar ein, um die Praxis der höchsten und zugleich schwerfälligsten Gerichtsinstanz des alten Reiches zu studieren. Hier befreundete sich Goethe mit dem Legationssekretär Johann Christian Kestner, und die unglückliche Liebe zu Kestners Verlobten Charlotte Buff trieb ihn vier Monate später im September ohne Abschied, zu Fuß, aus Wetzlar fort. Im Oktober des gleichen Jahres erschoß sich der Legationssekretär Karl Wilhelm Jerusalem, der Sohn eines der bedeutendsten deutschen Aufklärungstheologen, ein anderer Wetzlarer Bekannter – der Anstoß zu dem Roman *Die Leiden des jungen Werthers* (1774) war gegeben, der Goethe und die deutsche Literatur zu Weltruhm brachte. Die Niederschrift erfolgte unter dem Eindruck einer ähnlichen Konstellation mit Peter Anton Brentano und seiner Frau Maximiliane von La Roche, der Mutter von Clemens und Bettina Brentano.

Nach *Götz,* der Tragödie des wirkenden Mannes, ist *Werther* die Tragödie des Menschen in der Unbedingtheit des Gefühls. Von diesem Thema aus ergibt sich die Form des Briefromans, der durch Richardson und Rousseau modern geworden war. Eine Tragödie, die im Herzen ausgetragen wird, findet im bekennenden Brief ihren stärksten Ausdruck. Im Drama sehen wir die Person von ihrer Erscheinung, ihrem Verhalten her; im erzählenden Roman schiebt sich der Erzähler zwischen uns und seinen Helden. Im Briefroman kann sich die Person unmittelbar und intim von Seele zu Seele mitteilen – der Leser wird quasi zum Briefempfänger. Goethe hat diese Tendenz des Briefromans aufs äußerste verstärkt. Während in Rousseaus themenverwandter *Nouvelle Héloïse* Briefe verschiedener Schreiber zusammengefügt sind, mit deren Hilfe sich facettenartig und aus verschiedenen Blickwinkeln ein Bild der Geschehnisse ergibt, bringt Goethes Werk nur Briefe des Helden, und diese sind fast alle an einen Empfänger, den Freund Wilhelm, gerichtet. Auf diese Weise wird der Leser völlig in die Perspektive des Helden hineingezogen. Er erfährt von Personen und Ereignissen nur, was Werther aufnimmt, und er sieht es in der Beleuchtung, in der es Werther erscheint. Alles Außen dient dem Bild von Werthers Innerem. Anfänglich, solange der Held noch seiner Umgebung geöffnet ist, schließt der Seelenerguß die liebevoll abgezeichneten Bilder eines ruhigen, harmonischen Daseins in sich ein. Später, je mehr Werther in sich selbst versinkt, verflüchtigen und verzerren sich die Konturen der Umwelt. Deshalb verlangt die innere Ökonomie des Kunstwerkes, daß ein fingierter Herausgeber der Briefe den Leser aus dem Sog der Wertherschen Stimmung befreit, und es gehört zu den größten Kunstleistungen in deutscher Sprache, wie in den gegen Schluß immer dichter werdenden Herausgeberkommentaren der leidenschaftlich expressiven, monologischen Sprache des Herzens eine sachlich überlegene Sprache des Berichts zur Seite tritt, die sich in der Schilderung der Katastrophe zu einem schneidenden Lapidarstil steigert.

Neben Fernando und Clavigo in der Unbeständigkeit ihres Herzens ist Werther ein starker Mensch. Sein Herz tritt sich selbst und der Welt mit der höchsten Forderung entgegen, und so ist er nicht nur Ausdruck der Empfindsamkeit mit ihrem Selbstgenuß des Gefühls, sondern auch des Sturm und Drang-Titanismus mit seinem Streben nach Entgrenzung und Überschreitung des Ich, ein Verwandter Fausts und Prometheus'. Werther kann sich nicht bescheiden, deshalb ist er, der typische Halbkünstler, unfähig zur künstlerischen Gestaltung, die nicht zuletzt ein Akt der Begrenzung und des Verzichts ist, unfähig auch trotz aller Begabung zu einem Leben ruhigen Wirkens in der Gesellschaft, das immer ein Sich-Schicken und ein Sich-Abfinden mit Gegebenheiten verlangt. Sein Gefühl will die ganze Welt umarmen und durchdringen, alle Bindungen und Vermittlungen überspringen, in der reinen Übereinstimmung von Außen und Innen aufgehen, und er muß in diesem Streben scheitern: All-Einung des Ich ist als lyrische Grenzsituation möglich – Ganymed! –, aber nicht als Lebenshaltung, denn Welt und Gesellschaft sind darauf gegründet, daß sich der Mensch in Schranken und Bedingungen einfügt.

Infolgedessen finden wir Werther von Anfang an in der Haltung des Protests und der Flucht: Wo Götz sich aufreibt, flieht Werther aus der Gesellschaft in die Idylle eines ländlichen Aufenthaltes, und er scheint zunächst Ruhe zu finden, indem er seine Seele in der Natur, in einfachen Menschen und Kindern abspiegelt. Homers gegenständliche epische Welt findet er hier wieder. Da er aber sentimentalischer Betrachter bleibt, findet seine Liebeskraft keine Partnerschaft. Und so wird selbst die Liebe zu Lotte, der Verlobten des Freundes, zum Monolog, in dem sich Werthers Problematik voll ausspricht und verdichtet. Es ist im letzten folgerichtig, daß Werther sich in ein Mädchen verliebt, das er nicht haben kann, weil er aufs «Haben», auf die Verwirklichung der Liebe in der Ehe, gar nicht eingerichtet ist. Wie er blind ist für alle gesellschaftlichen Institutionen, die das Unendliche des Ideals in das Endliche der Wirklichkeit überführen, ist er auch blind für die Institution der Ehe als der praktisch gewordenen, auf Dauer und Treue gegründeten Erfüllung der Liebe, die den Partner und sich selbst als begrenzt bejaht. Werther kennt nur den anderen Pol der Liebe, der sie in die Nähe des Todes rückt, das Aufgehen- und Untergehenwollen in der Ewigkeit des Augenblicks, und so ist denn seine Liebe nichts anderes als die höchste Erscheinungsform seiner Sehnsucht, die Grenzen der Menschheit zu überspringen, die Krise jener Krankheit zum Tode, die im Kern seines Wesens verborgen liegt. Im Geheimsten seines Innern *will* Werther die Unmöglichkeit der Erfüllung, wie er auch die abermalige Enttäuschung im gesellschaftlichen Leben will, ehe er zum zweitenmal in den Bannkreis Lottes zurückkehrt. Wie er aber im grenzenlosen Vereinigungswillen kein Gegenüber, sondern nur Projektionen seines Ich findet, wird die Welt, erst Spiegel seines Enthusiasmus, nun Spiegel seiner Verzweiflung. Er begegnet in ihr seiner veräußerten, entfremdeten Innerlichkeit. Aus der hellen konturierten Welt Homers sinkt er in die Nebelwelt Ossians. Der Selbstmord wird zur Tat der Selbstbestimmung – eine Deutung, deren Wurzeln über Lessings *Emilia Galotti*, aufgeschlagen auf dem Lesepult Werthers bei seiner Tat, zu Gottscheds Selbstmordtragödie *Der sterbende Cato* zurückreichen. Wer überall auf Schranken stößt, wird zuletzt auch das eigene Dasein als Schranke empfinden. Der Bezug auf *Emilia Galotti* besagt aber noch ein zweites: Wie der alte Galotti nach der Tat, die gegen das Gesetz verstößt, den Richter im Himmel anruft, so sieht Werther seinen Selbstmord, mit dem er gegen die Welt protestiert, zugleich als Heimkehr zum Vatergott, zu dem er unmittelbar sein will. Wer keine Vermittlungen gelten läßt, braucht auch nicht den Vermittler Jesus Christus; er wird sich selbst in seinem Leiden christushaft.

Werthers Hingabe an das Diktat seines Herzens ist nicht zu verwechseln mit einer Haltung, die alles haben und alles umsonst haben will. Werther zahlt den vollen Preis. Seine Erscheinung hat etwas Faszinierendes, das die Menschen um ihn, auch und vor allem Lotte, mit Erschütterung wahrnehmen. Diese Faszination liegt in Werthers Elementarerfahrung der Seele, die ihn das je Eigene des Menschen als höchsten Wert erleben läßt: «Mein Herz habe ich allein[140].» Alle Größe und Gefährdung des Menschen spricht sich aus, der in der Aufklärung aus seinen überkommenen religiösen, geistigen und sozialen Ordnungen herausgetreten ist, und der frühe Glanz der Entdeckung des eigenen Ich liegt auch für uns über der Werther-Gestalt, wie er über der Jugend überhaupt liegt. Werthers Streben über die Grenzen der Menschheit hinaus gehört auch zum besten Teil der Menschheit, selbst wenn es zum Fehlschlag verurteilt ist, und so scheitert im Tod nicht nur Werther an der Welt, sondern auch die Welt an Werther. Werthers Selbstbezug auf Jesus Christus ist nicht nur ein Ausdruck seiner Krankheit, er ist auch objektiv im Horizont des Werkes, dessen Titel – lateinisch Passio Wertheri adoloscentis – untergründig auf die Passion hinweist, der Schmerzensmann einer Welt, die Unmittelbarkeit verweigert.

Zum Bleiben ich, zum Scheiden du erkoren,
Gingst du voran – und hast nicht viel verloren.

So ruft der alte Goethe in seiner *Trilogie der Leidenschaft* der geliebten Gestalt seiner Jugenddichtung zu, die das unglückliche Genie Lenz in seinen *Briefen über die Moralität der Leiden des jungen Werthers* (vorgelesen 1776, veröff. erst 1918) einen «gekreuzigten Prometheus» nennt[141]. Goethe hat kaum einer anderen Figur seiner Dichtung so viel von seinem eigenen Erleben mitgegeben. Dennoch ist das Werk, besonders in der überarbeiteten Form von 1787, ein in sich ruhendes, von den biographischen Bezügen voll abgelöstes Kunstwerk. Denn was Werther nicht kann, das kann sein Schöpfer: von sich Abstand nehmen, entsagen, aus der

Fülle seines Herzens ausgreifen in das vielfältige und reiche Bedingungsgeflecht der Welt, die sich dem Sechsundzwanzigjährigen im November 1775 mit dem Ruf an den Hof des Herzogs Karl August von Weimar auftut.

Urfaust

Als Goethe 1775 nach Weimar kommt, bringt er ein unvollendetes dramatisches Werk mit, das in seine dichterischen Anfänge zurückreicht und ihn bis zu seinem Lebensende beschäftigen wird. Es ist das Faustprojekt in der Gestalt des sogenannten *Urfaust*, den wir aus einer erst 1887 entdeckten Abschrift der Weimarer Hofdame Luise von Göchhausen kennen. Schon der *Urfaust* ist eine Summe von Goethes literarischer Existenz. Wie *Götz von Berlichingen* greift *Faust* in die Wende des Mittelalters zur Neuzeit zurück; in die Epoche also, in der sich das moderne Individuum herauszuarbeiten beginnt, das die Stürmer und Dränger zum Ideal und Programm erheben. Wie die dramatischen Literatursatiren Goethes erfaßt die Faustdichtung literarische Möglichkeiten der dramatischen Volkstradition – Knittelvers und Reihungstechnik – und zielt damit, wie der Sturm und Drang überhaupt, auf die Wiedervereinigung von hoher Literatur und Volksliteratur, die sich in derselben Zeit zu trennen beginnen, in der die Fausthandlung spielt. Auch im Stofflichen knüpft Goethe bei der Volksliteratur an. Seine Quellen sind das *Volksbuch von Dr. Faust* (1587) in der Ausgabe eines «Christlich Meynenden» von 1725 und ein altes Puppenspiel, das auf die Dramatisierung des deutschen Fauststoffes durch den elisabethanischen Dramatiker Christopher Marlowe (1564–1593) zurückgeht; Goethe hat das Puppenspiel in seiner Jugend gesehen. So fließt indirekt auch englische Dramenüberlieferung ein, die in Shakespeare für Goethe so maßgeblich geworden ist. Selbst die neue Lyrik Goethes mit ihren Volkslied- und Balladennachklängen ordnet sich dem *Faust* zu. Der *König von Thule* erklingt im Faustdrama und das volksliedhafte *Meine Ruh ist hin, mein Herz ist schwer . . .*; die mittellateinische, in die Geschichte der kirchlichen Volkstradition eingebettete Sequenz *Dies irae, dies illa* des Thomas a Celano (um 1190–1260) wird zitiert und sogar eine Version des Volksmärchens vom Machandelboom, das erst der romantische Maler Philipp Otto Runge in einer niederdeutschen Fassung aufgezeichnet hat.

Schließlich ist in *Faust* wie in *Werthers Leiden* das Geniethema bis ins Religiöse vorgetrieben, wieder aber nun in der Aufnahme einer breiten Tradition: Der historische Faust, quellenmäßig nur spärlich bezeugt, war eine wunderliche Gestalt, halb Zauberkünstler, halb Gelehrter, durch die Überlieferung verknüpft mit der im 16. Jahrhundert mächtig aufblühenden Pansophie, in der Alchimie und Astronomie, Magie und Theologie, Empirie und Spekulation miteinander verschlungen sind. Der Mikrokosmos des Menschen und der Makrokosmos der Welt, Schöpfung und Offenbarung werden in eine große Analogie gedacht, in der das eine sich durch das andere auslegt, Welterkenntnis zur Menschen- und Gotteserkenntnis wird. Agrippa von Nettesheim und Paracelsus sind eigentümliche Figuren dieses großen Stromes, von dem auch Kepler, Giordano Bruno und Leibniz berührt wurden, der aber am stärksten unter der Schwelle der «offiziellen» und professionellen Wissenschaft fließt, etwa bei Jakob Böhme und in der Böhmenachfolge des radikalen Pietismus, so bei dem schwäbischen Prälaten FRIEDRICH CHRISTOPH OETINGER (1702–1782). Auch die Schriften des schwedischen Naturforschers und theosophischen Visionärs EMANUEL SWEDENBORG (1688–1772) haben in diesen Kreisen eine große Rolle gespielt, denen sich Lavater, Obereit, der Wunderarzt FRANZ ANTON MESMER (1734–1815) mit seinen magnetischen Kuren, der Lavaterfreund JAKOB SARASIN (1724–1802) und andere zuordnen. Im Zirkel der Susanna Katharina von Klettenberg hat auch der junge Goethe während seiner schweren Krankheit nach dem Leipziger Aufenthalt pansophische Studien getrieben, und sein Arzt Dr. Johann Friedrich Metz hat ihn mit mystischen Wundermedizinen behandelt. Noch in Goethes späteren naturwissenschaftlichen Arbeiten mit ihrem Dringen auf ganzheitliche Anschauung der Phänomene, in ihrer Konzentration auf die Gestalt und deren Metamorphosen, in der sinnesphysiologischen Ineinsnahme von Wahrnehmung und Gegenstand, in der Ablehnung von Abstraktion und Quantifizierung wirkt dieser Ansatz nach.

Das Motiv des Teufelspaktes, das im Mittelpunkt der Faustüberlieferung steht, gibt es in vielerlei Gestalt bis in die frühmittelalterliche Literatur zurück. Das Charakteristische des Fauststoffes, schon in der eng religiös-moralisierenden Fassung des Volksbu-

214

ches, besteht darin, daß der Teufelsbund nicht aus Bosheit, sondern aus Maßlosigkeit des Herzens und eines wissensdurstigen Geistes geschlossen wird. Von Faust heißt es, er «name an sich Adlers Flügel, wolte alle Gründ am Himmel und Erden erforschen . . .»[142]. Adam und Eva in der biblischen Schöpfungsmythe, die in Goethes Faustdichtung mannigfach anklingt, werden verführt, vom Baum der Erkenntnis zu essen und sein zu wollen wie Gott. Faust drängt von sich aus in diese Richtung, und hier setzt die aufklärerisch-emanzipatorische Bearbeitung des Stoffes in Lessings Faustfragment an. Wer um der Welterkenntnis willen mit dem Teufel paktiert, verfehlt den Weg, aber nicht das Ziel, und so denkt Lessing auch an eine Rettung seines Helden.

Im *Urfaust* sind Teufelspakt und die von Goethe erfundene Teufelswette nicht ausgeführt. Da auch der dreifache Eingang von *Zueignung, Vorspiel auf dem Theater* und *Prolog im Himmel* noch fehlt, tritt die Faustgestalt unvermittelt übermächtig auf, nicht mehr nur, wie bei Lessing, ein Wahrheit und Erkenntnis Suchender, vielmehr die höchste Verkörperung des Sturm und Drang-Genies, das sein Ich zum All erweitern will. Fühlen, Denken und Tun, Anschauen und Hervorbringen, Welterfahrung und Selbsterfahrung sollen eins sein, wie sie in Gott eins sind. Faust will *unbedingt* sein und unbedingt *sein*. Deshalb hat die Wissenschaft mit ihrer Abstraktion für den Gelehrten Faust keine Erfüllungen bereit; er drängt zur magischen, das heißt ganzheitlich-analogischen Anschauung des Makrokosmos und über sie hinaus in der Beschwörung des Erdgeistes zur unmittelbaren Teilhabe am Lebensprozeß selbst. Aber ist schon die Wendung vom Makrokosmos zum Erdgeist eine Beschränkung, ein Verzicht auf Totalität um der Intensität willen, so wird Faust noch vom Erdgeist zurückgeworfen, weil auch Welterfahrung im Tun und Leiden dem Menschen nur im einzelnen, nicht im ganzen zukommt. Die Erhörung des zurückgestoßenen Faust liegt darin, daß er vom Erdgeist auf den Erfahrungsweg gewiesen wird. Faust bricht aus dem «Kerker» des Studierzimmers, der tiefen Nacht der Einsamkeit und Weltlosigkeit auf die Straße des Weltdurchganges, in den Garten der Liebesidylle aus. In der Mitte des Stückes betritt Faust einen anderen «Kerker» voller Seligkeit, Gretchens Kammer, aber am Ende des *Urfaust* ist eine noch schrecklichere Nacht, schließt sich ein noch schlimmerer Kerker, herrscht die grauenvolle Einsamkeit des Wahnsinns, von Gretchen, Fausts Opfer, erlitten.

Die Gretchentragödie steht beim *Urfaust* in der Handlung unverbunden neben der Szenenfolge um das Genie im Studierzimmer, dessen Begegnung mit dem Erdgeist variierend in den Gesprächen zwischen Faust und seinem Famulus Wagner und zwischen dem Schüler und Mephistopheles gespiegelt wird, wobei der Teufel ohne jede Einführung plötzlich da ist. Wie der Theoretiker Faust auf die Praxisfülle des Erdgeists trifft, so der gelehrte Pedant Wagner auf den Abglanz dieser Praxis in Faust, so der naiv wissenschaftsgläubige Student auf die zynische Weltkenntnis Mephistos. Wieso wird ein Teufel Fausts Begleiter auf dem vom Erdgeist gewiesenen Erfahrungsweg; wieso sein Vermittler zur Welt? Weil Fausts Übergang aus dem Raum der gedachten und gefühlten Möglichkeiten zur Realität in dem Maße auf deren Widerständigkeit treffen, in dem Maße in Schuld führen muß, in dem sein Titanismus über die dem Menschen gesetzten Grenzen hinausdrängt. Mephistopheles ist das Böse, das dem Versuch der Selbstvergötterung anhaftet, bei dem die Welt, auch der Nebenmensch, zum Medium der Selbsterfahrung wird. Mephistopheles ist aber auch der Widerspruchsgeist, der Faust aus allen Beruhigungsversuchen in geistigen Vorwegnahmen in die Faktizität als die letzte Konsequenz seines Denkens und Wollens treibt. Auerbachs Keller zeigt, wie kopfüber Faust aus seinem geistigen Traum von der Welt in die brutale Materialität stürzt. Bald werden die Widersprüche, die er bisher reflektiert hat, ihn zerreißen und als Schuldigen zurücklassen. Bald wird das Tierische – wie bei *Satyros* – aus seiner übermenschlichen Umarmung der Welt herausbrechen: als Egoismus der Sinnlichkeit noch in seinen höchsten Aufschwüngen. Bald wird aber auch deutlich werden, daß Fausts Titanismus, sofern er in seinem Gottgleichheitsanspruch wie in seiner Weltumarmungssehnsucht einen Liebesgrund der Welt und – selbst noch in der Verzweiflung – eine Herrlichkeit des Lebens meint, von Mephistopheles weder gefaßt noch gehalten werden kann.

Obwohl die Handlungsbrücke zur Gretchentragödie fehlt, ist die innere Verbindung zur metaphysischen Tragödie Fausts erkennbar. Sie läßt sich zunächst allgemein aus Goethes Konzeption des Genies ableiten, die von Herder kommt: Immer wieder, in *Wandrers Sturmlied* und *Schwager Kronos*, in der Idylle *Der Wandrer* und in den *Leiden des jungen Werthers* hat Goethe den Rückbezug des Genies auf das Volk, die polare Zusammengehörigkeit von Geist und Natur, sentimentalischer Sehnsucht und naivem Dasein als Eintritt des Wandrers in die Idylle gestaltet – ein Thema, das bis in seine letzte Schaffensphase reicht. Was Faust haben will: das extensive Ganze, den Vereinigungs- und Realisierungspunkt aller Möglichkeiten des Fühlens, Tuns, Anschauens, Handelns usw., das hat Gretchen intensiv auf der Stufe einer noch vorbewußten und vorpersonalen Menschheit. Deshalb muß Faust Gretchen lieben als Präfiguration des Zieles, auf das er ins Unendliche hinstrebt, aber Gretchen muß auch Faust lieben, sofern in dieser Präfiguration ja der Verweis auf das im Unendlichen liegende Ziel enthalten ist. In ihr liebt die Natur den Geist, der sie erweckt und deutet. Die Liebe aber ist die Form ihrer Begegnung, weil sie die menschliche Weise ist, das zu erfüllen, was Faust in übermenschlicher Weise ersehnt: Schranken der Person und Situation zu sprengen, ganz, ewig und alles zu sein. Sie ist darüber hinaus auch deshalb die Form ihrer Begegnung, weil, ohne daß Faust das voll begriffe, das Göttliche, dem er zustrebt, nicht primär Omnipotenz, sondern Liebe ist, aus der erst die Omnipotenz fließt.

So muß Faust auf seinem Weg zur Liebeserfahrung kommen, und er muß diese Erfahrung in einer zugleich höchst reichen und höchst zerstörenden Weise machen: Reich, weil seine Sehnsucht zum Ganzen so titanisch groß ist, zerstörend, weil seine Tendenz zur Vergötterung noch in der Hingabe rücksichtslos ihn selbst meint. Er weiß nicht, daß die Liebe im anderen nicht nur Entgrenzung, sondern auch Begrenzung sucht und daß darin der Bedingungsrahmen, der sich im menschlichen Leben um den unbedingten Augenblick der Liebe legt, ihr Wesen tiefer und genauer erfaßt als sein emphatisches und zugleich trostloses Programm:

Sich hinzugeben ganz und eine Wonne
Zu fühlen, die ewig sein muß!
Ewig! – Ihr Ende würde Verzweiflung sein.

So vernichtet Faust Gretchens idyllische Welt, eingespannt zwischen Kammer und Garten, Brunnen, Kirche und Stadtmauer; so vernichtet Faust Gretchen selbst, die durch ihn zur Tötung der Mutter und des von Faust empfangenen Kindes kommt und in Wahnsinn fällt, ehe der Henker sie holt. So läßt Fausts Liebe aber auch Gretchen als Gestalt erst wirklich werden, indem er sie über ihre Grenzen hinausreißt und zerstört, seine eigene Unbedingtheit als Unbedingtheit der Hingabe in sie pflanzt.

Die Idylle *ist* Idylle erst in Fausts Deutung ihres Lebens, während Gretchens reale Umwelt von vornherein schwere Widersprüche aufweist – am deutlichsten in der Zentralstellung der Kupplerin, statt der Mutter, und in Gretchens problematischer, halb ahnungsloser, halb affizierbarer Vertrautheit mit ihr. Sie *wird* reine Natur in einem Moment ihres Weges zum Bewußtsein, der im lyrischen Augenblick von Gretchens in sich kreisendem Spinnlied zur Sprache kommt – mit der ungeheuren, später von Goethe eliminierten Kühnheit:

> Mein Schoß, Gott
> Drängt sich nach ihm hin . . .

Sie kommt zu sich in der Fraglosigkeit ihres Entspringens aus gelebten konkreten Bindungen, die auch Schuld ist. Sie wird verantwortlich als Schuldige und bewußt im Zerbrechen ihres Bewußtseins, das in diesem Zerbrechen schließlich über Fausts Bewußtsein hinausgeht, weil ihres, wo er auf Ausflüchte und Entschuldigungen sinnt, zerbrechend den radikalen Widerspruch der Lage einfängt: Faust Mörder, Verführer, Liebender, sie Mörderin, Verführte und Liebende, schuldig und gerechtfertigt durch das Beste in ihr, denn ihre Schuld fließt aus der grenzenlosen Hingabe und nicht, wie bei Faust, aus dem grenzenlosen Selbstverwirklichungswillen. Deshalb kann Gretchen in der Zerstörung durch Faust das werden, was er in ihr imaginiert: Vereinigungsglied zwischen Himmel und Erde, der «Engel», in dem die göttliche Liebe den liebend-lieblosen, auf Gott bezogenen und gottlosen Faust anruft. Auch wenn der *Urfaust* in der Kerkerszene eine harte, hoch expressive Prosa erklingen läßt, die, neben einigen anderen Glättungen, in der klassischen Fassung in balladeske Reimverse abgetönt wird, auch wenn in der Erstfassung noch nicht die Stimme von oben: «ist gerettet» ausspricht, ist in Gretchens Überantwortung an die Engel im Gericht Gottes, mit der sie am Ende aus dem Wahnsinn auftaucht, die Gnade da und im verhallenden Ruf: «Heinrich! Heinrich!» auch die göttliche Liebe, wie sie bei Goethe gedacht oder besser nur im Gleichnis faßbar geahnt ist: nicht als die eines jenseitigen Schöpfers, sondern als eine Quelle des Lebens, von der ausfließend und in die zurückfließend in einer unaufhörlichen gegenläufigen Bewegung die Welt besteht. In dieser Konzeption ist die Tragik des *Werther* und des *Götz* aufgehoben, aber nicht entschärft – sie ist das Moment, in dem das Sein Entfernung vom Ursprung, das Individuelle Vereinzelung vom Ganzen ist. In dieser Ausgangskonzeption sind aber auch alle späteren Metamorphosen des Werkes schon als Möglichkeiten enthalten.

Dramatiker des Sturm und Drang

Gerstenberg, Leisewitz, Klinger

«O wenn ich ietzt nicht Dramas schriebe ich ging zu Grund», bekennt Goethe 1775 (7.–10. März an Auguste Gräfin zu Stolberg). Diese Äußerung ist kennzeichnend für die Genie-Epoche. Das Theater, von Gottsched bis Lessing verstanden als Mittel zur Formierung der Nation und der bürgerlichen Öffentlichkeit, erscheint den Genies als Ort der Selbstaussprache und stürmischen Selbstentfaltung – eine Sicht, die nachwirkt in so verschiedenartigen Zeugnissen wie *Wilhelm Meisters theatralischer Sendung*, Karl Philipp Moritz' *Anton Reiser* und Klingers Vorrede zu seiner Sammlung *Theater*. Während die Lyrik Reinheit der Stimmung, der Roman epische Überschau und Breite der Welterfahrung verlangt, wird das Drama verstanden – auch mißverstanden – als Möglichkeit, den Widerstreit der eigenen Existenz mit sich selbst und der Gesellschaft in distanzloser Heftigkeit und explosiver Verdichtung auszusprechen.

Bei der Vorbereitung des Sturm und Drang-Dramas spielen drei deutsche Dichter in Dänemark, das zeitweilig eine deutsche Kulturprovinz zu werden schien, eine besondere Rolle: Johann Elias Schlegel, Klopstock und, als wichtigster Vermittler zwischen dem Drama Klopstocks und der Genies, HEINRICH WILHELM VON GERSTENBERG (1737–1823), der mit dem *Messias*-Dichter befreundet war und dessen Bardendichtung angeregt hat (*Gedicht eines Skalden*, 1766). Gerstenbergs *Tändeleyen* (1759) sind noch ein Werk der Anakreontik. In seinen *Briefen über Merkwürdigkeiten der Litteratur* (1766–67) kündigt sich die Shakespeare-Deutung des Sturm und Drang an. Er läßt den Begriff der Regeln beiseite und würdigt Shakespeares Dramen nicht nach ihrem dramatischen Aufbau, sondern als Kolossalgemälde menschlicher Natur und Leidenschaft. Dasselbe versucht Gerstenberg in seinem Drama *Ugolino* (1768) zu geben. Nach einer Episode aus Dantes *Divina Commedia* stellt das Stück den Hungertod des pisanischen Grafen Ugolino und seiner Söhne vor, die von Ugolinos politischen Feinden zusammen in einem Turm eingemauert worden sind. Die Handlung des Stückes ist im Grunde schon zu Beginn abgeschlossen. Es bleibt die Ausmalung der extremen Situation, ein langsames, krasses Sterben, das die Personen über alle Grenzen empirischer Charaktere hinaustreibt in wilde Leidenschaftsausbrüche, dumpfe Verzweiflung, heroische Ergebung. Die Modulation, Steigerung und Kontrastierung von Stimmungen, auf die Klopstocks Drama angelegt ist, wird ins äußerste weitergeführt. Die Gestaltungsmittel des Sturm und Drang-Dramas sind bereitgestellt, seine geistigen Gehalte noch nicht erfahren.

Erst im Freundeskreis Goethes und unter dessen Eindruck schießen die neuen Gestaltungselemente um den Kristallisationskern des Geniegedankens zusammen. Der entschiedene Dramatiker dieses Kreises ist Friedrich Maximilian Klinger (1752–1831), Konstablersohn aus Frankfurt, von Goethe gefördert und 1776 mit ihm zerfallen, nach unruhigem Leben zum General in russischen Diensten und Kanzler der Universität Dorpat aufgestiegen. 1790 heiratete er eine uneheliche Tochter der Zarin Katharina. Klingers erstes Drama *Otto* (1775) ist der Anfang einer Welle von Ritterdramen, die durch Goethes *Götz* ausgelöst wurde, sein zweites, *Das leidende Weib* (1775), steht in der Nähe von Lenz und wurde ihm irrtümlich zugeschrieben. *Otto* behandelt, wie später *Die Zwillinge*, das Motiv der feindlichen Brüder. Der ältere, redliche wird vom Vater, dem Herzog, verstoßen, während der jüngere sich beim Vater einschmeichelt und ihn verrät. *King Lear*-Anklänge sind unüberhörbar, vor allem wenn der reuige Alte mit einem Irren zusammen, in dessen Schicksal sich das Thema der Bruderfeindschaft wiederholt, in der Wildnis sitzt. Aber noch ist die Thematik nicht konsequent zugespitzt; der Titelheld, der Ritter Otto, als Opfer eines Verrats gleichfalls zum Verräter geworden, schiebt sich vor die Familientragödie, und eine kaum integrierte Nebenhandlung führt in die Folterkammern der römischen Inquisition, wie überhaupt ein militanter Antiklerikalismus das Stück durchzieht. Das katastrophische, explosive Selbstgefühl der Helden wird noch von einem Gerüst objektiver moralischer Normen und Wertungen unterfangen.

Das leidende Weib, 1915 frei bearbeitet von Carl Sternheim, bezieht am stärksten unter Klingers Dramen die Figuren auf die Gesellschaft, und zwar in einer radikal kritischen Weise – es ist Klingers bürgerliches Trauerspiel. Der Mensch ist auch bei Klinger angelegt auf Unmittelbarkeit und Ganzheit – von da der Preis des Augenblicks, des Geschenks der Stunde, das fast Egmont-artige

Zurückweisen der Sorge. Ein Ensemble von Hauptfiguren, wie in *Otto*, dient dazu, diese Unmittelbarkeits- und Ganzheitssehnsucht, die sich in der Liebe erfüllen will, spektral nach den Brechungen aufzufächern, die sie in der Gesellschaft erfährt. Die Gesellschaft ist so menschenfeindlich, daß wahre Liebe, wie in *Werther*, aber auch in Klingers späteren Dramen ins Religiöse überhöht, sich in ihr nicht verwirklichen kann. Der ideale Liebende Franz flieht aus dem Scheitern seiner Liebe mit einem zweiten Unglücklichen, dem Witwer des leidenden, ehebrecherischen Weibes, der die verzeihende Liebe repräsentiert, in eine rousseauistische, aber ins Private gewendete, nur nach rückwärts in die Erinnerung geöffnete Utopie des selbstgenügsamen Naturlebens: sozusagen der Schluß der *Minna von Barnhelm*, nach der sich die Liebenden stilisieren, zur Katastrophe gewendet. Franz ist der programmatische Sprecher der «Fülle des Herzens»[143], die noch in der Entstellung im ehebrecherischen Liebesverhältnis, quasi einer zur Konsequenz getriebenen Lotte-Werther-Albert-Konstellation, ja sogar im bloß sinnlichen Verführungswillen eines Hofmanns um Ausdruck ringt: «. . . was gehen mich Ihre Philosophen und Monaden alle an? Kurz um, ein Mädel ist mir lieber, als das all[144].» Verblaßt ist die Unmittelbarkeits- und Ganzheitstendenz in der sich selbst genießenden literarischen Empfindsamkeit und im philosophischen Systematisieren, die beide der Satire verfallen. Bei einem genialen Ansatz bleibt das Stück inkonsequent darin, daß es selbst die Gipfelaugenblicke der Erschütterung ins literarische Zitat, also eine vermittelte Form gießt – so zitiert das leidende ehebrecherische Weib im Sturm der Reue Emilia Galotti – und daß die Thematik des Ehebruchs in einer Weise moralisch gefaßt wird, die weder die Relation Moral–Gesellschaft noch die Relation Gefühl–Moral völlig klar werden läßt. Das wird gerade in dialogischen Resümees deutlich – so bei der Liebesszene in der Gartenlaube mit dem blasphemischen Christuszitat des ehebrecherischen Liebhabers: «Ich trage aller Welt Sünde für dich»[145] –, und im Schluß, an dem, *Miß Sara Sampson* überbietend, die tote Sünderin aus Liebe vom zurückgelassenen, betrogenen Ehemann heilig gesprochen wird.

Die besten unter Klingers dicht folgenden Sturm und Drang-Dramen erreichen größere Geschlossenheit und Eigenständigkeit, aber um den Preis, daß die schon im *Leidenden Weib* sehr abstrakt gefaßte Gesellschaft (die Spannung Bürgertum und Hof wird angespielt, aber nicht durchgeführt) ihre Gegenständlichkeit fast völ-

222

lig verliert und die utopischen Momente nicht mehr durch die Handlungsführung relativiert werden. Das Eigentümliche der *Zwillinge* (1776) wird deutlich im Vergleich dieses Stückes mit dem motivgleichen Trauerspiel *Julius von Tarent* (1776) von JOHANN ANTON LEISEWITZ (1752–1806), dem einzigen Dramatiker des Göttinger Hains. Auch Leisewitz greift Sturm und Drang-Motive auf in der gesellschaftsfeindlichen Neigung des Helden Julius zur Idylle des einfachen, ursprünglichen Lebens oder im starren Selbstbehauptungswillen seines feindlichen Bruders Guido, aber der Akzent des Dramas liegt doch – wie bei Leisewitz' Vorbild Lessing – auf der psychologisch und kausal sorgfältig motivierten Konstellation, die das verhängnisvolle Ereignis des Brudermords herbeiführt. Bei Klinger dagegen liegt das volle Gewicht der Gestaltung auf der Hauptfigur, dem Machtmenschen Guelfo, der in seine Leidenschaft wie in einen Käfig eingesperrt ist. Die Nebenfiguren – Bruder, Eltern, Braut des Bruders, Freund – wirken lediglich als Stichwortträger, die den Helden immer tiefer in seine Wahnwelt stoßen. Auch für den Zuschauer bleibt unklar, ob Guelfo in der Tat, wie er glaubt, die Rechte der Erstgeburt zugunsten seines Zwillingsbruders Ferdinando geraubt worden sind oder nicht. Nicht auf die wirkliche Situation, sondern auf das Lebensgefühl des Helden kommt es an, der unter dem Zwang seiner Selbstdeutung handelt, wenn er schließlich wie der verfluchte Kain den bei Gott und Menschen angenehmen Bruder Abel erschlägt, der ihm immer und überall im Licht steht. Leisewitz gelingt es nicht, den im Gegensatz der Brüder keimhaft angelegten Gegensatz zwischen privater und öffentlicher Existenz – es ist derselbe, der Clavigo zerreißt – dramatisch wirklich zwingend in die Erscheinung zu bringen. Trotz aller Genauigkeit der Motivierung bleibt der Konflikt im tieferen Sinne episodisch, eine zufällige verhängnisvolle Begegnung zweier Brüder, die sonst in verschiedenen Welten leben, während bei Klinger der tragische Held sich selbst zum Schicksal wird.

Auf diese Weise grenzt sich Klinger in seiner Dramatik zunehmend auch gegenüber Goethe ab: Bei Goethe ist selbst das Seelendrama welthaltig, bei Klinger nicht. Auch in dem Trauerspiel *Die neue Arria* (1776) ist die Welt ein bloßer Resonanzraum für die Selbstdarstellung der Hauptfiguren. Wenn am Schluß des Stückes der Held Julio und seine Geliebte Solina, im Kerker gefangen, gemeinsam in den Freitod gehen, bleibt die Realität mit ihrer Verworrenheit wesenlos hinter ihnen zurück, nicht, wie später im Schillerschen Läuterungsdrama, überwunden durch sittliche Kraft, vielmehr unwesentlich geworden vor der endlich gefundenen Harmonie der Liebenden ineinander und in sich. Im Angesicht des Endes kann Julio zu seiner Geliebten sagen: «Bey der Hoheit des Menschen! wir sind die einzige Geschöpfe auf Gottes Boden[146].» Am deutlichsten wird das Klingersche Gestaltungsprinzip in seinem Lieblingsstück *Sturm und Drang* (1776). Im Gewand eines banalen Familienstückes vollzieht sich der Zusammenprall des Genies mit seinen eigenen Projektionen. Spiegelbildlich stehen einander zwei Personengruppen: Vater und Sohn hier – Vater und Sohn dort, gegenüber. Genie stößt auf Genie, in der Generation der Väter und in der Generation der Söhne, mit der Notwendigkeit und Sinnlosigkeit eines Naturschauspiels. Klingers Drama hat keinen wirklichen Schauplatz, es spielt im Genie. Da dieses aber, im Wesen aufgespalten, in der Entfremdung von sich lebt, begegnet ihm seine eigene Seelenproblematik entfremdet, nicht als Innen, sondern als Außen. Und so ist auch der Verlust der Geliebten Caroline, der der Held Wild nachjagt, in Wirklichkeit Selbstverlust, ihr Wiederfinden Selbstfindung, wie schon die Namen andeuten: Carl vereinigt sich mit Caroline in der neuen Welt der Liebe, als deren Chiffre Amerika dient. Das titanische Allstreben führt in Zerfahrenheit, Dumpfheit und Haltlosigkeit. Wer sich überschreiten will, muß seine Menschlichkeit verfehlen; er bleibt ein ins Maßlose geplantes Feld von Fragmenten. In der Liebe aber tut sich ein wirklicher Zugang ins Unendliche auf, das Genie wird mit sich versöhnt.

Von hier aus wird auch Klingers vorhergehendes Schauspiel *Simsone Grisaldo* (1776) verständlich. Die erotische Kraftmeierei dieses Helden ist Zeichen einer liebenden Verschwendung an die Welt. Das Genie erscheint als ein neuer und sehr irdischer «Heiland» – so benannt bei Klinger[147] –, der die Welt in Liebe und Demut besiegt und erlöst. Bei alledem darf das Schwebende und Fiktive solcher Lösungen nicht übersehen werden, der groteske und zugleich märchenhafte Zug, der seit *Simsone Grisaldo* in Klingers Geniedramen Platz greift. Läßt Goethe seinen Götz und Werther in Treue zu sich untergehen, so löst sich Klinger von der Unbedingtheit seiner Helden allmählich ab, indem er ihr titanisches, zugleich weltfremdes und weltloses Kämpfen und Streben von der Form her auf seinen irrealen Grund hin durchsichtig macht. Alle

Konflikte verlieren an Gewicht, Handeln wird Spiel, Gefühl Einklang, die Helden sind nicht mehr ernsthaft gefährdet – eine Entwicklung, die sich abzeichnet in Klingers Prometheus-Fragment *Der verbannte Göttersohn* (1777), in *Prinz Seidenwurm* (1780) und der Komödie *Der Derwisch* (1780). Das Genie wird zur Utopie menschlicher Vollkommenheit.

Nicht nur als Handelnder, auch als Dichter hat Klinger neben und nach diesen Geniedramen den Weg zu einer in ihrem Eigenrecht wahrgenommenen Realität gesucht. Ansätze liegen in dem Fragment *Pyrrhus* (1776–79) und in dem Trauerspiel *Stilpo und seine Kinder* (1780), die Fortführung bilden Gesellschaftskomödien sowie historisierende und antikisierende Trauerspiele in Klingers russischer Zeit. 1780 erschien ein derb satirischer Roman *Plimplamplasko, der hohe Geist*, der sich, auf den Genieapostel Kaufmann zielend, gegen die Entartungen des Geniewesens wandte. Der Roman *Fausts Leben, Thaten und Höllenfahrt* (1791) sieht den Idealhelden der Stürmer und Dränger schon aus kühler Distanz. Mit diesem Werk beginnt ein auf zehn Bände angelegter Zyklus von philosophischen Romanen, die den Gegensatz von Ideal und Wirklichkeit, einzelnem und Gesellschaft darstellen. Sie werden im Rahmen der Klassik erörtert.

Lenz

Jakob Michael Reinhold Lenz ist die menschlich unglücklichste Gestalt des Sturm und Drang, denn er hat sein Geniebekenntnis zur Freiheit des Ich zugleich lebenslänglich untergründig als schuldhaft empfunden. 1751 in Livland geboren, verließ er gegen den Willen des Vaters, eines unerbittlich strengen Pfarrers, die Heimat und das Theologiestudium in Königsberg und ging nach dem Westen, um sich der Literatur zu widmen. Als Straßburger Student trat er in den Bannkreis Goethes, und seine Dumpfheit und seelische Zerrissenheit ließen ihn Halt suchen in einer exaltierten Nachfolge, die er in der satirischen dramatischen Skizze *Pandaemonium Germanicum* (verfaßt 1775) selbst ins Bild gehoben hat. Lenz deutet sich hier als Weggenossen seines größeren «Bruders» Goethe und Herold des künftigen Zeitalters[148]. Er hat die verlassene Friederike Brion umworben, Goethes Schwester

Cornelia schwärmerisch verehrt und nach der Berufung Goethes in Weimar ein kurzes Gastspiel gegeben, das mit einem brüsken Verweis vom Hofe endete. In dem Dramolett *Tantalus* (entstanden 1776), das auf den Ixion-Mythos zurückgreift, sieht sich Tantalus-Lenz als Gespött des Olymps, in dem sich ihm die Partnerschaft der freien und schöpferischen Geister symbolisiert. Die Chinoiserie *Myrsa Polagi* faßt die Lenzsche Lebenserfahrung treffend im Sinnbild des Irrgartens. Immer zwingender wird das Bild des fernen Vaters, unter dessen Gewalt er sich als Abtrünniger, als verlorener Sohn erlebt. Nach Wahnsinnsanfällen, von denen ihn auch ein Aufenthalt bei dem berühmten Reformpfarrer JOHANN FRIEDRICH OBERLIN (1740–1826) in Waldersbach in den Vogesen 1778 nicht heilen konnte, mußte Lenz heimgeholt werden. Notdürftig hergestellt ging er nach Rußland. 1792 wurde er in einer Moskauer Straße tot aufgefunden.

Aus menschlicher und weltanschaulicher Gefährdung entsteht bei Lenz eine dichterische Produktion, die geniale Anläufe, aber keine Erfüllung bringt. Ein Stilelement des Tragikomischen bestimmt sein Werk. Durch diesen Zug hebt sich Lenz' Fragment eines Briefromans *Der Waldbruder*, entstanden 1776 und 1797 in Schillers *Horen* veröffentlicht, von Goethes *Werther* ab, als dessen Nachahmung das Werk vorschnell gesehen worden ist. Werther lebt in der Absolutheit des Gefühls; der Lenzsche Held mit dem anspruchsvollen Namen *Herz* verabsolutiert seine Phantasie. Werther zerbricht tragisch am Leben; Herz schirmt sich als halbmönchischer Eremit einer phantastisch-religiösen Liebe bewußt gegen das Leben ab. Aus einer Kombination von Briefen verschiedener Verfasser, mit der Lenz eher dem älteren Stilvorbild von Rousseaus *Nouvelle Héloïse* folgt, läßt sich schließen, daß Herz von seinen Freunden sorgfältig an der Katastrophe vorbeigeführt wird – eine Konstellation, die ähnlich in der Komödie *Die Freunde machen den Philosophen* (1776) anklingt. Während die Komödie in einer Ehe zu dritt endet, bietet der Roman die Aussicht auf Rettung nur von ferne, eine tragikomische Rettung allerdings, denn die Fürsorge anderer für sein Lebensglück verdankt sich der eigenen Lebensuntüchtigkeit und schließt damit eine Art Entmündigung in sich ein.

Lenz' *Tagebuch*, auf Erlebnisse seiner Straßburger Zeit 1774 zurückgehend, ist ein leicht romanhaft überformtes Lebenszeugnis, während *Zerbin oder die neuere Philosophie* (1776) sowie *Der*

Landprediger (1777) in den Bereich der moralischen Erzählung gehören. In der Gestalt des Landpredigers finden sich Reminiszenzen an Goethes Schwager Schlosser, der als Oberamtmann in Emmendingen zusammen mit seiner Frau Cornelia, Goethes Schwester, Lenz gastlich aufnahm. Der Held benutzt seine Stellung als Pfarrer auf dem Dorfe zu praktischen Sozialreformen und steht der Literatur mit Skepsis gegenüber – Ausdruck von Lenz' Enttäuschung über seinen Lebensweg. *Zerbin* bietet eine Variante des Themas der verführten Unschuld. Wie in Goethes *Faust* wird auch hier das Naturkind aus dem Volke nicht von einem Adligen, sondern einem bürgerlichen Gelehrten verführt. Der Untertitel deutet schon auf Lenz' Satire gegen die moderne Philosophie, in der die Stimme der Natur, nämlich das moralische Gefühl, durch Konventionsgründe und Zweckmäßigkeitsargumente zum Schweigen gebracht wird. Findet sich schon in der früheren Aufklärung, etwa bei Gellert, die Satire auf den gelehrten Pedanten, so häuft sich seit dem Sturm und Drang die Polemik gegen skeptizistische und materialistische Strömungen der Aufklärungsphilosophie, die in Gestalten wie dem Franz Moor der *Räuber* kulminiert. Lenz wendet sich in *Zerbin* gegen die Vertragsauffassung der Ehe, die von Wolff bis zu Kants berühmter Definition in § 25 der *Metaphysik der Sitten* (1797) philosophisch ausgearbeitet wird.

Zwielicht herrscht in Lenz' Lyrik. Seine Stimme ist verschleiert, seine lyrische Bewegung kleinräumiger als die Goethes auch im hymnischen Aufschwung (*Der verlorene Augenblick, die verlorene Seligkeit*), seine Motive sind stärker der Anakreontik verhaftet. Doch zuweilen erfolgt eine jähe Verzerrung ins Groteske, der Absturz in eine eisige, todesstarre Bildwelt, die an die Metaphorik des Expressionismus erinnern kann:

Die Sonne scheint ihm schwarz, der Boden leer,
Die Bäume blühn ihm schwarz, die Blätter sind verblichen...[149]

In balladesken Gedichten wandelt Lenz den modischen Bänkelsängerton, wie er sich im Anschluß an Gleims Romanzen entwickelt hatte, ins gespenstisch Komische ab (*Piramus und Thisbe*). Daneben gibt es einen fahlen, bedrückenden Volksliedklang (*Ein Mädele jung ein Würfel ist*). In seinem dem Friederike-Erlebnis angehörigen Gedicht *Die Liebe auf dem Lande* dringt aus der willenlosen, fast schemenhaften Fügsamkeit des verlassenen Mädchens ein schneidender Schmerzenston der immer noch lebendigen Liebe. Lenz kommt in diesem Gedicht zu einer in der deutschen Lyrik der Zeit einzigartigen Mischung von Mitleid und Satire.

Ihre bedeutendste Ausformung findet die tragikomische Haltung in Lenz' Dramatik, zu der die *Anmerkungen übers Theater* (1774) den Schlüssel geben. In dieser radikalen dramaturgischen Schrift des Sturm und Drang werden die aristotelischen und von Lessing erneuerten Bestimmungen von Tragödie und Komödie auf den Kopf gestellt. Was die Alten auf Grund ihrer Religion als tragisch erlebten, der Mensch unter dem Zwang einer schicksalhaft unentrinnbaren Situation, ist für Lenz komisch; denn die großen Menschen, die als Helden in die Tragödie gehören, werden von ihm so unbedingt frei gedacht, daß sie «selbstständig und unveränderlich die ganze große Maschine selbst drehen, ohne die Gottheiten in den Wolken anders nötig zu haben, als wenn sie wollen zu Zuschauern . . .»[150]. Inbegriff des «hohen Tragischen» ist ihm, wie es im *Pandaemonium Germanicum* heißt, der emporsteigende Halbgott, der auf der letzten Staffel seiner Größe gleitet – wohl Prometheus, der an den Kaukasus geschmiedet wird, weil er den Menschen das Feuer gebracht hat –, oder ein schimpflich sterbender, wohltätiger Gott: Christus[151]. Beide Exempelfiguren des Tragischen sind im Bild des «gekreuzigten Prometheus» in eins gezogen, wie schon die alte Kirche Prometheus als heidnische Präfiguration des Erlösers Christus verstanden hat[152]. Sie erleiden den Zorn, die Ferne des göttlichen Vaters um der Schwäche und Sündhaftigkeit der Menschen willen; sie opfern ihre unbedingte Freiheit für die unfreien Menschen, um sie zu befreien. Der Zorn Gottes ist der Reflex der Unvollkommenheit der Menschen.

Es ist nun kennzeichnend, daß Lenz diese Tragödie neuen Stils, der er in seinen theoretischen Schriften breiten Raum gewährt, nicht gestalten konnte. Am nächsten kommt er ihr mit der «dramatischen Phantasei» *Der Engländer* (1777). Ein vornehmer junger Engländer nimmt in der Fremde Italiens Dienste als einfacher Soldat, nur damit er als Schloßwache durch einen Schuß die unerreichbar geliebte Prinzessin wecken, sich ihr erklären und dann in den Tod gehen kann. Eine Ausgangssituation der äußersten Entfremdung. Nur er, der Liebende, ist der Gerechte in dieser Welt, in der «die Gleichgültigkeit gegen alles, was schön und fürtrefflich ist, das einzige Laster» ist[153]. Das gesamte Stück besteht aus einer Folge von Versuchen, ihn zu einem Kompromiß mit dem «Pflanzenleben . . ., Steinleben» der Gesellschaft[154], der Wollust und der Geschäfte zu bringen und ihn von dem Tode zurückzuhalten, dem er doch unaufhaltsam zutanzt:

> So geht's denn aus dem Weltchen 'raus,
> O Wollust, zu vergehen![155]

Der Vater, als Exponent dieser Versöhnungsversuche von «grausamer Gewalt»[156], wird zur Symbolfigur des «furchtbarsten aller Wesen», nämlich Gottes[157]; der Triumph des Sohnes besteht darin, daß er noch im Tode den unendlichen Erinnerungsschmerz der unglücklichen Liebe der himmlischen Seligkeit vorzieht. Der verlorene Sohn Werther will zu seinem himmlischen Vater gehen. Der Engländer mit dem sprechenden Namen Hot ruft: «Weg mit den Vätern![158]» Sein letztes Wort: «Behaltet euren Himmel für euch[159].» Das Absurde, auf das moderne Theater vorweisende dieser grandiosen, auf fünf Akte gedehnten Verweigerungsgeste besteht darin, daß die Welt- und Gesellschaftskritik zu subjektiven Chiffren verkürzt, ein Sinn dieser absoluten Liebe, der über den Liebenden hinausginge, nicht erkennbar wird, während ein solcher Sinn doch zu dem theoretisch konzipierten Lenzschen Tragödienhelden zu gehören scheint. Bei alledem ist *Der Engländer,* 1978 von Friedrich Goldmann unter dem Titel *R. Hot* als Oper vertont, vielleicht Lenz' geschlossenstes Werk.

Lenz' dramatische Hauptwerke hat er selbst als Komödien bezeichnet, und auch als Übersetzer hat er sich speziell für die Komödie interessiert: Er hat Shakespeares *Love's Labour's Lost* unter dem Titel *Amor vincit omnia* (1774) ins Deutsche übertragen und *Lustspiele nach dem Plautus* in elsässisches bürgerliches Milieu der Zeit versetzt (1774). Vom Standpunkt seines Sturm und Drang-Bewußtseins sind die Figuren seiner Komödien komisch, weil sie, wo der Engländer Hot wenigstens eine absurde Freiheit zum Tode rettet, alle einer Fügung unterworfen sind, der sie nicht entrinnen können. Während in der Tragödie nach Lenz' Meinung auch dem Dichter nichts zu tun bleibt, als daß er der Selbstentfaltung seines Helden Raum gibt, schaltet Lenz als Komödiendichter mit der Willkür eines tyrannischen Vatergottes, der seine Geschöpfe bis ins letzte determiniert und sie mit blinder Härte immer wieder die gleiche Schicksalskurve durchlaufen läßt. Sie ist die Grundfigur von Lenz' eigenem Leben. Alle seine Stücke umkreisen monomanisch bis in die Nebenhandlungen hinein die Situation des verlorenen Kindes, das sich der Führung des Vaters entzieht. Auf diese Weise wird der Dichter, der lachend auf das Welttheater herabblickt, gleichzeitig dessen leidender Mitspieler. Die Unfähigkeit zur Freiheit, aus dem Überblick des Menschenideals komisch, wird in der Realität des Lebens und in der anderen Realität der Dichtung als zerstörend erfahren. Die komödienhaften Lösungen, die eine Rückkehr des verlorenen Kindes zum Vater bringen, bekommen so einen gespenstischen, lemurischen Zug. Die zurückkehrenden verlorenen Söhne sind komödienhafte Gegenfiguren des tragischen Christus, der in der Gottferne erlöst. Umgekehrt haben die Selbstverwirklichungsversuche etwas Chimärisches und Fragwürdiges; Tantalus, der unter dem Gelächter des Olymp statt der Juno eine Wolke umarmt, ist das Zerrbild des Aufrührers Prometheus, der dem Göttervater das Licht raubt. Die Idealgesellschaften von Freunden, der Gestaltungsintention nach eine Alternative zu den tyrannischen Vätern, indem sie Freiheit statt Unterwerfung verheißen, sind Zusammenschlüsse bramarbasierender Hilfloser – wie die Studenten im *Hofmeister* – oder sie betreiben Manipulation des Suchenden als subtile Form der Herrschaft noch wo sie ihn aufzunehmen scheinen. In dieser umfassenden Ambivalenz wird die Komödie zur Tragikomödie.

Seine größten Leistungen als Dramatiker gelingen Lenz, wo er die von ihm so tief erfahrene Bestimmbarkeit und Abhängigkeit des Menschen als Gebundenheit in gesellschaftlichen Verhältnissen der Zeit zu fassen vermag. Aus seinem eigenen Leiden kommt ihm ein bis dahin unerhörter Sinn für soziale Zwänge und Verwebungen zwischen Charakter und gesellschaftlicher Situation zu. *Der Hofmeister oder Vortheile der Privaterziehung* (1774) faßt das Aufklärungsthema der Emanzipation des Bürgertums an einer seiner empfindlichsten Stellen, die schon der Gottschedschüler Krüger in einer Komödie und andere Autoren in satirischen Kleinformen berührt hatten: Der junge bürgerliche Akademiker mußte in der Regel zwischen dem Abschluß seiner Studien und dem Antritt einer festen Berufsstellung, sei es als Pfarrer, Verwaltungsbeamter, Lehrer oder Professor, in der Funktion eines Hofmeisters, lies Privaterziehers, adelige Dienste suchen. Hier stand er als Halbdomestik in einer Abhängigkeit, die um so drückender empfunden wurde, je mehr er durch Bildung und Intelligenz seine Umgebung überragte und in seinem aufgeklärten Bewußtsein auf Gleichberechtigung drängte; je mehr er auch für seinen ferneren Berufsweg auf die Protektion seiner Herrschaft angewiesen war, meist dergestalt, daß er auf eine Pfarrstelle unter dem Patronat seiner Herrschaft spekulieren mußte.

Von Gellert bis zu Fichte, Hölderlin und Hegel hat ein Großteil der führenden Geister der Zeit das mehr oder weniger bittere Brot des Hofmeistertums gegessen; Lenz' Titelheld, der Hofmeister Läuffer aber ist eine Durchschnittsfigur, deren Emanzipationstendenzen durch Anpassung entstellt werden und dadurch um so deutlicher die deformierende Kraft der Verhältnisse zeigen. Von allen Seiten geduckt und als Werkzeug mißbraucht, verführt er seine Schülerin Gustchen, Tochter eines adeligen Majors, weniger aus Liebe als aus dem Bedürfnis, als Mensch wahrgenommen und angenommen zu werden. Dabei potenziert sich seine Entwürdigung, denn auch für Gustchen ist er nicht er selbst, sondern nur ein Werkzeug, Stellvertreter des wahren Geliebten, des adeligen Vetters Fritz, der als Student in der Ferne weilt. Während Gustchen und Läuffer Romeo und Julia spielen, nehmen sie einander nicht wirklich wahr; das literarische Vorbild dient der Lebenslüge. Grotesker Höhepunkt der tragikomischen Konstellation ist Läuffers Selbstkastration nach der Flucht aus dem Adelshaus angesichts der falschen Nachricht, Gustchen habe nach der Geburt eines Kindes von ihm Selbstmord begangen. Die Absage an alle Vaterschaft, Protest gegen eine Welt, in der unverstümmelt nicht gelebt werden kann – man denke an die Konsequenz des *Engländers* –, ist zugleich ein radikaler Unterwerfungsakt des verlorenen Sohnes unter die geistige Vatergestalt des Dorfschulmeisters Wenzeslaus, eines Jean-Paul-Kauzes ohne dessen versöhnliche Beleuchtung, der durch Abtötung aller Bedürfnisse und Lebensverzicht einen kümmerlichen Spielraum der Freiheit zur Pflichterfüllung erworben hat. Wenn schließlich der kastrierte Läuffer noch in der Ehe mit einem Dorfmädchen ins einfache Leben münden will, gibt es keine schärfere Problematisierung der bürgerlichen Pflichtethik und der bürgerlichen Idylle in der Literatur der Zeit. Aber Lenz als Gestalter bezahlt den Versuch, die versteinten Verhältnisse in dramatische Bewegung zu versetzen, mit einer illusionistischen Verbiegung der breit ausgezogenen Handlungsstränge. Wie in Läuffers Selbstkastration die individuelle situative Motivation weit hinter der symbolischen sozialkritischen Evidenz zurückbleibt, wird die Heimkehr verlorener Kinder zu den Vätern in der Adelswelt zu einem leerlaufenden, kaum kritisch relativierten Schema. Das im

ironischen Untertitel angedeutete Programm – die Abschaffung
der Privaterziehung der Privilegierten zugunsten öffentlicher Schulen für alle – geht unter in der Interessenverschiebung von der falschen Erziehung auf den falschen Erzieher. Der adlige Geheime
Rat, Lenz' Sprachrohr in Erziehungsfragen, ist seinem eigenen
Sohn gegenüber von tyrannischer Härte. Bertolt Brechts berühmte
Hofmeister-Bearbeitung (1950) verarmt das Stück bei formaler
Straffung. Indem Sexualunterdrückung allegorisch für Sozialun-
terdrückung gesetzt wird, verliert die Gestalt Läuffers ihre Vielschichtigkeit, die eben auch verkümmerte Freiheitsimpulse einschließt.

Die Soldaten (1776) bringen die geläufige Version der unglücklichen Liebe über Ständeschranken hinweg. Marie, die Tochter
eines Galanteriewarenhändlers, wird von einem adligen Offizier
ihrem bürgerlichen Verlobten abspenstig gemacht und verführt.
Trotz des Rettungsversuches einer adeligen Dame sinkt sie zur
Dirne ab, der Verlobte ermordet den Verführer, der Vater findet
die verlorene Tochter bei seiner Suche nach dem Verführer wieder,
der dem Kaufmann seine Schulden hinterlassen hat. Auch hier faßt
Lenz den Ständegegensatz in höchst differenzierter Weise, indem
er einer Adelsfigur bürgerliche Ideale anvertraut – im *Hofmeister*
ist es der Geheime Rat, hier die auf Sophie La Roche verweisende
Gräfin de la Roche –, andererseits das Bürgertum korrumpiert
zeigt durch die Illusion, sich in die Adelsgesellschaft gleichsam ein-
schleichen zu können. Die rasch wechselnden Schauplätze sind in
den *Soldaten* wie im *Hofmeister* von großer atmosphärischer Dichte
und Aussagekraft; symbolisch bauen sie in immer neuen Variatio-
nen die Konstellation Heimat–Fremde auf. Meisterhaft sind die
Reflexe einer adligen Konventional- und Gesellschaftssprache im
kleinbürgerlichen Sprachduktus der Kaufmannsfamilie gefaßt.
Überhaupt bekommt die Sprache eine neue dramatische Funktion:
Die Figuren, zu einem tieferen Selbstverständnis unfähig, sprechen
sich weniger in ihr aus, als daß sie sich durch sie enthüllen. Die
Sprache wird zur unwillkürlichen Geste, das Letzte vollzieht sich
in der Gebärde und in der szenischen Konfiguration – unvergeßlich
die vorletzte Szene der *Soldaten,* wo die verlorene Tochter den Vater als Prostituierte anspricht und beide sich nach der Wiederer-
kennung «halb tot» auf der Erde wälzen. Allen diesen Menschen
ist nicht zu helfen, am wenigsten durch die punktuellen sozialen
Reformpläne, denen Lenz in seinen Dramen Gehör schaffen

wollte. Hier geht es um das abstruse Projekt einer «Pflanzschule von Soldatenweibern», damit die ehelosen Soldaten keine unschuldigen Mädchen mehr verführen[160]. Noch hierin zeigt sich Lenz' dichterisches Vermögen: Seine Gestaltung ist wahrer als seine Ideen. Aus der pathologischen Zerrissenheit, in der sich eine Zerrissenheit der Zeit spiegelt, erwächst eine neue Sicht der menschlichen Wirklichkeit, die von Georg Büchner bewußt aufgenommen wird. In der *Lenz*-Novelle bekennt er sich zu seinem geistigen Ahnen, und der moderne Lyriker Paul Celan wiederum greift in seiner *Meridian*-Rede anläßlich der Verleihung des Büchner-Preises über Büchner bis auf Lenz' Poetologie zurück. Heinar Kipphardt hat 1968 *Die Soldaten* bearbeitet, und Bernd-Alois Zimmermann hat das Stück einer Oper zugrunde gelegt.

In märchenhafter Weise entproblematisiert wird das Schema des verlorenen Sohnes schließlich in der Komödie *Der neue Menoza* (1774), zeitlich zwischen *Hofmeister* und *Soldaten* stehend. Der Titel spielt auf einen vielgelesenen, 1742 ins Deutsche übersetzten Roman des Dänen Eric Pontoppidan (1698–1764) an, der wiederum auf das Schema von Montesquieus *Lettres Persanes* zurückgeht. Hier wie da werden exotische Reisende, die an der Befremdlichkeit der europäischen Sitten Anstoß nehmen, zum Sprachrohr der Gesellschaftskritik. Als Bühnenvorwurf ist das Motiv im *Arlequin sauvage* (1721) des Louis François Delisle de la Drévetière behandelt. Bei Lenz tritt ein asiatischer Prinz auf, der die nur scheinbar fortgeschrittenen europäischen Verhältnisse Sturm und Drang-gemäß im Namen von Kraft, Gefühl, Leben, Natur kritisiert. «. . . ihr wißt erstaunlich viel, aber ihr tut nichts[161].» Der letzte Grund dieser Angriffe zeigt sich, als man dem Prinzen, der versehentlich seine vermeintliche Schwester geheiratet hat, das Inzestverbot mit Vernunft- und Gesetzesgründen auszureden versucht, er aber unter dem Zorn seines Vaters sich zum Opfer dieser als heiliges Naturgebot des Menschen gefühlten Norm machen will. Episodisch erscheinen dabei christushafte Züge an dem Leidenden: Er besteht die Versuchung «Satans», bewirtet alle Tage die «Buckligten, Lahmen, Blinden», «Bettler und Pöbel» und sieht aus «wie ein Eccehomo»[162]. Das Opfer aber ist unnötig, denn in einer paradoxen Weise ist schon die in Unordnung befindliche Welt in Ordnung, und alles Böse trägt zum Guten bei, so daß sich auch die Konfrontation Europa und besseres Außereuropa in Nichts auflöst: der asiatische Prinz ist der Sohn des deutschen Hauptmanns,

bei dem er zu Gast weilt, dagegen ist dessen Tochter ein unterge-
schobenes Kind. Der verlorene Sohn ist bereits zu Hause, wo er in
der Fremde zu sein meint; im edlen Wilden ist der edle Europäer
erschienen, um den sich ein familiärer Kreis der Herzlichkeit
schließt. Den Schluß bildet eine Lobeserhebung des «Püppel-
spiels»[163], also des Puppentheaters, in dem das Stilprinzip des
Stückes selbst thematisch wird. Die typenhaften Figuren, an den
Fäden einer anti-illusionistischen, sich selbst parodierenden, wie
bei Goethes *Mitschuldigen* auch aus der Tradition der commedia
dell'arte gespeisten Dramaturgie gezogen, bilden weniger Wirklichkeit ab, als daß sie die Gegenwelt der Leidenschaft und der
Handlung vormachen, die der Prinz in der Realität vermißt. Zwei
große Stichworte Büchners – Langeweile und Marionette – fallen
in diesem Zusammenhang.

Heinrich Leopold Wagner und Maler Müller

Im Kreis der Sturm und Drang-Dramatiker stehen zwei durch motivliche Übereinstimmungen Goethe besonders nahe: HEINRICH
LEOPOLD WAGNER und Maler Müller. Den Frankfurter Juristen
Wagner (1747–1779), einen engen persönlichen Bekannten, hat
Goethe wegen des Trauerspiels *Die Kindermörderinn* (1776) des
Plagiats an seinem damals noch ungedruckten *Faust* beschuldigt,
wohl zu Unrecht. Goethe stellt in der Gretchengestalt des *Urfaust*
die Tragik der Liebe dar, die sich bedingungslos, ohne nach Siche-
rungen zu fragen, hingeben will. Die Liebe sucht Ewigkeit im erfüllten Augenblick, die Gesellschaft Dauer in vorsorgenden Ordnungen. Wagner bleibt an der gesellschaftlichen Außenseite des im
Sturm und Drang hochbeliebten Kindsmord-Motives hängen und
bringt nicht einmal sie klar zur Darstellung. Mit großer Kraft der
Milieuzeichnung, die sich auch des Dialektes bedient, führt Wagner eine kleinbürgerliche Welt vor, in die ein frivoler adliger Offizier halb mit Gewalt einbricht – die Nähe zu den Lenzschen *Soldaten* ist hier auffällig. Im Verlauf der Handlung aber geht die soziale
Typik verloren, der Verführer wandelt sich, ohne daß das aus dem
Charakter glaubhaft zu machen wäre, zum Guten, die katastro-
phale Wendung ergibt sich aus einer beiläufigen Intrige. Auch ein
anderes, kompositionell sehr schwaches bürgerliches Trauerspiel

234

Wagners, *Die Reue nach der Tat* (1775), wie die *Kindermörderinn* merkwürdig durch den Aufbau in sechs Akten, hat ein Liebesverhältnis über Ständeschranken hinweg zum Thema. Der Standesdünkel einer Mutter, die auf Adel Anspruch erhebt, aber eigentlich bürgerlich ist, hintertreibt die Ehe ihres Sohnes mit der Tochter eines Kutschers. Rang besitzt Wagners anonym veröffentlichte Literatursatire *Prometheus, Deukalion und seine Rezensenten* (1775), die zu Goethes Verteidigung in die Auseinandersetzung um *Die Leiden des jungen Werthers* eingreift. Als Goethe, schon von Weimar aus, öffentlich die Verfasserschaft ableugnete, die man ihm zuschieben wollte, und Wagner als Autor nannte, kam es zum Bruch mit dem früheren Genossen. Wichtig ist Wagners *Neuer Versuch über die Schauspielkunst* (1776), eine Übersetzung von *Du Théâtre ou Nouvel Essai sur l'Art Dramatique* (1773) des LOUIS-SEBASTIEN MERCIER (1740–1814). Seine Parole «élargissez l'art», mit der er ein Theater der bürgerlichen Sozialreportage fordert und das Drama der französischen Klassik ablehnt, gewinnt von Lenz bis zum jungen Schiller große Bedeutung. Merciers These, der Schicksalsglaube der antiken Tragödie widerspreche dem modernen Bewußtsein, findet sich ähnlich in Lenz' *Anmerkungen übers Theater*. Der *Anhang aus Goethes Brieftasche* zu Wagners Übersetzung enthält die kunsttheoretischen Anmerkungen *Nach Falconet über Falconet* und *Dritte Wallfahrt nach Erwins Grabe*, eine quasi-religiöse Huldigung für Erwin von Steinbach, der bereits in *Von deutscher Baukunst* (1772) gefeiert worden war. Einer verschlimmbessernden Bühnenbearbeitung der *Kindermörderinn* durch Lessings Bruder Karl Gotthelf stellte Wagner selbst eine Neufassung unter dem melodramatischen Titel *Evchen Humbrecht oder Ihr Mütter merkts Euch!* (1779) gegenüber, in der das verführte Mädchen doch noch seinen adeligen Leutnant bekommt. Der DDR-Dramatiker Peter Hacks hat das Stück neuerdings in zwei Versionen (1957; 1963) – mit lustspielhaftem und schlimmem Ausgang – auf sozialkritische Konsequenz zu bringen versucht.

Größere dichterische Kraft als Wagner besitzt Friedrich Müller (1749–1825), der sich selbst den Dichternamen MALER MÜLLER gab, um damit auf die Doppelbegabung hinzuweisen, die zu seinem Mangel an künstlerischer Konzentration beitrug. Nach einer Malerausbildung in Zweibrücken und Mannheim am Hofe Karl Theodors von der Pfalz, des bedeutenden Förderers der deutschen Nationaltheater-Bestrebungen und der vorklassischen Musik der sogenannten Mannheimer Schule von Johann Stamitz und Franz Xaver Richter, ging Müller 1778, auch von Goethe unterstützt, nach Rom, von wo er nie nach Deutschland zurückkam. Der Übertritt zum Katholizismus trug zu seiner Isolierung vom geistigen Leben der Heimat bei, die erst von der Generation der Romantiker aufgebrochen wurde. Der bayerische Kronprinz und spätere König Ludwig war der Förderer in Müllers letzten Jahren.

Wie Goethe hat sich Maler Müller schon früh mit der Gestalt des Doktor Faust beschäftigt, der in Müllers Heimat Kreuznach als Schulmeister gewirkt haben soll. Zwischen Maler Müller und Goethe bestehen bezeichnende Unterschiede in der Auffassung der Gestalt. Bei Goethe sind gesellschaftliche und metaphysische Tragödie ineinander verflochten. Der am Lebenssinn verzweifelte, nicht der im praktischen Leben gescheiterte Faust ruft Mephistopheles zu Hilfe. Bei Maler Müller fallen gesellschaftliche und metaphysische Tragödie auseinander. Erst der gesellschaftlich ruinierte Faust schließt den Teufelspakt, und von da an ist er der Gesellschaft problemlos überlegen, während nun die Problematik des Teufelsbündnisses aufbricht. Nur der erste Teil der Tragödie *Fausts Leben* wurde 1778 von Müller veröffentlicht, in dem die höllischen Geister den Gelehrten Faust so tief in die Not treiben, daß er schließlich ihre Hilfe braucht. In einem breiten, farbensatten Zeitgemälde rückt die Faustgestalt zeitweilig fast an den Rand. Das Teufelsbündnis verspricht Faust lediglich äußere Glücksgüter: Reichtum, Macht, Genuß, Ruhm. Goethes Faust will alles sein, Müllers Faust will alles haben. Die *Situation aus Fausts Leben*, eine aus dem großen dramatischen Entwurf herausfallende dramatische Skizze, die schon 1776 gedruckt wurde, zeigt Faust dann auf dem Scheitel des irdischen Glücks, in das wirkungsvoll kontrastierend Mephistopheles einbricht, um daran zu erinnern, daß die Hälfte der Vertragszeit abgelaufen ist. Weinend geht Faust ab, weil er Angst hat vor den Höllenmächten, auf deren Hilfe er doch nicht verzichten will und kann, während die Verzweiflung von Goethes Faust in Grundwidersprüche des Lebens selbst hinabreicht. Himmel und Hölle sind bei Goethe Symbole einer innerweltlich begründeten Daseinswirklichkeit, bei Müller Vehikel einer zwischen Religiösem und Ästhetischem verschwimmenden Stimmung. Eine späte metrische Fassung versteht Faust als Störer der göttlichen Ordnung.

Voll entfaltet ist die religiös-ästhetische Stimmung in Müllers

236

Schauspiel *Golo und Genoveva,* gedichtet 1775–81. Es ist kein Zufall, daß das Stück 1811 erstmals von Ludwig Tieck veröffentlicht wurde, der neben einer Müller-Ausgabe auch die erste Lenz-Ausgabe veranstaltet hat. Müllers Stück bildet geistig und formal einen der zahlreichen Berührungspunkte von Sturm und Drang und Romantik, während die spätere Hebbelsche Gestaltung des Stoffes in schärfstem Kontrast zu Müller steht. Von Goethes Dramatisierung der Historie im *Götz* angeregt, gibt Müller dramatisierte Legende und gewinnt dem religiösen Hintergrund ähnlich wie die Romantiker ästhetische Reize ab. In Golo und seiner Pflegemutter Mathilde entfalten sich noch breit Sturm und Drang-Charaktere und -Motive: der leidenschaftliche Ich-Mensch, Klingers Guelfo aus den *Zwillingen* verwandt, und das hemmungslose Machtweib nach Art von Goethes Adelheid im *Götz.* Schließlich aber sind beide doch nur Werkzeuge, um das Schicksal der Heiligen zu vollenden. Genoveva mit ihrem Sohn Schmerzensreich steht still und unangefochten im Mittelpunkt des Spiels, das deutlich eine Tendenz zum Welttheater im romantisch-calderónischen Sinne zeigt; eine Vielzahl von Typen und Figuren, die vom gottbegnadeten Künstler bis zum gedungenen Mordknecht reicht, wird geführt zur höheren Ehre Gottes. Ein Schwerpunkt des Stückes liegt in der Idylle im Walde. Insgesamt sind die Szenen weniger auf dramatische Zuspitzung als auf Stimmungsintensität angelegt, und so ist es charakteristisch, daß auf der Höhe der Auseinandersetzung, bei der Bedrohung Genovevas durch Golo im Gefängnis, die Sprache plötzlich aus der dramatischen Prosa in balladeske Reime umschlägt. In das Drama eingestreute Lieder erweisen ebenso Müllers lyrische Begabung wie sein lyrisches Drama in freien Rhythmen *Niobe* (1778) mit dem Thema des Promethidentrotzes, das sich ebenso in dem Musikdrama *Der Riese Rodan* (1775) findet. Auch die *Adonistrilogie* (1825) bezeugt Müllers musikdramatische Interessen sowie eine Auseinandersetzung mit der Antike. Eine *Dithyrambe* gehört neben *Wandrers Sturmlied* von Goethe zu den Zeugnissen der dionysischen Daseinserfahrung im Sturm und Drang.

Besondere Bedeutung hat Maler Müller als Idyllendichter, der sich – hierin noch Geßner vergleichbar – in drei Stoffkreisen bewegt: Bibel, Antike und zeitgenössische Heimat, bei ihm die Pfalz. Aber bereits in der wichtigsten biblischen Idyllenkomposition, *Adams erstes Erwachen und erste seelige Nächte* (1778) zeigt sich

237

der fundamentale Gegensatz der Sturm und Drang-Idylle zu Geßner, denn Müller schlägt nun das große Sturm und Drang-Thema
des Ursprungs an, hier als Genesis von Bewußtsein im Erwachen
des Erdenkloßes Adam zu sich selbst, das er rückblickend aus dem
Stande der Gefallenheit seiner Familie schildert: Seelenbewegung
und Körperbewegung, Dynamik der Natur und der Sinneswahrnehmung, Sinnlichkeit und Geist klingen zu einer rauschhaften
Totalerfahrung zusammen, in der sich zeigt, daß der Mensch ursprünglich Genie ist, so wie im Genie Ursprung gegenwärtig bleibt.
Die antikisierenden Idyllen Maler Müllers finden Arkadien in der
Pfalz. Im Vorwort zu *Bacchidon und Milon* (1775) erklärt der
Dichter programmatisch, seine Faune und Satyrn trügen die Müt-
zen der rheinländischen Bauern. Die als ursprünglich und volks-
tümlich empfundenen Idyllen Theokrits, die auch Herder und
Goethe gegen Geßner ausspielten, sind das Vorbild.

Erst in seinen Pfälzer Idyllen *Die Schafschur* (1775) und *Das
Nußkernen* (Druck erst 1811) stößt Müller in die Stoffschicht vor,
in der er als Zeitgenosse das Ursprüngliche erfährt, und alsbald
entfaltet sich die Dialektik des Naturbegriffs der Stürmer und
Dränger. Er ist antigeschichtlich, sofern Geschichte Entfernung
vom Ursprung ist – Chiffre für diese Entfernung ist in *Adams
Erwachen* der Sündenfall –, aber auch geschichtlich, sofern
Ursprüngliches konkret und lebendig nur in den Formen und
Zeugnissen der Geschichte aufgehoben ist; in diesem Sinne nennt
Goethe das Mittelalter den Stürmern und Drängern «als eine
zweite Natur verehrlich»[164]; die Volkslied- und Balladenbegeisterung der Stürmer und Dränger gilt ebenso diesem Mittelalter wie
dem Volk. So erscheint etwa in Müllers Idylle *Die Schafschur* Natur vornehmlich als tradiertes Volkslied und geschichtlich gepräg-
ter Landschaftsraum der Heimat, und das Widerspiel von Vergessen und Erinnern, Bewahren und Loslassen durchzieht leitmotivisch das Werk. Wo die Erinnerung zerschnitten wird, versiegt die
Quelle der Natur. Eine ähnliche Dialektik herrscht zwischen Natur
und Kunst, denn die angeblichen alten Volkslieder der Idylle sind
von Maler Müller gedichtet, und der Idyllenheld, der alte Bauer
Walter, erkennt am Ende, daß die Liebesgeschichte, in die sie alle
eben verwickelt sind, zum glücklichen Ende eine treffliche Idylle
abgäbe. Wie Kunst Ursprungsnatur bewahren kann, vermag sie
auch solche hervorzubringen.

Seelenanalyse, Autobiographie und Roman

Lichtenberg; Jung-Stilling, Ulrich Bräker und andere Autobiographen

Begreift Wieland in seinem epischen Werk die persönliche Eigenart des Menschen als je eigenen Wahn, also negativ, so ist die Epik der Genie-Epoche bestimmt durch die positive Erfahrung der geheimnisvollen Unteilbarkeit und Unaussprechlichkeit der Individualität. Erst damit gewinnen Selbstanalyse und Autobiographie aus pietistischem Geist ihre volle Fruchtbarkeit für die Ausbildung der epischen Form und Haltung. Gerade an einer Übergangserscheinung wie dem Göttinger Naturwissenschaftler GEORG CHRISTOPH LICHTENBERG (geb. 1742 bei Darmstadt, gest. 1799) wird das Gewicht dieser Tendenzen deutlich. Obwohl ein witziger Kritiker des Geniekults und der Empfindsamkeit und von der Sehnsucht nach wissenschaftlicher Klarheit und Systematik erfüllt, erfährt Lichtenberg doch an sich das Auseinanderklaffen von Ich und Welt, die in der früheren Aufklärung einer übergreifenden Gesetzmäßigkeit eingeordnet schienen. Während Haller, der andere große Göttinger Naturwissenschaftler, seine persönlichen Skrupel und seine Melancholie im Aufschwung zu noch für gültig gehaltenen Ordnungen zu überfliegen sucht, während Lavater, Lichtenberg verwandt in der Leidenschaft zur Selbst- und Menschenbeobachtung, sich ungehemmt seiner Subjektivität hingibt, rätselt Lichtenberg lebenslänglich an der undurchdringlichen Vorgegebenheit der menschlichen Existenz und des eigenen Selbst. Das Denksystem zersplittert in dieser Bemühung zu einer genialen Aphoristik, die über Kierkegaard bis zu Nietzsche und Hofmannsthal weiterwirkt. Die Wahrheit individualisiert und psychologisiert sich zur Meinung, die aus dem Lebenszusammenhang heraus ihre Beglaubigung erfährt: «Sobald einer ein Gebrechen hat, so hat er seine eigne Meinung», weiß der Krüppel Lichtenberg[165]. Im Unterschied zu den französischen Moralisten, deren Aphorismus aus der Gesellschaftskritik lebt, im Unterschied aber auch zur Epigrammatik seines Göttinger Lehrers Kästner, steht

Lichtenbergs Aphoristik in der Einsamkeit. Die Merkbücher (*Su-delbuch*) seiner «geistigen Buchhaltung» waren nicht für die Öffentlichkeit bestimmt. In der Intensität der Selbsterforschung ist pietistisches Erbe wirksam, in der Skurrilität und zuweilen Sentimentalität der Einfälle Sternescher Einfluß, in der beißenden Schärfe der Formulierung das aufklärerische Stilprinzip des Witzes. Als Menschenbeobachter bleibt Lichtenberg der Mann am Fenster, der vor der gesellschaftlichen Kommunikation zurückscheut und dessen Sprachmeisterschaft nicht aus der aphoristischen Einigelung in die Freiheit der epischen Darstellung hinausfindet. Nur wo ihm eine vorgeprägte Kunstleistung zur Brücke wird wie bei der kongenialen Erläuterung der gesellschaftskritischen Graphik des Engländers William Hogarth (1697–1764), die 1794–99 als *Ausführliche Erklärung der Hogarthischen Kupferstiche* erschien, kommt Lichtenberg zu breiterer sprachlicher Entfaltung.

Der Aphorismus ist seinem Wesen nach punktuell; die Autobiographie erfaßt das Ich in seiner Wandlung und Entwicklung. Besonders deutlich ist die pietistische Färbung des Entwicklungsgedankens im autobiographischen Werk von JOHANN HEINRICH JUNG, der den Beinamen STILLING annahm, um damit auf seine Zugehörigkeit zu den Stillen im Lande hinzuweisen. So nannte man damals die religiös Erweckten. Jung-Stilling ist 1740 in einem Dorf des damaligen Fürstentums Nassau-Siegen als Sohn armer Leute geboren. Nach einem verworrenen Bildungsgang – Schneiderlehre, Schulmeisterei, Kaufmannschaft – und einer lebensbestimmenden religiösen Bekehrung arbeitete er sich zum Medizinstudium in Straßburg durch. Hier lernte Stilling 1770 Goethe kennen, der den Dreißigjährigen zur Niederschrift von *Heinrich Stillings Jugend* veranlaßte und das Werk 1777 ohne Wissen des Autors veröffentlichte. Die Lebensgeschichte eines originellen Charakters aus dem ursprünglichen Volke mußte dem Geist der Genie-Epoche entsprechen, um so mehr, als Jung ein dichterisches Naturtalent war und mit großer Lebendigkeit die schlichten Menschen und Verhältnisse seiner Kindheitswelt darzustellen wußte. Weite Partien sind szenisch erzählt in der Stilhaltung der Sturm und Drang-Idylle. In den späteren Fortsetzungen von Stillings Autobiographie (*Jünglings-Jahre* und *Wanderschaft*, 1778, *Häusliches Leben*, 1789, *Lehrjahre*, 1804, *Heinrich Stillings Alter*, 1817) treten zunehmend kahler die religiös-erbauliche Absicht und das pietistisch geprägte Selbstverständnis des Autors hervor, der sich als auserwähltes Werkzeug Gottes und seinen Lebensgang als immer bewußtere Hingabe an eine spezielle göttliche Leitung darstellt.

Nach einer erfolgreichen Tätigkeit als Augenarzt und Staroperateur, dann als Professor der Nationalökonomie endet Jung-Stilling 1817 als religiöser Volksschriftsteller, dessen zahlreiche Schriften und Dichtungen vom Pietismus zur Erweckungsbewegung des 19. Jahrhunderts überleiten. Seine Romane *Geschichte des Herrn von Morgenthau* (1779) und *Geschichte Florentins von Fahlendorn* (1781–83) feiern die Vorsehung, die den Menschen durch Prüfungen und Leiden zum Glück führt. Daß der Lohn auch irdisch ist, zeigt die Säkularisierung des religiösen Musters; daß beidemale das individuelle Glück im Aufbau einer Mustersozietät ausstrahlt, bezeugt das soziale Erbe des Pietismus, wahrscheinlich auch den Einfluß von Schnabels *Insel Felsenburg,* der wie Jung vom Pietismus tingiert ist. Stillings einst berühmteste Schrift *Heimweh* (1794–96) steht in der Tradition des reformchristlichen Rosenkreuzertums aus dem 17. Jahrhundert und kämpft gegen Aufklärung und Geniewesen. Als Darstellung des Lebensweges eines wahren Christen folgt das Werk dem vielleicht bekanntesten Erbauungsbuch der Epoche, *The Pilgrim's Progress* (1678) von John Bunyan, das bis 1783 mindestens sechzehnmal in deutscher Sprache aufgelegt wurde und vor allem in pietistischen Kreisen beliebt war.

Durch soziale und geistige Herkunft mit Jung-Stilling verwandt ist ULRICH BRÄKER (1735–1798), ein anderer großer Autobiograph der Zeit. Wie Stilling erwacht auch der schweizerische Kleinbauernsohn Bräker zum geistigen Leben in der Atmosphäre eines bäuerlich dumpfen Pietismus. Der bürgerliche Aufstieg bleibt ihm versagt, aber dafür gewinnt er in abenteuerlicher Jugend – er wird auf betrügeriche Weise in die Armee Friedrichs des Großen gepreßt – Breite der Lebenserfahrung. Der Dramatiker Peter Hacks hat der Komödie *Die Schlacht bei Lobositz* (1956) eine Episode aus Bräkers Autobiographie zugrunde gelegt. Als armseliger Händler hat Bräker das große literarische Erlebnis seiner Mannesjahre: Wieder und wieder liest er Shakespeare, und seine Niederschrift *Etwas über Shakespeare* zeigt, wie hier bei einem ganz auf sich gestellten Menschen die epochale Erfahrung der Stürmer und Dränger wiederkehrt. Bei Shakespeare findet Bräker Fülle des Lebens, Unbefangenheit der Darstellung, Bejahung der Natur.

Vorher hatte Bräker skrupulöse religiöse Gewissenserforschungen und Vermahnungen zu Papier gebracht; jetzt schreibt er die *Lebensgeschichte und Natürlichen Ebentheuer des Armen Mannes im Tockenburg* für seine Kinder und Freunde. 1789 wird das Werk mit Hilfe seines Dorfpfarrers durch den Zürcher Verleger und Politiker Hans Heinrich Füßli zum Druck gebracht. Bleibt Bräker auch kompositionell hinter Stillings *Jugend* zurück, so ist er ihm doch an Freiheit der Weltansicht weit überlegen. Während bei Stilling in rückläufiger Entwicklung ein enger religiöser Schematismus das poetische Talent erstickt, wird bei Bräker das erbauliche Schema aufgebrochen durch eine elementare Lust am Erzählen, die in kräftiger Sprache Umwelt und Innenwelt gleich gegenwärtig macht.

Der vergleichende Blick auf eine Autobiographie verwandter sozialer, aber ganz anderer kultureller Zugehörigkeit, nämlich *Leben und Ereignisse des Peter Prosch eines Tyrolers von Ried im Zillerthal, oder Das wunderbare Schicksal. Geschrieben in den Zeiten der Aufklärung* (1789), macht noch einmal die Eigenart der pietistisch beeinflußten Autobiographie deutlich: Prosch (1744–1804), der einen wunderlichen Aufstieg vom Waisenknaben über den Hausierer zum fahrenden Hoftiroler, einer Art fürstlichem Hofnarren nahm und als wohlhabender Gastwirt in seiner Heimat endete, ist ein Meister gegenständlichen, atmosphärisch dichten Erzählens, aber Seelisches wird kaum thematisiert und analysiert; es bietet sich indirekt in der Vergegenwärtigung von Situationen dar – charakteristisch etwa die nuancenreiche Darstellung der vom Tod ihres Gemahls betroffenen Kaiserin Maria Theresia im Gespräch mit dem Tiroler. Als Bild des Lebens an großen und kleinen, geistlichen und weltlichen Höfen des katholischen Raumes und als Soziogramm der Institution des Hofnarren ist Proschs Autobiographie ein wichtiges Dokument für die Ungleichzeitigkeit des Gleichzeitigen. Während sich durch Klopstock, Wieland oder Goethe an protestantischen Höfen die neue bürgerliche Kultur durchsetzte, herrschte in Würzburg oder Köln noch eine barocke Lust an rohen Späßen mit dem Hofnarren, der zugleich Vertrauter seines Herrn und Spielzeug sein konnte, ja, auch so etwas wie die Hofdichter des Spätbarock. In Proschs dilettantischen Gelegenheitscarmina zeigt sich ein zeitlich verzögertes Eindringen aufklärerischer Stilvorbilder wie Gellert oder Haller bei einem spätbarocken Gesamtduktus.

Auch die Autobiographien von KARL FRIEDRICH BAHRDT (1741–1792) und FRIEDRICH CHRISTIAN LAUKHARD (1758–1822) kontrastieren entschieden zur Autobiographie pietistischer Herkunft. Bahrdt, ein Theologe und Theologensohn, der von Orthodoxie und Pietismus zum aufklärerischen Philanthropismus hinüberwechselte und schließlich durch eine Satire auf die reaktionäre Religions- und Kulturpolitik des preußischen Ministers und Rosenkreuzers Johann Christoph von Wöllner, der 1794 Kant maßregelte, in Haft geriet, schrieb die *Geschichte seines Lebens, seiner Meinungen und Schicksale* (1790–91) in ausgesprochen apologetischer Absicht. Laukhard hingegen, gleichfalls Theologe und Theologensohn, erzählt seinen noch krasser abenteuerlichen Lebenslauf als *Leben und Schicksale . . . zur Warnung für Eltern und studierende Jünglinge* (5 Teile, 1792–1802). Er erscheint nacheinander als intelligenter, aber verbummelter Student und Universitätsdozent, preußischer Musketier und Spion, Überläufer und Krankenwärter in der Französischen Revolutionsarmee, Heimkehrer nach Deutschland, Privatlehrer und Pfarrvikar. Die lehrhafte Absicht wird allerdings überwogen durch einen Impressionismus, der sich rückhaltlos und etwas prinzipienschwach, aber mit Sensibilität und Schärfe der Beobachtung der Fülle der Eindrücke öffnet und sie anschaulich wiedergibt – vom Milieu der Studentenkneipe und der Bordelle über die Interieurs des Universitätsbetriebes bis zum Kriegselend mit Plünderungen, Hunger und Seuchenlazaretten. Dabei stehen die größten Gesinnungsgegensätze nebeneinander: Verehrung seines preußischen Generals, eines Braunschweigischen Prinzen; fast Vergötterung Friedrichs des Großen; energische Parteinahme für die Französische Revolution; Bewunderung des preußischen Königs Friedrich Wilhelms II., der sich beim Interventionskrieg von 1792 dem Kugelregen aussetzt. «Da steht nun Laukhard, wie er leibt und lebt, . . . so individualisirt von innen und außen, . . . daß in der Gallerie der Menschen noch keiner sich ihm gleich hingestellet hat!» Mit diesen Sätzen schließt der zweite Teil seiner Bekenntnisse. Sie kennzeichnen einen Individualismus der unbesorgten Selbstpreisgabe eines sich selbst auslebenden Ich, nicht aber den pietistisch tingierten Individualismus, der nach der Stringenz von Leben und Schicksalen, dem Ineinandergreifen von Fügung und inneren Anlagen zu einer sinnvollen Entwicklung fragt.

Abenteurertum im Lebensstil des Kavaliers, wie es in erotischer

Variante bei Giacomo Casanova (1725–1798), im Milieu der Geheimgesellschaften bei Alessandro Cagliostro (1743–1795) erscheint, spricht aus der *Merkwürdigen Lebensgeschichte* (1787) des Freiherrn FRIEDRICH VON DER TRENCK (1726–1794), der als Ordonnanz-Offizier Friedrichs des Großen unter dem Vorwurf des Verrats, wohl aber wegen einer Romanze mit der Schwester des Königs eingekerkert wurde, später in der russischen und österreichischen Armee diente und im Paris Robespierres auf der Guillotine starb. Trencks Leben hat die Phantasie beschäftigt bis zur modernen Verfilmung.

Karl Philipp Moritz, Hippel

Am Übergang von der Autobiographie zum autobiographischen Roman steht KARL PHILIPP MORITZ mit seinem von ihm selbst im Vorwort so genannten «psychologischen Roman» *Anton Reiser* (1785–90). Schon der Name des Helden deutet auf das Sturm und Drang-Motiv des Wanderers, aber auch auf die religiöse Metapher von der Lebenspilgerschaft. Moritz schildert hier seine Jugendgeschichte, die den Sohn eines heruntergekommenen Regimentsmusikers (geb. 1757 in Hameln an der Weser) als Hutmacherlehrling und armen Stipendiaten am Gymnasium in immer neue Demütigungen und drückende Abhängigkeiten führt und ihn zum ruhelosen Fremdling und Außenseiter macht. In der Schilderung des einsamen, bei herbstlichem Nieselregen vor Nässe und Kälte starren Wanderers auf der weiten Ebene Niederdeutschlands preßt sich alle Bitterkeit dieser Lebensstimmung zusammen. Schweifende Phantasien, rauschhafte Lese- und Theatererlebnisse und schließlich der Schauspielerberuf sollen dem Helden Ersatz für die im realen Leben versagte Selbstentfaltung geben, aber auch damit muß er scheitern, denn die wahre Kunstleistung verlangt eine reine Ablösung der Kunstgestalt vom Subjekt des Künstlers. Das ist eine tragische Grunderfahrung des hochbegabten, aber zu großer schöpferischer Verwirklichung unfähigen Dilettanten Moritz, aus der seine hier nicht zu erörternde, der Klassik angehörige Ästhetik herauswächst, als deren Ausdruck aber auch die Form des autobiographischen Romans zu verstehen ist, der im Zwielicht zwischen Lebensbeichte und distanzierender Dichtung bleibt. Nicht nur inhaltlich – Moritz gibt ein beklemmendes Bild vom Leben der sozialen Unterschicht und dem Sektierertum der Zeit –, sondern auch formal zeigt *Anton Reiser* deutliche Spuren des Pietismus: In der Aufmerksamkeit auf unscheinbarste Begebenheiten, in der Tendenz, das Zerstückte und Planlose des Lebens doch in eine sinnvolle Ordnung zu bringen, wirkt die pietistische Sucht nach, noch im Beiläufigen die spezielle Ökonomie Gottes zu finden; in der Tendenz des Buches zur selbstentlarvenden psychologischen Analyse, die Moritz zu einem der Begründer der modernen Psychologie macht – seit 1783 gibt er ein *Magazin zur Erfahrungsseelenkunde* heraus –, säkularisiert sich der pietistische Trieb zur Beobachtung des eigenen religiösen Lebens, der durch tiefes Mißtrauen in die sündhafte menschliche Natur geschärft ist. Schon 1738 hatte der Leipziger Pfarrer ADAM BERND (1676–1748) in seiner merkwürdigen *Eigenen Lebens-Beschreibung*, die das Interesse Lichtenbergs und Moritz' erregte, einen Übergang von erbaulicher zu psychologischer Selbstbetrachtung markiert. Bernd versucht, seine schweren psychophysischen Störungen durch Analyse zu durchdringen, laut Untertitel «den Unwissenden zum Unterricht, den Gelehrten zu weiterm Nachdenken, den Sündern zum Schrecken und den Betrübten und Angefochtenen zum Troste», der darin besteht, daß Gemütszustände, die nach herkömmlichem Verständnis als sündhaft galten, nun als weitgehend körperlich bedingte Krankheiten verstanden werden.

Moritz' in zwei Teilen erschienener Roman *Andreas Hartknopf* (*Andreas Hartknopf, eine Allegorie*, 1786, *Andreas Hartknopfs Predigerjahre*, 1790) ist eine Fortsetzung und zugleich Überwindung des *Anton Reiser*. Auch bei der Darstellung des «hohen Menschen» Hartknopf, der mit der Kleinlichkeit seiner Umwelt und in seinen Ehewirren mit dem eigenen Herzen in Konflikt gerät, ist der autobiographische Gehalt wesentlich, aber Motive und Handlungen sind zum größten Teil frei erfunden und zu bedeutsamen Situationen eines exemplarischen Lebensweges angeordnet. Der Stil der psychologischen Analyse ist aufgegeben zugunsten einer chiffrenhaften Verdichtung und Verknappung. Zuweilen schlägt eine groteske Komik durch, die an Jean Paul anklingt. Auf dem Weg von *Anton Reiser* zum Nachlaßfragment eines tragischen Briefromans *Die neue Cecilia* (1794 veröff.) entwickelt Moritz das psychologische Symbol, das seine Bedeutung aus der seelischen Struktur des Helden empfängt, zum Kunstsymbol, das in seiner Aussagefunktion durch den Stellenwert im Gefüge des Kunstwer-

245

kes bestimmt ist. In dem Augenblick, wo Moritz damit zum erstenmal die volle künstlerische Objektivierung zu gelingen scheint, bricht sein Leben erst sechsunddreißigjährig ab. Er stirbt 1793 als Professor der Ästhetik in Berlin, befreundet mit Goethe, dem er auf seiner Italien-Reise begegnet war.

Obwohl THEODOR GOTTLIEB VON HIPPEL (1741–1796) in einer glänzenden Karriere über das Jura- und Theologiestudium zum Bürgermeister von Königsberg, Kriegsrat und Polizeipräsidenten aufstieg – sein gleichnamiger Neffe verfaßte 1813 den Aufruf Friedrich Wilhelms III. von Preußen *An mein Volk*, mit dem der Freiheitskrieg gegen Napoleon begann –, war er wie Moritz eine menschlich unglückliche, dissonante Erscheinung: ein Junggeselle, der über Ehe und Frauenemanzipation grübelte, ein Kämpfer gegen Adelsvorrechte, der nach dem Adel strebte, ein aufgeklärter Geist, Freund und Anhänger Kants, dem diesseitiges Streben und Glück unter dem verinnerlichten Verdikt einer pietistischen Erziehung blieb, ein Humorist, dessen Hauptthema der Tod war, ein Autor, der seine Autorschaft ängstlich geheimhielt. Während Moritz aus der dumpfen Enge der pietistischen Herkunft zur Antike, aus der Selbstbefangenheit zur klassischen Objektivierung strebte, geht Hippel den entgegengesetzten Weg eines Kults der Subjektivität in ihrer Zerrissenheit, ohne doch schon wie sein jüngerer Landsmann, der Jurist Ernst Theodor Amadeus Hoffmann, diese Zerrissenheit als Gegensatz von Künstler- und Philisterwelt nach außen zu projizieren und zu thematisieren. Es ist der Weg einer extremen Aufsplitterung des Ich im Medium einer literarischen Darstellung, in der widersprechende Tendenzen unmittelbar nebeneinander stehen.

Die literarischen Techniken dafür bietet Laurence Sterne, und so ist Hippels Hauptwerk, die *Lebensläufe nach aufsteigender Linie* (1778–81), eine Überbietung der kunstvollen Chaotik des *Tristram Shandy*. In der autobiographischen Erzählung des Helden sind Lebensläufe mehrerer Generationen, Lebensepisoden und Anekdoten der verschiedensten Figuren ineinandergeschoben. Die Darbietung erfolgt teils erzählend, teils durch Einblendung von Briefen und Dokumenten, teils in Berichten der Gestalten, über weite Strecken im Dialog mit eingeschobenen Regieanweisungen. In diesem Vielerlei triumphiert die volle Willkür des Erzählers, der sich souverän in den Vordergrund spielt – «Ich» ist programmatisch das erste Wort des Romans –, seine Figuren wie

Marionetten an Fäden führt, sie reden läßt, ihnen das Wort abschneidet, sich gerührt an sie hingibt oder sie satirisch entlarvt, mit dem Publikum korrespondiert. Die Folge ist, daß der Erzählvorgang ebensoviel Aufmerksamkeit beansprucht wie das Erzählte und daß die Zeitordnung des Erzählens mit ihren willkürlichen Dehnungen und Raffungen, mit Vor- und Rückverweisen auf das schon Geschriebene oder erst noch zu Schreibende die Zeitordnung des Erzählten überlagert und zersetzt. Zwar endet die Erzählung nicht, wie *Tristram Shandy,* schon in der frühen Kindheit des Helden, sondern umspannt dessen Leben von der Geburt über Kinderspiele und Kinderliebe, Studium und Hofmeisterschaft, Offizierskarriere, Ehe, Erneuerung des Adels bis zum Tod des einzigen Kindes, aber trotzdem entsteht der Eindruck, daß Personal, Situationen, Konstellationen nur als Anlässe und Materialien zu Meinungen und Empfindungen existieren.

«Rede, daß ich dich sehe», wird in Hamanns *Aesthetica in nuce* Gott angerufen; «Rede und du bist», setzt der Ich-Erzähler Hippels als mögliches Motto über seine Geschichte[166]. Dementsprechend haben seine Figuren nur über sich und die Welt redend Existenz, wie er nur über sich und seine Figuren und deren Reden redend – ganz im Gegensatz etwa zu einem Roman wie Fontanes *Stechlin*, wo vom Erzähler freigelassene Figuren im Gespräch sich entfalten: Fontanes Figuren leben, um zu reden, aber die Hippels reden, um zu leben. Was Hippel in der Annäherung an Sterne zugleich scharf von ihm abhebt, ist dieses Verfügen über Gestalten, die nur als Besonderungen des Ich Existenz gewinnen – sehr deutlich dieses Schema in der Vorliebe für Sonderlinge, in der Gegenüberstellung von Vater und Mutter als Lebensfrömmigkeit und Kirchenfrömmigkeit und in der Zuordnung der Jugendgeliebten Minchen, der verkörperten Empfindsamkeit, zum Aktivismus des Helden, der seinerseits wieder in der Spannung von Theologiestudium und Offiziersberuf steht. Das «Rede und du bist» ist eine charakteristische Abwandlung von Descartes' «Cogito, ergo sum»: Wo das Reden – und zwar nicht als Rede Gottes, sondern als Rede des Menschen – die menschliche Existenz begründet, ist auch die Existenz lediglich Rede, bis hin zur Mutter mit ihrem geredeten und gesungenen Christentum. Die Figuren besitzen weder Dichte und Verbindlichkeit des Denkens noch der Existenz. Im Gegensatz zu Sterne bleibt der mit Details vollgestopfte Roman weltlos, der Humor als Vermittlungsweise des Unvermittelbaren

ist nicht, trotz allem, der Welt gewiß, sondern des Todes, der als
einzige «Substantialität», die des Nichts, aus der Nichtigkeit der
doch nur redend «gemeinten» Figuren und Konfigurationen
heraustritt. Auch Wieland erzählt ähnlich, aber in humaner
Skepsis, nicht in Schwermut.

Die gesamte Handlung ist wie eine Variationenfolge auf das
Thema eines satirischen Grabspruches für eine der noch lebenden
Figuren: «Hier wacht der lebendig Todte[167].» In Todesszenen und
im Todesbezug erreichen die Figuren ihre größte Präsenz: Von der
Charakteristik des Vaters, «geboren, von der andern Welt zu reden»[168] über die humoristische Szene, in der das vermeintlich sterbende Kind an der Aussicht auf zwei von seinen Lieblingswürsten
genest, über den alles beschattenden Tod Minchens zur grotesken
Figur des Sterbegrafen, einem Reflex Montaignescher Ideen, dessen ganzes Leben eine Einübung auf den Tod und eine Beobachtung des Todes ist, läuft die Handlung zum Tod des einzigen Kindes
des Helden, der auch ein einziges Kind war. Der Schleier des
Humors zerreißt unter dem Gethsemanewort des Erzählers:
«Meine Seele ist betrübt bis in den Tod»[169], die Geschichte wird
zur Rücknahme der Geschichte, die Lebensläufe in aufsteigender
Linie, von der Geburt zum Tode, lassen sich auch als absteigende
lesen, wenn die Geburt vom Tode her gesehen wird. Dieses Ende,
mitsamt einer unaussprechlichen Hoffnung, steckt im großartigen
Anfangsbild des Gewächses, dessen Wurzeln, Zweige und Blätter
einerlei Struktur haben: «Begrabe die Zweige in die Erde, und laß
die Wurzel in die freie Luft gen Himmel sehen: es wird ein
Baum[170].» Das ist die metaphysische Begründung einer Form, in
der mit der Zeit gespielt wird, weil die Zeit nur ein Spiel ist.

In den *Kreuz- und Querzügen des Ritters A bis Z* (1793–94),
Hippels zweitem Roman, entstammt der Held einer Adelsfamilie,
die so alt und stolz ist, «daß sie das Neue [Testament] bloß als Fortsetzung des Alten aus christlicher Liebe gelten ließ» und mit dem
Herrn Geistlichen wegen der apokalyptischen Verheißung «Siehe,
ich mache alles neu!» in ewigem Zwist liegt[171]. Der Vater des Helden, von dem in breiten Abschweifungen erzählt wird, versucht in
schwärmerischer Begeisterung für Gewesenes, besonders für das
Mittelalter und die Kreuzzüge, ein neues Jerusalem als treue
Imitation des alten nachzubauen. Der Sohn dagegen erlebt die
Liebe als wirklich und wahr gewordenes «leibliches Jerusalem»[172]
und sucht in dreijährigen Kreuz- und Querzügen durch Freimau-

rerorden und Geheimgesellschaften als ein neuer Don Quijote die entschwundene Geliebte, ehe er nach dem Wiederfinden auf seinem ländlichen Stammsitz ein rousseauhaftes natürliches Leben beginnt und des Eldorado in uns ansichtig wird[173]: ein Bildungsweg von versteinerter Tradition in lebendige und tätige Innerlichkeit, die abseits der großen Gesellschaft bleibt, wenngleich nach Analogie der «unsichtbaren Kirche» die «unsichtbare Staatsverfassung» aller Vernünftigen und Verantwortlichen beschworen wird[174]. Gesellschaftssatire, vor allem gegen Adel, äußere Kirche, Rechtswesen und Freimaurertum, aber auch gegen Parolen der Französischen Revolution, verbindet sich in einer auf Jean Paul vorweisenden Art mit Empfindsamkeit. Die Formausuferung der Lebensläufe ist in den *Kreuz- und Querzügen* etwas eingedämmt, die Dissonanz der Lebenserfahrung zurückgedrängt zugunsten eines Harmonieideals, in dem der Tod nicht mehr die Nichtigkeit, sondern den richtigen Gebrauch und Genuß des Lebens lehrt. Mit dem Abbau der Spannungen hat die Dichtung Hippels aber auch an Überzeugungskraft verloren.

Friedrich Heinrich Jacobi und die Wirkungen von Goethes «Werther»

Zu der Seelenanalyse pietistischer Herkunft tritt als andere große Anregung für den Roman der Genie-Epoche Goethes *Werther*. Neben der rein thematischen Aufnahme der empfindsamen unglücklichen Liebe, wie sie der Göttinger-Hain-Autor JOHANN MARTIN MILLER (1750–1814) in seinem dichterisch wertlosen, durch die Verwendung des Klostermilieus interessanten sentimentalen Erfolgsroman *Siegwart* (1776) betreibt, stehen geistig belangvolle Spiegelungen, zu denen Lenzens *Waldbruder* und Moritz' *Cecilia* gehören. Auffallend ist bei Miller, daß das Kloster nicht, wie meist in Aufklärung und Sturm und Drang, als Ort der Unnatur, sondern als Ort der Gesellschaftsabsage, der Sammlung und Besinnung aufgefaßt wird – darin Werthers Wahlheim vergleichbar. In Millers Briefroman *Geschichte Karls von Burgheim und Emiliens von Rosenau* (1778–79) wird ein Werther-Schicksal zum Happy End durch den Tod des Ehemannes gebracht, der dem empfindsamen Liebhaber den Weg zur Geliebten freimacht, nachdem sie vorher moralisch bildend auf ihn eingewirkt hat. So kann man Weltschmerz und Liebesglück erfolgversprechend zusammenfügen.

Durch Anklänge an die Passion und empfindsame Züge *Werther* verwandt ist der Roman *Leben des guten Jünglings Engelhof* (1779–81) des bayerischen Schriftstellers und Historikers LORENZ VON WESTENRIEDER (1748–1829). Der Held, ein aufklärerischer Sozialkritiker mit weitgreifenden Reformplänen, stirbt als Märtyrer der Empfindsamkeit und der Tugend. Wie den *Guten Jüngling* hat Goethe auch JOHANN WOLFGANG ANDREAS SCHÖPFELS (geb. 1752) Briefroman *Thomas Imgarten, Eine wahre Geschichte* (1777) im *Triumph der Empfindsamkeit* dadurch verspottet, daß er den Roman mit anderen Werken und dem *Werther* zusammen aus einer mit Häckerling gefüllten weiblichen Puppe herausfallen läßt. Im Aufbau eines einseitigen Briefwechsels und in der Diktion der Briefe ahmt Schöpfel mit geschickter Anempfindung die Attitüde des *Werther* nach, aber der Inhalt des Romans ist eine konventionelle Intrige, bei der am Ende das im Garten niedergelegte Findelkind Imgarten (daher der Name) die Geliebte heimführen darf, nachdem sie sich als Adoptivkind, gottlob nicht seine Schwester, erwiesen hat. Der Rang von Goethes *Werther* ermißt sich auch im Vergleich mit einem Landroman seines Freundes JOHANN HEINRICH MERCK, der *Geschichte des Herrn Oheims*, die 1778 in Wielands *Teutschem Merkur* erschien (Fortsetzung ebd. 1781 f.). Der Held ist ein ehemaliger Minister und Fürstengünstling, der aus den Zwängen des Hof- und Beamtenlebens in eine patriarchalische bäuerliche Existenz geflohen ist und mit seiner Familie ein überschaubares eigenes Gut musterhaft bewirtschaftet. Die Parole «Zurück zur Natur» wird hier als Wunschbild einer möglichen individuellen Lösung verwirklicht; damit werden aber auch die Spannungen, die durch die Konzeption der Werthergestalt ausgefaltet werden, unter einer angestrengt-glatten Oberfläche zugedeckt.

Der bedeutendste Beitrag zur Auseinandersetzung mit Goethes epochemachendem Werk ist der Briefroman *Eduard Allwills Papiere* (1775–76) von FRIEDRICH HEINRICH JACOBI (geb. 1743 in Düsseldorf, gest. 1819 in München als Präsident der Akademie der Wissenschaften), dem jüngeren Bruder des Anakreontikers Johann Georg Jacobi. Friedrich Heinrich Jacobi hat als Philosoph durch seine Auseinandersetzung mit Kant und durch den von ihm ausgelösten Spinoza-Streit eine Rolle gespielt. Bei einem Besuch legte er Lessing Goethes Prometheus-Hymne vor und veranlaßte damit dessen umstrittenes Bekenntnis zu Spinoza. Auf Jacobis anonymes Buch *Über die Lehre des Spinoza in Briefen an den Herrn Moses Mendelssohn* (1785) antwortete Mendelssohn in der anonymen Schrift *An die Freunde Lessings* (postum 1786), um Lessing gegen Jacobis Vorwurf des Pantheismus in Schutz zu nehmen. *Allwill* ist ein Zeugnis für Jacobis spannungsgeladene Freundschaft mit Goethe, eine Auseinandersetzung mit dem Genie-Typus, wie ihn Jacobi in Goethe repräsentiert sah. Der Held wird in der Maßlosigkeit und Unrast seiner Selbsterfüllung und seines «Allwillens» als glänzende, aber im letzten Grund seines Wesens erlösungsbedürftige Verführergestalt erfaßt. Neben Allwill steht die weibliche Hauptfigur Sylli von Wallberg, in der die Werther-Thematik von der Fülle des Herzens und der Leere des Daseins variiert wird. Die kompositionelle Schwäche des Werkes, die sich vor allem in der fehlenden Zentrierung des Geschehens äußert, macht deutlich, daß der Rang des Romans weniger im Dichterischen als in der Originalität seiner Geniekritik liegt. Die Briefform dient Jacobi dazu, die subjektive Ethik des Genies, die sich jedem absoluten Moralschema, jedem abstrakten Wahrheitsbegriff entzieht, aus der Lebenssituation der Betroffenen zu widerlegen. Dem existentiellen Denken des Genies wird so in der gleichen Weise geantwortet.

Jacobis zweiter Roman *Woldemar* (1779) ist formal und inhaltlich eine Weiterentwicklung des *Allwill*. Wie Allwill oder Werther tritt auch Woldemar als beunruhigende Erscheinung in einen festgefügten Lebenskreis. Im Unterschied zu *Allwill* entsteht aber nun eine Wechselwirkung, in der einerseits der genialische Einzelne die Gesellschaft seiner Freunde und Verwandten, andererseits der gesellige Kreis den Einzelgänger auf eine höhere Stufe hebt. Woldemar teilt seiner in der bürgerlichen Alltagsordnung eingeengten Umwelt etwas von seiner inneren Lebendigkeit und Unabhängigkeit mit, er selbst aber wird in einer tiefen Erschütterung von seinem hochmütigen, das eigene Daseinsgefühl vergötternden Subjektivismus gereinigt und zur Erkenntnis der menschlichen Schwäche geführt. Die Auseinandersetzung mit dem Genie weitet sich zur Diskussion der Grundlagen des menschlichen Lebens: Gewissen und Gesetz, Freiheit und Ordnung, Gefühl und Sitte. Der Roman endet nicht in einer Synthese, sondern in der Polarität, die sich in einem bei aller Gefährdung bejahten Wechselbezug des

Helden zu Ehefrau und Seelenfreundin spiegelt: «Wer sich auf sein Herz verläßt, ist ein Thor – Richtet nicht!» und: «Vertrauet der Liebe. Sie nimmt alles; aber sie giebt alles» – beide Wahrheiten werden erst in bezug aufeinander wahr[175]. An die Stelle des Briefes ist in *Woldemar* das philosophische Gespräch getreten, das die Spannung von Allgemeinem und Besonderem in der Form wiederholt, indem es die spezielle Lage der Figuren auf ihr Allgemeines hin durchsichtig macht, zugleich aber auch die Allgemeinheit des Gedankens in die Konkretheit des Lebens einführt und dadurch bewährt. Die Grenzform des philosophischen Romans ist der völlig entsprechende Ausdruck der eigentümlichen Jacobischen Lebensphilosophie, die Hamann und dem Philosophen Hemsterhuis entscheidende Anregungen verdankt.

Heinse

JOHANN JAKOB WILHELM HEINSE (geb. 1746 in Langewiesen bei Ilmenau als Sohn eines Organisten, gest. 1803), eine durchaus eigenartige Erscheinung innerhalb des Sturm und Drang, hat seinen geistigen Ausgangspunkt bei der Grazienphilosophie Wielands und der Anakreontik. Während des Studiums in Erfurt war Heinse Schüler und journalistischer Mitarbeiter des Philosophen und Ästhetikers FRIEDRICH JUSTUS RIEDEL (1742–1785), der Wielands Berufung als Professor 1769 anregte. Später förderte ihn Gleim, bis er zu den Brüdern Jacobi nach Pempelfort zog, um mit Johann Georg Jacobi zusammen die «Vierteljahrsschrift für Frauenzimmer» *Iris* herauszugeben. Sie florierte im Übergangsbereich zwischen Sturm und Drang, Anakreontik und Empfindsamkeit von 1774–77. Wielands kultivierter Sensualismus und die geistreich-spielerische Erotik der Anakreontiker verschmolzen bei Heinse mit dem Sinnenkult und der Naturheiligung des Sturm und Drang, zu deren Ahnherrn Rousseau gehört. Es entsteht eine produktive, wenn auch mehr phantasierte als gelebte Sinnlichkeit. Sie reicht vom «Priapismus» – so Wielands Verdammungswort – über eine der Farbimpression der bildenden Kunst und den Klangvaleurs der Musik zugewandte Ästhetik bis zu einer dionysisch-rauschhaften Lebensreligion der Lust, die in utopische literarische Visionen einfließt.

In Rückbeziehung auf die vorsokratische Naturphilosophie verkündet Heinse, der als Hausgenosse Friedrich Heinrich Jacobis den Spinoza-Streit aus nächster Nähe miterlebte, einen dynamischen Pantheismus. Er meint weniger, wie bei Herder oder Goethe, die Vergöttlichung der Natur als eine Naturalisierung des Göttlichen. So wie Heinse als Kunstschriftsteller abweichend von der Hauptentwicklungslinie der Zeit zu einer neuen Hochschätzung der Barockmalerei und der barocken, speziell der italienischen Opernmusik kommt, wie er als Kulturdeuter einem Renaissancismus, dem Kult des immoralischen aristokratischen Genuß- und Tatmenschen Bahn bricht und damit einer Tendenz des 19. Jahrhunderts vorläuft, stellt er neben die klassische Synthese von Natur und Geist eine Vorstellung von deren Identität. Der Klassik kommt die Natur im Geist zu sich und wird aus ihm wiederhergestellt; für Heinse ist der Geist nur ein Moment im Fest des Lebens und der Sinne. Er denkt nicht, wie Klassik und idealistische Philosophie es tun, von der Person, der Individualität oder einem transzendentalen, der Welterfahrung vorgängigen Ich aus, sondern von der Natur als einem ewigen Spiel der Elemente, einer großen Weltmusik der Dissonanzen und Harmonien, in der das Ich ekstatisch aufblitzt, sich trotzig und stolz auslebt und dionysisch vergeht. «Wie Kinder scheuen wir Tod und Vergehen; wir würden bey beständiger Dauer in immer einerley Zusammensetzung vor Langeweile endlich auf ewiger Folter liegen in unsrer kleinen Eingeschränktheit. Die Natur hat sich aus eignen Grundtrieben dieß Spiel von Werden und Auflösen so zubereitet, um immer in neuen Gefühlen seelig fortzuschweben»[176]. Hölderlin, der Heinse als einen geistigen Vater verehrte – die große Elegie *Brod und Wein* ist an Heinse gerichtet –, übernimmt von Heinse die Tendenz, das All-Leben der Natur dem Einzelleben vorzuordnen, aber Heinses Lebensfest der Lust, die aus der Winckelmanntradition ausbrechende dionysische Auffassung der Antike bleibt ihm fremd und taucht erst bei Nietzsche wieder auf.

Heinses geistige Gestalt ist größer als seine Dichtungen; verglichen mit den Ansätzen in Goethes Hymnen, im *Prometheus*fragment und in Werthers Briefen fehlt ihm eine der Ekstase angemessene Sprache für den Roman. Die *Begebenheiten des Enkolp* (1773) sind eine Übersetzung des *Satyricon* des römischen Satirikers Petronius Arbiter (gest. 66), eines drastischen und lasziven Sittenbildes des kaiserzeitlichen Rom. Der Held und Ich-Erzähler gerät in verzweifelte und komische Situationen der Impotenz, weil er den Gott Priap beleidigt hat. Heinses erster kleiner Roman *Laidion oder die Eleusinischen Geheimnisse* (1774) wendet sich demgegenüber ins Idealische: In einer neapolitanischen Klostergemeinschaft, die von einem Kult der Schönheit, der Kunst und der Antike geprägt ist, werden Kultbild und Selbstzeugnis einer höchst irdischen Heiligen verehrt: der schönen griechischen Hetäre Lais, die gegenüber den Hetärengestalten Wielands aus dem reizvollen Zwielicht einer halb moralisch gebrochenen Faszination in die Verklärung getreten ist. Der Stifter des Klosters in der Renaissance übersetzte ihre Briefe aus Elysium für seine zweifelnde Geliebte als Evangelium einer Unsterblichkeit der Liebe, der Weisheit und des Genusses. Die Helden, Weisen und Lebenskünstler der Antike reflektieren in ihren Gesprächen Themen der Metaphysik und Kunst bis zur Moderne hin – Shakespeare, Sterne, Helvétius, Rousseau werden genannt –, aber auch Situationen aus ihrem irdischen Leben. Lais erzählt im Kreis der Unsterblichen ihre Lebensgeschichte. In vielfachen prismatischen Brechungen, die eine Erinnerung an Sternes Erzählformen anklingen lassen, entsteht das Bild eines ewigen Lebens, das Jenseits im Diesseits und Diesseits im Jenseits ist, ein Bild, von dem Goethe gesagt hat, es sei mit der blühendsten Schwärmerei der geilen Grazien geschrieben und lasse Wieland und Jacobi weit hinter sich[177].

1780 bis 1783 wurde Heinse mit Hilfe von Freunden eine Italienreise ermöglicht – auch er ein Grieche in Rom, aber ein ganz anderer als Winckelmann und Goethe, wie sein berühmtestes Werk *Ardinghello und die glückseeligen Inseln* (1787) bezeugt, nach der Rückkehr in Düsseldorf geschrieben. Zielt schon die Rahmenhandlung von *Laidion* auf die Renaissancevermittlung der Antike, so hat *Ardinghello* die Wiedergeburt eines idealen Griechenland aus der Welt der Renaissance zum Thema. Wie Goethe im *Götz* für das Drama, so kommt Heinse für den Roman zu einem Entwurf, der eine produktive Spannung zwischen dem in seiner Historizität wahrgenommenen Stoff und der Jetztzeit schafft. Goethe spiegelt in dem alten Reichsritter das moderne Genie-Ideal und läßt es tragisch scheitern; Heinse findet in der italienischen Renaissance das historische Urbild einer Antikenerneuerung, die sich utopisch steigern und der Antikenbegeisterung der Gegenwart als Sehnsuchtsbild unterlegen läßt: eine Renaissance, die nicht Kunst bleibt, vielmehr Leben wird.

Ardinghello, der Held, beginnt als Lebensretter des Ich-Erzählers, der die Handlung im bewundernden Aufblick zu seinem Freund, in Gesprächen und im Briefwechsel mit ihm darbietet, und entschwindet aus der Geschichte als Begründer eines Staates freier und starker Geister, die sich aus der Unzulänglichkeit und Beschränktheit der bestehenden Gesellschaft auf eine Insel des Archipelagus im griechischen Meer retten. Der Künstler, Gelehrte, Dichter und Musiker Ardinghello erfüllt sein Leben als Politiker, Krieger, Seefahrer, Staatengründer, als uomo universale, wie ihn die Renaissance gedacht hat. Trotz der breit eingelagerten, mit der abenteuerlichen Ereigniskette von Überfällen, Liebschaften, Entführungen kompositionell nur unbefriedigend verbundenen kritischen und philosophischen Erörterungen – ein geistiges Zentrum ist das lange Gespräch zwischen Ardinghello und Demetri im Pantheon in Rom – ist das Werk weder philosophischer noch Künstlerroman. Das Genie ist Täter und erotischer Freibeuter wie in Klingers *Stilpo*. Die im Sturm und Drang häufige tragische Brechung des genialen Allstrebens fehlt ebenso wie die Alternative von Künstlertum, das die Gesellschaft verwandeln will, und bürgerlicher Existenz, die sich in sie einfügt; eine Alternative, die zwischen der Urfassung des *Wilhelm Meister* und der klassischen Fassung von 1795/96 zugunsten der zweiten, Entsagung einschließenden Lösung ausgetragen wird.

Ein Handlungsgipfel des *Ardinghello* ist das römische Künstlerbacchanal, mit dem der erste Band des Romans unvermittelt abbricht; es weist tendenziell vor auf die synkretistischen, Griechisches und Christlich-Jüdisches verschmelzenden religiösen Kulte des Inselstaates, die «lauter Leben» sind, «daß alle Nerven harmonisch dröhnten wie Saiten, von Meistern gespielt, auf wohlklingenden Instrumenten»[178]. Es geht um Entgrenzungen, in denen der Lebensrausch noch den Todesschauer einschließt. In dieser Korrespondenz zeigt sich am deutlichsten, daß Heinses Idealstaat mit freier Liebe, Gütergemeinschaft und kriegerischer Schiffahrt nicht eine möglichst zweckmäßige, dauerhafte politische und soziale Ordnung der großen Zahl meint, sondern eine Form der äußersten Lebenssteigerung von Auserwählten, die im Grenzenlosen ausschwingt oder abbricht. «Wir sind gefangne Gottheiten. Wohl dem, der seinen Kerker bald durchbrochen.» So heißt es in einem der Aphorismen[179]. Es ist charakteristisch, daß im letzten Satz des Romans «das unerbittliche Schicksal» zitiert wird, das nach «seeligem Zeitraum» die Wiederherstellung der Würde der Menschheit vereitelte, indem es diesen Staat untergehen ließ. Nicht nur Heinses Immoralismus, auch sein Aktivismus ist ästhetisch, von einer Unbedingtheit, die sich aus geheimer Lust am Untergang gewinnt – eine Tatwelt, von einem Nicht-Täter, eine Gemeinschaft, von einem Einsamen geträumt. Das ist der elegische Horizont des Romans, der in Hölderlins *Hyperion* dann thematisch wird.

Noch vor der Fertigstellung des *Ardinghello* wurde Heinse, der Nominalprotestant und scharfe Gegner des Christentums, 1786 als Vorleser des Kurfürsten und Erzbischofs nach Mainz berufen, wo er neben dem Schweizer Historiker Johannes von Müller, dem Weltreisenden Georg Forster, dem berühmten Anatomen Samuel Thomas von Sömmering und dem kursächsischen Legationssekretär Ludwig Ferdinand Huber aus dem Kreis des Schiller-Freundes Körner lebte – ein Beispiel dafür, was im aufgeklärten Katholizismus unter Friedrich Karl Joseph von Erthal und dem späteren Kurfürst-Erzbischof Karl Theodor von Dalberg (1744–1817), dem Bruder des Mannheimer Intendanten und Förderers des jungen Schiller Wolfgang Heribert von Dalberg, möglich war. Der Einbruch der Revolution 1792 schied die Geister; Forster wurde Jakobiner und starb in Paris, Heinse wich vor der «Mainzer Freiheitsfarce» zu Jacobi aus[180].

Während der Zeit der Revolutionskriege entstanden die großen in der Gegenwart spielenden Romane *Hildegard von Hohenthal* (1795–96) und *Anastasia und das Schachspiel* (1803). Es ist charakteristisch, daß der Utopist der idealen Inselrepublik in diesen Romanen die realpolitischen Umwälzungen der Zeit mit Schweigen übergeht. Auch das naturreligiöse Thema tritt zurück; das theoretische Interesse verengt sich in *Hildegard von Hohenthal* auf tiefdringende, zum Teil sehr detaillierte Musik-, speziell Opernanalysen, die von der Renaissance bis zur Oper Glucks reichen, in *Anastasia* auf die Kunst des Schachspiels. Ähnlich wie in *Ardinghello* sind dabei die Betrachtungen in eine sorglos komponierte Handlung eingebaut, deren derb erotische, zum komischen Umschlag tendierenden Episoden an den Petronius-Übersetzer erinnern. So ertrinkt einer der Helden beinahe bei dem Versuch, die Geliebte zu überrumpeln, wird von ihr an Land gezogen und durch derbe Ohrfeigen zur Besinnung gebracht: «Sie mußte aber unwillkührlich ein helles Gelächter aufschlagen, als sie sah, wie er sich so würgte, wodurch er völlig wieder zu sich kam[181].» Statt des

Universalgenies erscheinen in *Hildegard von Hohenthal* kontrastierend der bürgerliche Künstler Lockmann, Kapellmeister und Komponist, und der reiche adelige Weltmann, ein englischer Lord, dem schließlich die gleichfalls adlige Heldin zufällt. Man fühlte sich bei der Gestalt Lockmanns an Wackenroders Kapellmeister Berglinger und Hoffmanns Kapellmeister Kreisler erinnert, mündete Lockmann nicht am Ende in eine glückliche bürgerliche Ehe ein. Auch bleibt die Musik in Heinses Roman weithin eine objektive Größe, während sie in der Romantik zum höchsten Medium der Liebe und der Selbstaussprache, aber auch der Selbstauflösung und Dissonanz wird.

Heinses Übersetzungen der Epen *La Gerusalemme Liberata* von Torquato Tasso (1781) und *L'Orlando Furioso* von Ludovico Ariosto (1782–83) sind für die Rezeption der italienischen Literatur in Deutschland wichtig, deren Bedeutung sich in Goethes *Tasso*-Drama, in dem an Boccaccios *Decamerone* ausgerichteten Rahmen der *Unterhaltungen deutscher Ausgewanderten* oder in Wielands Rückgriff auf Ariost zeigt.

Der Göttinger Hain und verwandte Tendenzen

Hölty und die Grafen Stolberg

Der junge Goethe ist Mittelpunkt eines Freundeskreises; die andere wichtigste Gruppenbildung der Sturm und Drang-Generation hat den Charakter eines bündischen Zusammenschlusses: der Göttinger Hain, dem, neben einigen kleineren Talenten und bloßen Kunstliebhabern, die Schriftsteller Heinrich Christian Boie, Johann Martin Miller, Ludwig Heinrich Christoph Hölty, Johann Heinrich Voß, Johann Friedrich Hahn, Johann Anton Leisewitz, sowie die Grafen Christian und Friedrich Leopold von Stolberg angehören. Wie früher die Bremer Beiträger sammeln sich auch die Göttinger um ein literarisches Organ, den *Göttinger Musenalmanach,* begründet 1770 von dem Singspieldichter Gotter und HEINRICH CHRISTIAN BOIE (1744–1806), einem bedeutenden Literaturorganisator, dessen Briefwechsel mit seiner Verlobten LUISE MEYER (1777–85) einen sehr lebendigen Eindruck vom literarischen und gesellschaftlichen Leben der Zeit, besonders im Stolberg-Kreis, gibt. Wie die Bremer Beiträger ihre gottschedianischen Anfänge hinter sich lassen, so entwickelt sich der Musenalmanach von der Nachahmung des französischen *Almanach des Muses* zu einer scharf antifranzösischen Haltung. Sonst aber liegt viel zwischen der Leipziger Studentengeneration der vierziger und den Göttinger Studenten der siebziger Jahre. Hatte Klopstocks dichterischer Enthusiasmus den gemessenen Zirkel der Beiträger verklärt, aber auch überflogen, so tritt nun drei Jahrzehnte später eine literarisch beflissene akademische Jugend in seine Nachfolge. Im Namen knüpft der Bund an Klopstocks Ode *Der Hügel und der Hain* an. Nicht der Helikon der Griechen, sondern der Hain der germanischen Barden ist der geistige Ort der Mitglieder. Das deutsch-christlich-freiheitliche Pathos Klopstocks verschmilzt mit dem sturm- und dranghaften Bekenntnis zum Volkstümlichen und Charakteristischen. Auch Anregungen aus dem Gleim-Kreise werden aufgenommen. Am 12. 9. 1772 entsteht der Bund aus der rauschhaften Stimmung einer Mondscheinwanderung im Eichengrund, unter Umarmung, Tanz, Tränen und Eidschwur. Das weihevolle, deutschtümelnde Zeremoniell der Bundesversammlung ist Ausdruck einer Selbststilisierung, der die geistige und literarische Substanz der Mitglieder nicht ganz entspricht.

Besonders deutlich wird das bei LUDWIG CHRISTOPH HEINRICH HÖLTY (geb. 1748 in Mariensee bei Hannover, gest. 1776 in Hannover), neben Friedrich Leopold von Stolberg dem stärksten lyrischen Talent der Gruppe. Seine liedhafte Dichtung bleibt in Motivik und Bildwelt der Anakreontik nahe, unterscheidet sich aber von dieser Spielwelt durch einen elegischen Grundton, in dem die Todesnähe des Schwerkranken, der schon mit 28 Jahren an Tuberkulose starb, Ausdruck findet. Liebe und Tod werden in ihrer inneren Wechselbeziehung erlebt, die empfindsame Zeitströmung mit ihrer sentimentalen Vermischung von Lebensgenuß und Todessehnsucht verwandelt sich bei Hölty zu einer Lebenserfahrung von wirklichem Ernst, die sprachliche Formel der Anakreontik wird zur herzlichen Einfachheit. Der Mensch ist nicht mehr gegen eine Naturkulisse rein abgesetzt, die Seele findet sich vielmehr, ähnlich wie bei Johann Georg Jacobis besten Gedichten, in einer beseelten Welt. In seinen Oden und Elegien wandelt Hölty die Klopstocksche Odenform ins Intime ab. Der bei Klopstock meist schwere, gestaute Rhythmus wird geschmeidig und fließend; kennzeichnend etwa das Fragment:

Ihr Freunde hänget, wann ich gestorben bin,
Die kleine Harfe hinter dem Altar auf,
Wo an der Wand die Todtenkränze
Manches verstorbenen Mädchens schimmern.

Der Küster zeigt dann freundlich dem Reisenden
Die kleine Harfe, rauscht mit dem rothen Band,
Das, an der Harfe festgeschlungen,
Unter den goldenen Saiten flattert.

Ein Bahnbrecher ist Hölty auf dem Felde der Ballade; neben komischen Romanzen hat er – wie Goethe angeregt durch Percys *Reliques*, die im englisch orientierten Göttingen früh bekannt wurden – ernste Balladen gedichtet, die an dämonisch-irrationale Bereiche des Lebens rühren wollen (*Adelstan und Röschen, Die Nonne*), allerdings mehr in Form einer literarischen Reminiszenz als in einem wirklichen Durchstoß zu diesen seelischen Schichten.

Wo Hölty sonst volkstümlich dichtet, zeigt sich der aufklärerische Grund seiner Geisteshaltung: Goethe wird vom Volksliedton ergriffen; Hölty neigt sich, wie Gleim zuweilen, zum Volk herab, um es zu belehren, so etwa in den populären Versen *Üb immer Treu und Redlichkeit*. Noch in den besten unter seinen volkstümlichen Liedern (*Rosen auf den Weg gestreut, Wer wollte sich mit Grillen plagen*) bleibt spürbar, daß Hölty den Volksgeist nicht als poetische Bildungskraft erfährt, sondern selbst bilden will. Auch seine Idyllen, im Unterschied zu Geßners und Maler Müllers in Versform, sehen in der ländlichen Lebenswirklichkeit weniger die ursprüngliche als die kleine umfriedete Welt, in welche die Unruhe der Zeit nur als abenteuerliche Kunde dringt, beim *Feuer im Walde* erzählt.

Erst nach Höltys Tod erschienen Ausgaben seiner *Gedichte*, eine unrechtmäßige von Adam Friedrich Geisler (1782–84) und eine durch Texteingriffe stark entstellende von Friedrich Leopold von Stolberg und Johann Heinrich Voß (1783). Gegenüber Hölty wirkt sein Freund Johann Martin Miller als Lyriker unselbständig; seine Klopstock-Nachahmungen bleiben leer, die Lieder im Bannkreis einer perfekt gehandhabten Anakreontik, die Balladen sind plump. JOHANN FRIEDRICH HAHN (1753–1779) war eine genialisch zerrissene Natur. Er gibt in seiner Ode *Der Abend* ein an Hölderlin gemahnendes mythisches Naturbild:

> Es flieht, o Sonne, müde das Haupt gesenkt,
> Dein goldgelockter Jüngling, der Tag, mit dir,
> Und Dämmrung trauert rings . . .

Der gesamte Göttinger Hain hat sich in Anlehnung an Klopstock zu bardisch-patriotischer Lyrik verleiten lassen, die das Vorbild übertrumpft und in ihrem weltfremden Freiheitspathos und abstrakten Tyrannenhaß zuweilen ins unfreiwillig Komische ausartet. Selbst die Grafen CHRISTIAN (1748–1821) und FRIEDRICH LEOPOLD VON STOLBERG (1750–1819), aus einem Klopstock befreundeten, in Holstein ansässigen Hause, haben dieser Mode ihren Tribut gebracht und nach Tyrannenblut gelechzt. Während aber Christian eher zur elegischen Ode neigt, wird bei Friedrich Leopold, dem begabteren der Brüder, in aller Übersteigerung eine ursprüngliche Kraft des hymnischen Aufschwungs hörbar, die ihn unter den Göttingern Goethe am nächsten rückt. Auch persönlich sind Goethe und die Stolbergs in Beziehung getreten und haben

1775 gemeinsam eine Geniereise in die Schweiz unternommen; bei der Abreise trugen alle Werthertracht. Stolbergs Manifest *Von der Fülle des Herzens* (1777) ist das reinste Sturm und Drang-Dokument des Göttinger Hains; das Stichwort, das sich auch bei Jung-Stilling, in Goethes *Werther* und in Klingers *Leidendem Weib* findet, ist biblischer Herkunft: «Wes das Herz voll ist, des geht der Mund über» (Matth. 12,34; Luc. 6,45). Ein dynamisches Gefühl, das sich entschieden abhebt von passiver Empfindsamkeit, wird gefeiert als edelstes Vermögen des Menschen, das sich in Freundschaft, Liebe, Natur, Kunst und Religion äußert. Vor allem in freien Rhythmen (*Die Begeisterung, Der Felsenstrom, Homer, Die Schönheit*) und in den breit ausschwingenden Hexameterhymnen wie *Hymne an die Sonne* und *Hymne an die Erde,* die auf Hölderlin wirkten, hat sich dieses dynamische Gefühl dargestellt; in der Weite des Meeres hat es sich gern gespiegelt und damit ein wichtiges Landschaftsmotiv der Lyrik erschlossen (*Badelied, Die Meere*). Neben den Hymnen Stolbergs behaupten sich kräftige Reimgedichte, die mit ihrer Bevorzugung des männlichen Paarreimes eher Spruch- als Liedcharakter haben (*An die Natur, Bei Homers Bilde, Winterlied, An das Meer*) und elegische Distichen von schöner Rundung, wie die *Grabschrift eines Jünglings*:

Pflanzet Blumen umher: zwar schleußt der Winter die Blumen;
    Aber mit tauender Hand öffnet sie wieder der Lenz.
Weinet mit lächelndem Blick: ich ruh' im Schoße der Erde;
    Der die Blumen erweckt, wecket zum Leben auch mich.

Auch als Übersetzer sind die Brüder Stolberg hervorgetreten – Christian hat Sophokles übertragen, Friedrich Leopold Aischylos und Homer, daneben Ossian –, wie überhaupt der Kreis der Göttinger Entscheidendes zur Eindeutschung der Antike und damit zur Ausformung des klassischen Geistes getan hat. Der Dialogroman *Die Insel* (1788) ist ein Beitrag Friedrich Leopold Stolbergs zum Insel- und Robinson-Motiv. Während die Aufklärung an diesem Thema die Meisterung der Natur durch den Menschen vorführt (so der Popularphilosoph Joachim Heinrich Campe in seiner Bearbeitung von Defoes *Robinson Crusoe,* die 1779–80 erschien), wird dem Sturm und Drang die Insel zum utopischen Idealbild des naturhaften Lebens; eindringlicher freilich in der Ausformung durch Heinse. Im Unterschied zu dessen Aristokratismus geht es Stolberg um die Erziehung eines Menschengeschlechts, das sich in

Rückkehr zur Natur, Abkehr von der Zivilisation, Einkehr in die Urberufe Bauer, Fischer, Jäger und in der Ausbildung einer möglichst wenig reglementierten, patriarchalisch gegliederten Gesellschaft erneuern soll. Stolbergs Roman ist reizvoll durch die Rahmenkonstruktion, in der das utopische Moment thematisch wird: Im philosophischen Gespräch zwischen Partnern mit antikisierenden Namen wird auf einer kleinen Donauinsel das Wunschbild des seligen Inselstaates in den Subtropen entworfen.

Wie bei den anderen Göttingern, außer Voß und Leisewitz, liegt Stolbergs Hauptleistung in der Lyrik und in den kleinen Formen. Die Dramen der Brüder sind Nebenwerke, literaturgeschichtlich interessant durch die Schiller vorgreifende Verwendung von Chören. 1800 trat Friedrich Leopold unter dem Einfluß des Kreises der Fürstin AMALIA VON GALLITZIN (1748–1806) und des münsterischen Reformministers Freiherrn FRANZ VON FÜRSTENBERG (1729–1810) zum Katholizismus über und löste dadurch eine heftige Erschütterung bei seinen früheren Freunden, vor allem bei Johann Heinrich Voß (*Wie ward Fritz Stolberg ein Unfreier?*, 1819), aus: Die unbestrittene Vorherrschaft des protestantischen Kulturraums, welche die gesamte vorhergehende Epoche bestimmt hatte, geht zu Ende; Stolbergs Entschluß gehört in das geistige Vorfeld der katholisierenden Romantik. In diesem Vorfeld spielt die Münsteraner Gruppe eine besondere Rolle, zu der Bernhard Overberg (1754–1826), ein Schulreformator, sowie der holländische neuplatonische Philosoph FRANCOIS HEMSTERHUIS (1721–1790) gehören. Der Dramatiker ANTON MATTHIAS SPRICKMANN (1749–1833), ein Mitläufer des Sturm und Drang und im Alter literarischer Mentor der jungen Annette von Droste-Hülshoff, ferner Friedrich Heinrich Jacobi und Matthias Claudius, auch zeitweilig Goethe, standen dem Kreis nahe. Hier öffnete sich der Katholizismus ohne Substanzverlust den modernen geistigen Tendenzen der Zeit und wirkte auf sie zurück. Hemsterhuis' Erkenntnislehre (*Lettre sur l'homme et ses rapports*, 1772) stellt dem Cartesianischen «Cogito ergo sum» ein: «Je sens, ainsi je suis» entgegen. Die Schrift *Alexis ou de l'âge d'or* (1787) enthält eine dreistufige Geschichtsphilosophie und eine Ästhetik, die Kunst als höhere Spezies des Wissens und Enthusiasmus als Annäherungsweise an die in ihr gegebene höchstmögliche Koexistenz der Ideen begreift. Diese Ideen gewannen vom Sturm und Drang bis zur Romantik des Novalis immer größere Bedeutung.

Der junge Voß und Pestalozzi

JOHANN HEINRICH VOSS (geb. 1751 bei Waren in Mecklenburg; gest. 1826 in Heidelberg, verheiratet mit Heinrich Christian Boies Schwester Ernestine) gehört mit seinen frühen Idyllen in den Bereich des Sturm und Drang. Nach empfindsamen Anfängen des Dichters wenden sie sich dem bäuerlichen Leben der Zeit zu, dem Voß durch seine Herkunft als Enkel eines bäuerlichen Leibeigenen nahestand. Die Bestrebungen zur Aufhebung der besonders in Norddeutschland weit verbreiteten Leibeigenschaft reichen als Aktionen einzelner aufgeklärter adeliger Gutsherren in die erste Hälfte des 18. Jahrhunderts zurück, gewinnen Nachdruck im Zusammenhang des Physiokratismus und gehen in der zweiten Hälfte des Jahrhunderts allmählich in einzelnen Territorien, so im Österreich Josephs II. oder in Schleswig-Holstein und Dänemark, in die Regie des Staates über. Mit der Überführung der Leibeigenen in Erbpachtverhältnisse beginnt die Bauernbefreiung, die sich in Deutschland bis 1848 hinzieht, und Voß ist neben anderen Autoren wie Gottfried August Bürger ein besonders wirkungsvoller und konsequenter Propagandist dieser Tendenzen; stand Voß doch in Mecklenburg, wo sich eine adelige Standesherrschaft durchgesetzt hatte, besonders drückenden bäuerlichen Verhältnissen gegenüber.

Die Idyllen *Die Leibeigenen* und *Die Freigelassenen*, 1775 als Pendants entstanden, zeigen ein energisches sozialkritisches Engagement, das sich bei Maler Müller nur verhalten vorträgt, und entfalten damit eine neue Dimension der deutschen Idylle. In den *Leibeigenen* werden traditionelle Idyllenmotive durch ihre Umkehrung zum kritischen Appell: Während sonst in der Idylle die Hirten beim Grasen ihrer Herden um die Wette singen oder tanzen, sind bei Voß die bedrückten Bauernknechte zum Gesang, dem Naturlaut des Herzens, unfähig; Tanz und Fest erscheinen in einer Höllenstrafenvision als feurige Strafe adeliger Blutsauger und Menschenschinder, in der die Knechte Trost suchen, weil Freikauf und Hochzeit von der Gutsherrschaft verweigert werden. Naturformen der Gesellschaft, die gemeinhin in der Idylle blühen, wie Liebe und Familie, werden zerstört oder verhindert. Die prangende, befriedete Natur steht in schärfstem Kontrast zur Denaturiertheit des Menschen. In den *Freigelassenen* ist dagegen ein

Wunschbild bäuerlichen Glücks entworfen, das in der Aufhebung der Leibeigenschaft durch einen aufgeklärten Gutsherrn entspringt. Aus der aufklärerischen Reform tritt eine konservative, patriarchalische Gemeinschaft von Bauern und Adligen in erfüllter idyllischer Zuständlichkeit hervor. So enthält Voß' Zukunftsphantasie eine Rückwärtswendung ins Veraltende. Der Altphilologe Voß, dessen Übersetzungstätigkeit und spätere Idyllik im Zusammenhang der Klassik gewürdigt werden müssen, greift erstmals auf den Hexameter der Theokrit-Idyllen zurück und verwendet ihn sogar in plattdeutschen Idyllen, die auf Fritz Reuter und Klaus Groth vorweisen, wobei der Vers eine Stilisierung bringt, die in reizvoller Spannung zum Detailrealismus dieser Dichtung steht. Sowohl Anklage wie Bejahung werden dadurch überhöht; der Lobpreis läßt deutsche Provinzialität als Erneuerung und Fortsetzung klassischer Formen des Lebens erscheinen.

Als Lyriker besitzt Voß ein bedeutendes Formtalent in antikisierenden Oden, die Klopstock an Strenge des metrischen Baus übertreffen, motivlich deutlich in seiner Nachfolge stehen. Eigenständigkeit zeigt Voß in seiner Reimlyrik, innerhalb derer der Anteil geselliger, Gesinnungsfreunde zusammenschließender Lieder und sozialkritischer Gedichte groß ist. Hierher gehört etwa *Der zufriedene Sklave* (1776) mit den Versen:

> Bei meinem lieben Topf voll Reis
> Verschmaus' ich, Sklav des großen Deys,
> Der Freiheit Last und Kummer.

Zur Volksbildung sind Arbeits- und andere Lieder auf Alltagssituationen einfacher Leute bestimmt, die poetisch verklärt werden. Mit der Nachdichtung der *Marseillaise* unter dem Titel *Gesang der Neufranken* (1792) zeigte Voß seine Sympathie für die Französische Revolution, und der Journalist Rebmann berichtet in seinen *Kosmopolitischen Wanderungen durch einen Theil Deutschlands* (1793), wie drei Männer – ein sächsischer Offizier, Rebmann selber und ein polnischer Patriot – «die schöne Freiheitshymne von Voß nach der Melodie der bekannten Carmagnole» anstimmten[182]. In der Herausgabe des *Musenalmanachs*, den er 1775 von Boie übernahm, fühlt sich Voß als «Kalendermacher»[183] und bezieht sich damit gleich Claudius auf die alte volkstümliche Kalendertradition, wie wir sie etwa bei Grimmelshausen ins Licht der großen Literatur treten sehen; gegenüber Claudius hat Voß'

Kalendermacherei allerdings eine politisch und sozialkritisch radikale Tendenz, die ihn auch dem Eutiner Kreis seines früheren Freundes Friedrich Leopold von Stolberg entfremdete.

Bei aller räumlichen und literarischen Ferne Voß' frühen Idyllen verwandt in bäuerlichem Milieu, patriarchalischem Gesellschaftsbild und erzieherischer Absicht ist JOHANN HEINRICH PESTALOZZIS (1746–1827) «Buch für das Volk» *Lienhard und Gertrud* (1781–85), dessen erster Band anonym auf Drängen Lavaters veröffentlicht wurde. Es geht von den bäuerlichen Verhältnissen der Schweiz aus, die viel weniger drückend waren als weithin in Deutschland, und wendet sich an das Volk selbst, nicht an die Herren. Eine bäuerliche Gemeinde lebt unter einem väterlichen Adligen, der aber durch einen schurkischen Vogt im Dorf repräsentiert wird – eine Variante der in der reformerischen Aufklärung geläufigen Konstellation, bei der die Sozialkritik an untergeordnete Instanzen adressiert bleibt. Eine Wendung der sittlichen und materiellen Mißstände tritt in dem Augenblick ein, in dem Gertrud, eine arme Dorffrau, in ihrer Not mit Gottvertrauen zum adligen Herrn durchdringt, der Hilfe zur Selbsthilfe gibt. Daß hier die Mutter zum Träger der sittlichen Aufklärung wird, während sich sonst die Aufklärung gern durch Vatergestalten repräsentiert sieht, zeigt, wie Pestalozzi direkt in der mütterlichen Natur anzusetzen sucht, die im Licht eines humanitären Christentums gesehen wird. In der Darstellung der von einzelnen ausgehenden, aber allmählich das ganze Dorf ergreifenden und zur Gemeinschaft formenden, schließlich sogar den verbrecherischen Vogt verwandelnden moralischen und reformerischen Aktivität geht Pestalozzis Kollektiv-Erziehungsroman so weit über Voß' statische Idyllik hinaus, wie er an Schärfe der Sozialkritik hinter ihm zurückbleibt.

Anschaulich und lebensvoll dargestellte Erziehungsprozesse, die in der Familie ihr Zentrum haben, aber von Kirche und Schule weitergetrieben werden, zeigen den leidenschaftlichen Pädagogen Pestalozzi, der nicht nur ein unkonfessionelles Christentum, sondern auch die klassischen Bildungsgüter der Zeit für seine Zwecke einsetzt. So singen Gertruds Kinder Goethes *Nachtlied* «Der du von dem Himmel bist» in textlich banalisierter Form für ihren abends heimkehrenden Vater, und daneben sind Noten und Text für den Hausgebrauch des Lesers abgedruckt – Pestalozzi zielt also auf praktische Umsetzung. Das Motiv der volkstümlichen

Klassik erinnert an Kellers *Sinngedicht*, wo am Ende der Schuster bei der Arbeit Goethes *Mit einem gemalten Band* singt, zum Volkslied zerdehnt und verformt. Mit der holzschnitthaften und dabei nicht undifferenzierten Charakteristik der Figuren und mit dem Ineinander von treuer Wirklichkeitsauffassung und märchenhafter Stilisierung, die hier in der unmotivierten Zuordnung eines so bösen Statthalters zu einem so guten Herrn liegt, ist Pestalozzi als Volksschriftsteller ein Vorgänger des größeren Jeremias Gotthelf.

Gottfried August Bürger und Gerhard Anton von Halem

Gottfried August Bürger (geb. 1747 in Molmerswende/Harz, gest. 1794 als unbesoldeter außerordentlicher Professor für Ästhetik in Göttingen) hat zwar dem Göttinger Hain nicht fest angehört, aber ihm nahegestanden. Er war mit den Haingenossen befreundet, hat zeitweise den *Musenalmanach* herausgegeben, und die Bestrebungen des Hains haben sich in ihm eigentlich erfüllt. Das gilt vor allem für seine Balladen. Was bei Hölty noch angenommene Stilhaltung bleibt, wird in Bürgers Balladen zentraler Ausdruck seines dichterischen Weltverhältnisses. Sein Drang zur Popularität der Dichtung ist, ganz urtümlich und von literarischen Anregungen nur bestätigt, eher eine Umsetzung der geistigen Tradition des Pastorenhauses, aus dem er stammt: Wie die religiöse Offenbarung soll nun auch die dichterische Botschaft für alle sein – «lebendiger Odem, der über aller Menschen Herzen und Sinnen hinweht! Odem Gottes, der vom Schlaf und Tod' aufweckt». So fordert der *Herzensausguß über Volks-Poesie* in der Programmschrift *Aus Daniel Wunderlichs Buch* (1776)[184]. Auch Bürger hat gegenüber Herders Volksliedidee mit ihrer Betonung des Ursprünglichen und Naturhaften einen aufklärerischen Zug zum Praktisch-Wirkungsvollen, aber es ist nicht mehr zuerst Belehrung, sondern Erschütterung, der grelle Effekt und Affekt, was er sucht. Dabei wird ihm die vertraute Sprache der Bibel und des Kirchenliedes zum virtuos gehandhabten Mittel, in Jahrhunderten angereicherte Stimmungs- und Ausdrucksenergien auf weltliche Themen und Aussagen überzuleiten, uralte Bilder und Gebärden in

neuem Zusammenhang sinnträchtig zu machen: Für die Liebesun-
bedingtheit *Lenorens* (1773, veröffentlicht 1774) in der gleichna-
migen Ballade etwa nimmt der verlorene Bräutigam Wilhelm die
Züge des Himmelsbräutigams Christus an; in tiefer Verblendung
drängt sie zur Himmelfahrt und Paradieseshochzeit, während der
Gespensterritt sich zur apokalyptischen Szene weitet und in dem
Toten der Tod sie umarmt. Die gräßliche Ironie des Geschehens
hebt trotz aller Anklänge an die alte Volksballade mit ihren Wie-
derholungen, Wechselreden und Lautmalereien die *Lenore* in eine
eigene Stilsphäre, die Bürger in anderen Schöpfungen (*Lenardo
und Blandine, Der wilde Jäger, Des Pfarrers Tochter von Tauben-
hain*) nur repetieren, aber nie wieder mit solcher Genialität verwirklichen konnte. Im aufdringlich moralisierenden Zug mancher
Balladen (*Das Lied vom braven Manne*) liegt eine Abschwächung
der balladesken Stimmung. Weiter entstehen meist vergröbernde
Balladenübertragungen aus dem Englischen – auch als *Ilias*-Über-
setzer hat sich Bürger vor Friedrich Leopold von Stolberg und
Johann Heinrich Voß versucht –, komische Romanzen und humoristische epische Gedichte wie *Die Weiber von Weinsberg* und *Der
Kaiser und der Abt*.

Das lebendigste Zeugnis seines humoristischen Stils bleibt Bürgers erweiternde Neudichtung der englisch abgefaßten Münch-
hausen-Erzählungen (1785) Rudolf Erich Raspes (1737–1794),
eines wegen Unterschlagungen nach England geflüchteten Biblio-
thekars und Naturwissenschaftlers, der ein deutsch-englischer
Kulturvermittler von Rang war. In den tollen Lügengeschichten,
die sich an den westfälischen Baron Karl Friedrich Hieronymus
von Münchhausen (1720–1797) heften, wird die Tradition der
komischen Volksbücher und volkstümlicher Schwankerzählungen
erneuert. Der bramarbasierende, meist falsche, Kavalier und Offizier ist ein Typus, den wir durch die Komödie vor allem des Barock
oder durch Christian Reuters Roman *Schelmuffsky* aus der Frühaufklärung kennen. In Bürgers Sammlung *Wunderbare Reisen zu
Wasser und zu Lande, Feldzüge und lustige Abentheuer des Frey-
herrn von Münchhausen . . .* (1786, 2. Aufl. 1788) allerdings ist
der Ich-Erzähler nicht Opfer der satirischen Laune seines Autors,
vielmehr sprachlich und gesellschaftlich souveräner, ironischer
Causeur, der, indem er sich zum «Übermenschen im Kleinen» zu-
rechtphantasiert, zugleich Phantasten und Aufschneider lächerlich
machen will – ein ähnliches Prinzip wie in Wielands Biribinker-

Märchen des *Don Sylvio von Rosalva*, wo der märchengläubige Held durch ein Supermärchen desillusioniert werden soll.

Der reine lyrische Ausdruck tritt bei Bürger zurück. Es fehlt bei ihm das ruhige liedhafte Ausströmen einer Stimmung. Wo er sich mit der Anakreontik auseinandersetzt, wird deren witzig-erotischer Grundton ins Leidenschaftlich-Erlebnishafte abgewandelt. Seine besten lyrischen Gedichte enthalten starke epische und dramatische Züge, etwa *Das Mädel, das ich meine* und *Die Elemente*, beide in der Form katechetischer Belehrung und Befragung aufgebaut, *Ständchen* und *Schön Suschen*, wo die Wirkung der Liebe, die verwandelnd und in immer neuer Gestalt in das Leben der Menschen eintritt, im biblischen Bild vom unerklärlichen Wehen des Heiligen Geistes gefaßt wird:

> D'rum, Lieb' ist wohl, wie Wind im Meer;
> Sein Sausen ihr wohl hört,
> Allein ihr wisset nicht, woher?
> Wißt nicht, wohin er fährt?

Bürgers politische Lyrik besitzt agitatorische Durchschlagskraft. Während des Interventionskrieges gegen die Französische Revolution dichtete er, allerdings ohne sie zu veröffentlichen, die Verse:

> Für wen, du gutes deutsches Volk,
> Behängt man dich mit Waffen?
> Für wen läßt du von Weib und Kind
> Und Herd hinweg dich raffen?
> Für Fürsten und für Adelsbrut
> Und fürs Geschmeiß der Pfaffen[185].

Heinrich Heine hat in seinem Essay-Band *Die Romantische Schule* die Ausbrüche des Bürgerschen Geistes in seinen Gedichten verglichen mit den «gewaltigen Schmerzlaute(n) eines Titanen, welchen eine Aristokratie von hannövrischen Junkern und Schulpedanten zu Tode quälte»[186]. Vernichtend für Bürgers künstlerische Existenz wurde 1791 Schillers scharfe Kritik an Bürgers Gedichten. Aus der idealisierenden Kunstgesinnung der Klassik wird Bürgers Leitbild der Popularität verworfen.

Mit Bürger und den Haingenossen befreundet war GERHARD ANTON VON HALEM (1752–1819), eine merkwürdige und widerspruchsvolle Gestalt der Geistes- und Literaturgeschichte. Er war zugleich herzoglich oldenburgischer Beamter, Verehrer Friedrichs des Großen und enthusiastischer konsequenter Anhänger der Französischen Revolution, die er als Augenzeuge aufsuchte und in den *Blicken auf einen Theil Deutschlands, der Schweiz und Frankreichs vom Jahre 1790* schilderte. Entschiedener deutscher Patriot, wurde er doch Gefolgsmann und Beamter Napoleons während der Annexion Oldenburgs durch Frankreich. Als Autor hexametrischer Epen mit germanischen (*Teudelinde*, 1780), mittelalterlichen (*Conradin*, 1782; *Adelheid von Burgund*, 1784), protestantischen (*Gustav Adolf*, 1786; 1801) und biblischen Stoffen (*Jesus der Stifter des Gottesreiches*, 1810) folgt er Klopstock. Der höfische Versroman *Twein* (= Iwein; 1789) nach Hartmann von Aue bekennt sich zu Wieland als Vorbild. Die historischen Dramen *Wallenstein* (1786), mehr als ein Jahrzehnt vor Schiller, und *Johanna von Neapel* (1794) sind technisch an Lessing orientiert; Wallenstein erscheint als Humanist und Patriot, *Johanna von Neapel* ist ein antiklerikales Werk. Am stärksten treten die aktuellen Zeittendenzen in dem Drama *Die Stimme der Natur*, geschrieben 1794, und in den moralischen Erzählungen hervor. *Die Stimme der Natur* schildert die Negerunterdrückung durch die Weißen und endet mit der Ehe zwischen einem Neger und einem weißen Mädchen – eine äußerste, für die Zeit ungewöhnliche Konsequenz des Kampfes gegen die Negersklaverei, der damals großen Widerhall fand (auch Voß und Claudius oder der Maler Johann Heinrich Füßli mit seinem Gemälde *Der gerächte Neger* nahmen daran teil). Das von Rousseau her geprägte französische Motiv des edlen Wilden, konkretisiert durch natur- und völkerkundliche Schriftsteller wie Georg Forster, Mungo Park oder St. Lambert, aktualisiert durch das Ringen im englischen Parlament um die Negerbefreiung und durch den Aufstand von Haiti 1791, der mit den anschließenden, jahrelang wiederaufflammenden Kriegen noch im Hintergrund von Kleists *Verlobung in St. Domingo* steht, wird auch in den moralischen Erzählungen durchgeführt, und zwar sowohl für Indianer wie für Schwarze. Der Philhellenismus, der seit dem ersten griechischen Aufstand gegen die Türken 1770 blühte, findet Niederschlag in der Sammlung *Blüthen aus Trümmern* (1798). Auch Heinse oder Hölderlins *Hyperion* (1797–99) stehen in seinem Bann wie noch im 19. Jahrhundert der Lyriker Wilhelm Müller, den man Griechenmüller nannte. Durchgehend in Halems Werk ist der Zwiespalt zwischen moderner Gesinnung und traditioneller, ja konventioneller literarischer Form.

Schubart und Claudius

Wie Bürger und Halem sind auch Schubart und Claudius dem Göttinger Hain persönlich und geistig verbunden, ohne Mitglieder zu sein. CHRISTIAN FRIEDRICH DANIEL SCHUBART (geb. 1739 in Obersontheim/Württ., gest. in Stuttgart 1791) ist als Musiker, Lehrer, Rezitator und Journalist in einem wechselvollen Leben umgetrieben worden und hat zehn Jahre ohne Verhör und Urteil als Staatsgefangener Herzog Karl Eugens von Württemberg im Zuchthaus auf dem Hohenasperg gesessen – ein Opfer seines politischen Freimuts, das die Zeit noch tiefer erregt hat als die widerrechtliche Haft des berühmten schwäbischen Staatsrechtlers, Publizisten und Patrioten JOHANN JAKOB MOSER (1701–1785), des Vaters von Friedrich Karl von Moser, auf dem Hohentwiel 1759–1764. Moser hatte sich als Konsulent der Landstände, die in Württemberg ähnlich wie im Osnabrück Mösers nicht entmachtet waren, aber ein stärker bürgerliches Gepräge trugen, dem Absolutismus Karl Eugens entgegengestemmt. Erst beim Blick auf solche Beispiele absolutistischer Willkür wird die Bedeutung absehbar, die Schubarts Journalistik besitzt. Seine zweimal wöchentlich erscheinende *Deutsche Chronik*, 1774 in Augsburg begründet, wegen ständiger Schwierigkeiten mit der Zensur und der Geistlichkeit bald nach Ulm verlegt und nach der Haft wieder aufgenommen, steht in der Mitte zwischen Zeitschrift und Zeitung. Sie unterscheidet sich von den älteren Wochenschriften und schöngeistigen Journalen durch den weiten Ausgriff ins politische und volkswirtschaftliche Tagesgeschehen, von der politischen Journalistik des Göttinger Universitätslehrers AUGUST LUDWIG SCHLÖZER (1735–1809), des bedeutendsten deutschen Publizisten der Zeit, durch ihren bewußt persönlichen, Information und Kommentar miteinander verbindenden Stil. Bei allen Schwankungen und Unklarheiten der konkreten Ziele klar in der freiheitlichen Grundhaltung – von der englischen Freiheit «nur diesen Hut voll» wünscht sich die Nachricht an das Publikum, mit der Schubart sein Unternehmen eröffnet –, trotz Verhüllungen und taktischer Winkelzüge, die zuweilen bis zur Selbstaufgabe gehen, entfaltet Schubart an den Höhepunkten seiner Journalistik das derbe Pathos eines Volkstribunen, eine improvisiert und gesprochen wirkende Sprache.

Ein solcher Höhepunkt ist der von ihm enthusiastisch begrüßte

Ausbruch der Französischen Revolution, Radikale, zum Teil konsequent republikanische Nachfolger dieses Journalismus sind WILHELM LUDWIG WEKHRLIN (1739–1792) mit seinen kritischen Journalen und Schriften *Felleisen* (1778), *Chronologen* (1779–81), *Das graue Ungeheur* (1784–87), *Hyperboreische Briefe* (1788–90); KARL IGNAZ GEIGER (1756–1791) mit seiner *Reise eines Erdbewohners in den Mars* (1790); PETER ADOLF WINKOPP (1759–1813) mit seinem *Teutschen Zuschauer* (1784–88); GEORG FRIEDRICH REBMANN (1768–1824), der ins revolutionäre Frankreich ging und später als Richter in Mainz zwei große Prozesse gegen die Räuberbanden des Schinderhannes (1803) und des Damian Hessel (1811) führte. Von ihm sind vor allem die *Kosmopolitischen Wanderungen durch einen Theil Deutschlands* (1793) und *Hans Kieckindiewelts Reise* (1794) zu erwähnen. Solche wirklichen oder imaginären Reisebeschreibungen sind eine alte Gattung, die sich leicht in den Dienst der Zeitkritik stellen läßt. Im Unterschied zum eigentlichen Reiseroman herrscht überall hier weniger künstlerischer Gestaltungswille als praktische Wirkungsabsicht.

Der bedeutendste Stilist unter diesen Schriftstellern und Journalisten, ein politischer Satiriker hohen Ranges ist Wekhrlin. Ein Beispiel seines Stils aus den *Hyperboreischen Briefen* anläßlich einer beim österreichisch-türkischen Krieg 1787–92 erhobenen Steuer: «Ist's traurig, sein Geld für die Kalkuln der politischen Sterngucker herzugeben, seine Tafel abzubrechen, um Artilleriepferde zu füttern, seiner Mätresse aufzusagen, in der Hoffnung sie aus dem Harem eines Pascha zu ersetzen: so ist es eine erhabene Idee, eine solche Armee zu unterstützen . . . Wofür streiten diese tapferen Leute? Damit wir was Neues lesen . . . rechnen Sie das für Nichts, daß sie sich für einen Monarchen aufopfern, der es so sehr würdig ist, daß sie dadurch einen desto längeren, desto blühenderen Frieden erkaufen . . . Je größer die Erschöpfung, desto gewisser die Ruhe[187].» Wir sind hier nahe beim Spießbürgerspott des Osterspaziergangs aus Goethes *Faust*:

Nichts Bessers weiß ich mir an Sonn- und Feiertagen
Als ein Gespräch von Krieg und Kriegsgeschrei,
Wenn hinten, weit, in der Türkei,
Die Völker aufeinanderschlagen.

Schubarts lyrische Produktion ist reich an Tönen, steht aber an

Rang hinter der publizistischen Prosa zurück, die eine für Deutschland neue Dimension der öffentlichen Sprache erschließt. Originell ist Schubart nur in den Gedichten, wo ein aktueller Gehalt hervortritt, wie in den rhetorisch breit ausladenden Versen der *Fürstengruft*, 1779 während der Haft entstanden, oder im *Kaplied*, 1787 für die nach Südafrika vermieteten württembergischen Soldaten gedichtet. Kulturhistorisch bedeutende Dokumente sind Schubarts Autobiographie *Leben und Gesinnungen* (veröffentlicht 1791–93), während der Haft verfaßt und einer religiösen Bekehrung entsprungen, und seine *Briefe*, die der schwäbische Hegel-Schüler David Friedrich Strauß 1849 herausgegeben hat.

Auch Matthias Claudius (geb. 1740 in Reinfeld/Holstein, gest. 1815 in Hamburg) ist der Vertreter eines volkstümlichen Journalismus. Schubart ähnlich ist seine Abneigung gegen ein bürgerliches Berufsleben. Theologie- und Jurastudium werden abgebrochen, eine Beamtenstelle in Hessen als Oberlandkommissar und Herausgeber einer amtlichen Landeszeitung, die der Reformminister und pietistisch gestimmte patriotische Schriftsteller Friedrich Karl von Moser vermittelt hatte, wird bald wieder aufgegeben. Grundlegend von dem schwäbischen Publizisten abgehoben ist Claudius durch seine geistige Seßhaftigkeit im kleinsten Kreis von Familie und Heimat. Von Wandsbek aus hat er 1771–75 die Zeitschrift *Wandsbecker Bothe* redigiert, für die er die bedeutendsten deutschen Autoren als Mitarbeiter gewann. 1775–1812 ließ der «Homme de lettres» in loser Folge auf Subskription *Sämmtliche Werke des Wandsbecker Bothen* unter der Überschrift *Asmus omnia sua secum portans* unter die Leute gehen. Als Kalendermann sagt Claudius seine Meinung über Kunst, Philosophie, Religion und Staat, berichtet ernste und heitere Geschichten, spricht Gedichte, als Vetter Asmus oder Invalid Görgel tritt er sich selbst gegenüber und versucht, mit seinem Publikum ins Gespräch zu kommen. Die scheinbare Wahllosigkeit, mit der die einzelnen Beiträge aufeinander folgen, Themen und Formen aufgegriffen und dann wieder fallengelassen werden, die Naivität und Herzlichkeit des Stils, der immer intimer, lockerer und leiser Gesprächsstil bleibt, bedeuten Spiel, aber nicht Attitüde, wie sie die Aufklärer häufig bei ihren volksbildenden Unternehmungen einnehmen. Zwar ist in der Widmung der Werke an Freund Hain, den Tod, der als Knochenmann mit Sense auf dem Titelblatt der Werke steht, noch der empfindsame Genuß am Todesschauer wirksam, zwar sind in die Entscheidung zur gelebten Idylle anakreontische *Tändeleyen* (1763) eingegangen, aber das Leitbild des Pilgers omnia sua secum portans, in christlichem Vertrauen dem Augenblick und seiner Forderung hingegeben, zeigt, daß die kleine Welt von Claudius Lebensdichte besitzt und einer unendlichen Weite geöffnet ist. Bei allem Unterschied des Formats ist hier eine wirkliche Gegenposition zur Klassik mit ihrem weltbürgerlichen Ideal der Autonomie und Humanität aufgebaut, aus christlichem Ursprung, der bei Claudius, wie bei dem befreundeten Hamann, der Grund ist, aus dem sich der Angriff gegen die Aufklärung speist. Claudius' Einfalt versteht sich als christliche Demut und Kindlichkeit: «Laß uns einfältig werden, und vor dir hier auf Erden wie Kinder fromm und fröhlich sein» (*Abendlied*). Wie zeit- und problembewußt diese Haltung ist, ergibt sich daraus, daß Claudius mit seinen politischen Äußerungen zu den Vorläufern der christlich-romantischen Staatslehre gehört und mit seinen Übersetzungen, etwa des französischen Bischofs und Erbauungsschriftstellers Fénelon (1651–1715) oder des französischen Theosophen Louis Claude de Saint-Martin (1743–1803), der protestantischen Erweckungsbewegung des 19. Jahrhunderts und der romantischen, an Böhme und die Mystik anknüpfenden Philosophie Anregungen gegeben hat. Romantiker wie Philipp Otto Runge und Franz von Baader, der münsterische Kreis der Fürstin Gallitzin und der politisch konservative Emkendorfer Kreis um den Grafen Fritz Reventlow (1755–1828), dem auch die Brüder Stolberg angehörten, haben enge Verbindung mit Claudius angeknüpft. Voß und Klopstock entfernten sich von diesem bedeutenden Zirkel durch ihre Revolutionsbegeisterung.

Schubart bleibt auch als Dichter Rhetoriker; bei Claudius spricht auch im journalistischen Text der Dichter, besonders eindringlich etwa im *Besuch zu St. Hiob in* **, dem Bericht über einen Besuch im Irrenhaus, der schlicht das Schreckliche beim Namen nennt und dabei doch ruhig und sogar trostvoll bleibt. Im Hintergrund steht die alte Metapher von der Welt als einem Kranken- und Irrenhaus. In der vergleichbaren Kranken- und Irrsinnsdichtung des Expressionismus wird das Bild vom körperlichen und geistigen Zerfall des Menschen zur Widerlegung des Humanen, bei Claudius behält noch der entsetzlich Leidende, der Geistesverwirrte, Würde wie Hiob vor Gott. Im Munde der Unmündigen – vier geisteskranker Brüder, die bei jedem Totengeläut aus ihrem

Stumpfsinn erwachen und einen Vers aus Martin Schallings Lied *Herzlich lieb hab ich dich, o Herr* singen – hat sich Gott sein Loblied bereitet.

Während Johann Peter Hebel, als christlicher Volksdichter eine Claudius verwandte Erscheinung, mit seinen Erzählungen den weitesten Widerhall gefunden hat, vollendet sich Claudius als Lyriker. Obwohl er, wie die Haindichter, Klopstock sehr nahe gestanden hat, ist dessen Ton kaum aufgenommen. Wohl verwendet Claudius auch reimfreie, antikisierende Strophenformen – etwa in den Dreizeilern des Gedichts *An – als Ihm die – starb*, aber der Reiz dieses Gebildes liegt darin, daß in dem kunstvollen Metrum eine völlig schlichte Sprache zu Wort kommt, mit natürlichem Sprechrhythmus und in den altgeprägten Bildern der Luther-Bibel:

Der Säemann säet den Samen,
Die Erd' empfängt ihn, und über ein kleines
Keimet die Blume herauf –

Du liebtest sie. Was auch dies Leben
Sonst für Gewinn hat, war klein Dir geachtet,
Und sie entschlummerte Dir!

Was weinest Du neben dem Grabe,
Und hebst die Hände zur Wolke des Todes
Und der Verwesung empor?

Wie Gras auf dem Felde sind Menschen
Dahin, wie Blätter! Nur wenige Tage
Gehn wir verkleidet einher!

Der Adler besuchet die Erde.
Doch säumt nicht, schüttelt vom Flügel den Staub, und
Kehret zur Sonne zurück!

Die Antike hat für Claudius nicht die verpflichtende Kraft des Vorbildlichen (vgl. das Epigramm *Ich wüßte nicht warum?*), und wenn er auf sie zurückgreift, dann in spontaner Umformung, etwa in dem schönen Maigedicht *Der Frühling*, wo im fröhlich stampfenden Rhythmus, in der heiteren Entfesselung und in der auf den Dionysos-Zug anspielenden Bildlichkeit von fern der antike Dithyrambus anklingt. Die Genie-Wendung zum Volkslied erscheint bei Claudius motiviert durch seine religiöse Haltung der Unmittelbarkeit, die zu einer unmittelbaren Herzenssprache drängt und sich am freiesten in volkstümlich einfachen Formen äußert. Sprache und Kunstform werden nicht als eigenständige Werte betrachtet, sondern nur als gebrechliche Vehikel des im letzten sprachlosen Geistes. Hier liegt auch ein Grund für das humoristische Spiel mit der Sprache. Goethe zieht aus der Begegnung mit dem Volk Kräfte, die zur Aussprache des Individuellen dienen; Claudius will ins Volk zurücktreten und alles Menschliche in reiner Allgemeinheit und Allgemeinverbindlichkeit erfahren und benennen. So entstehen das völlig gegenständliche Kindergedicht (*Ein Lied hinterm Ofen zu singen*), eine in allem Gefühl sachlich gelassene Spruchdichtung (*Motet, Der Mensch, Die Liebe*) und eine Lieddichtung von großer Einfachheit wie *Der Tod und das Mädchen* – auch als lyrisches Thema ist der Tod bei Claudius beherrschend – oder das berühmte *Abendlied*. Nach der physikotheologischen Gedankenlyrik der Aufklärung und nach den kosmischen Aufschwüngen Klopstocks ist die Natur hier wieder zum vertrauten Hause des Menschen geworden. Während das *Abendlied (Der Mond ist aufgegangen)* in der volksliedhaften Melodie von Johann Abraham Peter Schulz weiterlebt, ist *Der Tod und das Mädchen* bei Schubert in aller Expressivität erfaßt, und im berühmten Schubertschen Streichquartett gleichen Titels gibt Claudius das Stichwort einer schmelzenden und zugleich zerreißenden Weltklage.

Neben anderen Bildern verschiedener Künstler und den bewußt naiven, ja scherzhaft primitiven Abbildungen, die Claudius selbst zu seinen Werken beigesteuert hat, stehen die empfindsamen, dabei genau charakterisierenden Illustrationen Daniel Chodowieckis (1726–1801), des bedeutendsten deutschen Radierers der Zeit, der fast zweitausend Buchillustrationen geschaffen hat, darunter zu Goethe, Lessing, Lichtenberg, Basedow und Lavater. Sie sind ein Orbis pictus deutscher Bürgerlichkeit im 18. Jahrhundert – auch in der Hinsicht, daß alles Exzeptionelle der großen Literatur der Zeit in ihnen gemäßigt und gedämpft erscheint.

Der junge Schiller

Schillers geistige Welt

Der junge FRIEDRICH SCHILLER, geboren am 10. 11. 1759 in Marbach am Neckar als Sohn eines Wundarztes und damaligen Leutnants der württembergischen Armee, lebt im allgemeinen Bewußtsein als Typus des Stürmers und Drängers. Grelle Züge seiner Biographie tragen zu diesem Bild bei: die Auflehnung des Eleven gegen die reglementierende Erziehung an der Hohen Karlsschule Herzog Karl Eugens von Württemberg, die der joviale und genialische Tyrann von der Militärerziehungsanstalt zu akademischem Rang erhob, die Desertion des Regimentsmedikus aus dem Machtbereich des Herzogs, der Schillers dichterische Produktion zu fesseln suchte, die vom materiellen Zusammenbruch bedrohte Tätigkeit als Theaterdichter am Nationaltheater in Mannheim 1783–85, die Befreiung schließlich aus der unhaltbaren Lage in Mannheim durch CHRISTIAN GOTTFRIED KÖRNER (1756–1831), Vater des 1813 gefallenen Dichters Theodor Körner, und seinen Freundeskreis, der den Dichter nach Leipzig holte, um ihm dort die Möglichkeit ruhiger Entfaltung zu geben. Schon 1782–83 hatte der Flüchtling erstes Asyl auf dem thüringischen Gut Bauerbach gefunden, das der Mutter eines ehemaligen Mitzöglings, Henriette von Wolzogen, gehörte. In der Mannheimer Zeit war Schiller mit der schöngeistigen, reizvollen, aber auch überreizten Weltdame Charlotte von Kalb in einer prekären Freundschaft verbunden. Immer wieder an den Wendepunkten seines Lebens haben Freunde Schiller rettenden Halt gegeben. Ein hervorragender Platz unter ihnen gehört dem später eng mit Beethoven befreundeten Klavierbauer JOHANN ANDREAS STREICHER (1761–1833), der Schillers Flucht aus Stuttgart nach Mannheim unterstützte und begleitete und einen wichtigen Bericht darüber hinterließ (*Schillers Flucht von Stuttgart und Aufenthalt in Mannheim von 1782–1785,* 1836).
Auch in der Schillerschen Dichtung finden sich sinnfällige Anklänge an den Sturm und Drang – in der hyperbolischen Steigerung der lyrischen und dramatischen Sprache, in der zu den Grenzen der Menschheit und der Welt drängenden Lyrik, insbesondere

in der leidenschaftstrunkenen Liebesmetaphysik der Laura-Oden, in der Faszination durch die menschliche Größe und Kraft dramatischer Helden. Dennoch ist Schiller tiefer als die anderen Stürmer und Dränger in der Aufklärung verwurzelt. Sein Lieblingslehrer an der Karlsschule, der Philosoph JAKOB FRIEDRICH ABEL (1751–1829), der die Philosophie zum Kernfach der Akademie neuen Stils erhob, hat dem Schüler die Kenntnis deutscher, französischer und englischer Aufklärungsphilosophen vermittelt, und die Spuren dieser Begegnung zeigen sich allenthalben in Schillers Frühwerk, etwa in dem philosophischen Dialog *Der Spaziergang unter den Linden,* den Schiller in der seit 1782 gemeinsam mit Abel herausgegebenen Zeitschrift *Wirtembergisches Repertorium der Literatur* veröffentlichte. Der Anthropologie des Sturm und Drang, die den Menschen aus einem ganzheitlichen leib-seelischen Zentrum begreift, steht bei Schiller eine dualistische Auffassung des Menschen gegenüber. Sie geht in der medizinischen Dissertation *Versuch über den Zusammenhang der thierischen Natur des Menschen mit seiner geistigen* (1780) von einem Dualismus Körper und Geist, in den philosophischen Schriften vom Dualismus Vernunft und Natur aus, und lebenslänglich sucht Schiller die Aufhebung der Gegensätze in einer Synthese. *Die Schaubühne,* den Genies ein Ort der Selbstaussprache, wird vom jungen Schiller im Sinne der Aufklärung *als moralische Anstalt betrachtet* (1784), und auch die Kraftmenschen der Schillerschen Jugenddramatik tragen nicht, wie die Sturm und Drang-Originale, ihr Recht in sich, sondern sie stehen in Spannung zu einer normativen moralischen Ordnung, die nun allerdings nicht schlichtweg Spielregeln eines vernünftigen menschlichen Zusammenlebens setzt, vielmehr den großen Menschen zu einer heldenhaften Selbstvollendung in Selbstbestimmung auffordert. In ihr erfüllt sich die Bestimmung des Menschen zur Göttlichkeit. Entfaltet in verschiedenen Bedeutungsrichtungen als Austritt aus der Zeit, Übertritt in den Gott, Eintritt ins Elysium, ist sie das einheitsstiftende Thema von Schillers Gesamtwerk.

Wird hier aufklärerisches Autonomiedenken mit sturm- und dranghafter Energie aufgeladen, so gibt der schwäbische Pietismus der sogenannten Schwabenväter FRIEDRICH CHRISTOPH OETINGER (1702–1782) und vor allem JOHANN ALBRECHT BENGEL (1687–1752) mit seiner Neigung zur apokalyptischen Spekulation das eschatologische Licht, in das bei Schiller der Mensch im Unternehmen der Selbstvergötterung tritt – ein Licht, das noch in den aus der negativen Theologie der Mystiker wohlbekannten Paradoxien leuchtet, mit denen der klassische Schiller den ästhetischen Zustand beschreibt. Doch läßt sich der Zusammentritt solcher Elemente nicht als bloße Kombination verstehen. Aufklärung, Sturm und Drang und Christentum relativieren einander auch wechselseitig. Schiller ist vom Christentum auf die Dauer immer strenger getrennt durch seine Verneinung der Erbsünde, die, auch hinter seiner klassischen Umdeutung Kants stehend, ihm Erlösung entbehrlich macht. Der Mensch ist sein eigener Erlöser. Von der Aufklärung ist er geschieden durch seine elementare Todesbegegnung, in der sich die pessimistischen Züge des Sturm und Drang radikalisieren und mit der er, neben Claudius und Hippel, einzig in seiner Zeit steht. Hier, nicht in einem vagen Hang zum Transzendieren, ist Schillers oft festgestellte Verwandtschaft mit dem Barock begründet, die es möglich macht, daß Schiller auch entscheidende stilistische Anregungen aus dem Spätbarock, vor allem als Theatraliker aus der in barocker Tradition stehenden Opern- und Ballettkunst aufnimmt. Sie wurde am Württembergischen Hof unter dem Komponisten NICCOLO JOMMELLI (1714–1774) und dem Ballettmeister JEAN GEORGES NOVERRE (1724–1810), beide in Heinses *Hildegard von Hohenthal* ausführlich gewürdigt, verschwenderisch gepflegt; hier findet Schillers rhetorisch expressiver, typisierender dramatischer Frühstil Vorbilder, und hier entspringt wohl auch seine Meisterschaft in der choreographisch bewegten Massenszene, die im bürgerlich-intimen deutschen Drama der Zeit ohne Beispiel ist.

Schiller sieht den Tod in einer Weise, die sich im Barock vorbereitet – nicht eigentlich christlich als der Sünde Sold, sondern als den großen Riß der Welt, in dem alle ihre Fragwürdigkeit offenbar wird, als Schranke und Prüfstein des Menschen. Wo Hippel resignativ reagiert, reagiert Schiller heroisch. Der Barock übersteigt die Schranke mit dem Schritt in ein Jenseits Gottes oder der Werte, die aller irdischen Problematik und Gebrechlichkeit entrückt sind. Schiller hingegen besitzt weder den Weltoptimismus der Aufklärung, noch den Jenseitsoptimismus des Barock, und damit verschärft sich für ihn die Frage nach der Gottgleichheit des Menschen zur Antithese: Wie kann der Mensch gottgleich sein, wo doch der Tod eine letzte Realität ist? Mit den Worten des Julius in den *Philosophischen Briefen* (1786, darin die ältere *Theosophie des Ju-*

lius): «– Unglükseliger Widerspruch der Natur – dieser freie emporstrebende Geist ist in das starre unwandelbare Uhrwerk eines sterblichen Körpers geflochten, mit seinen kleinen Bedürfnissen vermengt, an seine kleinen Schiksale angejocht – dieser Gott ist in eine Welt von Würmern verwiesen.»

Die Lyrik

Im Unterschied zur individuellen Erlebnislyrik Goethes seit Straßburg tendiert Schillers Frühlyrik zum artistischen Spiel in einer Fülle von Formen und Tönen, die nur das eigentlich Volksliedhafte auslassen. In der Mitte steht eine Gedankendichtung, die das persönliche leidenschaftliche Erlebnis als menschliche Modellsituation faßt. Logisch-antithetische Anspannung des Gedankens, grelle, dabei im Kern oft konventionelle Bildlichkeit, hinter Klopstock zurückgreifende Reimstrophik werden in höchster sturm- und dranghafter Forcierung des Ausdrucks zusammengezwungen. Mensch und Tod in wechselseitiger Herausforderung – das ist das Organisationsprinzip der *Anthologie auf das Jahr 1782*, mit der Schiller sein Publikum ähnlich gewalttätig anfällt wie mit den *Räubern*. Sie erscheint als Protest gegen den konventionellen *Schwäbischen Musenalmanach auf das Jahr 1782*, dessen Herausgeber GOTTHOLD FRIEDRICH STÄUDLIN (1758–1796), später ein deutscher Revolutionsbegeisterter, nur eines der von Schiller eingereichten Gedichte verkürzt abgedruckt hatte. Bei Matthias Claudius steht Freund Hain still und zwingend auf dem Frontispiz des *Wandsbekker Bothen*; Schiller übergibt die *Anthologie* in einer makabren Widmung dem großen «Prinzipal» und «Großmächtigsten Czar alles Fleisches». Der Allesvernichter wird apostrophiert als am Ende vielleicht überfressener Vielfraß, der die hinabgeschlungene Welt wiederausspeien, dem siegenden Leben zurückgeben muß.

Die Liebe wird in der *Anthologie* als enthusiastischer Sprung aus der Zeit erfahren, und so geht es in den Oden, die Schiller in Anspielung auf Petrarca, den exemplarisch Liebenden und Dichtenden, seiner Laura widmet, weniger um die Liebe selbst als um die Vergötterung in der Liebe, im geistig-körperlichen Rausch; sei es, daß – wie in der *Phantasie an Laura* – die Verewigung und Vergötterung durch die Liebe als das Ziel der Geschichte gesehen wird; sei es, daß – wie im *Geheimnis der Reminiszenz* – eine ursprüngliche und in der Geschichte verlorene, göttliche Einheit der Liebenden schmerzlich erinnert wird:

> Aus den Angeln drehten wir Planeten,
> badeten in lichten Morgenröten,
> In den Locken spielten Edens Düfte,
> Und den Silbergürtel unsrer Hüfte
> wiegten Maienlüfte.
>
> Weine Laura – dieser Gott ist nimmer,
> Du und ich des Gottes schöne Trümmer,
> Und in uns ein unersättlich Drängen,
> Das verlorne Wesen einzuschlingen,
> Gottheit zu erschwingen!

Die Grenzen der Menschheit und der Zeitlichkeit berühren auch die Totengedichte der *Anthologie*, die Weltallgedichte, die Geniegedichte *Rousseau* und *Monument Moors des Räubers*, das Pamphlet auf die schlimmen Monarchen als mißlungene Götter. Nicht die Antwort auf den Tod, vielmehr die Frage nach ihm ist das Durchgehende. So kann der Tod selbst ein Doppelgesicht annehmen. Er ist, sofern bei der Vollendung des Menschen der «Geist aus seiner Hülse springt», in der Vergötterung überwunden und auch in ihr gegenwärtig[188]. Vor allem aber kann der Mensch gerade im Streben nach der Unendlichkeit seine Endlichkeit vernichtend erfahren. Die Begegnung der beiden Pilger in dem berühmten Gedicht *Die Größe der Welt* ist die Selbstbegegnung des Ich, das bei dem Versuch, die Unendlichkeit zu durchdringen, auf sich selbst als ein Begrenztes stößt. Die weitesttragende Lösung der Vergötterungsthematik bietet wohl das Gedicht *Die Freundschaft* mit dem Grundgedanken, daß der Freund Spiegel des Ich, alle Geister zusammen aber Spiegel der Gottheit sind, und es ist eine der großen Begegnungen der Geistesgeschichte, daß Hegel seine *Phänomenologie des Geistes* mit einem freien Zitat dieses Schillerschen Gesanges abgeschlossen hat.

Die Instabilität und Gegensätzlichkeit der Lösungen der Anthologiegedichte veranlaßt den Dichter zur selbstironischen Distanzierung, die in der Widmung und im Versteckspiel hinter einer Vielzahl von Verfasserchiffren, die jeweils verschiedene lyrische Tonlagen bezeichnen, angelegt ist und den Schluß der Sammlung beherrscht. Der Sänger, der sich einst vergöttern wollte, sitzt nun in philisterhafter Beschränkung zuhause, durchdrungen von der Erkenntnis,

Daß Plane – Saifenblasen sind.
Hauch immer zu – und laß die Blasen springen;
Bleibt nur diß Herz noch ganz!
Und bleibt mir nur – errungen mit Gesängen –
Zum Lohn ein teutscher Lorbeerkranz[189].

Das ist eine letzte Reduktionsstufe, aber zugleich ein geheimer Verweis auf das wahrhaft Beständige: Die Ungebrochenheit des Herzens, die Übereinstimmung mit sich.

Nach der *Anthologie* hat Schiller bis zur Klassik fast keine Gedichte mehr geschrieben. Zu den wenigen Ausnahmen gehört der Hymnus *An die Freude* (1786), erschienen in der von Schiller herausgegebenen, vorwiegend dramaturgischen Zeitschrift *Thalia* (1785–91): Schiller hat zeitlebens, teils als Stratege der Publikumsbildung, teils aus finanzieller Notwendigkeit, große journalistische Projekte betrieben. In der Kontinuität der Vergötterungsthematik wird die Freude als «Tochter aus Elisium» gefeiert, die, wo ihr «sanfter Flügel» weilt, eine Vorahnung von Elysium auf die Erde bringt, indem sie alle Menschen zu Brüdern macht. Das Lied wird als illusionistische Stimmungsmache denunziert, aber das ist es nicht. Der «schöne Götterfunke» der Freude schafft das Leid nicht aus der Welt, er hält sogar seinem Anblick stand bis zu der Paradoxie des Trinkspruchs: «Auch die Toden sollen leben!» In der Kraft der Menschen, sich zu freuen, wird ein lieber Vater überm Sternenzelt nicht bewiesen, aber postuliert und evoziert. Beethovens dithyrambische Vertonung kommt aus diesem evokativen Charakter des Gedichts. Sie macht die Freude zum absoluten Augenblick, der zwar nicht dauert, aber in sich die Zeit aufhebt. Das Gedicht ist Zeugnis der Freundschaft mit Körner und seinem Kreis.

Die Räuber

Das eigentliche Feld der dramatisch gespannten Pole Gottgleichheit und Tod ist das Drama. Das Hauptthema Schillers verweist auf seine Hauptgattung, deren Verwirklichung auf dem Theater die

Menschen, wie es in der Abhandlung *Was kann eine gute stehende Schaubühne wirken?* heißt, «ihrer selbst und der Welt vergessen, und ihrem himmlischen Ursprung sich nähern» lassen soll[190]. Stellt sich die Vergötterungsthematik in den Jugendgedichten als Beseligung und Verzweiflung an den Grenzen der Menschheit dar, so präsentieren die Dramen von den *Räubern* bis zum *Wallenstein* «erhabene Verbrecher», hybrische Helden, die am Anspruch der Gottgleichheit scheitern und ihre Menschheit verfehlen. Dabei geht es ihnen nicht, wie Goethes Faust, um absolute Selbstverwirklichung, sondern um monumentale Selbstdarstellung. Die Sprengkraft dieser Thematik wird – wie oft auch im Drama Klingers – durch ihre Einschließung in die traditionelle Dramenform mit größeren szenischen Einheiten eher noch betont.

Nirgends treten die inneren Spannungen von Schillers geistigem Haushalt so kraß und unvermittelt ans Licht wie in Schillers genialem und monströsem Erstlingswerk, den *Räubern* – einer Geburt, «die der naturwidrige Beischlaf der Subordination und des Genius in die Welt setzte», wie Schiller 1784, zwei Jahre nach der Erstaufführung, schon aus großem Abstand sagte[191]. Der in einer Erzählung Schubarts vorgefundene Stoff einer Familienkatastrophe wird rücksichtslos gegen jede Wahrscheinlichkeit hochgetrieben zur Gesellschafts- und Welttragödie, wobei der zeitgeschichtliche Anknüpfungspunkt in der Tätigkeit von Räuberbanden liegt – so der Banden des sogenannten «Bayrischen Hiesel» und des Sonnenwirts in Schwaben, des Helden von Schillers Erzählung *Der Verbrecher aus verlorener Ehre*. Im Jahr 1781, als die *Räuber* erschienen, wurde in Bayern eine Bande von angeblich fast 1000 Mann aufgebracht. Das Motiv der feindlichen Brüder und das Motiv des verlorenen Sohnes, beide repräsentativ für den Sturm und Drang, verflechten sich miteinander. Während in Klingers *Zwillingen* der Bruder im Bruder die Welt neben sich bekämpft, die ihn an der hemmungslosen Entfaltung hindert, zerfallen bei Schiller die Söhne mit einer patriarchalischen Ordnung über sich; während bei Lenz im Vater-Sohn-Konflikt Bindung und Freiheitsverlangen gleichermaßen tragikomisch zweideutig werden, sind hier die Widersprüche zwischen Ordnung und Freiheit und innerhalb dieser Werte in tragischen Antinomien entfaltet. Im alten Moor mit seiner gebrechlichen und schwächlichen Güte, die dem Bösen widerstandslos erliegt, zeigt sich die Hinfälligkeit der patriarchalisch geordneten Ständegesellschaft, und so tritt den verlorenen Söhnen

Franz und Karl im alten Moor der gefallene, «verlorene Vater» gegenüber: «Ich hab' gesündigt im Himmel und vor dir. Ich bin nicht wert, daß du mich Vater nennst» – diese Worte des alten Moor zu Karl sind die Umkehrung der Worte des verlorenen Sohnes aus dem biblischen Gleichnis[192]. Und doch verwirklicht sich in der dem Mißbrauch so geöffneten, gebrechlichen irdischen Vaterwelt, gegen die Karl als Rächer wüten zu dürfen glaubt, nachdem er sich durch den Fluch des Vaters aus ihr ausgeschlossen wähnt, die Gerechtigkeit Gottes, des größeren Vaters, auf verborgene und unerbittliche Weise, die Karl erst am Ende, als tragisch Gescheiterter, durchschaut: Die korrupte irdische Gerechtigkeit wird ihm durchsichtig auf das göttliche Gericht.

Der Wirklichkeit der Welt in ihrer Vollkommenheit und Hinfälligkeit zugleich stehen in Karl und Franz Moor zwei Utopisten gegenüber. Karl Moor wird zum Räuberhauptmann, indem er voll Hybris der vollkommenen Gerechtigkeit nachjagt, während er in Wahrheit selbst durch seinen Mangel an Vertrauen das Band der Liebe zwischen Vater und Sohn zerreißen läßt und so die Verkehrung der Welt mitverschuldet, die er zu bekämpfen meint. Scheinbar ein autonomer Selbsthelfer in der Gemeinschaft seiner Verschworenen, steht er unter dem Zwang seiner Willkür, bis er sich frei dem Gesetz unterwirft. In tragischer Ironie erklingt vor dem Höhepunkt seiner Verstrickung das Räuberlied: «Ein freies Leben führen wir . . .»[193], genauso, wie das Gedicht *Hektors Abschied*, wohl Schillers schönstes lyrisches Jugendwerk, durch seine Stellung im Drama die Funktion der tragischen Ironie bekommt: Amalia, Karls Geliebte, singt das Klagelied um den Helden, der für sein Vaterland fällt, an dem Zeitpunkt, in dem Karl zum Zerstörer der Vaterwelt geworden ist, und sie wiederholt es, als er unerkannt vor ihr steht[194]. Noch zweimal wird ein Gedicht eingesetzt, um der Handlung Perspektive zu geben: In einem weiteren Lied Amaliens lebt die Erinnerung an eine paradiesische Liebesharmonie vor dem Sündenfall. Karl hingegen singt von Brutus und Caesar, ihrem geistigen Vater-Sohn-Verhältnis, das von beiden Seiten tragisch schuldhaft sich verwirrt – Caesar als Verräter der Republik ein gefallener Vater, Brutus als Verräter des Vaters ein gefallener Sohn[195].

Neben Karl als dem Utopisten der Gerechtigkeit ist sein teuflischer Bruder Franz der Utopist des Bösen, der genauso an der Welt des Wirklichen vorbeigeht wie Karl. Schwärmt Karl von der

Naturordnung eines patriarchalischen Paradieses, so reflektiert Franz mit fürchterlicher Konsequenz auf das Böse als die materialistische «Naturordnung» eines von den scheinbaren Illusionen der Moral und des Gewissens befreiten Lebens. Ergehen sich die Räuber im Wahn der Freiheit als Willkür, so liegt Franzens Intrigenspiel der Wahn zugrunde, den Menschen als bloßen Mechanismus handhaben zu können. Marinelli in *Emilia Galotti* will mit seinen Berechnungen des Menschen begrenzte Ziele erreichen, Franz aber will mit seinem Handeln den Beweis von der Weltmacht des Bösen antreten; er ist ein Bösewicht mit metaphysischem Anspruch. Schließlich muß er trotz seiner Machtfülle als Tyrann an seinen Knechten und Kreaturen erfahren, daß der Mensch frei ist und daß er selbst, der scheinbar souveräne Lenker des Bösen, in den Banden des Gewissens liegt.

Ein Blick auf Goethes *Götz* zeigt den fundamentalen Unterschied dieser beiden Freiheitsdramen: Bei Goethe geht es um die Freiheit als Raum der Entfaltung des großen Menschen, hier um die Freiheit, die aus der Einstimmung in das göttliche Weltregiment entspringt. Der Mensch ist gerufen, die sittliche Weltordnung in sich herzustellen – das von Karl zunächst im Sinne eines entfesselten Individualismus ausgesprochene Wort: «Ich bin mein Himmel und meine Hölle» aus seinem großen Unsterblichkeitsmonolog hat hier seinen tiefsten, von ihm selbst an diesem Punkt noch nicht verstandenen Sinn[196]. Er ist seine Hölle, solange die Weltordnung durch den Abtrünnigen hindurch in fürchterlichen Paradoxien waltet: Karl, der falsche, schon gerichtete Weltrichter ist das Werkzeug der göttlichen Gerechtigkeit. Der «Erlöser»[197] ist der Verdammte; er tötet seinen Vater, indem er ihn an seinem Bruder rächt, und lädt so die himmelstürzenden Sünden des Vater- und Brudermordes wirklich auf sich, die der Bösewicht Franz nur angestrebt hat. Der vergötterte Bräutigam Amaliens muß die Unschuldige ermorden, um die tödliche Verstrickung zu zerreißen, in der er sich befindet. In genialer und gewalttätiger Symbolik verschlingen sich Abgrund des Verbrechens und Anfang der Sühnung. Karl erreicht als Büßer seinen Himmel, sobald er sich der Weltordnung anheimgibt: ein gefallener und wiederhergestellter Engel wie Abbadona aus Klopstocks *Messias*, mit dem er sich vergleicht[198]. Der verlorene Sohn kehrt heim in die göttliche Ordnung der Welt. Trotzdem ist der Schluß nicht Restauration, widerlegt nicht einfach Karls moralischen Anspruch, sondern ist Erfüllung. Durch Abfall und Umkehr des Helden tritt das moralische Gesetz dem getrübten Lebensstoff rein und fordernd gegenüber. Die alte patriarchalische Ordnung der Gesellschaft, dargestellt in der Familie Moor, ist zerschlagen, das Verhältnis zum göttlichen Vater, der seinen irdischen Repräsentanten und damit seine anthropomorphe Nähe verloren hat, ist als erneuertes ein verändertes; es ist frei akzeptiert, nicht mehr ererbte Geborgenheit. Das Jüngste Gericht mit Gnade und Verdammung, dessen Zeichen sich gegen Ende des Stückes häufen – Auferstehung der Toten im alten Moor[199], Franzens apokalyptischer Traum[200], Karls gräßlicher Weckruf an die schlafenden Räuber[201] und das Erscheinen seiner «Würgeengel» im brennenden Schloß seiner Väter[202] – ist nicht von außen gesetzt, die Ereignisse bekommen vielmehr ihren eschatologischen Stellenwert aus dem Inneren der handelnden Figuren. Das Weltgericht wird zum integrierenden Bestandteil des Weltlaufs. «Die Weltgeschichte ist das Weltgericht», wie das Gedicht *Resignation* (1786) sagt.

Fiesco

Schillers *Räuber* haben 1782 in Mannheim durch den dortigen Intendanten WOLFGANG HERIBERT VON DALBERG (1750–1806), den Entdecker Schillers für die Bühne, eine triumphale Uraufführung erfahren. Sein zweites Drama, *Die Verschwörung des Fiesco zu Genua*, auf das der Flüchtling seine Hoffnung setzte, kam 1784 auf das Theater ohne überzeugenden Erfolg. Der Dichter hat es mehrfach tiefgreifend überarbeitet, für die Mannheimer Uraufführung zum Schauspiel mit einem Bekenntnis des Helden zur Republik. Die gedruckte Erstfassung trägt den Untertitel «Ein republikanisches Trauerspiel». Das Thema vom erhabenen Verbrecher erhält eine politische Wendung und wird in den geschichtlichen Raum der italienischen Renaissance verlegt. Karl Moor fällt als «Opfer einer ausschweifenden Empfindung», Fiesco als Opfer seiner «Kunst und Kabale», wie die Zueignung des Dramas an Schillers Lehrer Abel von der Hohen Karlsschule ausführt. Karl Moors heroische Größe und Franzens Intriganz sind in der glänzenden Gestalt des politischen Verschwörers vereinigt, der – entsprechend dem Spiegelberg der *Räuber* – in dem Mohren Muley Hassan als Kontrastfigur den naiven Bösewicht jenseits aller Ideologien zur Seite hat.

Wieder wie in den *Räubern* scheitert der große Intrigant an der Spontaneität des Menschen und der Komplexität der Wirklichkeit, die sich auch hier in der problematischen Güte einer Vaterherrschaft darstellt: dem patriarchalischen Regiment des alten Herzogs Doria, der seinen bösartigen Neffen und Nachfolger gewähren läßt. Abermals steht der Utopie der berechenbaren Welt ein utopisches Ideal gegenüber. Einzig der alte Verrina vertritt unter den Aufrührern keine persönlichen Wünsche und Ziele, sondern allein das reine Prinzip der Republik, und gerade er ist es, der den siegreichen Revolutionär Fiesco, der nun selbst nach der Herzogswürde greift, ermordet und damit der Restauration des alten Doria die Bahn öffnet: ein enttäuschter Idealist, der an der Wirklichkeit verzweifelt, weil Genua zur Republik nicht reif ist. Die maßstabsetzende Figur des Stückes ist der Jüngling Bourgognino. Verrina ist der Rächer der Republik, einer sekundären gesellschaftlichen Ordnungsform; Bourgognino ist der Rächer der verletzten Naturordnung, die sich für Schiller in den primären sozialen Beziehungen der Familie darstellt. Daß der verbrecherische junge Doria Verrinas Tochter Bertha, Bourgogninos Braut, vergewaltigt hat, macht ihn für Bourgognino zu «seinem» Tyrannen[203]. Bourgognino wird es zuteil, den Tyrannen zu töten und im Getümmel des Aufruhrs seine als Knaben verkleidete Braut zu erkennen, während der kluge Rechner Fiesco in schrecklicher Wirklichkeitsblindheit seine eigene Frau anstelle des Todfeindes Gianettino Doria mit dem Ausruf niedersticht: «Wenn du drei Leben hast, so steh wieder auf und wandle!» Im blasphemischen Gebrauch der Christusworte bei der Heilung des Gichtbrüchigen (Matth. 9,5; Marc. 2,11) ist er eine Art von Antichrist wie Karl Moor in der Verirrung. Der Bräutigam Bourgognino verläßt mit seiner Braut, deren Ehre er wiederhergestellt hat, auf Geheiß Verrinas zu Schiff Genua – ein Rückzug aus der Geschichte in die Idealität der erfüllten Liebe und Innerlichkeit, wie er auch Fiescos Gemahlin Leonore vorschwebt. Die Geschichte selbst jedoch, und mit ihr das Politische, zeigen tragische Struktur. Die Republik ist als Bild lebendig in der Gestalt Verrinas, dem die Kraft der Verwirklichung fehlt, während Fiesco, dem die Fähigkeit der Verwirklichung gegeben ist, die Republik verrät. Die vollkommene Staatsform wird widerlegt durch die Unvollkommenheit des Menschen – daher eine republikanische Tragödie. Auch wenn Geschichte und Psychologie noch mehr in ihren grellen Effekten als in ihrem inneren Wesen erfaßt sind, ist *Fiesco* doch ein Schritt Schillers von der Abstraktheit des moralischen Prozesses, wie er sich in den *Räubern* darstellt, zur konkreten Gestalt des Menschen.

Kabale und Liebe

Nach dem Bericht seiner Schwägerin Karoline von Wolzogen soll Schiller den Plan zu *Kabale und Liebe* während eines Arrestes gefaßt haben, den der Herzog über ihn verhängt hatte, weil der Regimentsmedikus ohne Urlaub nach Mannheim zu einer Aufführung der *Räuber* gereist war. Gestalt gewann das Stück in der unruhigen Zeit nach der Flucht und erfuhr 1784 in Frankfurt seine erste Aufführung. *Kabale und Liebe* ist Schillers bürgerliches Trauerspiel, ein politisches Drama von äußerster Schärfe und Direktheit der sozialen Kritik. Aus dem Sturm und Drang-Thema der Liebe über Ständeschranken hinweg – bisher mit Vorliebe gefaßt als Verführung der bürgerlichen Unschuld – entwickelt sich ein Bild der Ständegesellschaft eines deutschen absolutistischen Kleinstaates, bei dem an Württemberg zu denken nur allzu nahe lag, ein Bild der Korruption und des moralischen Verfalls, ausgedrückt in der Zerstörung der Familie, in der sich seit den *Räubern* für Schiller die Naturordnung des Menschen symbolisiert.

Das Schicksal der Familie des Musikus Miller, die durch höfische Kabale zugrunde gerichtet wird, findet seinen verallgemeinernden Hintergrund in der erschütternden Schilderung des alten Kammerdieners vom Verkauf der Landeskinder als Soldaten nach Amerika, der alle Bande der Natur zwischen Eltern und Kindern, Mann und Frau, Bräutigam und Braut zerreißt, und die Perversion der menschlichen Verhältnisse gewinnt ihren schärfsten Akzent in der Ruinierung des Sohnes durch den Vater, wie sie sich zwischen dem Präsidenten und dem Major Ferdinand von Walter abspielt. In den *Räubern* wird die Welt eines schwachen Vaters durch die Söhne zerrüttet und erweist sich doch zuletzt als göttlich gegründet. Im *Fiesco* ist die Vaterwelt im Verblassen, jetzt aber begibt sich ein Vater, der Stellvertreter Gottes sein sollte, in die Rolle des Teufels, der Tod und Verderben um sich verbreitet. Was Ferdinand, dem Liebenden, entgegensteht, ist nicht mehr eine auf die göttliche Ordnung transparente Vaterwelt, es ist eine nackte, chaotische

Wirklichkeit, die pure Faktizität der Verhältnisse, begründet durch Egoismus und Macht, eine durch den Absolutismus heillos gewordene Welt, überlagert vom Schatten des fürstlichen Tyrannen, der in der indirekten Darstellung durch seine Kreaturen gegenwärtiger wird, als er es durch persönliches Erscheinen auf der Bühne werden könnte.

Bei aller Zeitbezogenheit ist *Kabale und Liebe* weit mehr als ein bloßes Zeitstück. Wenn Schiller hier erstmals in seinem dramatischen Werk den Menschen in seiner Prägung durch die soziale Umwelt erfaßt – meisterhaft der alte Miller in seiner kleinbürgerlich beschränkten Klarsicht und schließlich zusammenbrechenden Tapferkeit –, dann werden dadurch die Figuren nicht auf eine bloß aktuelle Bedeutung eingeengt; Schiller stößt vielmehr auf diese Weise zum konkreten Menschen vor – auch wenn das noch nicht durchgehend gelingt und etwa in dem melodramatischen Gespräch zwischen Lady Milford, der hochherzigen Maitresse des Herzogs, und Luise ein Stilbruch liegt. Zwar findet sich auch im dritten Stück Schillers wieder die schon vertraute Gegenüberstellung von Intrige und Ideal und ihre geheime Korrespondenz: Ferdinand von Walter gibt mit der Abstraktheit seiner Liebe, die weder die reale Welt noch die Geliebte in ihrem Sosein wirklich wahrzunehmen vermag, die Voraussetzung für das schreckliche Zerstörungswerk der Intrige; aber schon die Erscheinungsform der Intrige selbst und ihre Träger sind verwandelt. Nicht mehr sehen wir, wie in den Monologen Franz Moors, im Innern der Figur das Räderwerk des Bösen mit grandioser Konsequenz ablaufen, nicht mehr ist die Intrige, wie im *Fiesco*, pathetisch-sentimentalisch verklärt, sie erscheint vielmehr in ihren Repräsentanten, Wurm und dem Präsidenten, ebenso brutal wie banal. Gerade Wurm, selbst Bürger und deshalb Kenner und Meister der bürgerlichen Mentalität, mit seinem völligen Mangel an idealler Verbrämung der pure Routinier des Bösen, aber ohne die Bonhomie Spiegelbergs oder des Mohren in *Fiesco,* ist wohl der schrecklichste Bösewicht der deutschen Bühne.

Vor allem aber hat der illusionistische Idealist, Ferdinand, ein Karl Moor der Liebe, ein neues Gegenüber bekommen: Luise. Auch in den beiden früheren Dramen fallen dem angemaßten Richter und Rächer unschuldige Opfer: Amalia in den *Räubern*, Leonore im *Fiesco*, hier aber gewinnt das Opfer tragischen Rang, ja es wird zur tragischen Hauptfigur des Stückes, wie schon der ursprüngliche Titel *Luise Millerin* zeigt, der auf Ifflands Vorschlag dem reißerischen *Kabale und Liebe* weichen mußte. Luise ist die wahre Gegenspielerin Ferdinands. Sie scheitert nicht daran, daß sie selbst innerlich vor der Ständeschranke haltmacht, die ihre Liebe überspringen sollte; nicht daran, daß sie die patriarchalische Ordnung, die im alten Miller eine soziologisch bedingte, bürgerliche Rückzugsposition geworden ist, unbedingt nimmt, sie scheitert nicht an bloßer skrupelhafter Unfähigkeit, den erzwungenen Eid beiseite zu schieben – Luise muß zerbrechen, weil sie nicht, wie Ferdinand, aus ihrem gelebten Leben mit seinen Bindungen und Verpflichtungen in den Salto mortale einer metaphysisch aufgeblasenen, aber weltlosen Leidenschaft springen kann. Luise liebt nicht weniger tief als Ferdinand, aber sie ist wahrer und wirklicher zugleich in ihrem Gefühl; sie spürt, daß die Liebe in einer wirklichen Welt gelebt sein will und daß Ferdinand eine solche Wirklichkeit nicht kennt. Ferdinands Tragik liegt darin, daß er Luise mit der Kraft seines Anspruches aus ihrer Selbstbeschränkung herausreißt und daß er als ihr Erwecker gleichzeitig ihr Zerstörer werden muß. Denn er überfliegt die Widersprüche der Situation, Luise erleidet sie und fällt so in eine Tragödie der Reinheit und Wahrheit des Herzens, in der sie über Ferdinand hinausreicht wie Gretchen über Faust. In ihr erreicht Schiller eine ihm bis dahin unbekannte Sprachzone der Schlichtheit und Verhaltenheit.

Don Karlos

Zwischen *Kabale und Liebe* und *Don Karlos* (1787; seit 1785 Teilveröffentlichungen) liegt ein Abstand von vier Jahren. Die für Schillers sonst rasche Produktion lange Entstehungszeit ebenso wie spätere Umarbeitungen und die ausführliche, nicht immer durch den Text des Werks gedeckte Selbstinterpretation in den *Briefen über Don Karlos* (1788) lassen erkennen, daß sich bei Schiller während der Arbeit eine Änderung seines Ansatzes vollzieht, die das Werk zu einem Übergang auf dem Weg zur Klassik macht. Am auffälligsten ist das Neue in der Sprache. In den hier erstmals von Schiller angewandten Blankversen findet eine Objektivierung der Figuren und eine Distanzierung der Handlung statt, die den Zuschauer oder Leser zu freiem Überblick befähigen.

Die Programmatik der großen dialogischen Auseinandersetzungen verlangt ähnlich wie in Lessings *Nathan* und Goethes *Iphigenie* nach einer stilisierten Sprache, die sich zur Verkündigung heben kann.

Die Verschiebung der Konzeption hat zu Verwerfungen im Handlungsgefüge des Dramas geführt, nicht aber die Stimmigkeit der Konstellation beeinträchtigt, die *Don Karlos* zum bedeutendsten politischen Drama der deutschen Bühne macht. In *Kabale und Liebe* handeln die Agenten der gegebenen staatlichen und gesellschaftlichen Ordnung, der Präsident und sein Sekretär Wurm, weniger politisch als böse. Sie verfolgen nicht politische, sondern unter Ausnutzung der Verhältnisse private Zwecke. Auch in *Don Karlos* gibt es solche Nutznießer der Verhältnisse wie Herzog Alba oder den Beichtvater Domingo, aber sie sind in untergeordneter Funktion, Werkzeuge anderer. Auch König Philipp wird in seiner menschlichen Fehlhaltung deutlicher als in seiner politischen, aber die Gesellschaftskritik des Dramas ist doch dadurch ins Prinzipielle getrieben, daß der König für eine gesellschaftliche und staatliche Ordnung einsteht und nicht einfach für private Vorteile. Er glaubt das Schlechteste von den Menschen, aber er will das Beste für sie. An ihm wird deutlich, daß der Absolutismus den Herrscher ebenso deformiert wie die Beherrschten, und der Prozeß dieser Deformierung ist vorgeführt, nicht einfach das Endprodukt.

Ein Endprodukt ist der Großinquisitor, der erst in der vorletzten Szene des Dramas die Bühne betritt, eine Art Über-Vater zum Herrscher-Vater Philipp, ein allmächtiger und allwissender, aber liebloser Gegengott, der an Dostojewskis Großinquisitor in den *Brüdern Karamasow* erinnert. Blind und uralt, ist er eine Art Unperson, in der nur noch das Prinzip lebt, das Menschen zu Unpersonen, zu «Zahlen» einer mechanischen Ordnung macht[204]. Indem er, Philipps Sohn als Opfer fordernd, auf Christus hinweist: «Die ewige Gerechtigkeit zu sühnen, starb an dem Holze Gottes Sohn», interpretiert er Christi Tod nicht als freies Opfer um der Liebe, sondern als Hinschlachtung um des Gesetzes willen[205]. Das Kreuz wird zum Zeichen des Kindesmordes, zur Mitte der Teufelsreligion des Absolutismus.

Denn der absolute Machthaber ist Tyrann, Zerrbild des irdischen und himmlischen Vaters, eine Spielart der hybrischen Helden Schillers. Patriarchalische Herrschaft ist bei Schiller ein Regiment über Unmündige, doch da der Mensch unterwegs zur

Mündigkeit gedacht ist, kommen in Schillers Dramen patriarchalische Herrschaftsverhältnisse von den *Räubern* bis zum Kreis Attinghausens im *Tell* nur als untergehende vor. Der Tyrann hingegen enthält Mündigkeit vor, ja, entmündigt. Indem er die Menschen zu Kreaturen seines Willens macht, wirft er sich zum Gott auf, ohne Gott zu sein; er verachtet die Menschen, die er selbst durch seine Herrschaft erst verächtlich gemacht hat und doch braucht, weil der Mensch nicht ohne menschliche Gemeinschaft sein kann. So hat Philipp das Verhältnis zu seinem Sohn Don Karlos und zur Königin zerrüttet. Der Vater-Sohn-Konflikt ist Zuspitzung der Herrschaftsthematik und das geläufige Sinnbild der gestörten Welt bei Schiller. Da der König dem Thronprätendenten aus Staatsraison die Verlobte nahm, um sie selbst zu heiraten, wittert er in Karlos den politischen und menschlichen Rivalen und macht ihn dazu. Seine Liebe kann sich nur als Eifersucht äußern. Als in Marquis Posa, dem Freund des Prinzen Karlos, ein wahrhaft unabhängiger Mensch in Philipps Machtkreis eintritt, der ihm die Schöpfung Gottes als Idealbild eines freiheitlichen Staates entgegenhält, wünscht der König ihn zum Freund und vertrauten Ratgeber und bringt damit sein Herrschaftssystem halb gewollt, halb ungewollt zur Auflösung, indem er ihm den Kern der Freiheit einpflanzt. Wo bei Schiller Menschenachtung möglich wird, hört Tyrannei auf.

Die Tragik Philipps besteht darin, daß Marquis Posa ihn in dieser Situation ebenso zum Werkzeug degradiert, wie Philipp bisher die Menschen degradiert hat. Posa versucht nämlich in einem kühnen Intrigenspiel, die Entsendung des Kronprinzen Karlos in die Niederlande durchzusetzen, wo er an die Spitze der freiheitlichen Bewegung treten soll, die Philipps Absolutismus sprengen wird. Posa treibt dieses Spiel bis zur Selbstaufopferung, als sich alle Fäden durch die unvorhergesehene Reaktion des Prinzen verwirren. Um Karlos für seine Aufgabe zu retten, macht Posa den König zum Mörder, so daß sein Opfertod für den Freund zugleich ein Verbrechen an der Menschheit des Königs ist. Spiegelbildlich und der Konstellation von Karl und Franz Moor nicht unähnlich stehen also Posa und Philipp einander gegenüber, beide Manipulatoren des Menschen, der eine um der Ordnung des Staates, der andere um der Freiheit des Menschen willen. Indem Posa den König verrät, verrät er ideell auch «das kühne Traumbild eines neuen Staates, der Freundschaft göttliche Geburt»[206], das von ihm und Karlos

291

gemeinsam getragen wird: Auch Freundschaft, geistige Brüder-schaft[207] ist von den *Räubern* bis zum «einzig Volk von Brüdern» in *Wilhelm Tell* ein durchgehendes Sinnbild Schillers, eine Gesell-schaft freier, vertrauender und Vertrauen empfangender Men-schen bezeichnend. Infiziert vom schlechten Bestehenden, hat Posa um des Zukünftigen willen am Gegenwärtigen gesündigt und damit zugleich etwas von der Idee vergeben.

Die Spannung Posas zu seinem Programm reicht allerdings noch tiefer. Sein Zukunftsstaat nach Analogie der Schöpfungsordnung setzt ja einen Gott als Herrscher voraus, denn nur Gott kann herr-schen und zugleich freilassen. Der Mensch wird in dem Maße seine Menschheit verfehlen, wie er herrscht, und Herrschaft wird in dem Maße aufhören, wie Freiheit besteht. Wenn Posa das von ihm und Karlos gemeinsam getragene Ideal praktisch preisgibt, zeigt sich darin letztendlich dessen wahrer Charakter: regulative Idee zu sein, der sich die Empirie wohl annähern kann, aber nur durch im-mer neue Widersprüche von Herrschaft und Freiheit hindurch. Historisch ist dieser Widerspruch in Schillers·Epoche manifest in der Staatsform des *aufgeklärten* Absolutismus, die in *Don Karlos*, indem sie proklamiert wird, auch einer immanenten Kritik unter-liegt.

Don Karlos, bis zu dessen Tod im Schatten Posas, ist es, der in tragischer Weise das Traumbild eines neuen Staates wirklich auf-leuchten läßt und damit das Programm der Freundschaft einlöst. Die große Anklage gegen Philipp nach dem Mord an Posa enthält noch so viel privates Gefühl wie prinzipielle Entscheidung zu Wahrheit und Freiheit. Von da an aber ist Karlos endgültig seinen Wünschen abgestorben – ein Gegenbild des uralten blinden Groß-inquisitors, denn Karlos ist im Vollendungsaugenblick nicht Unperson, sondern Person für andere: tätig, im Abschied von der geliebten Königin, Liebe, Vertrauen, Freiheit zu stiften, noch ehe er in die Niederlande aufbricht. Wenn ihn in diesem Augenblick die Verhaftung trifft, mit der ihn Philipp der Inquisition ausliefert, ist das nicht die große Vergeblichkeit der Geschichte, vielmehr der Augenblick des Sieges im Scheitern. Karlos hatte sogar den Gedanken ertragen können, um der Idee willen von Posa verraten zu sein; Philipp antwortet auf den Verrat Posas mit der Rache an der Menschheit und zerstört damit sich selbst und das Prinzip sei-ner Herrschaft, die den König als private Person nicht kennt. Im letzten Bündnis zwischen dem König und dem Großinquisitor mißbrauchen sie einander gegenseitig: Philipp ist Instrument des Großinquisitors zur Vertilgung der Freiheit, der Großinquisitor ist Instrument für Philipps Rache an der Menschheit. Der absolutistische Staat hat sich in die Elemente von nackter Willkür und totem Prinzip auseinandergelegt und damit widerlegt. In Karlos aber, dem im Verzicht auf seine Wünsche die Welt freilassenden und darin zum wahrhaften König aufwachsenden, ist für die Ewigkeit eines Vollendungsaugenblickes die regulative Idee in die Empirie eingetreten, in der sie doch nicht bleiben kann. Nur indem Karlos untergeht, geht in ihm das Ideal des Gottesstaates freier Menschen wirklich auf, dem der geschichtliche Prozeß im Freiheitskampf der Niederlande in den Grenzen der Realität zustrebt.

Erstmals bei Schiller ist in *Don Karlos* die Bedingung großer historischer Dichtung erfüllt: Wohl legt Schiller dem Marquis Posa Vorstellungen der Aufklärung in den Mund, jedoch in der Weise, daß im Stoff des 16. Jahrhunderts liegende Möglichkeiten auf ihre aktuelle Konsequenz gebracht werden. Die Idee des Gottesstaates der Menschheit aber setzt in der Klassik Schillers Gedankengang der ästhetischen Erziehung in Bewegung.

Schiller als Erzähler

Schillers epische Produktion, mit dem *Geisterseher*-Fragment 1789 abbrechend, ist von ihm selbst nicht besonders hoch geschätzt worden. Die Diderot-Übersetzung *Merkwürdiges Beispiel einer weiblichen Rache* (1785), die eigenen Erzählungen *Eine großmütige Handlung aus der neuesten Geschichte* (1782) und *Spiel des Schicksals* (1788) sind eher beiläufige Hervorbringungen. Dennoch zeigt sich an ihnen, daß Schillers Epik ein eigenes Feld seines dichterischen Weltentwurfes bildet. Akzentuiert nämlich Schillers Dramatik die Versuche der Helden, Bedingungsgefüge aufzubrechen, so akzentuiert die Epik umgekehrt die Bedingungen, unter denen der Mensch wird, der er ist. Für *Spiel des Schicksals* liegt das auf der Hand. Der Held, nach dem Vorbild des Obersten Rieger, eines Günstlings des Herzogs Karl Eugen, wird zum Spielball des Schicksals, weil er nicht zur Selbstbestimmung fähig ist.

Weniger deutlich ist der Sachverhalt in *Eine großmütige Handlung, aus der neuesten Geschichte,* gleichfalls nach einem wirklichen

Vorfall erzählt. Auf den ersten Blick wird ja gerade eine Handlung unbedingter Großmut gefeiert. Dennoch hat die einleitende Erzählerreflexion im Stil der moralischen Erzählung recht, wenn sie eine Mittellage menschlicher Erfahrung in Anspruch nimmt: Wenn zwei Brüder, das gleiche Mädchen liebend, das sich nicht zwischen ihnen entscheiden kann, einen Wettbewerb der Entsagung ausfechten, den der zweite gewinnt, dann hat dieser auch unter den günstigeren Umständen gehandelt. Der erste, der in der Fremde Vergessen gesucht hat, kehrt verzweifelt liebend zurück, denn er kann noch auf den gleichen Versuch des jüngeren Bruders hoffen. Der jüngere hat keinen Ausweg mehr offen, und daß er seinen Besitz beim Abschied vermacht, zeigt sein Bewußtsein davon. Die tragische Spitze der Geschichte, die sich der Novelle annähert, reicht über das Exempelhafte der moralischen Erzählung hinaus: Auf dem Totenbett bekennt die Frau, die dem älteren Bruder zugefallen ist, sie habe den jüngeren mehr geliebt. Wo Liebe noch altertümlich die Tugenden des Partners, nicht seine Eigentümlichkeit meint, muß sie Antwort auf die Entsagung sein, die als höchste Tugendleistung doch die Erfüllung dieser Liebe verhindert, so daß der jüngere Bruder die Geliebte innerlich gewinnt, indem er sie äußerlich verliert.

Die bedeutendste der Schillerschen Erzählungen ist der *Verbrecher aus Infamie* (1786), später *Der Verbrecher aus verlorener Ehre*, berichtet nach einer Begebenheit, die Hermann Kurz im 19. Jahrhundert zu einem Roman *Der Sonnenwirt* ausgebaut hat. Die Leichenöffnung des Lasters soll die unscheinbaren und menschlich begreiflichen Anstöße schwerster Verbrechen aufzeigen[208]; hier, daß erst die Verweigerung der gesellschaftlichen Reputation – als solche ist Ehre noch, ähnlich wie bei Major Tellheim, gefaßt – den Verbrecher auf seine Rolle festlegt. Schritt für Schritt geht die Erzählung einem Außenseiter nach, dessen Verbrechen aus der Sucht entspringen, das ihm von der Gesellschaft vorenthaltene Ansehen zu erzwingen. Erst als sich noch die letzte Gemeinschaft der Räuberbande als Illusionär erweist, kehrt der Held moralisch um, nicht ohne wiederum ein Publikum ins Auge zu fassen. Der Landesherr soll dem Mörder die Chance geben, als Soldat für seine Verbrechen zu sühnen und damit der Gesellschaft nützlich zu werden. Indem das verweigert wird, erweist sich die Gesellschaft nicht als ungerecht, aber als unbillig, weil sie nicht das Besondere des Falles ansieht. Erst in der Verweigerung der Billigkeit gibt sie dem Verbrecher aber auch die, freilich tödliche, Chance, zur inneren Freiheit und damit zu sich selbst zu finden. Seine völlig objektivierte Ich-Erzählung, plaziert nach der Gefangennahme zwischen Folterung und Hinrichtung, zeigt den Helden zu einem distanzierten und differenzierten Urteil über sich und die Gesellschaft gereift, in dem sich Gerechtigkeit und Billigkeit vereinen. Er ist so nicht nur tragisch mit sich versöhnt, sondern er versöhnt auch tragisch die Gesellschaft mit sich selbst, denn in seiner nun gewonnenen Humanität ist stellvertretend die Humanisierung des Staates und der Gesellschaft geleistet, zu der die Erzählerreflexion jeden einzelnen Leser hinzuführen bestrebt ist, indem sie ihn zu der Billigkeit bringt, die der Gerechtigkeit des Staates fehlt. Wieder ist aus dem Ansatz der moralischen Erzählung eine novellistisch-paradoxe Struktur herausgetreten. Der Verbrecher aus verlorenem gesellschaftlichen Ansehen ist der wahre Repräsentant der Gesellschaft.

Schillers Romanfragment *Der Geisterseher* (1787–89) ist romanhaft im Sinne des Abenteuerlichen durch die ins Geisterwesen reichende, das modische Thema der Geheimgesellschaften umspielende Handlung und den Spielort Venedig, die amphibische Stadt der Masken und Kavaliere, des langsam abbröckelnden Glanzes, der Verlockung und Verführung. In vergleichbarer Weise hat Goethe wenig später in den *Venetianischen Epigrammen* Venedig als die Stadt der Gestaltlosigkeit und der Gestaltenflucht, als gesellschaftlich unterminierte «Biberrepublik» begriffen[209], und von diesen Ansätzen geht die Ausformung des Symbols Venedig als Stadt des Rausches und Geheimnisses, auch der dionysischen Verschlingung von Tod und Liebe über Platen zu Nietzsche, Wagner, Rilke, Thomas Mann und Hofmannsthal: das zum Orient geöffnete Venedig ist der Gegensatz zum westlichen Rom, der Stadt der großen Kontur und der klassischen Geschichte.

In der Szenerie von Venedig spielt sich bei Schiller ein umgekehrter Erziehungsroman ab. Ein deutscher Prinz, Opfer einer knechtischen und bigotten Erziehung, fällt in die Hände eines Geheimbundes, der ihn geistig und moralisch zerrüttet, wobei die Raffiniertheit des Komplotts darin besteht, daß man den Prinzen einzelne Betrugsmanöver durchschauen läßt, um ihn dadurch um so tiefer in umfassende Täuschungen zu verstricken. Wo eine Schicht des Betruges durchstoßen ist, öffnet sich dahinter eine andere, noch mehr verwickelte und rätselhafte. Während im echten

Erziehungsroman die Reflexion des Helden ein Instrument der Weltbewältigung ist, ist im *Geisterseher* der Prinz immer dann, wenn er reflektierend Herr der Lage zu sein glaubt, in besonders verhängnisvoller Weise Objekt und Opfer der Situation. Der Eindruck einer irritierenden Doppeldeutigkeit aller Gegebenheiten wird durch die Erzählweise verstärkt, denn auch der Erzähler durchschaut die Geschichte des Prinzen nur teilweise, und Schiller unterwirft sogar sich selbst als den fingierten Herausgeber der fingierten Memoiren des Erzählers dem Irrtum, so daß am Ende nichts mehr feststeht.

Was steckt hinter allen Masken? Daß alles doppelbödig ist, die Ordnung scheinhaft, ist der Kern der im Roman angelegten Gesellschaftskritik, die sich ähnlich in Goethes *Mitschuldigen* und in seinem *Großkophta* findet, aber auch in Shakespeares *Hamlet*, zu dem Schillers Prinz einige auffallende Parallelen zeigt. Der Fortgang der Romanhandlung läßt sich nur vermuten, ebenso wie der Grund für den Abbruch des Romans. Wahrscheinlich ist, daß auch hier, wie immer bei Schiller, den Intriganten zuletzt das Spiel aus den Händen gleiten sollte. Darüber hinaus aber muß man fragen, ob sich nicht das Ziel der gesamten Veranstaltung auf die Länge als zu wenig tragfähig erwies. Die Inquisition des 16. Jahrhunderts ließ sich in *Don Karlos* mit einiger Glaubwürdigkeit zur Spitze eines anti-humanen, noch die Gesinnungen reglementierenden, totalen Systems stilisieren; eine Geheimgesellschaft des 18. Jahrhunderts aber, die mit ungeheurem Aufwand die Katholisierung eines deutschen Duodezfürsten betreibt, wirkt ein wenig weltfremd und unglaubwürdig – was war damit in dieser Zeit noch zu erreichen, in der doch ein religiöser Bekenntniszwang gegen die Untertanen längst nicht mehr möglich war? Zu den inneren Gründen für die Nichtvollendung des Romans mag schließlich ein biographischer kommen. Die Arbeit am *Geisterseher* hört da auf, wo Schiller von der großen historischen und philosophischen Selbstklärung voll in Anspruch genommen wird, die zu seiner Klassik führt. Sie bringt auf Jahre seine Dichtung zum Verstummen und führt ihn, nach Aufenthalten in Dresden bei Körner, zu dem Schiller aus Leipzig übergesiedelt war, und in Weimar 1789 auf eine Professur für Geschichte in Jena.

Georg Forster

Immer wieder im Verlauf der Darstellung ist das Thema der Französischen Revolution angeklungen, die zwar in der deutschen Literatur keinen Epocheneinschnitt bedeutet, aber doch eine Wendemarke in der Biographie, zumindest der geistigen, vieler Autoren. Unter ihnen sticht GEORG FORSTER (1754–1794) hervor, an dessen Schicksal sich die Geister der Zeitgenossen schieden. Bei Danzig geboren, praktisch ohne Schulbesuch aufgewachsen, begleitete er schon als 10- bis 12jähriger seinen Vater Johann Reinhold Forster (1729–1798), der aus der Enge eines ländlichen, vom adligen Patron dominierten Pfarramtes in die Weite strebte, auf einer Expedition bis in die Kirgisensteppe, bei der die Lebensverhältnisse der neu angesiedelten Wolgadeutschen untersucht werden sollten. Als es wegen der kritischen Beobachtungen des Vaters zu Konflikten mit der russischen Bürokratie kam, brachen Vater und Sohn kurzerhand nach England auf, um dort eine neue Existenz zu suchen. 1772–75 bot sich dem Vater die Gelegenheit, als Naturforscher an der von der Admiralität veranstalteten Weltumsegelung des Kapitäns JAMES COOK (1728–1779) teilzunehmen, und wieder reiste der Sohn als Gehilfe mit, aufgeschlossen für eine unendliche Fülle naturkundlicher, anthropologischer und ethnologischer Eindrücke, die zeichnend, tagebuchführend und forschend aufgenommen werden.

Als der charakterlich ungefüge Vater bei der Veröffentlichung der Reiseergebnisse Schwierigkeiten bekam, übernahm Georg Forster bei starkem geistigem Anteil des Vaters die große wissenschaftliche Darstellung der Reise *A Voyage Round the World . . .* (1777), die ihn mit 23 Jahren berühmt machte. Die deutsche Übersetzung durch Rudolf Erich Raspe erschien 1778–80 unter dem Titel *Reise um die Welt.* Erstmals hatte ein Deutscher im Wortsinne Weltläufigkeit gewonnen. Forster ist der Vorläufer der großen deutschen Reisenden des 19. Jahrhunderts von Alexander von Humboldt, der sich als Forsters Schüler bekannte, über Karl Ritter bis zu Leo Frobenius, den Begründer der modernen Afrikakunde. Forster entwickelt dabei den Stil einer synthetischen, alle Phänomene von der Mineralogie über Botanik und Zoologie bis zur Völkerkunde bündelnden Anschauung der Lebensräume, in die mit der wissenschaftlichen Akribie zugleich sinnliche Anschauung und ein starkes persönliches Engagement einfließen. Basis ist eine empirisch begründete Auffassung von der Einheit der Natur, wie sie Forster in seiner Vorlesung *Ein Blick in das Ganze der Natur* (1779) vertrat, und das Ideal einer Philosophie des Lebens, die sich an der Fülle der Welterfahrung bildet und bereichert. Für sie steht etwa die 1784 veröffentlichte Schrift *Vom Brodbaum*, die programmatisch diesen tropischen Fruchtbaum in seinen Lebensbezügen von der Geographie bis zur wirtschaftlichen Bedeutung erfaßt. Die Wendung gegen die Spekulation bekundet sich in der Polemik gegen Kant als Anthropologen in der Schrift *Noch etwas über die Menschenraßen* (1786).

1779 wurde Forster als Professor nach Kassel berufen, wo er in Zusammenarbeit mit Lichtenberg das *Göttingische Magazin der Wissenschaften und Litteratur* (1780–85) herausgab, eine auf die Verbreitung praktischer Kenntnisse gerichtete Zeitschrift. Auch als Forster 1784 eine Professur an der polnischen Universität Wilna annahm, betonte er die Aufgaben praktischer landeskundlicher und ökonomischer Forschung und Unterweisung. Die Schrift *Cook der Entdecker* (1787) legt ein Bekenntnis zur Wirksamkeit der Wissenschaft, zur tätigen Gestaltung und Veränderung der Welt durch den Menschen ab, die von der rousseauistischen Verherrlichung der ursprünglichen Natur abstiecht, wie sie noch die Südseeschilderung der Weltreise einfärbt. Wilna allerdings wurde eine große Enttäuschung. Die Wirkungsmöglichkeit der lateinisch zu haltenden Vorlesungen war gering, die Zurückgebliebenheit des Landes groß. Pläne neuer großer Forschungsreisen zerschlugen sich, und so ging Forster 1788 als erster Bibliothekar der kurfürstlichen Universität nach Mainz, wo nach anfänglichem Zögern seine Wendung zur Französischen Revolution stattfand, als die Franzosen 1792 im Gegenschlag gegen den Interventionsfeldzug der Preußen und Österreicher die Stadt besetzten.

Voraus lief eine Reise den Rhein hinab, gemeinsam mit dem 21jährigen Alexander von Humboldt 1790 unternommen, die über Brabant, Flandern, Holland nach England und Frankreich ging und zur Veröffentlichung der *Ansichten vom Niederrhein . . .* (1791–94) führte. In einem geschmeidigen und anschauungsgesättigten essayistischen Stil faßt Forster seine mannigfaltigen Erfahrungen zusammen, wobei die soeben ausgebrochene Französische Revolution mit ihren Ausstrahlungen in die benachbarten Länder eine besondere Rolle spielt. Weniger auffällig als die vorsichtige Zustimmung, die in der Anfangsphase eher Allgemeingut der Gebildeten der Zeit war, ist der politische Scharfblick, die Gabe konkreter Beobachtung politischer Phänomene und Entwicklungen, die in Deutschland nicht eben häufig war. Immerhin ist der Zusammenhang mit den zahlreichen Reiseberichten der Zeit in ihrer konsequent aufklärerischen Gesamttendenz zu sehen. Sie waren ein bevorzugtes Vehikel der Zeitkritik und bleiben es bis zu Heine.

Die Wahl der Briefform ermöglicht es Forster, subjektive Perspektiven zu formulieren, die freilich sehr viel strenger gegenstandsbezogen sind als die empfindsame Reiseschriftstellerei der Sternetradition und die wenig später einsetzende Rheinromantik. So sieht Forster etwa die Rheinlandschaft unterhalb von Bingen mit großer Nüchternheit und spricht ihr höhere landschaftliche Schönheit ab. «Der Weinbau giebt wegen der krüppelhaften Figur der Reben einer jeden Landschaft etwas Kleinliches; die dürren Stöcke, die jetzt von Laub entblößt, und immer steif in Reih' und Glied geordnet sind, bilden eine stachlichte Oberfläche, deren nüchterne Regelmäßigkeit dem Auge nicht wohl thut. Hier und dort sahen wir indeß doch ein Mandel- und ein Pfirsichbäumchen und manchen Frühkirschenstamm mit Blüthenschnee weiß oder röthlich überschüttet; ja selbst in dem engeren Theile des Rheinlaufs, zwischen den Bergklüften, hing oft an den kahlen, durch die Rebenstöcke verunzierten Felswänden und Terrassen ein solches Kind des Frühlings, das schöne Hofnungen auf die Zukunft in uns weckte[210].» Verhalten wie der Vorfrühling selbst meldet sich hier eine Natursymbolik der Aufklärung, vielleicht sogar der Revolution zu Wort. Bemerkenswert dabei, daß Forster trotz scharf antiklerikaler Einstellung einen tiefen Eindruck vom Chor des Kölner Doms gewinnt – er gibt die erste atmosphärische genaue Schilderung eines gotischen Innenraums. Im ganzen ist die Briefform mehr Medium eines die Gegenstände facettenreich in «Ansichten» darbietenden Denkprozesses als einer emotionalen Subjektivität.

Eine Vorstufe von Forsters Reisebuch sind die von Liebe getragenen Reisebriefe an seine Frau THERESE (1764–1829), Tochter des berühmten Göttinger Altphilologen CHRISTIAN GOTTLOB HEYNE, eines Kollegen des Orientalisten Michaelis, dessen Tochter Caroline, seit 1790 in Mainz wohnhaft und mit Forsters befreundet, eine skandalumwitterte Hauptgestalt der Romantik wurde.

Gerade während Forsters Reise bahnte sich Thereses Verhältnis mit dem Schillerfreund LUDWIG FERDINAND HUBER (1764–1804) an, das in eine merkwürdige Ehe zu dritt mündete. Nach Forsters Tod heiratete sie Huber, unter dessen Namen sie gleich ihm schriftstellerisch tätig wurde, u. a. als Herausgeberin von Cottas *Morgenblatt für gebildete Stände*, als Verfasserin eines Revolutionsromans *Die Familie Seeldorf* (1795–96) und der ersten Erzählung über die weiße Besiedelung Australiens *Abenteuer auf einer Reise nach Neuholland* (1801).

Brotarbeiten – so die Übersetzung des klassischen indischen Dramas *Sakontala* (1791), die von Bedeutung für Goethes *Faust* und die deutsche Beschäftigung mit Indien wurde, und die Redaktion der Memoiren des ungarisch-polnischen Forschungsreisenden und Abenteurers GRAF VON BENJOWSKI (1741–1786), den Kotzebue in der *Verschwörung in Kamtschatka* (1795) auf die Bühne brachte – sowie häusliches Elend drückten Forster nieder, als die Revolution in Mainz die Verhältnisse umstürzte. Die *Erinnerungen aus dem Jahr 1790* (1793), die *Darstellung der Revolution in Mainz* (geschrieben 1793, veröff. postum 1843) und die *Parisischen Umriße* (1793–94) sowie einige andere Publikationen reflektieren Forsters Parteinahme für die Revolution. Sie sind Glanzstücke politischer Rhetorik, Essayistik und Betrachtung, während die zeitgenössischen Jakobinerdramen und Jakobinergedichte, mit denen im französisch besetzten deutschen Gebiet und im Elsaß Propaganda für die Revolution gemacht werden sollte, ein minderes literarisches Niveau aufweisen. Zu erwähnen wären hier die anonymen Dramen *Der Freiheitsbaum* (1796) und *Die Aristokraten in Deutschland* (1795) sowie die Gedichte des Straßburger Jakobiners, ehemaligen Franziskaners und Hofpredigers des Herzogs Karl Eugen von Württemberg EULOGIUS SCHNEIDER (geb. 1756, 1794 guillotiniert).

Blieben die Sympathien der meisten deutschen Zeitgenossen für die Revolution theoretisch und verflogen angesichts der Radikalisierung und des Terrors in Frankreich, so zog Forster, gemäß der immer stärker gewordenen Praxisforderung seines Denkens, letzte Konsequenzen. Er trat dem Jakobinerclub bei und ging als Delegierter des Rheinisch-deutschen Nationalkonvents nach Paris, um die *Vereinigung des rheinisch-deutschen Freistaats mit der Frankenrepublik* (1793) zu beantragen. Hier starb er vereinsamt und unter Reichsacht stehend, aber unablässig tätig, an einer Krankheit, die ihn seit der Weltreise periodisch befiel. Sein letzter deutscher Umgang waren eher girondistisch gesinnte Revolutionsanhänger wie die Publizisten Konrad Engelbert Ölsner (1764–1828), Georg Kerner (1770–1812), der Bruder Justinus Kerners, und Graf Gustav von Schlabrendorf (1750–1824), ein politischer Denker von großer Ausstrahlungskraft auf die preußischen Reformer, dem später auch Karl Gustav Jochmann (1789–1830) nahegestanden hat. Hier läuft eine Verbindungslinie zum deutschen Vormärz. Schlabrendorf entging nur deshalb der Guillotine, weil er bei der Abholung zur Hinrichtung seine Stiefel nicht fand, und auch französische Bekannte Forsters wie der Philosoph Condorcet oder der Dramatiker Chamfort wurden verfolgt oder hingerichtet.

Bei starken Schwankungen der Stimmung und des moralischen Urteils – «Ich die Geschichte dieser greuelvollen Zeit schreiben? Ich kann es nicht. Oh, seit ich weiß, daß keine Tugend in der Revolution ist, ekelt mich's an», schreibt er nach zweiwöchigem Aufenthalt in Paris am 16. April 1793 an seine Frau – blieb Forster bis zu seinem Tode von der Notwendigkeit der Revolution überzeugt, die für ihn immer auch den Aspekt des Naturereignisses behielt. «Eine Naturerscheinung, die zu selten ist, als daß wir ihre eigenthümlichen Gesetze kennen sollten, läßt sich nicht nach Vernunftregeln einschränken und bestimmen, sondern muß ihren freien Lauf behalten», heißt es in den *Parisischen Umrißen*, der letzten Schrift Forsters[211]. Es ist merkwürdig, daß sich ein so entschiedener Revolutionsanhänger in dieser Sicht der Ereignisse, bei allem Gegensatz der Konsequenz, mit Goethe traf, und so scheint es mir nicht undenkbar, in *Hermann und Dorothea* im Bräutigam, der als Revolutionsfreund nach Paris zog und dort voll Opfergesinnung für die in Chaos und Nacht sich neugestaltende Welt unterging, eine entfernte Spiegelung Georg Forsters zu sehen – vielleicht eine Wiedergutmachung der spöttischen Geringschätzung, mit der Forster in den *Xenien* behandelt worden war. Als literarische Figur taucht er in den Romanen von Heinrich König *Die Clubisten von Mainz* (1847) und von Ina Seidel *Das Labyrinth* (1922) auf. Friedrich Schlegel hat ihm 1797 einen Essay gewidmet, in dem er ihn als klassischen deutschen Prosaisten feiert. «Fesseln, Mauern und Dämme waren nicht für diesen freien Geist.» Wie der Lessing-Essay Schlegels aus dem gleichen Jahr ist auch die Forster-Schrift ein Zeugnis der später verschütteten aufklärerischen Tendenzen deutscher Romantiker.

301

Abkürzungen

A.	Auflage
Angek.	angekündigt
ASchr.	Ausgewählte Schriften
Ausg.	Ausgabe
ausgew.	ausgewählt
Ausw.	Auswahl
AW.	Ausgewählte Werke
Bd, Bde	Band, Bände
bearb.	bearbeitet
Briefw.	Briefwechsel
Btr.	Beitrag, Beiträge
ders.	derselbe
dies.	dieselbe(n)
Diss.	Dissertation
DLA	Deutsche Literatur. Sammlung literarischer Kunst- und Kulturdenkmäler in Entwicklungsreihen. Hg. von H. Kindermann. Neudruck. Reihe Aufklärung. Hg. von F. Brüggemann
DLD	Reihe: Deutsche Literaturdenkmäler des 18. und 19. Jahrhunderts
DLE	Deutsche Literatur. Sammlung literarischer Kunst- und Kulturdenkmäler in Entwicklungsreihen
DNL	Deutsche National-Litteratur. Historisch-kritische Ausgabe. Hg. von J. Kürschner
dt.	deutsch
DT	Reihe: Deutsche Texte
Dtld.	Deutschland
dtv	Deutscher Taschenbuch Verlag
DVjs.	Deutsche Vierteljahrsschrift für Literaturwissenschaft und Geistesgeschichte
ebd.	ebenda
Euph.	Euphorion. Zeitschrift für Literaturgeschichte
Festschr.	Festschrift
Ges.	Gesammelte
Gesch., gesch.	Geschichte, geschichtlich
Ggw.	Gegenwart
GRM	Germanisch-Romanische Monatsschrift
GSchr.	Gesammelte Schriften
GW.	Gesammelte Werke
HA	Goethes Werke. 14 Bde. Hg. E. Trunz. 1948 ff. (Hamburger Ausgabe)

Hb.	Handbuch
Hg., hg.	Herausgeber, herausgegeben
hist.	historisch
Jb.	Jahrbuch
Jh.	Jahrhundert
Lit., lit.	Literatur, literarisch
nachgel.	nachgelassen
Nd.	Nachdruck, Neudruck
NF	Neue Folge
R	Reclams Universal-Bibliothek
Ro	Rowohlt-Taschenbuch
s.	siehe
Schr.	Schrift, Schriften
SI	Sammlung Insel
Slg.	Sammlung
SM	Sammlung Metzler
Sp.	Spalte
SSchr.	Sämtliche Schriften
SW.	Sämtliche Werke
Tb.	Taschenbuch
W.	Werk, Werke
WdF	Reihe: Wege der Forschung
Wiss., wiss.	Wissenschaft, wissenschaftlich
Za.	Zeitalter
zeitgen.	zeitgenössisch
ZfdPh.	Zeitschrift für Deutsche Philologie
Zit., zit.	Zitat, zitiert
Zs.	Zeitschrift

Anmerkungen

1 Goethe, Glückliches Ereignis (HA Bd 10, S. 539).
2 Wolff, Vernünfftige Gedancken von Gott, Der Welt und der Seele des Menschen, ⁴1740.
3 Schubart, Vaterlandschronik, 1788, 60. Stück, 25. Juli, S. 488 f. Mit B . . . ist wohl Bayern gemeint. Zit. nach: L'Allemagne face au Classicisme et à la Révolution, hg. G.-L. Fink, A. Fink-Langlois, 1972, S. 23.
4 Laukhard, Leben und Schicksale . . ., 3. Theil, 1796, S. 133.
5 Novalis, Schr., hg. P. Kluckhohn (†) und R. Samuel, ²1960 ff., Bd 3, S. 516.
6 Leibniz, Monadologie, hg. H. Glockner, 1948 [R], S. 72.
7 W. Leppmann, J. J. Winckelmann, 1971, S. 31.
8 E. Ermatinger, Dt. Kultur im Za. der Aufklärung, bearb. von E. Thurnher und P. Stapf, 1969, S. 286.
9 Herm. u. Hans Weimer, Gesch. der Pädag., 1956 [Göschen], S. 75.
10 Leppmann, Winckelmann, S. 235.
11 s. A. Körner, Die Wiener Jakobiner, 1972.
12 A. Langen, Dt. Sprachgesch. vom Barock bis zur Ggw. In: Dt. Philologie im Aufriß, Bd 1, 1952, Sp. 1162.
13 Klopstock und seine Freunde. Briefw. . . . Aus Gleims briefl. Nachlasse, hg. K. Schmidt, 2 Bde, 1810, Bd 1, S. 51.
14 zit. E. Beyreuther, Zinzendorf und P. Bayle, 1955, Herrnhuter Hefte 8, S. 7.
15 Semler, Lebensbeschreibung, 2 Bde, 1781–82, Bd 1, S. 122.
16 Ebd., Bd 1, S. 50.
17 zit. R. Engelsing, Dienstbotenlektüre im 18. und 19. Jh. In: R. E., Zur Sozialgesch. dt. Mittel- und Unterschichten, 1973, S. 180–224, dort S. 185.
18 Moser, Von dem dt. Nationalgeist, o. O. 1766 (zeitgen. Nd.), S. 12 ff., 40 f.
19 Schönaich, Die ganze Aesthetik in einer Nuß . . ., hg. A. Köster, 1899–1900, S. 104.
20 Laukhard, Leben und Schicksale, 3. Theil, 1796, S. 111.
21 zit. E. Kircher, Volkslied und Volkspoesie in der Sturm und Drang-Zeit, 1902 (Diss. Freiburg i. Br.), S. 3.
22 Ausw. aus Klopstocks nachgel. Briefw. und übrigen Papieren, hg. C. A. H. Clodius, 2 Teile, 1821, Teil 1, S. 290.
23 K. L. Knebel, Lit. Nachlaß und Briefw., hg. K. A. Varnhagen von Ense und Th. Mundt, 3 Bde, 1835, Bd 1, S. XXV.
24 W. Martens, Lektüre bei Gellert. In: Festschr. R. Alewyn, 1967, S. 134.

25 Goethe, Dichtung und Wahrheit, 2. Buch (HA Bd 9, S. 80).

26 E. R. Curtius, Europ. Lit. und latein. Mittelalter, ⁴1963, S. 352.

27 A. Schöne, Säkularisation als sprachbildende Kraft. Studien zur Dichtung dt. Pfarrersöhne, 1958, S. 9.

28 zit. ebd., S. 14 (Lenz, GSchr., hg. E. Lewy, 1909, Bd 4, S. 200).

29 J. H. Jung's Lebensgesch., hg. M. Mendheim [R], S. 121.

30 Arndt, Erinnerungen aus dem äußeren Leben (W., Ausw. in 12 Teilen, hg. A. Leffson und W. Steffens, o. J. [Bongs Klassiker], 2. Teil, S. 22).

31 J. G. Seume, Prosaische und poet. W., 1. Teil: Mein Leben, Berlin o. J. [Hempel], S. 27.

32 H. Hettner, Gesch. der dt. Lit. im 18. Jh., hg. G. Witkowski, 1929, Teil I, S. 249.

33 F. Kapp und J. Goldfriedrich, Gesch. des dt. Buchhandels, 4 Bde, 1866–1923, Bd 3, 1909, S. 249.

34 Lichtenberg, Vermischte Schr., 8 Bde, hg. L. Ch. Lichtenberg und F. Kries, ²1844–47, Bd 1, S. 313.

35 Canitz, W., hg. J. U. König, 1727, S. CLXXXV f.

36 Wielands W., hg. von der Dt. Kommission der Kgl. Preuß. Akad. der Wiss., später von der Dt. Akad. der Wiss., 1909 ff., 1. Abt., Bd 8, Teil 2, 1937, S. 188.

37 W. H. Bruford, Dt. Kultur der Goethezeit, 1965, S. 249.

38 zit. F. Kapp und J. Goldfriedrich, Gesch. des dt. Buchhandels, Bd 3, 1909, S. 125.

39 zit. H. Voegt, Die dt. jakobin. Lit. und Publizistik, 1789–1800, 1955, S. 64.

40 Goethe, Dichtung und Wahrheit, 13. Buch (HA Bd 9, S. 576).

41 A. Frhr. v. Knigge, Gesch. Peter Clausens, Nd. 1971, 3. Teil, S. IV f.

42 Sturm und Drang. Dichtungen und theoret. Texte, hg. H. Nicolai, 2 Bde, 1971, Bd 2, S. 1265 f. und S. 1264.

43 F. Schulze, Der dt. Buchhandel und die geistigen Strömungen der letzten hundert Jahre, 1925, S. 3 f.

44 Möser, SW, 10 Bde, hg. B. R. Abeken, 1842–43, Bd 9, S. 150.

45 Schiller, Kabale und Liebe, II, 6.

46 Goethe, Dichtung und Wahrheit, 13. Buch (HA Bd 9, S. 569 f.).

47 C. J. Geiger, Reise eines Erdbewohners in den Mars, Nd. 1967, Nachwort von J. Hermand, S. 7* und 13*.

48 F. Valjavec, Die Entstehung der polit. Strömungen in Dtld. 1770–1815, 1951, S. 157.

49 Goethe, Wilhelm Meister, 2. Buch, 10. Kap. (HA Bd 7, S. 124 f.).

50 Goethe, Italienische Reise, Venedig den 8. Oktober (HA Bd 11, S. 88).

51 Goethe, Winckelmann, Heidnisches (HA Bd 12, S. 100).

52 Goethe, Maximen und Reflexionen, hg. M. Hecker, 1907, Nr. 298.
53 J. Habermas, Strukturwandel der Öffentlichkeit [Sonderausg. der Slg. Luchterhand], ⁵1971, S. 33.
54 Im Anhang der von König hg. Slg. der Gedichte des Freiherrn von Canitz, 1727.
55 Gottsched, Versuch einer Crit. Dichtkunst, Nd. 1962, S. 473, 614.
56 Breitinger, Crit. Dichtkunst, 2 Bde, 1740, Bd 1, S. 426.
57 Ebd., S. 296.
58 Haller, Die Alpen, Vers 211–20.
59 Haller, W. in Ausw., hg. A. Frey (DNL XLI, 2), S. 160.
60 Schiller, Über naive und sentimental. Dichtung, Abschnitt Eleg. Dichtung (W., Nationalausgabe, hg. L. Blumenthal und B. v. Wiese, 1943 ff., Bd XX, 1. Teil, S. 453).
61 Leppmann, Winckelmann, S. 74.
62 Kästner, Ges. poet. und prosaische schönwiss. W., 4 Teile, Nd. 1971, Teil 3, S. 175 f.
63 Gellerts Unterredung mit Friedrich dem Großen (W., hg. A. Schullerus, 1892, S. 366–74, dort S. 371).
64 Nicolai, Das Leben und die Meinungen des Herrn Magister Sebaldus Nothanker, hg. F. Brüggemann, Nd. 1967 (DLA Bd 15), S. 21.
65 Goethe, Dichtung und Wahrheit, 2. Buch (HA Bd 9, S. 75).
66 Schlegel, W., hg. J. H. Schlegel, 5 Bde, Nd. 1971, Bd 3, S. 292.
67 Schlegel, Schreiben über die Komödie in Versen (ebd., Bd 3, S. 81).
68 Goethe, Dichtung und Wahrheit, 10. Buch (HA Bd 9, S. 400).
69 E. Ziehen, Die dt. Schweizerbegeisterung in den Jahren 1750–1815, 1922, S. 44.
70 Geßners W., hg. A. Frey (DNL Bd 41, I), S. XX.
71 R. Böschenstein, Idylle, 1967 [SM], S. 56.
72 Goethe, Winckelmann, Abschnitt Antikes (HA Bd 12, S. 99 f.).
73 Goethe, Italienische Reise, Girgenti 26. IV. 1787 (HA Bd 11, S. 277).
74 Leppmann, Winckelmann, S. 59.
75 Winckelmann, Gedanken über die Nachahmung der griech. Werke, 1755, § 88.
76 Ebd., § 6.
77 Goethe, Winckelmann, Abschnitt Schönheit (HA Bd 12, S. 102 f.).
78 P. Großer, Der junge Klopstock im Urteil seiner Zeit, 1937 (Diss. Breslau), S. 94.
79 Ausw. aus Klopstocks nachgel. Briefw. und übrigen Papieren, hg. C. A. H. Clodius, 2 Teile, 1821, Teil 1, S. 15.
80 Klopstock, Auf meine Freunde, 1747.
81 Klopstock, Vorbericht zu *Der Tod Adams*.

82 Lessing, Minna von Barnhelm, IV, 6.
83 Lessing, Hamburg. Dramaturgie, 101./2./3./4. Stück.
84 Ebd., 75. Stück.
85 Ebd., 78. Stück.
86 Lessing, Thomsons sämtl. Trauerspiele, Vorrede (W., hg. K. Lachmann, F. Muncker, 23 Bde, ³1886–1924, Bd 7, S. 68).
87 Lessing, Emilia Galotti, I, 8.
88 Ebd., II, 6.
89 Ebd., V, 7.
90 Lessing, Nathan der Weise, III, 7.
91 Martini, Rhynsolt und Sapphira, I, 1 (in: Die Anfänge des bürgerl. Trauerspiels in den fünfziger Jahren, hg. F. Brüggemann, 1934 [DLA Bd 8], S. 91).
92 Ebd., III, 5 (S. 111).
93 Ebd., II, 6 (S. 104).
94 Ebd., III, 4 (S. 110).
95 Pfeil, Lucie Woodvil, I, 1 (Die Anfänge des bürgerl. Trauerspiels, S. 193).
96 Pfeil, Die Geschichte des Grafen von P., Nd. 1970, S. 360.
97 Goethe, Dichtung und Wahrheit, 13. Buch (HA Bd 9, S. 568; gemütlich = gemütvoll).
98 G. Schöne, Tausend Jahre dt. Theater, 914–1914, 1962, S. 97 ff.
99 Die Maschinenkomödie, hg. O. Rommel, 1935 (DLE, Reihe Barock, Barocktradition, Bd 1), S. 72.
100 Ebd., S. 173.
101 Schikaneder, Zauberflöte, II, 1.
102 R. Engelsing, Dienstbotenlektüre im 18. und 19. Jh. In: R. E., Zur Sozialgesch. dt. Mittel- und Unterschichten, 1973, S. 180–224, dort S. 186. Das vorhergehende Zitat: Zauberflöte I, 11.
103 Sailer, Die Schöpfung, hg. M. Stern, 1969 [R], S. 11.
104 Ebd., S. 45 f.
105 F. Rosner, Passio nova. Das Oberammergauer Passionsspiel von 1750. Hist.-krit. Ausg. von Stephan Schaller OSB, S. 377.
106 Ebd., S. 377.
107 Schummel, Spitzbart, hg. E. Haufe, 1974, S. 372.
108 Nicolai, Sebaldus Nothanker, hg. F. Brüggemann (DLA Bd 15), S. 21.
109 Kortum, Jobsiade, 2. Teil, 2. Kap., Strophe 25.
110 Wezel, Herrmann und Ulrike, hg. K. G. v. Maassen, 2 Bde, 1919, Bd 1, S. XLIV.
111 Blanckenburg, Versuch über den Roman, Nd. 1965, hg. E. Lämmert, S. 392.
112 Ebd., S. 379.
113 Neue Bibliothek der schönen Wissenschaften, Bd 18, 1775, 1. Stück

(J. W. Braun, Goethe im Urtheile seiner Zeitgenossen, Bd 1, 1883,
   S. 177–208).

114 zit. Ch. Janentzky, Lavaters Sturm und Drang im Zusammenhang seines religiösen Bewußtseins, 1916, S. 118 f.
115 Herder, SW, hist.-krit. Ausg., hg. B. Suphan, 33 Bde, 1877–1913,
   Bd 5, S. 513.
116 Ebd., Bd 5, S. 538.
117 In den *Patriotischen Phantasien* unter dem Titel *Der hohe Stil der
   Kunst unter den Deutschen* (Möser, SW, hist.-krit. Ausg., hg. Akad.
   der Wiss. zu Göttingen, Bd 4, 1943, S. 263 f.).
118 Hamann, Aesthetica in nuce (J. G. Hamann, SW, hist.-krit. Ausg., hg.
   J. Nadler, 6 Bde, 1949–57, Bd 2, S. 198).
119 H. Brunner, Die poet. Insel. Inseln und Inselvorstellungen in der dt.
   Lit., 1967, S. 123 ff.
120 Lenz, W. und Schr., hg. B. Titel und H. Haug, 2 Bde, 1966–67, Bd 1,
   S. 341.
121 Hamann, Aesthetica in nuce (SW, Bd 2, S. 209).
122 Ebd. (SW, Bd 2, S. 201).
123 Ebd. (SW, Bd 2, S. 206 f.).
124 Goethe, Von dt. Baukunst (HA Bd 12, S. 12 f.).
125 Hamann, Aesthetica in nuce (SW, Bd 2, S. 197).
126 Bürger, W., 2 Bde, hg. E. Grisebach, 1890, Bd 1, S. 103.
127 zit. R. Engelsing, Zur polit. Bildung der dt. Unterschichten
   1789–1863. In: R. E., Zur Sozialgesch. dt. Mittel- und Unterschichten, 1973, S. 155–179, dort S. 159.
128 F. Schulze, Der dt. Buchhandel und die geistigen Strömungen der
   letzten hundert Jahre, 1925, S. 7.
129 Herder, W., hg. B. Suphan, Bd 13, S. 340.
130 Ebd., Bd 33, S. 18.
131 F. M. Klinger, Plimplamplasko, Nd. hg. P. Pfaff, 1966, S. VI f.
132 Lenz, Über Götz v. Berlichingen (Lenz, W. u. Schr., hg. B. Titel und
   H. Haug, 2 Bde, 1966–67, Bd 1, S. 378 f.).
133 Goethe, Zum Shakespeares-Tag (HA Bd 12, S. 226).
134 Goethe, Götz v. Berlichingen (HA Bd 4, S. 82).
135 Ebd., Erstfassung (Der junge Goethe, hg. M. Morris, 6 Bde,
   1909–12, Bd 2, S. 191).
136 Cramer, Hasper a Spada, Vorrede.
137 Goethe, Zum Shakespeares-Tag (HA Bd 12, S. 226).
138 Goethe, Stella, V (Der junge Goethe, hg. M. Morris, Bd 5, S. 127).
139 Goethe, Claudine von Villa Bella (HA Bd 4, S. 256).
140 Goethe, Werther (HA Bd 6, S. 74).
141 Lenz, W. u. Schr., Bd 1, S. 396.
142 Das Volksbuch vom Doctor Faust. Abdruck der 1. Ausg. 1587, hg.
   W. Braune, 1878 (Nd. Dt. Lit. W. des 16. und 17. Jh.), S. 13.

143 Klinger, Das leidende Weib, II, 3 (F. M. Klingers dramat. Jugendw., hg. H. Berendt und K. Wolff, 3 Bde, 1912–13, Bd 1, S. 188).
144 Ebd., III, 2 (Bd 1, S. 197).
145 Ebd., I, 7 (Bd 1, S. 170).
146 Klinger, Die neue Arria, V, 2 (Bd 2, S. 120).
147 Klinger, Simsone Grisaldo, I, 1 (Bd 2, S. 136).
148 Lenz, Pandaemonium Germanicum, II, 5; III (Lenz, W. u. Schr., Bd 2, S. 276 f.).
149 Lenz, W. u. Schr., Bd 1, S. 109.
150 Lenz, Anmerkungen übers Theater (W. u. Schr., Bd 1, S. 343).
151 Lenz, Pandaemonium Germanicum, II, 5 (W. u. Schr., Bd 2, S. 275 f.).
152 Lenz, Briefe über die Moralität der Leiden des jungen Werthers (W. u. Schr., Bd 1, S. 396).
153 Ebd., (W. u. Schr., Bd 1, S. 393).
154 Lenz, Der Engländer, I, 1 (W. u. Schr., Bd 2, S. 331).
155 Ebd., II, 2 (W. u. Schr., Bd 2, S. 335).
156 Ebd., I, 1 (W. u. Schr., Bd 2, S. 331).
157 Ebd., V, 1 (W. u. Schr., Bd 2, S. 350).
158 Ebd., V, 1 (W. u. Schr., Bd 2, S. 344).
159 Ebd., V, 1 (W. u. Schr., Bd 2, S. 353).
160 Lenz, Die Soldaten, V, 5 (W. u. Schr., Bd. 2, S. 246).
161 Lenz, Der neue Menoza, II, 4 (W. u. Schr., Bd 2, S. 124).
162 Ebd., III, 11; III, 9; III, 10 (W. u. Schr., Bd 2, S. 163, 157, 158).
163 Ebd., V, 2 (W. u. Schr., Bd 2, S. 176).
164 Goethe, Dichtung und Wahrheit, 13. Buch (HA Bd 10, S. 153).
165 Lichtenberg, Vermischte Schr., 8 Bde, hg. L. Ch. Lichtenberg und F. Kries, ²1844–47, Bd 1, S. 191.
166 Hamann, Aesthetica in nuce (SW, hg. Nadler, Bd 2, S. 198); Hippel, Lebensläufe, 4 Bde, 1859, Bd 2, S. 2.
167 Ebd., Bd 2, S. 8.
168 Ebd., Bd 1, S. 12.
169 Ebd., Bd 4, S. 384.
170 Ebd., Bd 1, S. 1 f.
171 Hippel, Kreuz- und Querzüge, 2 Bde, 1860, Bd 1, S. 1 f. und 2 f.
172 Ebd., Bd 1, S. 288.
173 Ebd., Bd 2, S. 327.
174 Ebd., Bd 2, S. 297.
175 Jacobi, W., hg. F. Köppen/F. Roth, 6 Bde, 1812–25, Bd 5, S. 482.
176 Heinse, Ardinghello (W., hg. C. Schüddekopf und A. Leitzmann, 10 Bde, Bd 4, S. 287 f.).
177 Goethe, Briefe, hg. K. R. Mandelkow, 4 Bde, 1962–67 (HA), Bd 1, S. 164.
178 Heinse, Ardinghello (W., Bd 4, S. 391).

179 Heinse, Aphorismen (W., Bd 8, S. 125).
180 28. März 1794 an Gleim (W., Bd 10, S. 268). Dort über *Georg Forster:* «. . . der Weltumsegler hat sich wieder nach Stürmen gesehnt,
und ist von der Revoluzion verschlungen worden; sein Staatsschiff war
kein Englisches Kriegsschiff: sondern eine in der Eil elend zusammen
geflickte Barke; und sein Cüstine kein Cook.»
181 Heinse, Hildegard von Hohenthal (W., Bd 6, S. 82).
182 Rebmann, Kosmopolitische Wanderungen durch einen Teil Deutschlands, hg. H. Voegt, 1968, S. 41.
183 An Ernestine Voß, 7. 12. 1775.
184 Bürger, Aus Daniel Wunderlichs Buche (W., hg. E. Grisebach, 2 Bde,
1877, Bd 1, S. 104).
185 Bürger, Gedichte, hg. A. E. Berger, Leipzig, Wien o. J., S. 369.
186 Heine, Die Romantische Schule (SW, hg. E. Elster, o. J., Bd 5,
S. 274).
187 Wekhrlin, Hyperboreische Briefe, Bd 4, 1789, S. 302 ff.; zit. F. Valjavec, Die Entstehung der polit. Strömungen in Dtld. 1770–1815,
1951, S. 113.
188 Schiller, An die Parzen.
189 Schiller, Die Winternacht.
190 Schiller, W., Nationalausg. 1943 ff., Bd XX, 1, hg. B. v. Wiese, 1962,
S. 100.
191 Ebd., Bd XXII, hg. H. Meyer, 1958, S. 94.
192 Schiller, Räuber, V, 2.
193 Ebd., IV, 5.
194 Ebd., II, 2; IV, 4.
195 Ebd., IV, 5.
196 Ebd., IV, 5.
197 Ebd., IV, 5.
198 Ebd., III, 2.
199 Ebd., IV, 5.
200 Ebd., V, 1.
201 Ebd., IV, 5.
202 Ebd., IV, 5.
203 Schiller, Fiesco, I, 13. Nächstes Zitat ebd., V, 11.
204 Schiller, Don Karlos, Vers 5226.
205 Ebd., Vers 5269 f.
206 Ebd., Vers 4280 f.
207 Ebd., Vers 1011.
208 Schiller, Der Verbrecher aus verlorener Ehre (Nationalausg. Bd 16,
1954, hg. H. H. Borchart, S. 9).
209 Goethe, Italienische Reise, Abschnitt Venedig (HA Bd 11, S. 64).
210 Forster, W., hg. G. Steiner, 4 Bde, 1967–1970, Bd 2, S. 379.
211 Ebd., Bd 3, S. 731.

Literatur

Benutzungshinweis

Die Bibliographie ist auswählend und läßt möglichst verschiedene For-
schungsrichtungen zu Worte kommen. Sie bevorzugt leicht zugängliche
Neuausgaben, Taschenbücher und neuere wissenschaftliche Literatur.
Stichwörter (Sachgebiete, Autoren des 18. Jh.) stehen in Kapitälchen in al-
phabetischer Reihenfolge. Fremdsprachige Autoren sind nur im Hinblick
auf ihre Wirkung in der dt. Literatur berücksichtigt. Sie sind deshalb alpha-
betisch unter der Rubrik Sachgebiete eingeordnet. Ausgewählte Texte der
dt.sprachigen Autoren finden sich auch unter der Rubrik
TEXTSAMMLUNGEN ZUR EPOCHE. Darstellungen zu Autoren sind auch unter
der Rubrik WISSENSCHAFTLICHE LITERATUR ZUR EPOCHE zu finden (s. dort
die Hinweise in Klammern bei einzelnen Titeln). Wo Spezialbibliographien
zu Sachgebieten oder Autoren vorhanden sind, ist die Auswahl weiterer
Titel besonders knapp. Werke, auf die meine Darstellung zurückgreift, sind
grundsätzlich in der Bibliographie aufgeführt. Querverweise sind in der Bibliographie nur da angebracht, wo sie nicht naheliegen. Im Zweifelsfall ist
unter verwandten Stichwörtern nachzuschlagen. Bis auf einige Ausnahmen
enthält die Bibliographie nur Werke, die bis Ende 1977 erschienen sind.

Textsammlungen zur Epoche

Lahnstein, P.: Report einer «guten alten Zeit». Zeugnisse und Berichte
1750–1805. 1970
L'Allemagne face au classicisme et à la révolution. Hg. G.-L. Fink,
A. Fink-Langlois. 1972
Die Aufklärung. In ausgew. Texten dargestellt und eingeleitet von
G. Funke. 1963
Was ist Aufklärung? Thesen und Definitionen von Kant, Erhard, Hamann,
Herder, Lessing, Mendelssohn, Riem, Schiller, Wieland. Hg. E. Bahr. 1974
[R]
Was ist Aufklärung? Btr. aus der Berlinischen Monatsschr. 1783–1786.
Hg. N. Hinske. ²1977
Dt. Lesebuch. Bd 1–2: Auf dem Wege zur Klassik. Hg. W. Killy. 1970
[Fischer-Tb.]

Aufklärung und Rokoko. Hg. O. F. Best. (= Die dt. Lit. in Text und Dar-
stellung. Bd 5. 1976) [R]
Sturm und Drang und Empfindsamkeit. Hg. U. Karthaus. (= Die dt. Lit.
in Text und Darstellung. Bd 6. 1976) [R]
Dt. Dichtung im 18. Jh. Hg. A. Elschenbroich. ³1968
Dt. Lit. in Entwicklungsreihen. Reihe Aufklärung. Hg. F. Brüggemann.
15 Bde Nd. 1964–67
Dt. Lit. in Entwicklungsreihen. Reihe Irrationalismus. Hg. H. Kinder-
mann. 20 Bde Nd. seit 1968
Stürmer und Dränger. Hg. A. Sauer (DNL Bd 79–81)
Sturm und Drang. W. Aufgrund der von K. Freye besorgten Ausg. neu be-
arb. von R. Strasser. 3 Bde 1966
Sturm und Drang. Dramat. Schr. Hg. E. Loewenthal und L. Schneider. 2
Bde ³1972
Sturm und Drang. Krit. Schr. Hg. E. Loewenthal. ³1972
Sturm und Drang. Dichtungen und theoretische Texte. Hg. H. Nicolai. 2
Bde 1971
Sturm und Drang. Klassik und Romantik. Hg. H.-E. Hass. 2 Bde 1966
(= Die dt. Lit. Texte und Zeugnisse. Hg. W. Killy)

Wissenschaftliche Literatur zur Epoche

Bibliographien

Meusel, J. G.: Lexikon der vom Jahre 1750–1800 verstorbenen teutschen
Schriftsteller. Nd. Hg. P. Raabe. 1967
Bibliographie dt.sprachiger Bücher und Zs.-Aufsätze von der Aufklärung
bis zur bürgerl. Revolution 1848/49. In: Weimarer Btr. (seit 1955–1960
für 1954–1959); Internationale Bibliographie zur dt. Klassik 1750–1850.
In: Weimarer Btr. (seit 1960–1964 für 1959–1964); als selbständige Bi-
bliographie 1964–1969 1× jährlich; ab 1970 ff. 2× jährlich.
Bibliographie dt.sprachiger Hochschulschriften zur dt. Lit. von der Aufklä-
rung bis zur bürgerl. Revolution 1848/49, die in den Jahren 1945 bis 1953
erschienen sind. In: Weimarer Btr. 3. 1957
E. K. Grotegut und G. F. Leneaux, Das Zeitalter der Aufklärung. 1974 (=
Hb. der dt. Lit.gesch. Abteilung Bibliographien. Bd 6)
Bartel, K. J.: German Literary History 1777–1835. An annoted Bibliography. 1976 (zur Lit.gesch.schreibung)

312

Zeitschriften, Jahrbücher

Das 18. Jahrhundert. Mitteilungen der dt. Gesellschaft für die Erforschung des 18. Jh. 1977ff.
Lessing Yearbook. 1969ff.
Wolfenbütteler Studien zur Aufklärung. 1974ff.

Darstellungen

Aspekte der Goethezeit. Festschr. V. Lange. Hg. S. A. Corngold u. a. 1977 (zu: Lenz, Wezel)
Aufklärung, Absolutismus und Bürgertum in Dtld. Hg. F. Kopitzsch. 1976
Benz, R.: Kultur des 18. Jh. Bd 1: Dt. Barock. 1949; Bd 2: Die Zeit der dt. Klassik. 1953
Biedermann, K.: Dtld. im 18. Jh. 5 Bde 1854–80
Böckmann, P.: Formgesch. der dt. Dichtung Bd 1: Von der Sinnbildsprache zur Ausdruckssprache. ⁴1973
Braemer, E. und Wertheim, U.: Studien zur dt. Klassik. 1960 (zu: Lessing, Goethe, Schiller, Schubart, Klopstock, Goeckingk, Schlözer)
Bruford, W. H.: Dt. Kultur der Goethezeit. 1965 (= Hb. der Kulturgesch. Neu hg. E. Thurnher)
Cassirer, E.: Die Philosophie der Aufklärung. 1932
Dt. Dichter des 18. Jh. Ihr Leben und W. Hg. B. v. Wiese. 1977
Dt. Lit. zur Zeit der Klassik. Hg. K. O. Conrady. 1977
Dieckmann, H.: Studien zur europ. Aufklärung. 1974 (zu: Diderot, Voltaire, Mendelssohn, Lessing)
Dilthey, W.: Weltanschauung und Analyse des Menschen seit der Renaissance und Reformation. ⁸1969 (GSchr. Bd 2)
ders.: Studien zur Gesch. des dt. Geistes. ⁴1969 (GSchr. Bd 3)
Ermatinger, E.: Dt. Kultur im Za. der Aufklärung. Bearb. von E. Thurnher und P. Stapf. 1969 (= Hb. der Kulturgesch. Neu hg. E. Thurnher)
Europäische Aufklärung. Hg. W. Hinck. 1974 (= Neues Hb. der Lit.wiss. Bd 11)
Fränkische Klassiker. Eine Lit.gesch. in Einzeldarstellungen. Hg. W. Buhl. 1971 (zu: Uz, Cronegk, Knebel, Seckendorf, Soden, Thümmel, Schubart, Rebmann)
Gaede, F.: Humanismus, Barock, Aufklärung. 1971 (= Hb. der dt. Lit.gesch. Abt. 1: Darstellungen)
German Men of Letters. Vol. I. Ed. by A. Natan. 1965 (zu: Herder)
German Men of Letters. Vol. VI. Ed. by A. Natan and B. Keith-Smith. 1972 (zu: Leibniz, Gottsched, Wieland, Gleim, Uz, Götz, Hagedorn, Lichtenberg, Lenz, Klinger, Winckelmann, Pestalozzi)

Gesch. der dt. Lit. vom 18. Jh. bis zur Ggw. Hg. V. Žmegač. Bd I/1. 1978
Guthke, K. S.: Literarisches Leben im 18. Jh. in Dtld. und in der Schweiz.
1975 (zu Lessing, Haller, Hagedorn, Brockes, J. H. Füßli, Gemmingen,
Klinger)
Hazard, P.: Die Herrschaft der Vernunft. Das europ. Denken im 18. Jh.
1949
Hermand, J.: Von Mainz nach Weimar (1793–1919). Studien zur dt. Lit.
1969 (zu: Geiger, Knigge, Forster, Rebmann, Voß)
Hettner, H.: Gesch. der dt. Lit. im 18. Jh. Nd. Hg. G. Erler. 1961
Horkheimer, M. und Adorno, Th. W.: Dialektik der Aufklärung. ²1969
Kließ, W.: Sturm und Drang. Gerstenberg, Lenz, Klinger, Leisewitz, Wag-
ner, Maler, Müller. ³1975 (dtv)
Köster, A.: Die dt. Lit. der Aufklärungszeit. 1925
Kohlschmidt, W.: Gesch. der dt. Lit. Bd 2: Vom Barock bis zur Klassik.
1965
Kollektiv für Lit.gesch.: Aufklärung. Erläuterungen zur dt. Lit. 1974
Kollektiv für Lit.gesch.: Sturm und Drang. Erläuterungen zur dt. Lit. ⁵1978
Korff, H. A.: Geist der Goethezeit I: Sturm und Drang. ⁹1974
Krauss, W.: Studien zur dt. und französ. Aufklärung. 1963
Lit. der bürgerl. Emanzipation im 18. Jh. Hg. G. Mattenklott und K. R.
Scherpe. 1973 (zu: Lessing, Lichtenberg, Gerstenberg, Merck)
Lukács, G.: Größe und Grenzen der dt. Aufklärung. In: G. L.: Skizze einer
Gesch. der neueren dt. Lit. 1953
Martini, F.: Von der Aufklärung zum Sturm und Drang 1700–1775. In:
Annalen der dt. Lit. ²1971
Mayer, H.: Von Lessing bis Thomas Mann. Wandlungen der bürgerl. Lit.
in Dtld. 1959 (zu: Schnabel, Lessing, Bräker, Schiller)
Mittner, L.: Storia della letteratura tedesca dal Pietismo al Romanticismo.
1700–1820. 1964
Müller, G.: Gesch. der dt. Seele. Vom Faustbuch zu Goethes Faust. Nd.
1967
Newald, R.: Vom Späthumanismus zur Empfindsamkeit 1570–1750.
⁶1967
– ders.: Von Klopstock bis zu Goethes Tod 1750–1832. Teil 1: Ende der
Aufklärung und Vorbereitung der Klassik. ⁵1967 (= H. de Boor und
R. Newald: Gesch. der dt. Lit. von den Anfängen bis zur Ggw. Bde 5
und 6,1)
Oelmüller, W.: Die unbefriedigte Aufklärung. Btr. zu einer Theorie der
Moderne von Lessing, Kant und Hegel. Mit einer neuen Einleitung. 1969
Pascal, R.: Der Sturm und Drang. Hg. D. Zeitz und K. Mayer. 1963
Philipp, W.: Das Werden der Aufklärung in theologiegesch. Sicht. 1957
Pütz, P.: Die dt. Aufklärung. 1978
Prutz, R.: Menschen und Bücher. Biographische Btr. zur dt. Lit.- und Sit-
tengesch. 1862 (zu: Hermes, Schubart, Bahrdt, Laukhard)

Purdie, E.: Studies in German lit. of the 18th century. 1965

Rasch, W.: Die Zeit der Klassik und frühen Romantik. 1775–1805. In: Annalen der dt. Lit. ²1962

Renaissance – Barock – Aufklärung. Epochen- und Periodisierungsfragen. Hg. W. Bahner. 1976

Schmidt, A.: Nachrichten von Büchern und Menschen. Bd 1: Zur Lit. des 18. Jh. 1971 [Fischer-Tb.] (zu: Brockes, Schnabel, Klopstock, Wezel, Wieland, Moritz, Herder)

ders.: Belphegor. Nachrichten von Büchern und Menschen. 1961 (zu: Johannes von Müller)

Schneider, F. J.: Die dt. Dichtung der Aufklärungszeit. 1948

ders.: Die dt. Dichtung der Geniezeit. 1952

Schneiders, W.: Die wahre Aufklärung. Zum Selbstverständnis der dt. Aufklärung. 1974

Schober, J.: Die dt. Spätaufklärung. 1770–1790. 1975

Schöffler, H.: Dt. Geist im 18. Jh. Essays zur Geistes- und Religionsgesch. Hg. G. v. Selle. ²1967 (zu: Herder, Bürger, Goethe, Lichtenberg)

ders.: Dt. Geistesleben zwischen Reformation und Aufklärung. ²1956

Staiger, E.: Stilwandel, Studien zur Vorgesch. der Goethezeit. 1963 (zu: Herder, Lessing, Klinger, Bürger, Claudius)

ders: Die Kunst der Interpretation. ⁵1967 (zu: Klopstock, Lessing, Wieland, Goethe, Schiller)

Sturm und Drang. Ein lit.wiss. Studienbuch. Hg. W. Hinck. 1978

Valjavec, F.: Gesch. der abendländ. Aufklärung. 1961

Walzel, O.: Dt. Dichtung von Gottsched bis zur Ggw. 1. 1927 (= Hb. der Lit.wiss.)

Wehrli, M.: Das Za. der Aufklärung. In: Dt. Lit.gesch. in Grundzügen. Hg. B. Boesch. ³1967

Westberliner Projekt: Grundkurs 18. Jh. Die Funktion der Lit. bei der Formierung der bürgerl. Klasse Dtlds. im 18. Jh. Hg. G. Mattenklott und K. R. Scherpe. Bd. 1: Analysen. Bd 2: Materialien. 1974

Wolff, H. M.: Die Weltanschauung der dt. Aufklärung in gesch. Entwicklung. Hg. K. S. Guthke. ²1963.

Textsammlungen und wissenschaftliche Literatur zu Sachgebieten

Hubatsch, W.: Das Za. des ABSOLUTISMUS 1600–1789. ³1970 – Burger, H. O.: Europ. ADELSideal und dt. Klassik. In: H. O. B.: «Dasein heißt eine

Rolle spielen.» 1963 – Heinrich, D.: Kunst und Natur in der idealist. ÄSTHETIK. In: Nachahmung und Illusion. Hg. H. R. Jauss, ²1969 – Nivelle, A.: Literaturästhetik der europäischen Aufklärung. 1977 – Ästhetik s. auch Dichtungstheorie – Obenauer, K. J.: Die Problematik des ästhet. Menschen in der dt. Lit. 1933 – Dtlds. lit. AMERIKAbild. Hg. A. Ritter. 1977 – Schmitt, A. R.: Neues zum dt. Amerikabild von 1775 bis 1777. In: Modern Language Notes 91. 1976 – Winkler, K. T.: Das revolutionäre Amerika im dt. Schrifttum des 18. Jh. In: Börsenblatt 1976 – ANAKREONTIKER und preuß.-patriot. Lyriker. Hg. F. Muncker. (DNL Bd 45) – Zeman, H.: Die dt. anakreont. Dichtung. 1972 – Langen, A.: ANSCHAUUNGSFORMEN in der dt. Dichtung des 18. Jh. ³1968 – Benz, R.: Der Wandel des Bildes der ANTIKE in Dtld. 1948 – Antike und Moderne in der Lit.diskussion des 18. Jh. Hg. W. Krauss und H. Kortum. 1966 – Szondi, P.: Antike und Moderne in der Ästhetik der Goethezeit. In: P. S.: Poetik und Gesch.philosophie I. Hg. S. Metz und H.-H. Hildebrandt. 1974 [Suhrkamp Tb. Wiss.] – Der APHORISMUS. Zur Gesch., zu den Formen und Möglichkeiten einer lit. Gattung. Hg. G. Neumann. 1976 (WdF) – Neumann, G.: Ideenparadiese. Aphoristik bei Lichtenberg, Novalis, Friedrich Schlegel und Goethe. 1976 – AUTOBIOGRAPHIE: Dt. Lit. in Entwicklungsreihen. Reihe Dt. Selbstzeugnisse. Bd 1: Die Entwicklung der dt. Selbstzeugnisse. Hg. M. Beyer-Fröhlich. Nd. 1970; Bd 7: Pietismus und Rationalismus. Nd. 1970; Bd 8: Höhe und Krise der Aufklärung. Nd. 1970; Bd 9: Empfindsamkeit, Sturm und Drang. Nd. 1970 – Misch, G.: Gesch. der Autobiographie. 4 Bde 1907–69 – Wuthenow, R. R.: Das erinnerte Ich. Europäische Autobiographie und Selbstdarstellung im 18. Jh. 1974 – Niggl, G.: Gesch. der dt. Autobiographie im 18. Jh. 1977 – Müller, K.-D.: Autobiographie und Roman. Studien zur lit. Autobiographie der Goethezeit. 1976 – BÄNKELGESANG und Singspiel vor Goethe. Hg. F. Brüggemann. Nd. 1967 (DLA Bd 10) – Quellen und Dokumente zum Bänkelgesang. Hg. L. Petzoldt. 1975 [SM] – Petzold, L.: Bänkelsang. Vom hist. Bänkelsang zum lit. Chanson. 1974 [SM] – Kayser, W.: Gesch. der dt. BALLADE. 1936 – Hinck, W.: Die dt. Ballade von Bürger bis Brecht. ²1972 – Trumpke, U.: Balladendichtung um 1770. Ihre soziale und religiöse Thematik. 1975 – Köpf, G.: Die Ballade. Probleme in Forschung und Didaktik. 1976 – Ballade s. auch Göttinger Hain – Ehrmann, E.: Die BARDISCHE Lyrik im 18. Jh. 1892 – Pott, H. J.: Harfe und Hain. Die dt. Bardendichtung des 18. Jh. 1976 (Diss. Bonn) – Allegorie und Symbol. Texte zur Theorie des dichterischen BILDES im 18. Jh. und frühen 19. Jh. Hg. B. A. Sørensen. 1972 – Schaarschmidt, I.: Der Bedeutungswandel der Worte «bilden» und «BILDUNG» im Lit.epoche von Gottsched bis Herder. In: F. Rauhut und I. S.: Btr. zur Gesch. des Bildungsbegriffs. 1965 – BREMER BEITRÄGER. Hg. F. Muncker. (DNL Bde 43 und 44) – Schröder, C. M.: Die Bremer Beiträger. Vorgesch. und Gesch. einer dt. Zs. des 18. Jh. 1956 – Meyen, F.: Bremer Beiträger am Collegium Carolinum in Braunschweig. 1962 – Brockmeyer, R.: Gesch. des dt. BRIE-

FES von Gottsched bis zum Sturm und Drang. 1959 (Diss. Münster) – Voß, E. Th.: Erzählprobleme des BRIEFROMANS. 1958 (Diss. Bonn) – Mandelkow, K. R.: Der Briefroman. Zum Problem der Polyperspektive im Epischen. In: K. R. M.: Orpheus und Maschine. 1976 – Kapp, F. und Goldfriedrich, J.: Gesch. des dt. BUCHHANDELS. Bd 3. 1909 – Buch- und Verlagswesen im 18. und 19. Jh. Hg. H. G. Goepfert, G. Kozieɫek und R. Wittmann. 1977 – Buch und Leser. Hg. H. G. Goepfert. 1977 – Ward, A.: Book production, fiction and the German reading public 1740–1800. 1974 – Buchhandel s. a. Markt – Die BÜRGERLICHE Gemeinschaftskultur der vierziger Jahre. 1. Teil: Lyrik und Roman; 2. Teil: Drama. Hg. F. Brüggemann. Nd. 1964–65 (DLA Bd 5 und 6) – Groethuysen, B.: Die Entstehung der bürgerl. Welt- und Lebensanschauung in Frankreich. 2 Bde 1927–30 – Balet, L.: Die Verbürgerlichung der dt. Kunst, Lit. und Musik im 18. Jh. Hg. G. Mattenklott. ²1973 [Ullstein-Tb.] – Schlaffer, H.: Der Bürger als Held. Sozialgesch. Auflösung lit. Widersprüche. 1973 [ed. suhrkamp] – Lit. der bürgerl. Emanzipation im 18. Jh. Hg. G. Mattenklott und K. R. Scherpe. 1973 (zu: Lessing, Lichtenberg, Gerstenberg, Merck, Wieland) – Bürgertum s. auch Göttinger Hain, Leser – Die Entwicklung des BÜRGERLICHEN DRAMAS im 18. Jh. Hg. J. Mathes. 1974 (DT) – Eloesser, A.: Das bürgerl. Drama. Seine Gesch. im 18. und 19. Jh. Nd. 1970 – Bauer, R.: Die wiedergefundene dritte Gattung, oder: Wie bürgerlich war das bürgerl. Drama? In: Revue d'Allemagne 5. 1973 – Guthke, K. S.: Das dt. BÜRGERLICHE TRAUERSPIEL. ²1976 [SM] – Valdastri, I.: Preisschrift über das bürgerl. Trauerspiel. Faksimiledruck der Ausg. von 1794. Hg. A. Wierlacher, 1969 – Pikulik, L.: «Bürgerliches Trauerspiel» und Empfindsamkeit. 1966 – Szondi, P.: Die Theorie des bürgerl. Trauerspiels im 18. Jh. Hg. G. Mattenklott. 1973 – Kahl-Pantis, B.: Bauformen des bürgerl. Trauerspiels. 1977 – bürgerliches Trauerspiel s. auch Trauerspiel – Friederici, H.: Das dt. BÜRGERLICHE LUSTSPIEL der Frühaufklärung 1736–50. 1957 – Frieß, U.: BUHLERIN und Zauberin. Eine motivgesch. Untersuchung zur dt. Lit. des 18. Jh. 1970 – CERVANTES s. Roman – Magon, L.: Ein Jh. geistiger und lit. Beziehungen zwischen Dtld. und DÄNEMARK. 1750–1850. Bd 1: Die Klopstockzeit in Dänemark. 1926 – Rahn-Bechmann, L.: Der DARMSTÄDTER FREUNDESKREIS. 1934 (Diss. Erlangen) – Troeltsch, E.: Aufklärung, DEISMUS, engl. Moralisten. In: E. T.: GSchr. Bd 4. 1925 – Winter, H.-G.: DIALOG und Dialogroman in der Aufklärung mit einer Analyse von J. J. Engels Gesprächstheorie. 1975 – Kommerell, M.: Der DICHTER als Führer in der dt. Klassik. ²1942 – DICHTUNGSTHEORIEN der Aufklärung. Hg. H. Boethius. 1971 (DT) – Mortier, R.: DIDEROT in Dtld. 1750–1850. ²1972 – Das dt. DRAMA. Vom Barock bis zur Ggw. Hg. B. v. Wiese. 2 Bde ²1968 (zu: Gottsched, Lessing, Lenz, Goethe, Schiller) – Sengle, F.: Das hist. Drama in Dtld. ³1974 – Dosenheimer, E.: Das dt. soziale Drama von Lessing bis Sternheim. Nd. 1974 – Drama s. auch Melancholie; soziale Probleme; feindliche Brüder – Dt.

DRAMATURGIE vom Barock bis zur Klassik. Hg. B. v. Wiese. 1956 (DT) – Martino, A.: Gesch. der dramat. Theorien in Dtld. im 18. Jh. 1: Die Dramaturgie der Aufklärung 1730–80. 1972 – Wölfel, K.: Moralische Anstalt. Zur Dramaturgie von Gottsched bis Lessing. In: Dt. Dramentheorien. Hg. R. Grimm. Bd 1. 1971 – Martini, F.: Die Poetik des Dramas im Sturm und Drang. In: Dt. Dramentheorien. Hg. R. Grimm. Bd 1. 1971 – Keckeis, G.: Dramaturg. Probleme im Sturm und Drang. Nd. 1974 – Pazarkaya, Y.: Die Dramaturgie des Einakters: Der Einakter als eine besondere Erscheinungsform im dt. Drama des 18. Jh. 1973 (Diss. Stuttgart) – Fichte, C.: Das Erlebnis der inneren EINSAMKEIT von der romanischen Mystik bis zur dt. Empfindsamkeit. 1954 (Diss. Köln) – Einsamkeit s. auch Zimmermann – Beißner, F.: Gesch. der dt. ELEGIE. ²1961 – EMKENDORFER KREIS: Brandt, O.: Geistesleben und Politik in Schleswig-Holstein um die Wende des 18. Jh. 1925 – EMPFINDSAMKEIT. Theoretische und kritische Texte. Hg. W. Doktor und G. Sauder. 1976 [R] – Sauder, G.: Empfindsamkeit. Bd 1: Voraussetzungen und Elemente. 1974 – Lappe, C.: Studien zum Wortschatz empfindsamer Prosa. 1970 – Kaiser, G.: «Denken» und «Empfinden»: ein Btr. zur Sprache und Poetik Klopstocks. In: DVjs 35. 1961 – Empfindsamkeit s. auch Roman; Erzähler; bürgerl. Trauerspiel; Prévost – Die Schauspiele der ENGLISCHEN KOMÖDIANTEN. Hg. W. Creizenach. Nd. 1967 (DNL 23) – Price, L. M.: Die Aufnahme ENGLISCHER LIT. in Dtld. 1500–1960. 1961 – Das EPIGRAMM. Zur Gesch. einer inschriftl. und lit. Gattung. Hg. G. Pfohl. 1968 – EPIK s. Prosa, Rokoko – Motsch, M.: Die poet. EPISTEL. Ein Btr. zur Gesch. der dt. Lit. und Lit.kritik des 18. Jh. 1974 – Maiworm, H.: EPOS der Neuzeit. In: Dt. Philologie im Aufriß. Hg. W. Stammler. Bd. 2 – Epos s. auch komisches Epos – Schubert-Riese, B.: Das lit. Leben in EUTIN im 18. Jh. 1975 – Lockemann, W.: Die Entstehung des ERZÄHLproblems. Untersuchung zur dt. Dichtungstheorie im 17. und 18. Jh. 1963 – Miller, U.: Der empfindsame Erzähler. 1968 (Diss. FU Berlin) – Erzähler s. auch Roman – Küntzel, H.: ESSAY und Aufklärung. Zum Ursprung einer originellen dt. Prosa im 18. Jh. 1969 – EXOTISMUS s. Idylle – FABELdichter, Satiriker und Popularphilosophen des 18. Jh. Hg. J. Minor. (DNL Bd 73) – Dt. Fabeln des 18. Jh. Hg. M. Windfuhr. 1960 [R] – Der Wolf und das Pferd. Dt. Tierfabeln des 18. Jh. Hg. K. Emmerich. 1960 – Leibfried, E.: Fabel. ²1973 [SM] – Texte und Theorie der Fabel. Hg. E. Leibfried und J. H. Werle, 1978 [SM] – Herbrand, E.: Die Entwicklung der Fabel im 18. Jh. 1975 – Henning, H.: FAUST-Bibliographie. 3 Bde 1966 ff. – Die Faustdichtung vor, neben und nach Goethe. 4 Bde Nd. 1969 – Das Faustbuch des Christlich Meynenden nach dem Druck von 1725. Hg. S. Szamatólski. Nd. 1968 – Martini, F.: Die FEINDLICHEN BRÜDER. Zum Problem des gesellschaftskrit. Dramas von J. A. Leisewitz, F. M. Klinger und F. Schiller. In: Jb. der Dt. Schillergesellschaft 16. 1972 – feindliche Brüder s. auch Kain und Abel – FRANKFURTER GELEHRTE ANZEIGEN. 1772 Ausw. Hg. H.-D. Dahnke und P. Müller. 1971 [R Leipzig] – Jessen, H.:

Küster Herder und sein Chor. In: ZfdPh. 70. 1947/49 – Krauss, W.: Die FRANZÖS. AUFKLÄRUNG im Spiegel der dt. Lit. des 18. Jh. 1963 – Furst, L. R.: Counterparts. The dynamics of Franco-German literary relationships 1770–1895. 1977 – Die FRANZÖS. REVOLUTION im Spiegel der dt. Lit. Hg. C. Träger u. a. 1975 [R. Leipzig] – Haasis, H. G.: Bibliographie zur dt. linksrhein. Revolutionsbewegung in den Jahren 1792/93. 1976 – Revolutionäre Vernunft. Texte zur jakobin. und liberalen Revolutionsrezeption in Dtld. 1789–1810. Hg. J. Garber. 1974 – Stern, A.: Der Einfluß der Französ. Revolution auf das dt. Geistesleben. 1927 – Boucher, M.: La Révolution de 1789 vue par les écrivains allemands, ses contemporains. 1954 – Dt. Lit. und Französ. Revolution. Sieben Studien von G.-F. Fink, W. Müller-Seidel, C. David, G. Kaiser, L. Ryan, K. Wölfel. 1974 – Französ. Revolution s. auch Jakobiner; Konservativismus – Closs, A.: Die FREIEN RHYTHMEN in der dt. Lyrik. 1947 – Liepe, E.: Der FREIGEIST in der dt. Lit. des 18. Jh. 1931 (Diss. Kiel) – Schneider, F. J.: Die FREIMAUREREI und ihr Einfluß auf die geistige Kultur in Dtld. am Ende des 18. Jh. 1909 – Schneider, H.: Quest for Mysteries. The masonic background for Literature in 18th Century Germany. 1947 – Schultz, F.: Die Göttin FREUDE. Zur Geistes- und Stilgesch. des 18. Jh. In: Jb. des Freien Dt. Hochstifts 1926 – Rasch, W.: FREUNDSCHAFTskult und Freundschaftsdichtung im dt. Schrifttum des 18. Jh. 1936 – Mittner, L.: Freundschaft und Liebe in der dt. Lit. des 18. Jh. In: Stoffe, Formen, Strukturen. Festschr. für H. H. Borchert. 1962 – FRIEDRICH DER GROSSE: De la littérature allemande (1780). Mit dt. Übersetzung von Ch. W. v. Dohms. Hg. L. Geiger. Nd. 1969 (Anhang J. Möser über die dt. Sprache und Lit.) – Kästner, E.: Friedrich der Große und die dt. Lit. Die Erwiderungen auf seine Schr. «De la littérature allemande». Nd. 1972 – Gooch, G. P.: Friedrich der Große. Tb. Ausg. 1975 – Fechner, H.: Friedrich der Große und die dt. Lit. 1968 – Baeumer, M. L.: FÜLLE DES HERZENS. Ein biblischer Topos der dichterischen Rede in der romantischen Lit. In: Jb. der Dt. Schillergesellschaft 15. 1971 – Der GALANTE STIL. Hg. C. Wiedemann. 1969 (DT) – Scherpe, K. R.: GATTUNGpoetik im 18. Jh. Hist. Entwicklung von Gottsched bis Herder. 1968 – Der Anbruch der GEFÜHLSKULTUR in den fünfziger Jahren. Hg. F. Brüggemann. Nd. 1966 (DLA Bd 7) – Boeschenstein, H.: Dt. Gefühlskultur. Studien zu ihrer dichterischen Gestaltung. Bd 1: 1770–1830. 1954 – Mog, P.: Ratio und Gefühlskultur. Studien zur Psychogenese und Lit. im 18. Jh. 1976 – Berger, K.: Barock und Aufklärung im GEISTLICHEN LIED. 1951 – Segebrecht, W.: Das GELEGENHEITSGEDICHT. Ein Btr. zur Gesch. und Poetik der dt. Lyrik. 1977 – Quabius, R.: GENERATIONSVERHÄLTNKSSE im Sturm und Drang. 1976 – Rosenthal, B.: Der GENIEbegriff des Aufklärungsza. Nd. 1967 – Wolf, H.: Versuch einer Gesch. des Geniebegriffs in der dt. Ästhetik des 18. Jh. Bd 1: Von Gottsched bis auf Lessing. Nd. 1973 – Grappin, P.: La théorie du génie dans le préclassicisme allemand. 1952 – Seybold, E.: Das GENREBILD in der dt. Lit. Vom Sturm und Drang bis zum

Realismus. 1967 – Huizinga, J.: Naturbild und GESCHICHTSBILD im 18. Jh.
In: Corona 5. 1935 – Vom Laienurteil zum Kunstgefühl. Texte zur
GESCHMACKSDEBATTE im 18. Jh. Hg. A. v. Bormann. 1974 (DT) – Bruford,
W. H.: Die GESELLSCHAFTlichen Grundlagen der Goethezeit. ²1975 – Staat
und Gesellschaft im Za. Goethes. Festschr. H. Tümmler. Hg. P. Berglar.
1977 – Strelka, J.: Die gelenkten Musen. Dichtung und Gesellschaft. 1971
– Feiner, J.: GEWISSENSFREIHEIT und Duldung in der Aufklärungszeit. 1919
– Der GÖTTINGER DICHTERBUND. 2 Bde. Hg. A. Sauer (DNL Bde 49
und 50) – Gedichte aus dem Göttinger Hain. Faksimile-Druck der
Handschr. Hg. A. Schöne. 1972 – Der Göttinger Hain. Hg. A. Kelletat.
1967 [R] – Musenalmanach 1770–1804. Hg. F. W. Gotter und Ch. Boie.
35 Bde Göttingen 1770–1804. Nd. 1965 – Metelmann, E.: Zur Gesch. des
Göttinger Dichterbundes 1772–74 (Briefe) Nd. 1965 – Prutz, R. E.: Der
Göttinger Dichterbund. Nd. 1970 – Schleiden, K. A.: Die Dichter des Göt-
tinger Hains. In: Deutschunterricht 10. 1958 – Fricke, G.: Göttinger Hain
und Göttinger Ballade. In: G. F.: Studien und Interpretationen. 1956 –
Bäsken, R.: Die Dichter des Göttinger Hains und die Bürgerlichkeit. 1937
– Schöne, A.: Göttinger Hain 1772–1972. (Rede zur 200. Wiederkehr der
Gründungsfeier des Bundes.) In: Göttinger Jb. 151/57. 1974 –
GRÄBERPOESIE: Tiegham, P. van: La Poésie de la nuit et des tombeaux en
Europe au XVIIIᵉ siècle. 1921 – Rehm, W.: GRIECHENTUM und Goethezeit.
³1952 – Ephraim, Ch.: Wandel des Griechenbildes im 18. Jh. Winckel-
mann, Lessing, Herder. Nd. 1970 – Beck, A.: Griechisch-dt. Begegnung.
Das dt. Griechenerlebnis im Sturm und Drang. 1947 – Driesen, O.: Der
Ursprung des HARLEKIN. Nd. 1977 – Meinecke, F.: Die Entstehung des
HISTORISMUS. 2 Bde 1936 (zu: Lessing, Winckelmann, Möser, Herder,
Goethe) – Meier, W.: Der HOFMEISTER in der dt. Lit. des 18. Jh. 1938 (Diss.
Zürich) – Flögel, K. F.: Gesch. der HOFNARREN. Nd. 1975 – Finsler, G.:
HOMER in der Neuzeit. Von Dante bis Goethe. Nd. 1973 – Meyer, H.:
HÜTTE und Palast in der Dichtung des 18. Jh. In: Formenwandel. Festschr.
zum 65. Geburtstag von P. Böckmann. 1964 – Leiste, L.: Der
HUMANITÄTSgedanke in der Popularphilosophie der dt. Aufklärung. 1932
(Diss. Halle) – Dt. IDYLLENdichtung 1700–1840. Hg. P. Merker. 1934 –
Idyllen der Deutschen. Hg. H. J. Schneider. 1978 – Böschenstein-Schä-
fer, R.: Idylle. ²1977 [SM] – Europäische Bukolik und Georgik. Hg.
K. Garber. 1976 (WdF) – Bernhard, K.: Idylle. Theorie, Gesch., Darstel-
lung in der Malerei 1750–1850. 1977 – Lange, Th.: Idyllische und exotische Sehnsucht. Formen bürgerl. Nostalgie in der dt. Lit. des 18. Jh. 1976
– Kaiser, G.: Wandrer und Idylle. Goethe und die Phänomenologie der
Natur in der dt. Dichtung von Geßner bis Gottfried Keller. 1977 (zu: Geßner, Voß, Maler Müller, Goethe, Schiller) – Faber, R.: Politische Idyllik.
Zur sozialen Mythologie Arkadiens. 1977 – Idylle s. auch Hütte; Landleben; Genrebild – Der Geheimbund der Illuminaten. Hg. R. van Dülmen:
²1977 – Dreger, H.: Entstehung des Subjektivismus und Wiedergeburt der

INDIVIDUALITÄT im Sturm und Drang. 1935 (Diss. Tübingen) – Brändle, I.: Das Problem der INNERLICHKEIT. 1950 – Graevenitz, G. v.: Innerlichkeit und Öffentlichkeit. Aspekte deutscher «bürgerlicher» Lit. im frühen 18. Jh. In: DVjs 49. 1975. Sonderheft. – Brunner, H.: Die poetische INSEL. Inseln und Inselvorstellung in der dt. Lit. 1967 – Brüggemann, F.: Die IRONIE als entwicklungsgesch. Moment. Nd. 1975 – Bäumler, A.: Das IRRATIONALITÄTSproblem in der Ästhetik und Logik des 18. Jh. Nd. 1967 – Rosteutscher, J. H. W.: Die Wiederkunft des Dionysos. Der naturmystische Irrationalismus in Dtld. 1947 – Promies, W.: Die Bürger und der Narr . . . 6 Kapitel über das Irrationale in der Lit. des Rationalismus. 1966 – Irrationalismus s. auch Rhetorik – Kuhn, D.: Auch ich in Arkadien. Kunstreisen nach ITALIEN 1600–1900. Ausstellungskatalog des Schiller-Nationalmuseums. 1966 – Noack, S.: Dt. Leben in Rom 1700–1900. Nd. 1971 – Stephan, I.: Lit. JAKOBINISMUS. 1976 (SM) – Engels, H. W.: Gedichte und Lieder dt. Jakobiner. 1971 – Steiner, G.: Jakobinerschauspiel und Jakobinertheater. 1973 – Grab, W.: Leben und W. norddt. Jakobiner. 1973 – Körner, A.: Die Wiener Jakobiner. 1972 – Kuhn, A.: Linksrheinische dt. Jakobiner. Aufrufe, Reden, Protokolle, Briefe und Schr. 1794–1801. 1978 – Voegt, H.: Die dt. jakobinische Lit. und Publizistik 1789–1800. 1955 – Demokratisch-revolutionäre Lit. in Dtld.: Jakobinismus. Hg. G. Mattenklott und K. R. Scherpe. 1975 – Segeberg, H.: Lit. Jakobinismus in Dtld. In: Lit.wiss. und Sozialwiss. 3. 1974 – Kaiser, G.: Über den Umgang mit Republikanern, Jakobinern und Zitaten. In: DVjs. 1975. Sonderheft – Jakobinismus s. auch politische Metaphorik – Valjavec, F.: Der JOSEPHINISMUS. ²1945 – Elbogen, I. und Sterling, E.: Die Gesch. der JUDEN in Dtld. 1966 – Mayer, H.: Der weise Nathan und der Räuber Spiegelberg. Antinomien der jüdischen Emanzipation in Dtld. In: Jb. der Dt. Schillergesellschaft 17. 1973 – Arendt, H.: Aufklärung und Judenfrage. In: H. A.: Die verborgene Tradition. 1976 – Hornstein, W.: Vom «jungen Herrn» zum «hoffnungsvollen Jüngling». Wandlungen des JUGENDlebens im 18. Jh. 1965 – Köster, H. L.: Gesch. der dt. JUGENDLIT. Nd. ²1971 – Blume, B.: Die KAHNFAHRT. Ein Btr. zur Motiv-Gesch. des 18. Jh. In: Euph. 51. 1957 – Rohner, L.: KALENDERGESCH. und Kalender. 1978 – Eyberg, J.: Die Zwillinge. KAIN UND ABEL in der Goethe-Zeit. 1947 – Weber, B.: Die KINDSMÖRDERIN im dt. Schrifttum von 1770–1795. 1974 – Wächtershäuser, W.: Das Verbrechen des Kindesmordes im Za. der Aufklärung. 1973 – Gujer, W.: KLEINJOGG, der Zürcher Bauer. 1716–1785. 1972 – Ebeling, F. W.: Gesch. der KOMISCHEN LIT. in Dtld. seit der Mitte des 18. Jh. Nd. 1971 – Broich, U.: Studien zum KOMISCHEN EPOS. 1968 – Steinmetz, H.: Die KOMÖDIE der Aufklärung. ²1971 [SM] – Brüggemann, D.: Die sächs. Komödie. 1970 – Arntzen, H.: Die ernste Komödie. 1968 (zu: Klinger, Lenz, Goethe) – Komödien und Satiren des Sturm und Drang. Goethe, Lenz, Klinger, Wagner, Maler Müller, Schiller. Hg. W. Stellmacher. 1976 (R) – Stamm, I.: Sturm und Drang and

CONSERVATISM. In: Germanic Review 30. 1955 – Garber, J.: Kritik der Revolution. Theorien des dt. Frühkonservativismus 1790–1810. Bd 1. Dokumentation. 1976 – Dedner, B.: Topos, Ideal und Realitätspostulat. Studien zur Darstellung des LANDLEBENS im Roman des 18. Jh. 1969 – LANDSCHAFT und Raum in der Erzählkunst. Hg. A. Ritter. 1975 (WdF) – Langen, A.: Verbale Dynamik in der dichterischen Landschaftsschilderung des 18. Jh. In: A. L.: Ges. Studien zur neueren dt. Sprache und Lit. 1978 – Müller, A.: Landschaftserlebnis und Landschaftsbild. Studien zur dt. Dichtung des 18. Jh. und der Romantik. 1955 – Landschaft s. auch Schweiz – LEDIGE MUTTER: Seeger, L. G.: The «Unwed Mother» as a Symbol of Social Consciousness in the Writings of J. G. Schlosser, J. Möser, and J. H. Pestalozzi. 1970 – Siegrist, Ch.: Das LEHRGEDICHT der Aufklärung. 1974 – Göpfert, H. G.: LESEGESELLSCHAFTEN im 18. Jh. In: Dichtung, Sprache, Gesellschaft. 1971 – Prüsener, M.: Lesegesellschaften im 18. Jh. Ein Btr. zur Lesergesch. In: Archiv für Gesch. des Buchwesens 13. 1972 – Milstein, B. M.: Eight Eighteenth Century Reading Societies. 1972 – Engelsing, R.: Der Bürger als LESER. Lesergesch. in Dtld. 1500 bis 1800. 1974 – Leser und Lesen im 18. Jh. Hg. Colloquium der Arbeitsstelle 18. Jh. Gesamthochschule Wuppertal. 1977 – Gerth, H. H.: Bürgerl. Intelligenz um 1800. Zur Soziologie des dt. FrühLIBERALISMUS. Hg. U. Herrmann. 1976 – Kluckhohn, P.: Die Auffassung der LIEBE in der Lit. des 18. Jh. und in der dt. Romantik. ³1966 s. auch Freundschaft – Müller, G.: Gesch. des dt. LIEDES vom Za. des Barock bis zur Ggw. Nd. 1959 – Friedländer, M.: Das dt. Lied im 18. Jh. Nd. 1962 – Lindner, E. O.: Gesch. des dt. Liedes im 18. Jh. Nd. Hg. L. Erk. 1968 – Meisterwerke dt. LITERATURKRITIK. Hg. H. Mayer. Bd 1: Aufklärung, Klassik, Romantik. ³1963 – Fambach, O.: Der Aufstieg zur Klassik in der Kritik der Zeit. 1750–1795. 1959 – Wellek, R.: Gesch. der Literaturkritik. 1750–1830. 1959 – Böhler, M.: Soziale und ästhet. Vermittlung. Studien zur LIT.SOZIOLOGIE von A. G. Baumgarten bis F. Schiller. 1975 – Blackall, E. A.: Die Entwicklung des Deutschen zur LITERATURSPRACHE 1700–1775. ²1970 – Das dt. LUSTSPIEL I. Hg. H. Steffen. 1968 (zu: Lessing, Lenz, Goethe) – Martini, F.: Lustspiele – und das Lustspiel. 1974 (zu: Schlegel, Lessing, Goethe) – Catholy, E.: Das dt. Lustspiel. Bd 2: Von der Aufklärung bis zur Ggw. 1978 – Hinck, W.: Das dt. Lustspiel des 17. und 18. Jh. und die italien. Komödie. 1965 – Lustspiel s. auch bürgerl. Lustspiel – Die dt. LYRIK. Form und Gesch. Hg. B. v. Wiese. 2 Bde 1957 (zu: Gellert, Klopstock, Claudius, Bürger, Goethe) – Wege zum Gedicht. Hg. R. Hirschenauer und A. Weber. 2 Bde 1956–64 (zu: Klopstock, Goethe, Bürger) – Paustian, H.: Die Lyrik der Aufklärung als Ausdruck der seel. Entwicklung von 1710–1770. 1932 (Diss. Kiel) – Lüthi, W.: Ein Btr. zur Gesch. der Stimmungen im 18. Jh. Die Entfaltung des Lyrischen. 1951 (Diss. Zürich) – Conrady, K. O.: Über ‹Sturm und Drang›-Gedichte. Goethes Anmerkungen zu ihrem hist. Ort und zu ihrer heutigen Bedeutung. In: K. O. C.: Lit. und Germanistik als Herausforde-

322

rung. 1974 – Naturlyrik und Gesellschaft. Hg. N. Mecklenburg. 1977 (zu: Brockes, Goethe) – Fritsch, G.: Das dt. Naturgedicht – Realität und Utopie. 1978 – Richter, K.: Lit. und Naturwissenschaft. Eine Studie zur Lyrik der Aufklärung. 1972 – Lyrik s. auch Gelegenheitsgedicht; polit. Lyrik – Rapp, E.: Die MARIONETTE in der dt. Dichtung vom Sturm und Drang bis zur Romantik. 1924 – Alsleben, B.: MARIVAUX und die dt. Bühne des 18. Jh. 1977 – Kiesel, H. und Münch, P.: Gesellschaft und Lit. im 18. Jh. Voraussetzungen und Entstehung des lit. MARKTS in Dtld. – Mattenklott, G.: MELANCHOLIE in der Dramatik des Sturm und Drang. 1968 – Schings, H.-J.: Melancholie und Aufklärung. 1977 – Völker, L.: Muse Melancholie. Therapeutikum Poesie von Hölty bis Benn. 1978 – Burger, H. O.: Die Gesch. der unvergnügten Seele. In: H. O.B.: »Dasein heißt, eine Rolle spielen«. 1963 – Preisendanz, W.: MIMESIS und Poiesis in der dt. Dichtungstheorie des 18. Jh. In: Rezeption und Produktion. 1972 – Hohner, U.: Zur Problematik der Naturnachahmung in der Ästhetik des 18. Jh. 1976 – Mimesis s. auch Poetik – Steinen, W. von den: MITTELALTER und Goethezeit. In: Hist. Zs. Bd 183. 1957 – Beyer, H.; Die MORALISCHE ERZÄHLUNG in Dtld. bis zu H. v. Kleist. Nd. 1973 – Schmid, G. U.: Marmontels Moralische Erzählungen und die dt. Lit. 1935 – Fink, G.-L.: Théologie, psychologie et sociologie du crime. Le conte moral de Schubart à Schiller. In: Recherches germaniques 6. 1976 – Martens, W.: Die Botschaft der Tugend. Die Aufklärung im Spiegel der dt. MORALISCHEN WOCHENSCHRIFTEN. ²1971 – Lengauer, H.: Zur Sprache moralischer Wochenschriften. Untersuchungen zur rhetorischen Vermittlung der Moral in der Lit. des 18. Jh. 1977 – Der Kreis von MÜNSTER. Briefe und Aufzeichnungen Fürstenbergs, der Fürstin Gallitzin und ihrer Freunde. Hg. S. Sudhof. 2 Bde 1964 – Goethe und der Kreis von Münster. Zeitgen. Briefe und Aufzeichnungen. Hg. E. Trunz. ²1974 – Sudhof, S.: Von der Aufklärung zur Romantik. Die Gesch. des Kreises von Münster. 1973 – Strich, F.: Die MYTHOLOGIE in der dt. Lit. von Klopstock bis Wagner. 2 Bde 1910 – Henn, C.: Simplizität, NAIVITÄT, Einfalt. Studie zur ästhet. Terminologie in Frankreich und in Dtld. 1674–1771. 1974 (Diss. FU Berlin) – Jäger, H.: Naivität. Eine kritisch-utopische Kategorie in der bürgerl. Lit. und Ästhetik des 18. Jh. 1975 – Kohn, H.: Die Idee des NATIONALISMUS. Ursprung und Gesch. bis zur Französ. Revolution. 1950 – Hof, W.: Der Gedanke der dt. Sendung in der dt. Lit. Gießen 1937 – König, H.: Zur Gesch. der Nationalerziehung in Dtld. im letzten Drittel des 18. Jh. 1960 – Nationalismus s. auch Patriotismus – Langen, A.: Die Feier der NATUR. Zur Gesch. eines Topos im 18. und 19. Jh. In: A. L.: Ges. Studien zur neueren dt. Sprache und Lit. 1978 – Flemming, W.: Der Wandel des dt. Naturgefühls vom 15. bis zum 18. Jh. 1931 – Ketelsen, U. K.: Die Naturpoesie der norddt. Frühaufklärung. 1974 – Ammermann, M.: Gemeines Leben. Gewandelter Naturbegriff und lit. Spätaufklärung. Lichtenberg, Wezel, Garve. 1978 – Natur s. auch Lyrik; Irrationalismus – Wagner, F.: I. NEWTON im Zwielicht zwischen Mythos und Forschung. Studien zur Epoche der Aufklärung. 1976 – Wiese, B. v.: NOVELLE. ⁵1971 [SM] – Dt. Erzähler des 18. Jh. Hg. R. Fürst. 1897 – Fürst, R.: Die Vorläufer der modernen Novelle im 18. Jh. 1897 – Viëtor, K.: Gesch. der dt. ODE. Nd. 1961 – Hossfeld, R.: Die dt. horazische Ode von Opitz bis Klopstock. 1962 (Diss. Köln) – Habermas, J.: Strukturwandel der ÖFFENTLICHKEIT. ⁶1974 – Manheim, E.: Aufklärung und öffentliche Meinung. Studien zur Soziologie der Öffentlichkeit im 18. Jh. Hg. N. Schindler. 1979 – Öffentlichkeit s. a. Innerlichkeit – Bauer, R.: Laßt sie koaxen. Die kritischen Frösch' in Preußen und Sachsen. Zwei Jh. Lit. in ÖSTERREICH. 1977 – Bodi, L.: Tauwetter in Wien. Zur Prosa der österr. Aufklärung. 1977 – Bauer, W. M.: Fiktion und Polemik. Studien zum Roman der österr. Aufklärung. 1977 – Westermann, G. von: Knaurs OPERNführer. ²⁵1969 – PÄDAGOGIK: Paulsen, F.: Das dt. Bildungswesen in seiner gesch. Entwicklung. ⁵1924 – Sckommodau, H.: Thematik des PARADOXES in der Aufklärung. 1972 – Kaiser, G.: Pietismus und PATRIOTISMUS im lit. Dtld. Ein Btr. zum Problem der Säkularisation. ²1973 – Krauss, W.: Zur PERIODISIERUNG Aufklärung, Sturm und Drang, Weimarer Klassik. In: Marxist. Lit.kritik. Hg. V. Žmegač. 1972 – PERSÖNLICHKEIT s. Sokrates – Hof, W.: PESSIMISTISCH-nihilistische Strömungen in der dt. Lit. vom Sturm und Drang bis zum Jungen Dtld. 1970 – Das Weltbild der dt. Aufklärung. PHILOSOPHISCHE GRUNDLAGEN und lit. Auswirkung. Leibniz – Wolff – Gottsched – Brockes – Haller. Hg. F. Brüggemann. Nd. 1966 (DLA Bd 2) – Das Zeitalter des PIETISMUS. Hg. M. Schmidt und W. Jannasch. 1965 – Ritschl, A.: Gesch. des Pietismus. 3 Bde Nd. 1966 – Zur neueren Pietismusforschung. Hg. M. Greschat. 1977 (WdF) – Langen, A.: Der Wortschatz des dt. Pietismus. ²1968 – Pietismus s. auch Patriotismus – Markwardt, B.: Gesch. der dt. POETIK. Bd 2: Aufklärung, Rokoko, Sturm und Drang. 1956 – Herrmann, H. P.: Naturnachahmung und Einbildungskraft. Zur Entwicklung der dt. Poetik von 1670–1740. 1970 – Stahl, K. H.: Das Wunderbare als Problem und Gegenstand der dt. Poetik des 17. und 18. Jh. 1975 – Hiebel, H.; Individualität und Totalität. Zur Gesch. und Kritik des bürgerl. Poesiebegriffs von Gottsched bis Hegel. 1974 – Poetik s. auch Dichtungstheorie; Aesthetik – Valjavec, F.: Die Entstehung der POLITISCHEN STRÖMUNGEN in Dtld. 1770–1815. ²1978 (Nachwort J. Garber) – Dt. Lit. in Entwicklungsreihen. Reihe Politische Dichtung. Bd 1: Vor dem Untergang des alten Reiches. Hg. E. Horner. Nd. 1973; Bd 2: Fremdherrschaft und Befreiung. 1795–1815. Hg. R. F. Arnold. Nd. 1973 – Pellegrini, A.: Sturm und Drang und polit. Revolution. In: German Life and Letters 18. 1964/65 – Jäger, H. W.: Politische Kategorien in Poetik und Rhetorik der zweiten Hälfte des 18. Jh. 1970 – Jäger, H.-W.: Polit. Metaphorik im Jakobinismus und im Vormärz. 1971 – Stein, P.: Polit. Bewußtsein und künstler. Gestaltungswille in der polit. Lyrik 1780–1848. 1971 – Politik s. auch Emkendorfer Kreis; Konservativismus; Liberalismus; Zeitschriften – POPULARPHILOSOPHEN s. Humanitätsgedanke – Fried-

rich, H.: Abbé PREVOST in Dtld. Ein Btr. zur Gesch. der Empfindsamkeit
– Walzel, O.: Das PROMETHEUSsymbol von Shaftesbury zu Goethe. Nd.
1968 – Braemer, E.: Goethes Prometheus und die Grundpositionen des
Sturm und Drang. ³1968 – Metscher, Th.: Prometheus. Zum Verhältnis
von bürgerl. Lit. und materieller Produktion. In: Dt. Bürgertum und lit. In-
telligenz 1750–1800. Hg. B. Lutz. 1974 – Jacobs, J.: Prosa der Aufklärung.
Kommentar zu einer Epoche. 1976 – Prosa s. auch Österreich – PUBLIKUM:
Ward, A.: Book Production, Fiction, and the German Reading Public
1740–1800. 1974 – Publikum s. auch Leser; Roman; Vorrede – Genin,
L. E.: Die volkstüml. dt. RÄUBERDICHTUNG im 18. Jh. als Protest gegen den
Feudalismus. In: Weimarer Btr. 6. 1960 – Räuberdichtung s. auch Ritter-
romane – Staiger, E.: RASENDE WEIBER in der dt. Tragödie des 18. Jh. In:
ZfdPh. 80. 1961 – Stötzer, U.: Die REDEKUNST im 17. und 18. Jh. 1962 –
Schuppenhauer, C.: Der Kampf um den REIM in der dt. Lit. des 18. Jh.
1970 – Benz, E.: Die REINKARNATIONSLEHRE in Dichtung und Philosophie
der dt. Klassik und Romantik. In: Zs. für Relig.- und Geistesgesch. 9. 1957
– REISE und Utopie. Zur Lit. der Spätaufklärung. Hg. H. J. Piechotta. 1976
– Allerdissen, R.: Die Reise als Flucht. Zu Schnabels Insel Felsenburg und
Thümmels Reise in die mittägl. Provinzen von Frankreich. 1975 – Gove,
P. B.: The imaginary voyage in prose fiction. 1961 – Liepe, W.: Das
RELIGIONSPROBLEM im neueren Drama. Von Lessing bis zur Romantik.
1914 – Rehm, W.: Das Werden des RENAISSANCEbildes in der dt. Lit. vom
Rationalismus bis zum Realismus. 1924 – Von deutscher REPUBLIK.
1775–1795. Hg. J. Hermand. 2 Bde. 1968 [SI] – Dockhorn, K.: Die
RHETORIK als Quelle des vorromant. Irrationalismus in der Lit.- und Gei-
stesgesch. In: K. D.: Macht und Wirkung der Rhetorik. 1968 – Brahm, O.:
Das dt. RITTERDRAMA des 18. Jh. In: Studien über J. A. v. Törring, seine
Vorgänger und Nachfolger. 1880 – Müller-Fraureuth, D.: Die RITTER- UND
RÄUBERROMANE. Nd. 1965 – Hettner, H.: ROBINSON und Robinsonaden.
1854 – Kippenberg, A.: Robinson in Dtld. bis zur «Insel Felsenburg». 1892
– Ullrich, H.: Robinson und Robinsonaden. Bibliographie, Gesch., Kritik.
1898 – Robinsonade s. auch Utopie – Dichtung des ROKOKO. Nach Motiven
geordnet und hg. A. Anger. 1969 (DT) – Anger, A.: Literarisches Rokoko.
²1968 [SM] – Maler, A.: Der Held im Salon. Zum antiheroischen Programm dt. Rokoko-Epik. 1973 – Perels, Ch.: Studien zur Aufnahme und
Kritik der Rokokolyrik zwischen 1740 und 1760. 1974 – Rokoko s. auch
galanter Stil – Hadley, M.: ROMANverzeichnis. Bibliographie der zwischen
1750–1800 erschienenen Erstausg. 1977 – Der dt. Roman vom Barock bis
zur Ggw. Struktur und Gesch. Hg. B. v. Wiese. 2 Bde ²1973 (zu: Wieland,
Moritz) – Kimpel, D.: Der Roman der Aufklärung. ²1977 [SM] – Sin-
ger, H.: Der galante Roman. ²1966 [SM] – Kayser, W.: Entstehung und
Krise des modernen Romans. ⁵1968 – Lange, V.: Erzählformen im Roman
des 18. Jh. In: Zur Poetik des Romans. Hg. V. Klotz. 1965 – Poser, M. v.:
Der abschweifende Erzähler. Rhetor. Tradition und dt. Roman im 18. Jh.

1969 (Diss. Bonn) – Kurth, L. E.: Die zweite Wirklichkeit. Studien zum
Roman des 18. Jh. 1969 – Jäger, G.: Empfindsamkeit und Roman. 1969
– Hohendahl, P. U.: Der europäische Roman der Empfindsamkeit. 1977
– Edler, E.: Die Anfänge des sozialen Romans und der sozialen Novelle
in Dtld. 1977 – Thomé, H.: Roman und Naturwiss. Eine Studie zur Vor-
gesch. der dt. Klassik. 1978 – Spiegel, M.: Der Roman und sein Publikum
im frühen 18. Jh. 1707–1767. 1967 – Berger, T. W.: Don Quixote in Dtld.
und sein Einfluß auf den dt. Roman (1613–1800). 1908 (Diss. Heidelberg)
– Michelsen, P.: Laurence Sterne und der dt. Roman des 18. Jh. ²1972 –
Weber, E.: Die poetolog. Selbstreflexion im dt. Roman des 18. Jh. 1974
– Theorie und Technik des Romans im 17. und 18. Jh. Hg. D. Kimpel und
C. Wiedemann. 2 Bde 1970 (DT) – Vosskamp, W.: Romantheorie in Dtld.
Von Martin Opitz bis F. v. Blanckenburg. 1973 – Roman s. auch Autobio-
graphie; Briefroman; Dialog; Erzähler; Landleben; Österreich; Reise; Sa-
tire; Vorrede; Trivialroman; Utopie – Elschenbroich, A.: Die ROMANZE in
der Dichtungstheorie des 18. Jh. und der Frühromantik. In: Jb. des Freien
Dt. Hochstifts. 1975 – Temmer, M. J.: Art and influence of J.-J. ROUSSEAU.
The pastoral, Goethe, Gottfr. Keller, and other essays. 1973 – Guthke,
K. S.: Zur Frühgesch. des Rousseauismus in Dtld. In: ZfdPh. 1958 – Kan-
der, L.: Die dt. RUINENPOESIE des 18. Jh. bis in die Anfänge des 19. Jh.
1933 (Diss. Heidelberg) – Schöne, A.: SÄKULARISATION als sprachbildende
Kraft. Studien zur Dichtung dt. Pfarrersöhne. ²1968 (zu: Bürger, Lenz) –
Binder, W.: Grundformen der Säkularisation in den Werken Goethes,
Schillers und Hölderlins. In: W. B.: Aufschlüsse. 1976 – Langen, A.: Zum
Problem der sprachl. Säkularisation in der dt. Dichtung des 18. und 19. Jh.
In: A. L.: Ges. Studien zur neueren dt. Sprache und Lit. 1978 – Kaiser, G.:
Erscheinungsformen der Säkularisierung in der dt. Lit. des 18. Jh. In: Sä-
kularisierung und Säkularisation vor 1800. Hg. A. Rauscher. 1976 – Sä-
kularisation s. auch Patriotismus – Levie, D. de: Die Menschenliebe im Za.
der Aufklärung. Säkularisation und Moral im 18. Jh. Ein Btr. zur Ideen-
gesch. des 18. Jh. 1975 – SATIREN der Aufklärung. Hg. G. Grimm. 1975 (R)
– Lazarowicz, K.: Verkehrte Welt. Vorstudien zu einer Gesch. der dt. Satire. 1963 (zu: Liscow, Rabener, Lessing, Lichtenberg) – Schönert, J.: Roman und Satire im 18. Jh. 1967 – Tronskaya, M.: Die dt. Prosasatire der
Aufklärung. 1969 – Wellmanns, G. T.: Studien zur dt. Satire im Za. der
Aufklärung. 1969 (Diss. Bonn) – Satire s. auch Komödie – Schmeer, H.:
Der Begriff der SCHÖNEN SEELE, besonders bei Wieland und in der dt. Lit.
des 18. Jh. Nd. 1967 – Haferkorn, H. J.: Zur Entstehung der bürgerl.-lit.
Intelligenz und des SCHRIFTSTELLERS in Dtld. zwischen 1750 und 1800. In:
Dt. Bürgertum und lit. Intelligenz 1750–1800. Hg. B. Lutz. 1974 – Ungern-Sternberg, W. v.: Schriftstelleremanzipation und Buchkultur im
18. Jh. In: Jb. für Internat. Germanistik 8. 1976 – Schriftsteller s. auch Gesellschaft – Ziehen, E.: Die dt. SCHWEIZERbegeisterung in den Jahren
1750–1815. 1922 – Mörikofer, I. C.: Die Schweizerische Lit. des 18. Jh.

326

Nd. 1978 – Böschenstein, B.: Die Schweizer Landschaft als Spiegel der dt. Lit. vor und um 1800. In: Hölderlin-Jb. 1977 – Weiser, F.: SHAFTESBURY und das dt. Geistesleben. Nd. 1969 – Die Aufnahme SHAKESPEARES auf der Bühne der Aufklärung in den sechziger und siebziger Jahren. Hg. F. Brüggemann. Nd. 1966 (DLA Bd 11) – Gundolf, F.: Shakespeare und der dt. Geist. [11]1959 – Böckmann, P.: Der dramat. Perspektivismus in der dt. Shakespeare-Deutung des 18. Jh. In: P. B.: Formensprache. [2]1973 – Schwarze, K.: Der SIEBENJÄHRIGE KRIEG in der zeitgen. dt. Lit. 1936 – Koch, H.-A.: Das dt. SINGSPIEL. 1974 [SM] – Schletterer, H. M.: Das dt. Singspiel. Von seinen Anfängen bis auf die neueste Zeit mit einer Slg. von Textbüchern und Auszügen. Nd. 1975 – Singspiel s. auch Bänkelgesang – Böhm, B.: SOKRATES im 18. Jh. Studien zum Werdegange des modernen Persönlichkeitsbewußtseins. [2]1966 – Stockmeyer, C.: SOZIALE PROBLEME im Drama des Sturmes und Dranges. 1922 – sozial s. auch Drama; Roman – Tiemann, H.: Das SPANISCHE SCHRIFTTUM in Dtld. von der Renaissance bis zur Romantik. 1936 – Langfelder, P.: Der SPINOZASTREIT in der klassischen dt. Lit. In: P. L.: Studien und Aufsätze zur Gesch. der dt. Lit. 1961 – Timm, H.: Gott und die Freiheit. Bd 1: Die Spinozarenaissance. 1974 – Langen, A.: Dt. SPRACHGESCHICHTE vom Barock bis zur Ggw. In: Dt. Philologie im Aufriß. Bd 1. [3]1978 – Sprachgeschichte s. auch Lit.sprache – STERNE, Laurence s. Roman – Jenisch, E.: Die Entfaltung des SUBJEKTIVISMUS. Von der Aufklärung zur Romantik. 1929 – Benz, E.: SWEDENBORG in Dtld. F. C. Oetingers und I. Kants Auseinandersetzung mit der Person und Lehre Emanuel Swedenborgs. 1947 – Sørensen, B. A.: SYMBOL und Symbolismus in den ästhet. Theorien des 18. Jh. und der dt. Romantik. 1963 – Symbol s. auch Bild – Kindermann, H.: THEATERGESCHICHTE Europas. Bd 4 und 5: Von der Aufklärung zur Romantik. 1961–62 – Petersen, J.: Das dt. Nationaltheater. 1919 – Lempp, O.: Das Problem der THEODICEE in der Philosophie und Lit. des 18. Jh. bis auf Kant und Schiller. Nd. 1976 – Hirsch, E.: Gesch. der neuern evangelischen THEOLOGIE im Zusammenhang mit den allgemeinen Bewegungen des europ. Denkens. 5 Bde [5]1975. – Aner, K.: Die Theologie der Lessing-Zeit. Nd. 1964 – Gjerset, K.: Der Einfluß von J. THOMSONS «Jahreszeiten» auf die dt. Lit. des 18. Jh. 1898 (Diss. Heidelberg) – Rehm, W.: Der TODESGEDANKE in der dt. Dichtung vom Mittelalter bis zur Romantik. [2]1967 – Uhlig, L.: Der Todesgenius in der dt. Lit. von Winckelmann bis Thomas Mann. 1975 – Wolff, A.: Der TOLERANZgedanke in der dt. Lit. zur Zeit Mendelssohns. 1914 – Wiese, B. v.: Die dt. TRAGÖDIE von Lessing bis Hebbel. [8]1973 – Heitner, R. R.: German tragedy in the age of enlightenment. 1963 – Meyer, R.: Das dt. TRAUERSPIEL des 18. Jh. Eine Bibliographie. 1977 – Benjamin, W.: Ursprung des dt. Trauerspiels. Hg. R. Tiedemann. 1963 – Willenberg, K.: Tat und Reflexion. Zur Konstitution des bürgerl. Helden im dt. Trauerspiel des 18. Jh. 1975 – Trauerspiel s. auch bürgerl. Trauerspiel – TRIVIALLITERATUR: Gelesen und geliebt. Aus erfolgreichen Büchern. 1750–1850. Hg. H. Kunze. 1959 – Studien zur Triviallit. Hg. H. O. Burger. 1968 – Schulte-Sasse, J.: Die Kritik an der Triviallit. seit der Aufklärung. ²1977 – Greiner, M.: Die Entstehung der modernen Unterhaltungslit. Studien zum Trivialroman des 18. Jh. Hg. T. Poser. 1964 [Ro] – Beaujean, M.: Der Trivialroman in der 2. Hälfte des 18. Jh. 1964 (Diss. Köln) – Huber, T.: Studien zur Theorie des Übersetzens im Za. der dt. Aufklärung 1730–1770. 1968 – Unger, R.: Der Unsterblichkeitsgedanke im 18. Jh. und bei unseren Klassikern. In: R. U.: Zur Dichtungs- und Geistesgesch. der Goethezeit. 1944 – Mason, E. C.: «Wir sehen uns wieder!» Zu einem Leitmotiv des Dichtens und Denkens im 18. Jh. In: Lit.wiss. Jb. 5. 1964 – Biesterfeld, W.: Die lit. Utopie. 1974 [SM] – Brüggemann, F.: Utopie und Robinsonade. 1914 – Hohendahl, P. U.: Zum Erzählproblem des utop. Romans im 18. Jh. In: Gestaltungsgesch. und Gesellschaftsgesch. Hg. H. Kreuzer. 1969 – Utopie s. auch Reise – Naumann, D.: Politik und Moral. Studien zur Utopie der dt. Aufklärung. 1977 – Wais, K.: Das Vater-Sohn-Motiv in der Dichtung. 2 Bde 1930–31 – Heusler, A.: Dt. Versgeschichte. 3 Bde Nd. 1968 – Die Idee des Volks im Schrifttum der dt. Bewegung. Hg. P. Kluckhohn. 1934 – Dt. Volkslieder. 2 Bde. Hg. L. Rührich und R. W. Brednich. 1965–67 – Hb. des Volksliedes. Hg. R. W. Brednich, L. Röhrich und W. Suppan. 2 Bde 1973–75 – Ditfurth, F. W. v.: Dt. Volks- und Gesellschaftslieder des 17. und 18. Jh. Nd. 1965 – Kircher, E.: Volkslied und Volkspoesie in der Sturm- und Drangzeit. 1902 (Diss. Freiburg i. Br.) – Korff, H. A.: Voltaire im lit. Dtld. des 18. Jh. 1918 – Ehrenzeller, H.: Studien zur Romanvorrede von Grimmelshausen bis Jean Paul. 1955 – Riefstahl, H.: Dichter und Publikum in der 1. Hälfte des 18. Jh., dargest. an der Gesch. der Vorrede. 1934 (Diss. Frankfurt) – Barth, I. M.: Literarisches Weimar. Kultur, Lit., Sozialstruktur im 16.–20. Jh. 1971 [SM] – Wiener Volkskomödie: Die Maschinenkomödie. Hg. O. Rommel. Nd. 1974 (DLE, Reihe Barocktradition im österr.-bayrischen Volkstheater. Bd 1) – Rommel, O.: Die Alt-Wiener Volkskomödie. 1952 – Langen, A.: Der Wortschatz des 18. Jh. In: Dt. Wortgesch. Hg. F. Maurer und H. Rupp. Bd 2. ³1974 – Hocks, P. und Schmidt, P.: Literar. und polit. Zeitschriften 1789–1805. 1975 [SM] – Wilke, J.: Lit. Zss. des 18. Jh. (1688–1789). Teil I: Grundlegung. 1978 (SM) – Zensur: Houben, H. H.: Verbotene Lit. von der klassischen Zeit bis zur Ggw. 2 Bde Nd. 1965 – Mälzer, G.: Bücherzensur und Verlagswesen im 18. Jh., beschrieben aus der Sicht des Autors J. A. Bengel. In: Archiv für Gesch. des Buchwesens 13. 1972 – Zivilisationskritik: Runge, E. A.: Primitivism and related ideas in Sturm und Drang literature. 1946 – Das geistige Zürich im 18. Jh. Texte und Dokumente von G. Heidegger bis H. Pestalozzi. Hg. M. Wehrli. 1943 – Schöffler, H.: Das lit. Zürich 1700–1750. 1925 – Geist und Schönheit in Zürich im 18. Jh. Mit Btr. von M. Bircher, F. Hafner, R. Zürcher. 1968.

Textausgaben und wissenschaftliche Literatur zu deutschsprachigen Autoren

TH. ABBT: Vermischte W. Hg. F. Nicolai. 6 Bde 1768–81 – ders.: Vom Tode für das Vaterland. Hg. F. Brüggemann. In: DLA Bd 9. Nd. 1966 – Gruber, O.: Herder und A. 1934 (Diss. Marburg) – J. F. ABEL: Rede über das Genie. Nd. der Rede vom 14. 12. 1776. Hg. W. Müller-Seidel. 1955 – J. B. v. ALXINGER: SW. 10 Bde 1812 – ders.: Ausw. Hg. H. Pröhle. In: DNL Bd 57 – Ritter, E. F.: J. B. v. A. and the Austrian enlightenment. 1970 – Reimer, W.: Wiener Literaten in der Aera Kaiser Josephs II. Das Freundespaar A. und Blumauer. In: Jb. der Grillparzer-Ges. 10. 1973 – Ruof, F.: J. W. v. ARCHENHOLTZ, ein dt. Schriftsteller zur Zeit der Franz. Revolution und Napoleons. Nd. 1965 – G. ARNOLD: AW. Hg. E. Seeberg. 1934 – Stählin, T.: Glaube und Mystik bei G. A. 1973 (Diss. Göttingen) – C. F. BAHRDT: Rechte und Obliegenheiten der Regenten und Unterthanen in Beziehung auf Staat und Religion. Nd. 1975 – ders.: Hb. der Moral für den Bürgerstand. Nd. 1972 – Mühlpfordt, G.: K. F. B. und die radikale Aufklärung. In: Jb. des Instituts für Dt. Gesch. 1976 – J. B. BASEDOW: Ausgew. pädagog. Schr. Hg. A. Reble. 1965 – Bergmann, E.: Die Begründung der dt. Ästhetik durch A. G. BAUMGARTEN und G. F. Meier. 1911 – Franke, U.: Kunst als Erkenntnis. Zur Rolle der Sinnlichkeit in der Ästhetik des A. G. B. 1972 – R. Z. BECKER: Mildheimisches Liederbuch. Nd. Hg. G. Häntzschel. 1971 – Siegert, R.: Aufklärung und Volkslektüre. Exemplarisch dargestellt an R.Z.B. und seinem «Noth- und Hülfsbüchlein». 1979 – A. BERND: Eigene Lebensbeschreibung. Hg. V. Hoffmann. 1973 – Heinemann, A. V.: Ein Kaufmann der Goethezeit. F. J. BERTUCHS Leben und Werk. 1955 – F. v. BLANCKENBURG: Versuch über den Roman. Nd. Hg. E. Lämmert. 1965 [SM] – Wölfel, K.: F. v. B. «Versuch über den Roman». In: Dt. Romantheorien. Hg. R. Grimm. 1968 – J. A. BLUMAUER: SW. Hg. K. L. M. Müller. 8 Bde 1801–03 – Rosenstrauch, F.: Freimaurerei im Josephin. Wien. A. B.s Weg vom Jesuiten zum Jakobiner. 1975 – Blumauer s. auch Alxinger – Greeven, E. A.: J. J. CH. BODE. In: Imprimatur 8. 1939 – Wihan, J.: J. J. C. B. als Vermittler englischer Geisteswerke in Dtld. Nd. 1975 – J. J. BODMER und J. J. Breitinger: Die Discourse der Mahlern. Nd. 1969 – J. J. Bodmer: Ausgew. Schr. Hg. F. Ernst. 1938 – ders.: Briefw. von der Natur des poet. Geschmackes. Nd. Hg. W. Bender. 1966 – ders.: Krit. Betrachtungen über die poet. Gemälde der Dichter. Nd. 1971 – ders.: Vier krit. Gedichte. Hg. J. Baechtold. Nd. 1968 – ders.: Johan Miltons Episches Gedichte von dem verlohrnen Paradiese. Nd. Hg. W. Bender. 1965 – ders.: Fabeln aus der Zeit der Minnesänger. Nd. 1973 – Bender, W.: J. J. B. / J. J. Breitinger. 1972 [SM] – Brandes, H.: Die Gesellschaft der Maler und ihr lit. Btr. zur Aufklärung. 1974 – Bodmer, M.: J. J. B. In: Corona 10. 1943

329

– Wehrli, M.: B. und die Gesch. der Lit. 1936 – Weinhold, K.: H. C. Boie.
Nd. 1970 – «Ich war wohl klug, daß ich dich fand». H. C. B.s Briefw. mit
L. Mejer 1777–85. Hg. I. Schreiber. ²1975 – Leben und Schr. U. Bräkers,
des Armen Mannes im Tockenburg. Hg. S. Voellmy. 3 Bde 1945 – U. B.
Lesebuch. Hg. H. Weder. 1973 [Fischer-Tb.] – ders.: Lebensgesch. und
natürl. Ebentheuer des Armen Mannes im Tockenburg. Hg. W. Günther.
1969 [R] – Voellmy, S.: Lieblingslektüre U. B.s, des armen Mannes im
Tockenburg. 1975 – U. B. Die Tagebücher des Armen Mannes im Toggen-
burg als Geschichtsquelle. Hg. P. Wegelin. 1978 – J. W. v. Brawe: Brutus.
Hg. J. Minor. In: DNL Bd 72 – ders.: Der Freigeist. Hg. F. Brüggemann.
In: DLA Bd 8. Nd. 1964 – J. J. Breitinger: Crit. Dichtkunst. Nd. Hg.
W. Bender. 2 Bde 1966 – ders.: Crit. Abhandlung von der Natur, den Ab-
sichten und dem Gebrauche der Gleichnisse. Nd. Hg. M. Windfuhr. 1967
– Bräker, J.: Der erzieherische Gehalt in J. J. B.s «Crit. Dichtkunst». 1950
– Breitinger s. auch Bodmer – B. H. Brockes: Ird. Vergnügen in Gott . . .
9 Bde Nd. 1970 – ders.: Auszug der vornehmsten Gedichte aus dem Irdischen Vergnügen in Gott. Nd. Hg. D. Bode. 1965 – ders.: Irdisches Vergnügen in Gott. Ausw. Hg. A. Elschenbroich. 1963 [R] – ders.: Der für die
Sünden der Welt gemarterte und sterbende Jesus. In: DLE, Reihe Barock-
drama. Bd 6. Hg. W. Flemming. Nd. 1965 – ders.: Selbstbiographie. Hg.
J. M. Lappenberg. In: Zs. des Vereins für hamburgische Gesch. 1847.
Radspieler, J.: F. X. Bronners Leben und Werk bis 1794. 1963 (Diss. Er-
langen – Nürnberg) – G. A. Bürger: SSchr. Hg. K. Reinhard. 4 Bde Nd.
1970 – ders.: Gedichte. Hg. J. Hermand. 1961 [R] – Briefe von und an B.
Hg. A. Stodtmann. 4 Bde Nd. 1970 – Münchhausens wunderbare Reisen.
Hg. E. Wackermann. 1966 – Wurzbach, W. v.: G. A. B. 1900 – Kaim-
Klook, L.: G. A. B. Zum Problem der Volkstümlichkeit in der Lyrik. 1963
– Staiger, E.: Zu B.s Lenore. In: Studi germanici. NS 1. 1963 – Schweizer,
W. R.: Münchhausen und Münchhausiaden. 1969 – Bürger s. auch Sachregister: Schöne, Säkularisation. – J. H. Campe: Satiren. 1768 – ders.: Robin-
son d. Jüngere. 1779–80 – ders.: Briefe aus Paris zur Zeit der Revolution
geschrieben. Nd. Hg. H.-W. Jäger. 1977 – Arnold, K.: J. H. C. als Jugend-
schriftsteller. 1905 (Diss. Leipzig) – Sengfelder, B.: C. als Politiker und
seine Beziehungen zur französ. Revolution. 1909 (Diss. Jena) –
M. Claudius: SW. Hg. J. Perfahl und W. Pfeiffer-Belli. 1972 – ders.: Bo-
tengänge. Briefe an Freunde. Hg. H. Jessen. ²1965 – Der Wandsbecker
Bothe. 1771–1775. 5 Bde Nd. (mit Kommentar von H. A. Koch). 1976 ff.
– Berglar, T.: M. C. 1972 [Ro] – Roedl, U.: M. C. Sein Weg und seine
Welt. ³1969 – Kraft, W.: M. C. und die Existenz. In: W. K.: Augenblicke
der Dichtung. 1964 – Kranefuss, A.: Die Gedichte des Wandsbecker Boten. 1973 (Diss. Göttingen) – König, B.: M. C. Die lit. Beziehungen in Leben und W. 1976 – Spitzer, L.: M. Claudius' Abendlied. In: L. S.: Texter-
klärungen. 1969 – K. F. Cramer: Klopstock. In Fragmenten aus Briefen
von Tellow an Elisa. 2 Bde Nd. 1969–71 – ders.: Über mein Schicksal.

1794 – Tiemann, A.: Neues aus Paris Anno 1795. In: Festschr. Petriconi.
1955 – C. G. Cramer: Adolph der Kühne, Raugraf von Dassel. 3 Bde. Nd.
1975 – Chlond, A.: C. G. C.s Romane. 1959 (Diss. Halle) – Doltin, H. F.:
K. G. C.s «Erasmus Schleicher». In: Studien zur Triviallit. Hg. H. O. Bur-
ger. 1968 – J. F. v. Cronegk: Olint und Sophronia. Hg. J. Minor. In: DNL
Bd 72 – ders.: Der Mißtrauische. Hg. S. Roth. 1969 (Komedia) – Stai-
ger, E.: J. F. v. C. In: Hortulus amicorum. Festschr. F. Ernst. 1949 –
Roth, S.: J. F. v. C.s Trauerspiel «Codrus». In: Jb. des Wiener Goethe-
Vereins 77. 1973 – M. Denis: Ossians und Sineds Lieder. 5 Bde 1784 –
Reisinger, F.: Die dramat. Dichtungen des M. D. 1963 (Diss. Wien) – K. F.
Drollinger: Gedichte. Nd. Hg. U.-K. Ketelsen. 1972 – J. A. Ebert: Epi-
steln und vermischte Gedichte. 2 Bde 1789–95 – Dorn, R.: J. A. E.s lit.
Wirksamkeit. 1921 (Diss. Heidelberg) – J. Ch. Edelmann: SSchr. Hg.
W. Grossmann. 13 Bde 1969 ff. – ders.: Selbstbiographie. Nd. Hg. B. Neu-
mann. 1976 – Grossmann, W.: J. Ch. E. From Orthodoxy to Enlighten-
ment. 1976 – Piens, G.: C. Ekhof und die erste dt. Theaterakademie. 1957
(Diss. Leipzig) – J. J. Engel: Schr. 12 Bde Nd. 1971 – ders.: Über Hand-
lung, Gespräch und Erzählung. Nd. Hg. E. Th. Voß. 1964 [SM] – ders.: Die
Apotheke. Hg. F. Brüggemann. In: DLA Bd 10. Nd. 1967 – Engel s. auch
Dialog – Eschenburg, J. J.: Entwurf einer Theorie und Lit. der schönen
Wiss. Nd. 1976 – Pirscher, M.: J. J. E. 1959 (Diss. Münster) – G. Forster:
W. Hg. G. Steiner. 4 Bde 1967–70 – ders.: Über die Beziehung der Staats-
kunst auf das Glück der Menschheit u. a. Schr. Hg. W. Rödel. 1966 [SI]
– Steiner, G.: J. G. F. 1977 (SM) – Uhlig, L.: G. F. 1965 (Diss. Tübingen)
– Wuthenow, R.-R.: Vernunft und Republik. Studien zu G. F.s Schr. 1970
– Rödel, W.: F. und Lichtenberg. Ein Btr. zum Problem dt. Intelligenz und
Französ. Revolution. 1960 – Schirock, E.: G. F. und die Französ. Revolu-
tion. Eine Untersuchung zum Verhältnis von theoret. Beurteilung und po-
lit. Aktivität. 1970 (Diss. Freiburg i. Br.) – Krüger, Ch.: G. F.s und
F. Schlegels Beurteilung der Französ. Revolution als Ausdruck des Pro-
blems einer Einheit von Theorie und Praxis. 1974 – Peitsch, H.: G. F.s
«Ansichten vom Niederrhein». Zum Problem des Übergangs vom bürgerl.
Humanismus zum revolutionären Demokratismus. 1978 – Pütz, P.: Zwi-
schen Klassik und Romantik: G. F.s ‹Ansichten vom Niederrhein›. In:
ZfdPh. 1978. Sonderheft: Festgabe für B. v. Wiese. – Beyreuther, E.:
A. H. Francke. ²1960 – Füssli, J. H.: Gedichte. Hg. M. Bircher und K. S.
Guthke. 1973 – ders.: Briefe. Hg. W. Muschg. 1942 – J. H. F. 1741–1825.
Ausstellungskatalog der Hamburger Kunsthalle. 1975 – Guthke, K. S.: J.
H. F. als Dichter. In: Schweizer Monatshefte 52. 1972/73 – ders.: J. H. F.
und die Anfänge des Rousseauismus in Dtld. In: K. S. G.: Wege zur Lit.
1967 – Fürstin Amalie Gallitzin s. Sachregister: Münster – Ch. Garve.:
Popularphilosph. Schr. Nd. Hg. K. Wölfel. 2 Bde 1974 – Viviani, A.: Ch.
G.-Bibliographie. In: Wolfenbütteler Studien zur Aufklärung 1. 1974.
Nachtrag dazu ebd. 2. 1975 – Menzer, P.: C. G.s Ästhetik. In: F. J. Schnei-

der-Gedenkschr. 1956 – C. I. GEIGER: Reise eines Erdbewohners in den
Mars. Nd. Hg. J. Hermand. 1967 [SM] – J. Hermand: C. I. G. «Friedrich II.
als Schriftsteller in Elysium.» In: J. H.: Unbequeme Lit. 1971 – CH. F.
GELLERT: SSchr. 5 Bde. Hg. J. A. Schlegel und G. L. Heyer. Nd. 1968 –
ders.: Fabeln und Erzählungen. Hist.-krit. Ausg. v. S. Scheibe. 1966 –
ders.: Das Leben der schwedischen Gräfin von G. Hg. F. Brüggemann. In:
DLA Bd 5. Nd. 1965 – ders.: Die Betschwester. Hg. W. Martens. 1962
(Komedia) – ders.: Die zärtlichen Schwestern. Hg. H. Steinmetz. 1975 [R]
– May, K.: Das Weltbild in G.s Dichtung. 1928 – Schlingmann, C.: G. Eine
lit.-hist. Revision. 1967 (Diss. Frankfurt) – Meyer-Krentler, E.: Der an-
dere Roman: G.s «Schwedische Gräfin». 1974 – Flaischlen, C.: O. H. v.
GEMMINGEN. 1890 – H. W. v. GERSTENBERG: Vermischte Schr. 3 Bde Nd.
1971 – ders.: Tändeleyen. Nd. Hg. A. Anger. 1966 [SM] – ders.: Ugolino.
Hg. Ch. Siegrist. 1966 [R] – Wagner, A. M.: G. und der Sturm und Drang.
2 Bde 1920–24 – Gerth, K.: Studien zu G.s Poetik. 1960 – SALOMON
GESSNER: Schr. 4 Teile in 1 Bd Nd. 1976 – ders.: Idyllen. Krit. Ausg. Hg.
E. Th. Voß. 1973 [R] – Wölfflin, H.: S. G. 1889 – S. G. 1730 – 1930. Ge-
denkbuch zum 200. Geburtstag. 1930 – Hibberd, J.: S. G. 1976 – Kessel-
mann, H.: Die Idyllen S. G.s im Beziehungsfeld von Ästhetik und Gesch.
im 18. Jh. 1976 – Ernst, F.: Turgot und G. In: F. E.: Essays. Bd 2. 1946
– N. D. GISEKE: Poet. W. Hg. C. C. Gärtner. 1767 – Lippert, W.: N. D. G.
1915 (Diss. Greifswald) – J. W. L. GLEIM: SW. Hg. W. Körte. 7 Bde Nd.
1970 – ders.: Versuch in Scherzhaften Liedern und Lieder. Hg. A. Anger.
1964 – ders.: Gedichte. Hg. J. Stenzel. 1969 [R] – Festschr. zur 250. Wiederkehr der Geburtstage von W. L. G. und M. G. Lichtwer. Btr. zur dt. Lit.
des 18. Jh. Hg. G. Wappler. 1969 – Baer, K.: Der junge G. und die Hallesche Schule. 1924 (Diss. Erlangen) – Mohr, H.: «Freundschaftliche
Briefe». Lit. oder Privatsache? Der Streit um W. G.s Nachlaß. In: Jb. des
Freien Dt. Hochstifts. 1973 – L. F. G. v. GOECKINGK: Gedichte. Hg.
V. Stadtler und F. Brügel. 1923 – Lampe, F.: G.s «Lieder zweier Liebenden». 1928 (Diss. Freiburg i. Br.) – GOETHES Werke, Hamburger Ausg.
14 Bde. Hg. E. Trunz. 1948–60 (Neuauflagen der einzelnen Bde) – Der
junge G. 5 Bde ²1963–74. Hg. H. Fischer-Lamberg – G.-Wörterbuch. Hg.
von den Akademien der Wiss. in Berlin, Göttingen und Heidelberg.
1966ff. – Lexikon der G.-Zitate. Hg. R. Dobel. 1968 – Gräf, H. G.: Goethe über seine Dichtungen. 9 Bde Nd. 1967–68 – G.-Hb. Neue Ausg. Hg.
A. Zastrau. 1955ff. – G. im Urteil seiner Kritiker. Wirkungsgesch. Teil 1:
1773–1832. Hg. K. R. Mandelkow. 1975 – G.-Bibliographie. Hg. H. Pyritz
und P. Raabe, fortgeführt von H. Nicolai und G. Burckhardt. 1965
(> 1954). Fortführung: Jb. der Goethe-Gesellschaft – G.-Jb. unter verschiedenen Titeln seit 1880. Seit 1953: Goethe. NF des Jb. der G.-Gesell-
schaft – Boerner, P.: J. W. v. G. in Selbstzeugnissen und Bilddokumenten.
⁸1974 [Ro] – Götting, F.: Chronik von G.s Leben. 1957 – Gundolf, F.: G.
Nd. 1963 – Lukács, G.: G. und seine Zeit. 1953 – Staiger, E.: G. 3 Bde.

1952–59 – Meyer, H.: G. Das Leben im Werk. ²1967 – Wilkinson, E. M. und Willoughby, L. A.: G. Dichter und Denker. 1974 – Graham I.: G. and Lessing. The Wellsprings of Creation. 1973 – Beutler, E.: Essays um G. 2 Bde ⁶1962 – Viëtor, K.: Der junge G. ²1950 – Bloch, E.: Der junge G. In: Goethe im 20. Jh. Hg. H. Mayer. 1967 – Zimmermann, R. Ch.: Das Weltbild des jungen G. Studien zur hermetischen Tradition des dt. 18. Jh. Bd 1: Elemente und Fundamente. 1969 – Jahn, J.: Das künstler. Leipzig und G. In: Goethe-Jb. 12. 1950 – Fricke, G.: G.s Straßburger Wandlung. In: G. F.: Studien und Interpretationen. 1956 – Kommerell, M.: Gedanken über Gedichte. ³1956 – Kaiser, G.: Wandrer und Idylle. 1977 – Martini, F.: Die Technik der Jugend-Dramen G.s. 1932 – Hammer, C.: G. and Rousseau. 1973 – Wünsch, M.: Der Strukturwandel in der Lyrik G.s. 1975 – Hamm, H.: Der Theoretiker G. 1975 – «Götz von Berlichingen». Erläuterungen und Dokumente. Hg. V. Neuhaus. 1973 [R] – Requadt, P.: G.s Faust I. 1972 – Schneider, H.: «Urfaust?» Eine Studie. 1949 – «Die Leiden des jungen Werthers». Erläuterungen und Dokumente. Hg. J. Angst und F. Hackert. 1974 [R] – Blumenthal, H.: Ein neues Wertherbild? In: Goethe-Jb. 5. 1940 – Scherpe, K.: Werther und Wertherwirkung. Zum Syndrom bürgerl. Gesellschaftsordnung im 18. Jh. Anhang: Vier Wertherschriften aus dem Jahre 1775 im Faksimile. ²1975 [dazu G. Kaiser, in: G. K. Antithesen. 1973] – Meyer-Kalkus, R.: Werthers Krankheit zum Tode. Pathologie und Familie in der Empfindsamkeit. In: Urszenen. Hg. F. A. Kittler und H. Turk. 1977 – J. N. Götz: Die Gedichte Anakreons und der Sappho Oden. Nd. Hg. H. Zeman. 1970 – J. M. Goeze: Streitschr. gegen Lessing. Hg. E. Schmidt. 1893 (DLD XLIII/XLV) – F. W. Gotter: Gedichte. 3 Bde 1787–1802 – ders.: Die Dorfgala. Hg. F. Brüggemann. Nd. 1967 (DLA Bd 10) – Schlösser, R.: F. W. G. Nd. 1977 – J. Ch. Gottsched: AW. Hg. J. Birke. -5 Bde 1968 ff. – ders.: Schr. zur Lit. Hg. H. Steinmetz. 1972 [R] – ders.: Versuch einer Crit. Dichtkunst. 4. A. Nd. 1977 – G.s Beispiele aus dem «Versuch einer Crit. Dichtkunst». Nd. 1968 – ders.: Sterbender Cato. Hg. H. Steinmetz. 1964 [R] – ders.: Agis. König zu Sparta. Hg. F. Brüggemann. In: DLA Bd 3. Nd. 1966 – ders.: Die dt. Schaubühne. 6 Bde Nd. Hg. H. Steinmetz. 1972 – ders.: Der Biedermann. Nd. Hg. W. Martens. 1975 – G.s Lebens- und Kunstreform in den 20er und 30er Jahren. G. Breitinger, die Gottschedin, die Neuberin. Hg. F. Brüggemann. Nd. 1966 (DLA Bd 3) – P. Bayle: Hist. und Crit. Wörterbuch. . . . ins Dt. übersetzt . . . von J. Ch. G. Nd. 1974 ff. – Waniek, G.: G. und die dt. Lit. seiner Zeit. Nd. 1972 – Freier, H.: Krit. Poetik. Legitimation und Kritik der Poesie in G.s Dichtkunst. 1973 – M. Torbruegge: J. Ch. G. 1974 [SM] – L. A. V. Gottsched: Der Witzling. Hg. W. Hecht. 1962 (Komedia) – dieselbe: Die Pietisterey im Fischbein-Rocke. Hg. W. Martens. 1968 [R] – dies.: Das Testament. Hg. J. Crüger. In: DNL Bd 42 – F. M. Grimm: Paris zündet die Lichter an. Lit. Korrespondenz. Hg. K. Schnelle. 1977 – ders.: Unveröffentl. Briefe. Hg. J. Schlobach. 1972. – Mönch, W.: M. G. und die

Correspondence littéraire. In: Festgabe für F. Neubert. 1956 – Jüttner, S.: Grundtendenzen der Theaterkritik von F. M. G. 1969 – P. HAFNER: GW. 2 Bde Hg. E. Baum. Nd. 1975 – ders.: Mägera, die förchterliche Hexe. In: Maschinenkomödie. Hg. O. Rommel. Nd. 1974 (DLE, Reihe Barocktradition. Bd 1) – J. Zwerenz: P. H. als Begründer des Alt-Wiener Volkslustspiels. 1928 (Diss. Wien) – F. v. HAGEDORN: Gedichte Hg. A. Anger. 1968 [R] – ders.: Versuch in poet. Fabeln und Erzählungen. Nd. Hg. A. Steinmetz. 1974 – Schultze, W.: Die Brüder H. In: Archiv für Kulturgesch. 41. 1959 – Epting, K.: Der Stil in den lyrischen und didakt. Gedichten H.s. 1929 – Guthke, K. S.: F. v. H. und das lit. Leben seiner Zeit. In: Jb. des Freien Dt. Hochstifts 1966 – J. F. HAHN: Gedichte und Briefe. Gesammelt von C. Redlich. In: J. Zacher-Festschr. 1879 – G. A. v. HALEM: Schr. 7 Bde 1803–10 – Lange, G.: G. A. v. H. als Schriftsteller. 1928 – Witte, K.: Reise in die Revolution. G. A. v. H. und Frankreich im Jahre 1790. 1971 – A. v. HALLER: Versuch schweizerischer Gedichte. 9. A. Nd. 1969. Hg. J. Helbling – ders.: Die Alpen u. a. Gedichte. Hg. A. Elschenbroich. 1965 [R] – ders.: Tagebuch. Hg. J. G. Heinzmann. 2 Bde Nd. 1971 – A. v. H.s Tagebücher seiner Reisen nach Dtld., Holland und England. 1723–1727. Hg. E. Hintzsche. 1971 – Siegrist, Ch.: A. v. H. 1967 [SM] – Helbling, J.: A. v. H. als Dichter. 1970 – Toellner, R.: A. v. H. 1971 – Balmer, H.: A. v. H. 1977 – Ausstellung A. v. H. 12. 12. 1977 – 7. 1. 1978. Göttingen: Niedersächs. Staats- und Universitätsbibliothek. 1977 – Guthke, K. S.: Andacht im künstl. Paradies. A. H.s «Morgen-Gedanken». In: Dt. Barocklyrik. Hg. M. Bircher und A. M. Haas. 1973 – J. G. HAMANN: Hauptschr. erklärt. Hg. F. Blanke und L. Schreiner. 7 Bde 1956ff. – ders.: Sokratische Denkwürdigkeiten. Aesthetica in nuce. Hg. S. A. Jørgensen. 1968 [R] – ders.: Briefw. Hg. W. Ziesemer und A. Henkel. 8 Bde 1955ff. – J. G. H. Hg. R. Wild. 1978 (WdF) – Jørgensen, S.-A.: J. G. H. 1976 (SM) – Unger, R.: H. und die Aufklärung. 2 Bde ⁴1968 – Nadler, J.: J. G. H. 1949 – Nebel, G.: H. 1973 – Baeumer, M. L.: J. G. H. Mythologisierung von Sinnen und Leidenschaften. In: Monatshefte 1975 – Hoffmann, V.: J. G. H. Philologie. 1977 – J. G. H. Acta des intern. Hamann-Colloquiums in Lüneburg 1976. Hg. B. Gajek. 1978 – Gugitz, G.: L. L. HASCHKA. In: Jb. der Grillparzer-Gesellschaft 17. 1907 – F. T. HASE: Gustav Aldermann. Ein dramatischer Roman. Nd. Hg. E. D. Becker. 1964 – G. HEIDEGGER: Mythoscopia Romantica. Nd. Hg. W. E. Schäfer. 1969 – W. HEINSE: W. Krit. Ausg. Hg. C. Schüddekopf und A. Leitzmann. 10 Bde Nd. 1977 – ders.: Ardinghello. Krit. Studienausgabe. Hg. M. L. Baeumer. 1975 (R) – ders.: Aus Briefen, Werken, Tagebüchern. Hg. R. Benz. 1970 [R] – ders.: Erzählungen für junge Damen und Dichter. Nd. Hg. M. L. Gansberg. 1967 – Leitzmann, A.: W. H. in Zeugnissen seiner Zeitgenossen. 1938 – Brecht, W.: H. und der ästhet. Immoralismus. 1911 – Baeumer, M. L.: H.-Studien. 1966 – Dick, M.: Der junge H. Zur Entwicklung des Individualitätsbegriffes und seiner Bedeutung für

334

die Ästhetik des 18. Jh. 1974 – Mohr, H.: W. H. Das erot.-relig. Weltbild
und seine naturphilos. Grundlagen. 1971 – Terras, R.: W. H.s Ästhetik.
1972 – Keller, O.: W. H.s Entwicklung zur Humanität. Zum Stilwandel des
dt. Romans im 18. Jh. 1972 – Moore, E. M.: Die Tagebücher W. H.s. 1967
– F. Hemsterhuis: Philos. Schr. Hg. J. Hilss. 2 Bde 1912 – Bulle, F.: F. H.
und der dt. Irrationalismus des 18. Jh. 1911 (Diss. Jena) – Hammacher, K.:
Unmittelbarkeit und Kritik bei H. 1971 – Moenkemeyer, H.: F. H. 1975
– F. Henrici (Picander): Sammlung vermischter Gedichte. 1768 – Floß-
mann, P.: Picander. 1899 (Diss. Leipzig) – J. G. Herder: SW. 33 Bde,
hist.-krit. hg. B. Suphan. Nd. 1967/68 – ders.: AW. Hg. W. Dobbek. 5 Bde
⁴1969 – ders.: Journal meiner Reise im Jahr 1769. Hist.-krit. hg.
K. Mommsen und G. Wackerl. 1976 (R) – ders.: Von dt. Art und Kunst.
Hg. H. D. Irmscher. 1968 [R] – ders.: Über den Ursprung der Sprache. Hg.
H. D. Irmscher. 1966 [R] – ders.: Auch eine Philosophie der Ge-
schichte . . . Hg. H. G. Gadamer. 1967 – ders.: Von der Urpoesie der Völker. Hg. K. Nussbächer. 1972 [R] – ders.: Stimmen der Völker in Liedern.
Volkslieder. 2 Tle. Hg. H. Rölleke. 1975 (R) – Der junge H. Hg.
W. Rasch. ²1969 (DT) – ders.: Briefe. Gesamtausgabe 1763–1803. 9 Bde.
Hg. W. Dobbek und G. Arnold. 1977ff. – J. G. H.: Briefe. Ausgew.
W. Dobbek. 1959 – H.s Briefe an J. G. Hamann. Hg. O. Hoffmann. Nd.
1975. – H.s Briefw. mit Karoline Flachsland. Hg. H. Schauer. 2 Bde
1926–28 – Kantzenbach, F. W.: J. G. H. in Selbstzeugnissen und Bild-
dokumenten. 1970 [Ro] – Im Geiste H.s. Ges. Aufsätze zum 150. Geburts-
tag. Hg. E. Keyser. 1953 (mit Bibliogr. 1916/53 v. D. Berger) – H.-Stu-
dien. Hg. W. Wiora. 1960 (mit Bibliogr. 1953/7 v. D. Berger) –
Bückeburger Gespräche über J. G. H. 1971. Hg. J. G. Maltusch. 1973 –
Haym, R.: H. 2 Bde. Neu hg. W. Harich. 1954 – Dobbek, W.: J. G. H.s
Weltbild. 1969 – Wiese, B. v.: Der Philosoph auf dem Schiffe. J. G. H. In:
B. v. W.: Zwischen Utopie und Wirklichkeit. 1963 – Staiger, E.: Der neue
Geist in H.s Frühwerk. In: Jb. der Dt. Schillergesellschaft 6. 1962 (dazu
K. Dockhorn. In: GRM NF 18. 1968) – Adler, H.: H. und die dt. Aufklä-
rung. 1968 – Stolpe, H.: Die Auffassung des jungen H. vom Mittelalter.
1955 – Dreike, B. M.: H.s Naturauffassung in ihrer Beeinflussung durch
Leibnitz' Philosophie. 1973 – Bückeburger Gespräche über J. G. H. 1975.
Hg. J. G. Maltusch. 1976 – J. T. Hermes: Sophiens Reise von Memel nach
Sachsen. (Ausw.) Hg. F. Brüggemann. Nd. 1974 (DLA Bd 13) –
Schulz, G.: H. und die Liebe. In: Jb. der Schles. Frdr.-Wilh.-Univ. zu Bres-
lau 6. 1961 – Th. G. v. Hippel: SW. 14 Bde 1828–35 – ders.: Über die Ehe.
Hg. W. Faust. 1972 – Biographie. Nd. 1977. Hg. R.-R. Wuthenow –
Mundt, Th.: Kritische Wälder. 1833 (zu H.) – Greiner, M.: Th. G. v. H.
1958 – Stockum, Th. C. van: Th. G. v. H. und sein Roman «Lebens-
läufe . . .». 1959 – Schröder, U.: Th. G. v. H.s «Kreuz- und Querzüge des
Ritters A. bis Z». 1972 (Diss. Hamburg) – L. H. Ch. Hölty: SW. Krit. hg.
W. Michael. 2 Bde Nd. 1969 – Oberlin-Kaiser, T.: L. H. Ch. Hölty. 1964

– Th. Huber, geschiedene Forster: Adventures on a Journey to New Holland. Translated by R. Livingstone. Ed. by L. Bodie. Melbourne 1966 – Im Hof, U.: I. Iselin und die Spätaufklärung. 1967 – F. H. Jacobi: GW. Hg. F. Roth und F. Köppen. 6 Bde Nd. 1976 – ders.: Eduard Allwills Papiere. Nd. Hg. H. Nicolai. 1962 [SM] – ders.: Woldemar. Nd. Hg. H. Nicolai. 1969 – ders.: Spinoza-Büchlein nebst Replik und Duplik. Hg. F. Mauthner. 1912 – Bollnow, O. F.: Die Lebensphilosophie J.s. Nd. 1966 – Hammacher, K.: Die Philosophie F. H.J.s. 1969 – Nicolai, H.: Goethe und J. Studien zur Gesch. ihrer Freundschaft. 1965 – F. H. J. Philosoph und Literat der Goethezeit. Btr. einer Tagung . . . aus Anlaß seines 150. Todestages. Hg. K. Hammacher. 1971 – Süss, Th.: Der Nihilismus bei F. H. J. In: Der Nihilismus als Phänomen der Geistesgesch. 1974 – Poggiolini, F.: Die gesellschaftliche Kultur in den Romanen F. H. J.s. 1975 (Diss. Zürich) – J. G. Jacobi: SW. 8 Bde 1807–22 – Schober, U.: J. G. J.s dichterische Entwicklung. 1938 – C. G. Jochmann: Die unzeitige Wahrheit. Aphorismen, Glossen und d. Essay «Über die Öffentlichkeit». Hg. E. Haufe. 1976 – J. H. Jung-Stilling: SSchr. Hg. J. N. Grollmann. 14 Bde. 1835–38 – ders.: Lebensgesch. Vollst. Ausg. mit Anm. Hg. G. A. Benrath. 1976 – Güthling, W.: J.-S. in den Augen seiner Zeitgenossen. 1970 – Günther, H. R. G.: J.-S. Ein Btr. zur Psychologie des Pietismus. ²1948 – Geiger, M.: Aufklärung und Erweckung. Btr. zur Erforschung J. H. J.-S.s und der Erwekkungstheologie. 1963 – A. Karsch: Auserlesene Gedichte. Nd. Hg. A. Anger. 1966 – Molzahn, I.: Die Karschin, eine «Schlesische Nachtigall». In: Schlesien 10. 1965 – A. G. Kästner: GW. 2 Bde Nd. 1971 – Becker, C.: A. K.s Epigramme. Chronologie und Kommentar. Nd. 1973 – Milch, W.: Ch. Kaufmann. 1932 – Ch. W. Kindleben: Studenten-Lexicon. Nd. 1973 – E. Ch. v. Kleist: SW. Hg. J. Stenzel. 1971 [R] – Guggenbühl, H.: E. v. K. Weltschmerz als Schicksal. 1948 (Diss. Zürich) – Die schöne Seele. Bekenntnisse, Schriften und Briefe der S. C. von Klettenberg. Hg. H. Funck. 1911 – Kraft, W.: S. K. v. K. und ihre Gedichte. In: Neue dt. Hefte 20. 1973 – F. M. Klinger: SW. 12 Teile in 4 Bdn. Nd. 1976 – ders.: Dramat. Jugendw. Hg. H. Berendt und K. Wolff. 3 Bde 1912–13 – ders.: Das leidende Weib; Die Zwillinge; Die neue Arria; Simsone Grisaldo; Sturm und Drang; Der verbannte Göttersohn. In: Sturm und Drang. Dramat. Schr. Hg. E. Loewenthal und L. Schneider. Bd 2. ³1972 – ders.: Die Zwillinge. Hg. K. S. Guthke. 1972 [R] – ders.: Sturm und Drang. Hg. J. U. Fechner. 1970 [R] – ders.: Plimplamplasko. Hg. P. Pfaff. Nd. 1966 – ders.: Fausts Leben, Taten und Höllenfahrt. Hg. Ch. Siegrist. 1964 – Rieger, M.: F. M. K. 2 Bde 1880–96 – Smoljan, O.: F. M. K. 1962 – Hering, Ch.: F. M. K. 1966 – Beißner, F.: Studien zur Sprache des Sturms und Drangs. Eine stilist. Untersuchung der K.-schen Jugenddramen. In: GRM 22. 1934 – May, K.: Die Struktur des Dramas im Sturm und Drang, an K.s «Zwillingen». In: K. M.: Form und Bedeutung. ²1963 – Guthke, K. S.: F. M. K.s «Zwillinge»: Höhepunkt und Krise des Sturm und Drang. In: German Quarterly 43. 1970 – Kaiser, G.: F. M. K.s Schauspiel «Sturm und Drang». Zur Typologie des Sturm- und Drang-Dramas. In: Untersuchungen zur Lit. als Gesch. Festschr. für B. v. Wiese. 1973 – Osterwalder, F.: Die Überwindung des Sturm und Drang im W. F. M. K.s. 1977 – F. G. KLOPSTOCK: W. und Briefe. Hist.-krit. Ausg. Hg. H. Gronemeyer, E. Höpker-Herberg, K. Hurlebusch und R.-M. Hurlebusch. 30 Bde 1974 ff. – ders.: W. Ausw. Hg. K. A. Schleiden. ³1969 – ders.: Oden. Krit. hg. F. Muncker und J. Pawel. 2 Bde 1889 – ders.: Oden. Hg. K. L. Schneider. 1966 [R] – ders.: Oden und Elegien. Faksimiledruck der in Darmstadt 1771 erschienenen Ausg. Hg. J. U. Fechner. 1974 (SM) – ders.: Der Tod Adams. Hg. H. Boethius. 1973 [R] – K.s Arbeitstagebuch. Hg. K. Hurlebusch. 1977 – Briefw. zwischen K. und den Grafen Ch. und F. L. zu Stolberg. Hg. J. Behrens. Im Anhang: Briefw. zwischen K. und Herder. 1964 – Burkhardt, G. und Nicolai, H.: K.-Bibliographie. 1975 – Muncker, F.: F. G. K. ²1900 – Kaiser, G.: K. Religion und Dichtung. ² 1975 – Rühmkorf, P.: F. G. K. Ein empfindsamer Revolutionär. In: P. R.: Walther von der Vogelweide, K. und ich. 1975 – Langen, A.: K.s sprachgesch. Bedeutung. In: A. L.: Ges. Studien zur neueren dt. Sprache und Lit. 1978 – Schneider, K. L.: K. und die Erneuerung der dt. Dichtersprache im 18. Jh. 1960 – J. Dräger: Typologie und Emblematik in K.s «Messias». 1971 (Diss. Göttingen) – Dzwonek, U., Ritterhoff, C., Zimmermann, H.: Klopstocks «Deutsche Gelehrtenrepublik» und Bardendichtung als Dokumente der bürgerl. Emanzipationsbewegung in der zweiten Hälfte des 18. Jh. In: Dt. Bürgertum und lit. Intelligenz 1750–1800. 1974 – Große, W.: Studien zu K.s Poetik. 1977 – Hellmuth, H.-H.: Metrische Erfindung und metrische Theorie bei K. 1973 – Pape, H.: K.s Autorenhonorare und Selbstverlagsgewinne. 1969 – M. KLOPSTOCK, geb. Moller: Briefw. mit K., ihren Verwandten und Freunden. Hg. H. Tiemann. 3 Bde 1956 – A. FRHR. V. KNIGGE: Schr. 12 Bde 1804–6 – ders.: SW. Hg. P. Raabe u. a. 24 Bde. 1978 ff. – ders.: Über den Umgang mit Menschen. Hg. C. Stephenson. 1966 [Humboldt-Tb.] – ders.: Gesch. des armen Herrn von Mildenburg. Nd. 1967 – ders.: Die Reise nach Braunschweig. Nd. Hg. P. Raabe. 1972 – ders.: Gesch. Peter Clausens. Nd. 1971 – ders.: Des seligen Herrn Etatsrats Samuel Conrad von Schaafskopf hinterlassene Papiere. Hg. I. Fetscher. 1965 [SI] – ders.: Josephs von Wurmbrand polit. Glaubensbekenntniß, mit Hinsicht auf die Französ. Revolution und deren Folgen. Hg. G. Steiner. 1968 [SI] – Rychner, M.: A. v. K. In: M. R. Zwischen Mitte und Rand. 1964 – Ob Baron K. auch wirklich todt ist? Eine Ausstellung zum 225. Geburtstag des A. Frhrn. K. Bearb. von E.-O. Fehn, P. Raabe und C. Ritterhoff. Ausst.-Katalog der Herzog August Bibliothek, Wolfenbüttel. 1977 – Walter, J.: A. Frhr. v. K.s Roman «Benjamin Noldmanns Gesch. der Aufklärung in Abyssinien». Krit. Rationalismus als Satire und Utopie im Zeitalter der dt. Klassik. In: GRM 21. 1971 – Zobel v. Zabeltitz, M.: Die Ästhetik des Dresdner Hofpoeten [J. U.] KÖNIG. In: Dresdner

Gesch.-Blätter 30. 1932 – CH. G. KÖRNER: Ästhet. Ansichten. Hg. J. P. Bauke. 1964 – K. A. KORTUM: Die Jobsiade. Hg. F. Bobertag. (DNL Bd 140) – Tegeler, E.: K. A. K. 1931 – G. T. L. KOSEGARTEN: Dichtungen. Hg. I. G. L. Kosegarten. 12 Bde 1824–27 – Markwardt, B.: Greifswalder Dozenten als Dichter. Zur Würdigung E. M. Arndts und G. L. K.s. In: Festschr. zur 500-Jahrfeier der Universität Greifswald. 1956 – K. F. KRETSCHMANN: SW. 6 Bde 1784–99 – J. CH. KRÜGER: Die Geistlichen auf dem Lande. Die Candidaten. Nd. Hg. J. Jacobs. 1970 – J. F. V. KURZ, gen. BERNARDON: Der aufs neu begeisterte und belebte Bernardon. Der neue krumme Teufel. In: Maschinenkomödie. Hg. O. Rommel. Nd. 1974 (DLE, Reihe Barocktradition. Bd 1) – Birbaumer, U.: Das Werk des J. F. v. K.-Bernardon. 1971 – A. H. J. LAFONTAINE: Klara du Plessis und Klairant. Nd. Hg. H.-F. Foltin. 1976 – Naumann, D.: Das Werk A. Lafontaines und das Problem der Trivialität. In: Studien zur Trivialitt. Hg. H. O. Burger. 1968 – Jeß, H.: A. F. LANGBEIN. Nd. 1977 – S. G. LANGE: Horatzische Oden. Nd. Hg. F. Jolles. 1971 – Lange s. auch Pyra – S. VON LA ROCHE: Gesch. des Fräuleins von Sternheim. Hg. G. Häntzschel. 1976 – Milch, W.: S. La Roche. 1935 – Bach, A.: S. La Roche und ihre Stellung im dt. Geistesleben des 18. Jh. In: A. B.: Aus Goethes rhein. Lebensraum. 1968 – Magister F. CH. LAUKHARDS Leben und Schicksale. Von ihm selbst beschrieben. Bearb. V. Petersen. 2 Bde ²1908 – Wilhelm, R.: F. Ch. L. In: Alzeyer Gesch.blätter. 1969 – Holzhausen, P.: F. Ch. L. 1902 – J. K. LAVATER: Ausgew. W. Hg. E. Staehlin. 4 Bde 1943 – ders.: Physiognom. Fragmente. 4 Bde Nd. 1968–70 – ders.: Tagebuch eines Beobachters seiner Selbst. Hg. Ch. Siegrist. 1978 – Farner, O.: J. C. L. 1941 – Forssmann, J.: L. und die relig. Strömungen des 18. Jh. 1935 – Janetzky, Ch.: L.s Sturm und Drang im Zusammenhang seines religiösen Bewußtseins. 1916 – Raswan, K.: Die Sprache L.s im Spiegel der Geistesgesch. 1972 (Diss. München) – Götting, F.: Die Christusfrage in der Freundschaft zwischen Goethe und L. In: Goethe-Jb. 19. 1957 – Pestalozzi, K.: L. Utopie. In: Lit.wiss. und Gesch.philosophie. Festschr. W. Emrich. 1975 – G. W. LEIBNIZ: Philosoph. Schr. Französ.-dt. Parallelausg. Hg. W. v. Engelhardt und H. H. Holz. 5 Bde 1959ff. – Müller, K. und Krönert, G.: Leben und Werk von G. W. L. 1969 – J. A. LEISEWITZ: SSchr. Hg. F. L. A. Schweiger. Nd. 1970 – ders.: Julius von Tarent; Die Pfandung; Der Besuch um Mitternacht; Selbstgespräch eines starken Geistes in der Nacht. In: Sturm und Drang. Dramat. Schr. Hg. E. Loewenthal und L. Schneider. Bd 1. ³1972 – ders.: Tagebücher. Hg. H. Mack und J. Lochner. 2 Bde Nd. 1976 – Kühlhorn, W.: J. A. L.s «Julius von Tarent». Nd. 1973 – J. M. R. LENZ: GW. Hg. R. Daunicht. 4 Bde 1967ff. – ders.: W. und Schr. Hg. B. Titel und H. Haug. 2 Bde 1966–67 – ders.: Gedichte. Hg. W. Haug. 1968 [R] – ders.: Der Hofmeister. Hg. K. S. Guthke. 1974 [R] – ders.: Die Soldaten. Hg. M. Windfuhr. 1975 [R] – ders.: Der neue Menoza. Hg. W. Hinck. 1965 (Komedia) – Briefe von und an L. Hg. K. Freye und W. Stammler. 2 Bde

Nd. 1969 – Benseler, D. P.: J. M. R. L. An indexed bibliography. 1971
(Diss. University of Oregon) – Hohoff, C.: J. M. R. L. in Selbstzeugnissen
und Bilddokumenten. 1977 (Ro) – Rozanov, M. N.: J. M. R. L. Nd. 1972
– Rudolf, O.: J. M. R. L. 1970 – Burger, H. O.: J. M. R. L. innerhalb der
Goethe-Schlosserschen Konstellation. In: Dialog. 1973 – Genton, E.: J. M.
L. et la scène allemande. 1966 – Girard, R.: J. M. L. Genèse d'une drama-
turgie du tragicomique. 1968 – Osborne, J.: J. M. R. L. The renunciation
of heroism. 1975 – «Die Soldaten». Erläuterungen und Dokumente. Hg.
H. Krämer. 1974 [R] – Martini, F.: Die Einheit der Konzeption in J. M.
R. Lenz' «Anmerkungen übers Theater». In: Jb. der Dt. Schillergesell-
schaft 14. 1970 – Lenz s. auch Schöne, Säkularisation – G. E. LESSING: SW.
Hg. J. Petersen und W. v. Olshausen. 25 Bde Nd. 1970 – ders.: W. Hg.
H. G. Göpfert. 8 Bde 1970–75 – ders.: Briefe, die Neueste Lit. betreffend.
4 Bde Nd. 1967 – Lessing, Mendelssohn, Nicolai: Briefw. über das Trauerspiel. Hg. J. Schulte-Sasse. 1972 – L. im Gespräch. Hg. R. Daunicht. 1971
– L. ein unpoet. Dichter. Dokumente aus 3 Jh. zur Wirkungsgesch. Hg.
H. Steinmetz. 1969 – Drews, W.: G. E. L. in Selbstzeugnissen und Bilddokumenten. ²1970 [Ro] – Seifert, S.: L.-Bibliographie. 1973 – Lessing
Yearbook 1969ff. – Guthke, K. S.: G. E. L. ²1973 [SM] – G. E. L. Hg. G.
und S. Bauer. 1968 (WdF) – Mann, O. und Straube-Mann, R.: L.-Kom-
mentar. 2 Bde 1971 – Schmidt, E.: L. 2 Bde 1967 – Graham, I.: Goethe
and L. The Wellsprings of Creation. 1973 – L. und die Zeit der Aufklärung.
Vorträge gehalten auf der Tagung der J. Jungius-Ges. der Wiss. 1967 – L.
in heutiger Sicht. Btr. zur Intern. L.-Konferenz. 1976. 1977 – Brock-Sul-
zer, E.: G. E. L. ²1972 – Rilla, P.: L. und sein Zeitalter. ²1977 – Bar-
ner, W., Grimm, G. u. a.: L. ³1977 – Ritzel, W.: G. E. L. 1977 – L. contra
Goeze. Ed. Text + Kritik. ²1975 – Bollacher, M.: L. Vernunft und Gesch.
1978 – Seeba, H. C.: Die Liebe zur Sache. Öffentl. und privates Interesse
in L.s Dramen. 1973 – Neuhaus-Koch, A.: G. E. L. Die Sozialstrukturen
in seinen Dramen. 1977 – Leisegang, H.: L.s Weltanschauung. 1931 –
Schröder, J.: G. E. L. Sprache und Drama. 1972 – Kittler, F. A.: Erziehung
ist Offenbarung. Zur Struktur der Familie in L.s Dramen. In: Jb. der Dt.
Schillergesellschaft 1977 – Neumann, P. H.: Der Preis der Mündigkeit.
Über L.s Dramen. Anh.: Über Fanny Hill. 1977 – Kommerell, M.: L. und
Aristoteles. ⁴1970 – Riedel, V.: L. und die römische Lit. 1976 – Schade-
waldt, W.: Furcht und Mitleid? In: W. Sch.: Antike und Ggw. Über die
Tragödie. 1966 [dtv] – Thielicke, H.: Vernunft und Offenbarung. Eine
Studie über die Religionsphilosophie L.s. ⁴1959 – Nölle, V.: Subjektivität
und Wirklichkeit in L.s dramat. und theologischem W. 1977 – Heftrich, E.:
L.s Aufklärung. Zu den theologisch-philosoph. Spätschr. 1978 – Hüs-
kens-Hasselbeck, K.: Stil und Kritik. Dialogische Argumentation in L.s
philosoph. Schr. 1978 – Weber, P.: Das Menschenbild des bürgerl. Trauerspiels. Entstehung und Funktion von L.s Miß Sara Sampson. ²1976 – Mau-
ser, W.: L.s Miss Sara Sampson. Bürgerl. Trauerspiel als Ausdruck inner-

bürgerl. Konflikts. In: Lessing Yearbook 1975 – «Minna von Barnhelm». Erläuterungen und Dokumente. Hg. J. Hein. 1973 [R] – Strohschneider-Kohrs, I.: Die überwundene Komödiantin in L.s Lustspiel. In: Wolfenbütteler Studien zur Aufklärung. 1975 – «Emilia Galotti». Erläuterungen und Dokumente. Hg. J.-D. Müller. 1974 [R] – Schulte-Sasse, J.: Literar. Struktur und hist.-sozialer Kontext. Zum Beispiel «Emilia Galotti». 1975 – «Nathan der Weise». Erläuterungen und Dokumente. Hg. P. v. Düffel. 1972 [R] – König, D. von: Natürlichkeit und Wirklichkeit. Studien zu L.s «Nathan der Weise». 1976 – Turk, H.: Dialekt. Dialog. Lit.wiss. Untersuchung zum Problem der Verständigung. 1975 – Eichner, S.: Die Prosafabel L.s in seiner Theorie und Dichtung. 1974 – K. G. LESSING: Die Mätresse. Hg. E. Wolff. 1887 (DLD XXVIII) – Briefe von und an F. M. LEUCHSENRING 1746–1827. 2 Bde. Hg. U. V. Kamber. 1976 – Bohlender, R.: F. M. L. In: Pfälzer Lebensbilder. Bd 2. 1970 – G. CH. LICHTENBERG: Schr. und Briefe. Hg. W. Promies. 6 Bde 1968–75 – Promies, W.: L. in Selbstzeugnissen und Bilddokumenten. 1964 [Ro] – Jung, R.: L.-Bibliographie. 1972 – Schöffler, H.: L. Hg. G. v. Selle. 1956 – Requadt, P.: L. ²1964 – Mautner, F. H.: L. 1968 – Aufklärung über L. Mit Btr. von H. Heissenbüttel u. a. 1974 – L. in England. Dokumente einer Begegnung. Hg. H. L. Gumbert. 1977 – Lichtenberg s. auch G. Forster – M. G. LICHTWER: Blinder Eifer schadet nur! Fabeln, Lehrgedichte. Hg. H. Petsch. 1971 [R. Leipzig] – Lichtwer s. auch Gleim – CH. L. LISCOW: S. satir. Schr. 3 Bde. Hg. K. Müchler. Nd. 1972 – ders.: Vortrefflichkeit und Nothwendigkeit der elenden Scribenten u. a. Schr. Hg. J. Manthey. 1968 [SI] – Saine, T. P.: Ch. L. L. the first German Swift. In: Lessing Yearbook 4. 1972 – Freund, W.: Ch. L. L.: «Die Vortrefflichkeit und Nothwendigkeit der elenden Scribenten». Zum Verhältnis von Prosasatire und Rhetorik in der Frühaufklärung. In: ZfdPh. 1977 – Liscow s. auch Rabener – J. M. v. LOËN: Ges. kleine Schr. 4 Bde Nd. 1972 – ders.: Der Graf Ribera oder der redliche Mann am Hofe. Nd. Hg. K. Reichert. 1966 – Haeckel, H.: J. M. v. L. und die dt. Aufklärung. In: Zs. für Religions- und Geistesgesch. 6. 1954 – J. F. LÖWEN: Schr. 4 Bde 1765–66 – Waentig, K.: J. F. L. und sein Ansehen als Journalist und Bühnenschriftsteller. In: Zs. des Vereins für Hamburg. Gesch. 54. 1968 – S. MAIMON: Lebensgesch. Hg. K. P. Moritz. Nd. 1960 – ders.: GW. 7 Bde. 1965ff. – CH. L. MARTINI: Rhynsolt und Sapphira. Hg. F. Brüggemann. Nd. 1964 (DLA Bd 8) – G. F. MEIER: Theoret. Lehre von den Gemütsbewegungen überhaupt. Nd. 1971 – ders.: Anfangsgründe aller schönen Wiss. Nd. 1976 – ders.: Gedancken von Schertzen. Nd. Hg. K. Bohnen. 1977 – ders.: Beurteilung der Gottschedschen Dichtkunst. Nd. 1975 – Wiebecke, F.: Die Poetik G. F. M.s. 1967 (Diss. Göttingen) – Meier s. auch Baumgarten – M. MENDELSSOHN: W. Jubiläumsausg. Hg. J. Elbogen. 16 Bde 1929 ff. – ders.: Ästhetische Schr. in Ausw. Hg. O. F. Best. 1974 – ders.: Briefw. der letzten Lebensjahre. Hg. A. Altmann. 1979 – Altmann, A.: M. M. A biographical study.

340

1973 – Kupferberg, H.: Die Mendelssohns. 1972 – J. H. MERCK: W. und Briefe. Hg. A. Henkel und H. Kraft. 2 Bde 1968 – ders.: Ausgew. Schr. zur schönen Lit. und Kunst. Hg. A. Stahr. Nd. 1965 – ders.: Galle genug hab ich im Blute. Fabeln, Satiren, Essays. Hg. H. Voegt. 1973 – Prang, H.: J. H. M. 1949 – Bräuning-Oktavio, H.: Goethe und J. H. M. J. H. M. und die Französ. Revolution. 1970 – Haas, N.: Spätaufklärung. J. H. M. zwischen Sturm und Drang und Französ. Revolution. 1975 – Benz, E.: F. A. MESMER (1734–1815) und seine Ausstrahlung in Europa und Amerika. 1976 – J. L. MEYER VON KNONAU: Ein halbes Hundert neuer Fabeln. 1744 – J. B. MICHAELIS: SW. 4 Bde 1791 – ders.: Der Einspruch. Hg. F. Brüggemann. Nd. 1967 (DLA Bd 10) – Reclam, E.: J. B. M. 1904 (Diss. Leipzig) – J. M. MILLER: Siegwart. Eine Klostergesch. 2 Bde Nd. Hg. A. Faure. 1971 – ders.: Gedichte. 1783 – Rietschel, O.: Der Mönch in der Dichtung des 18. Jh. 1937 – J. MÖSER: SW. Hist.-krit. Ausg. 14 Bde 1943 ff. – ders.: Patriot. Phantasien. Hg. S. Sudhof. 1970 [R] – ders.: Harlekin. Nd. Hg. H. Boetius. 1968 – Sheldon, W. und U.: Im Geist der Empfindsamkeit. Freundschaftsbriefe der Mösertochter J. v. Voigts an die Fürstin Luise von Anhalt-Dessau 1780–1808. 1971 – Bäte, L.: J. M. 1961 – Sheldon, W. F.: The intellectual development of J. M. 1970 – Bausinger, H.: Konservative Aufklärung. J. M. vom Blickpunkt der Ggw. In: Zs. für Volkskunde 68. 1972 – Möser s. auch Sachregister: Friedrich der Große – K. PH. MORITZ: Anton Reiser. Hg. W. Martens. 1972 [R] – ders.: Andreas Hartknopfs Predigerjahre. Fragmente aus dem Tagebuche eines Geistersehers. Nd. Hg. H. J. Schrimpf. 1968 [SM] – ders.: Die neue Cecilia. Nd. Hg. H. J. Schrimpf. 1962 [SM] – ders.: Schr. zur Ästhetik und Poetik. Krit. hg. H. J. Schrimpf. 1962 – Minder, R.: Die religiöse Entwicklung von K. P. M. 1936 – Ghisler, R.: Gesellschaft und Gottesstaat. Studien zum «Anton Reiser». 1955 – Catholy, E.: K. P. M. und die Ursprünge der dt. Theaterleidenschaft. 1962 – Langen, A.: K. Ph. Moritz' Weg zur symbol. Dichtung. In: A. L.: Ges. Studien zur neueren dt. Sprache und Lit. 1978 – Saine, T. P.: Die ästhet. Theodizee. K. Ph. M. und die Philosophie des 18. Jh. 1971 – Fürnkäs, J.: Der Ursprung des psychologischen Romans. K. P. M.s «Anton Reiser». 1977 – Kaufmann, H. H.: F. K. v. MOSER als Politiker und Publizist. 1931 (Diss. München) – Gunzert, W.: Ein dt. Michel. Schicksal und Charakter des Frhr. F. C. v. M. In: Geistiger Umgang mit der Vergangenheit. 1962 – F. gen. MALER MÜLLER: Hg. Fr. Batt, J. P. le Pique, L. Tieck. 3 Bde Nd. Hg. G. vom Hofe. 1977 – ders.: Dichtungen. Hg. H. Hettner. 2 Bde Nd. 1968 – ders.: Idyllen. Hg. O. Heuer. 3 Bde 1914 – ders.: Idyllen. Hg. P.-E. Neuser. 1977 (R) – ders.: Fausts Leben dramatisiert; Fausts Spazierfahrt. In: Sturm und Drang. Dramat. Schr. Hg. E. Loewenthal und L. Schneider. Bd 2. ³1972 – ders.: Situation aus Fausts Leben; Golo und Genoveva; Gedichte; Idyllen. Hg. A. Sauer. In: DNL Bd 81 – Oeser, W.: M. M. 1928 – Schmidt, F. A.: M. M.s dramat. Schaffen. 1936 (Diss. Göttingen) – Dönnges, U.: M. M.s Prosastil. 1960 (Diss. Tübingen) – J. v.

MÜLLER: SW. 40 Bde 1831–35 – ders.: ASchr. Hg. E. Bonjour. 1955 –
Bonjour, E.: Studien über J. v. M. 1957 – Henel, H.: Die Entwicklung des
gesch. dt. Prosastils bei J. v. M. Nd. 1965 – Requadt, P.: J. v. M. Aufgabe
und Schicksal. In: P. R.: Bildlichkeit der Dichtung. Hg. H.-H. Krummacher
und H. Ohl. 1974 – J. G. MÜLLER VON ITZEHOE: Siegfried v. Lindenberg.
Hg. F. Berger. 1976 – ders.: Siegfried von Lindenberg. Ausw. Hg.
H. Pröhle. In: DNL Bd 57 – Brand, A.: M. v. I. 1901 – J. C. A. MUSÄUS:
Volksmärchen der Deutschen. Hg. N. Miller 1977 (dtv) – Richli, A.: J. K.
A. M. «Die Volksmärchen der Deutschen». 1957 – Stern, G.: A German
imitation of Fielding, Musäus' «Grandison der Zweite». In: Comparative
Lit. 10. 1958 – CH. MYLIUS: Vermischte Schr. Hg. G. E. Lessing. Nd. 1971
– Trillmich, R.: Ch. M. 1914 (Diss. Leipzig) – F. C. NEUBER: Ein deutsches
Vorspiel (1734). Hg. A. Richter. Nd. 1966 (DLD LXIII) – W. E.
NEUGEBAUER: Der teutsche Don Quichotte. Nd. Hg. E. Weber. 1971 –
F. NICOLAI: Das Leben und die Meinungen des Herrn Magister Sebaldus
Nothanker. Hg. F. Brüggemann. Nd. 1967 (DLA Bd 15) – ders.: Eyn fey-
ner kleyner Almanach. Hg. G. Ellinger. 1888 – ders.: Freuden des jungen
Werthers. Leiden und Freuden Werthers des Mannes. Nd. Hg. C. Grütz-
macher. 1972 – Ost, G.: F. N.s Allgemeine Dt. Bibliothek. Nd. 1967 –
Parthey, G. C. F.: Die Mitarbeiter an F. N.s Allgemeiner Dt. Bibliothek
nach ihren Namen und Zeichen in zwei Registern geordnet. Ein Btr. zur
dt. Lit.gesch. Nd. 1973 – Schwinger, R.: F. N.s Roman «Sebaldus Nothanker». 1897 – Möller, H.: Aufklärung in Preußen. Der Verleger, Publizist
und Geschichtsschreiber F. N. 1974 – Sommerfeld, M.: N. und der Sturm
und Drang. 1921 – Kaeber, E.: F. N.s Reise durch Dtld. im Jahre 1781. In:
Der Bär von Berlin. Jb. 1956 – OBEREIT s. Zimmermann – J. F.
OBERLINS . . . vollst. Lebensgesch. und GSchr. Hg. W. Burckhardt. 4 Bde
1843 – Schering, E.: Sternstunde der Sozialpädagogik. J. F. O. 1959 –
Schulze, F.: A. F. OESER. 1944 – Fullenwider, H. F.: F. CHR. OETINGER.
Wirkungen auf Lit. und Philosophie seiner Zeit. 1975 – J. PERINET: Kaspar,
der Fagottist, oder die Zauberzither. In: Maschinenkomödie. Hg. O. Rom-
mel. Nd. 1974 (DLE, Reihe Barocktradition. Bd 1) – J. H. PESTALOZZI:
GW. Hg. E. Bosshart und anderen. 10 Bde 1945–47 – Morf, H.: Zur Biographie P.s. 4 Bde Nd. 1966 – Dejung, E.: J. H. P. Forschungsbericht
1967–1976. In: Schweizer Zs. für Gesch. 26. 1976 – Delekat, F.: J. H. P.
³1968 – Haller, P.: P.s Dichtung. 1914 (Diss. Zürich) – Cepl-Kaufmann,
G. und M. Windfuhr: Aufklärerische Sozialpädagogik und Sozialpolitik.
Zu P.s Erziehungsroman «Lienhard und Gertrud». In: Intern. Archiv für
Sozialgesch. der dt. Lit. 2. 1977 – Gugitz, G.: J. PEZZL. In: Jb. der Grill-
parzergesellschaft 16. 1906 – G. K. PFEFFEL: Skorpion und Hirtenknabe.
Fabeln, Epigramme, poet. Erzählungen. Hg. R. K. Unbescheid. 1970 –
Schmiedt, H.: Zum religiös. Erbe der Aufklärung. 18 unveröffentl. Br. G.
K. P.s. In: ZfdPh. 1977 – Guhde, E.: G. K. P. Ein Btr. zur Kulturgesch.
des Elsaß. 1964 – J. G. B. PFEIL: Lucie Woodvil. In: DLA Bd 8. Hg.

F. Brüggemann. Nd. 1964 – ders.: Die Gesch. des Grafen v. P. Nd. 1970
– Krueger, J.: Zur Frühgesch. der Theorie des bürgerl. Trauerspiels. In:
Bruno-Markwardt-Festschr. 1961 – P. PROSCH: Leben und Ereignisse ei-
nes Tyrolers . . . Hg. K. Pörnbacher. 1964 – J. I. PYRA und S. G. Lange:
Thirsis und Damons freundschaftl. Lieder. Hg. A. Sauer. 1885 (DLD
XXII) – ders.: Erweis, daß die Gottschedian. Sekte den Geschmack ver-
derbe. Nd. 1974 – Waniek, G.: I. P. und sein Einfluß auf die dt. Lit. des
18. Jh. 1882 – TH. J. QUISTORP: Der Hypochondrist. In: DLA Bd 6. Hg.
F. Brüggemann. Nd. 1964 – G. W. RABENER: Ausgew. Satiren. Hg.
H. Kunze. ²1968 – G. W. R. Briefe. Hg. C. F. Weiße. Nd. 1972 – Blim, H.:
Bibliographie G. W. R. In: Antiquariat 21. 1971 – Biergann, A.: G. W. R.s
Satiren. 1961 (Diss. Köln) – Jacobs, J.: Zur Satire der frühen Aufklärung.
R. und Liscow. In: GRM 18. 1968 – K. W. RAMLER: Poet. W. 2 Bde. Hg.
L. F. G. v. Göckingk. 1800–01 – ders.: Lieder der Deutschen. Nd. Hg.
A. Anger. 1965 – Eggebrecht, W.: R. In: Pommersche Lebensbilder 4.
1966 – Wackermann, E.: R. E. RASPE. Erstautor der Münchhausen-Ge-
schichten. In: Antiquariat 20. 1970 – G. F. REBMANN: Kosmopolit. Wan-
derungen durch einen Teil Dtlds. Hg. H. Voegt. 1968 (SI) – Schneider, F.:
Aufklärung und Politik. Studien zur Politisierung der dt. Spätaufklärung
am Beispiel A. G. F. R.s. 1978 – E. VON DER RECKE: Gedichte. Hg. C. A.
Tiedge. 1806 – dieselbe: Aufzeichnungen, Tagebücher und Briefe aus ih-
ren Jugend- und Wanderjahren. Hg. P. Rachel. 2 Bde 1901–02 –
Geyer, M.: Der Musenhof zu Löbichau. 1882 – Salmen, W.: J. F.
REICHARDT. 1963 – H. S. REIMARUS: Apologie oder Schutzschrift für die
vernünftigen Verehrer Gottes. Hg. G. Alexander, 2 Bde 1972 – H. S. R.
Ein «bekannter Unbekannter» der Aufklärung in Hamburg. Vorträge ge-
halten auf der Tagung der Joachim-Jungius-Gesellschaft der Wiss. 1973 –
Schweitzer, A.: Gesch. der Leben Jesu-Forschung. ⁶1951 – F. J. RIEDEL:
Briefe über das Publikum. Hg. E. Feldmeier. 1973 – Terras, R.: F. J. R.
The aesthetic Theory of a German Sensualist. In: Lessing Yearbook 4.
1972 – J. H. v. RIEDESELS Reise durch Sizilien und Großgriechenland. Hg.
A. Schulz. 1965 – Rehm, W.: J. H. v. R. In: W. R. Götterstille und Götter-
trauer. 1951 – F. ROSNER: Passio Nova. Das Oberammergauer Passions-
spiel von 1750. Hist.-krit. Ausg. Hg. P. Stephan Schaller OSB. 1974 – J.
CH. ROST: Das Vorspiel. Hg. F. Ulbrich. 1910 – ders.: Die schöne Nacht.
Nd. 1965 – Kormann, H.: J. Ch. R. 1966 (Diss. Erlangen – Nürnberg) –
S. SAILER: Die Schöpfung. Hg. M. Stern. 1969 [R] – J. D. SALZMANN:
Kurze Abhandlung über einige wichtige Gegenstände aus der Religions-
und Sittenlehre. Nd. Hg. A. Fuchs. 1966 [SM] – Burggraf, G. G.: CH. G.
SALZMANN im Vorfeld der Franzöós. Revolution. 1966 – Langmesser, A.:
J. SARASIN. 1899 (Diss. Zürich) – E. SCHIKANEDER: Theatral. W. 2 Bde
1792 – ders.: Die Zauberflöte. Hg. W. Zentner. 1973 [R] – Komor-
zynski, E. v.: E. S. 1951 – F. v. SCHILLER: W. Nationalausg. Hg. L. Blumenthal und B. von Wiese. 43 Bde 1943 ff. – ders.: dtv-Gesamtausg. Hg.

343

G. Fricke und H. G. Göpfert. 20 Bde 1965 ff. – ders.: Anthologie auf das
Jahr 1782. Nd. Hg. K. Mommsen. 1972 [SM] – Dichter über ihre Dichtun-
gen. F. Schiller. Hg. B. Lecke. Bd 1: Von den Anfängen bis 1795. 1969 –
Burschell, F.: F. S. in Selbstzeugnissen und Bilddokumenten. ¹³1974 [Ro]
– S. Zeitgenosse aller Epochen. Dokumente zur Wirkungsgesch. S.s in
Dtld. Hg. N. Oellers. Teil 1: 1782–1850. 1970; Teil 2: 1860–1964. 1975
– Vulpius, W.: S.-Bibliogr. 1893–1958. 1959; 1959–63. 1967 – Wersig, P.:
S.-Bibliogr. 1964–74. 1977 – Jb. der Dt. Schillergesellschaft. 1957 ff. –
Wilpert, G. v.: S.-Chronik. 1958 – Koopmann, H.: F. S. Bd 1: 1759–1794.
²1977 [SM] – Mann, Th.: Versuch über Schiller. 1955 – Buchwald, R.: S.
⁴1959 – Wiese, B. v.: F. S. ³1963 – Storz, G.: Der Dichter F. S. ⁴1968 –
Staiger, E.: F. S. 1967 – F. S. Zur Geschichtlichkeit seines Werkes. Hg.
K. L. Berghahn. 1975 – Kaiser, G.: Von Arkadien nach Elysium. S.-Stu-
dien. 1978 – S. Zur Theorie und Praxis der Dramen. Hg. K. L. Berghahn
und R. Grimm. 1972 (WdF) – Graham, I.: S.s Drama. 1974 – Graham, I.:
S., ein Meister der trag. Form. 1974 – Böckmann, P.: Die innere Form in
S.s Jugenddramen. In: P. B.: Formensprache. 1966 – Beck, A.: Die Krisis
des Menschen im Drama des jungen S. In: A. B.: Forschung und Deutung.
1966 – Williams, A.: The ambivalences in the plays of the young Schiller
about contemporary Germany. In: Dt. Bürgertum und lit. Intelligenz
1750–1800. 1974 – Keller, H.: S.s Prosa. 1965 – F. S. «Die Räuber». Erläuterungen und Dokumente. Hg. Ch. Grawe. 1976 (R) – Michelsen, P.:
Studien zu S.s «Räubern». In: Jb. der Dt. Schillergesellschaft 8. 1964 –
Wacker, M.: «Die Räuber» S.s und der Sturm und Drang. Stilkrit. und ty-
polog. Überprüfung eines Epochenbegriffs. 1973 (Diss. Tübingen) –
Mann, M.: Sturm und Drang-Drama. Studien und Vorstudien zu S.s «Räubern». 1974 – Hinderer, W.: «Ein Augenblick Fürst hat das ganze Mark
verschlungen»: Zum Problem der Person und der Existenz in S.s «Die Verschwörung des Fiesco zu Genua». In: W. H.: Elemente der Lit.kritik. 1976
– Martini, F.: S.s «Kabale und Liebe». Bemerkungen zur Interpretation
des «Bürgerlichen Trauerspiels». In: Deutschunterricht 4. 1952 – Müller-
Seidel, W.: Das stumme Drama der Luise Millerin. In: Goethe-Jb. NF
Bd 17. 1955 – Janz, R.-P.: S.s «Kabale und Liebe» als bürgerl. Trauerspiel.
In: Jb. der Dt. Schillergesellschaft 20. 1976 – «Don Carlos». Erläuterungen
und Dokumente. Hg. K. Pörnbacher. 1973 [R] – Martini, F.: Der Erzähler
F. S. In: Schiller. Reden im Gedenkjahr 1959. 1961 – Wiese, B. v.: Verbre-
cher aus verlorener Ehre. In: B. v. W.: Die dt. Novelle von Goethe bis
Kafka. 1956 – J. A. Schlegel: Fabeln und Erzählungen. Nd. Hg. A. An-
ger. 1965 – Rutledge, J. S.: J. A. S. 1974 – J. E. Schlegel: W. Hg. I. H.
Schlegel. 5 Bde Nd. 1971 – ders.: AW. Hg. W. Schubert. 1963 – ders.: Canut. Hg. H. Steinmetz. 1967 [R] – ders.: Die stumme Schönheit. Hg.
W. Hecht. 1962 (Komedia) – Wilkinson, E. M.: J. E. S. A German Pioneer
in Aesthetics. ²1973 – Wolf, P.: Die Dramen J. E. S.s. 1964 – May, K.: J.
E. S.s «Canut». In: K. M.: Form und Bedeutung. 1957 – J. G. Schlosser:

344

Kleine Schr. 6 Bde Nd. 1972 – Nicolovius, A.: J. G. S.s Leben und lit. Wirken. Nd. 1973 – Schumann, D. W.: Eine polit. Zirkularkorrespondenz J. G. S.s und seiner oberrhein. Freunde. In: Goethe-Jb. 22. 1960 – Schlosser s. auch Beutler. Essays um Goethe – Fürst, F.: A. L. v. Schlözer. 1928 – J. G. Schnabel: Die Insel Felsenburg. Hg. W. Voßkamp. 1969 – ders.: Der im Irrgarten der Liebe herumtaumelnde Kavalier. Hg. H. Mayer. 1968 – Steffen, H.: J. G. S.s «Insel Felsenburg» und ihre formengesch. Einordnung. In: GRM 42. 1961 – Haas, R.: Lesend wird sich der Bürger seiner Welt bewußt. Der Schriftsteller J. G. S. und die dt. Entwicklung des Bürgertums in der 1. Hälfte des 18. Jh. 1977 – Ch. O. Frhr. v. Schönaich: Die ganze Ästhetik in einer Nuß. Hg. A. Köster 1899–1900 (DLD LXXXI) – Ladendorf, O.: Ch. O. Frhr. v. S. 1897 (Diss. Leipzig) – F. L. Schröder: Dramat. W. Hg. E. v. Bülow. 4 Bde 1831 – Wernekke, H.: F. L. S. als Künstler und Freimaurer. 1916 – Ch. F. Schubart: GSchr. und Schicksale. 8 Bde Nd. 1972 – ders.: Strophen für die Freiheit. Eine Ausw. aus den W. und Briefen. Hg. und eingel. von P. Härtling. 1976 – ders.: Leben und Gesinnungen. Hg. F. Döppe. 1952 – ders.: Dt. Chronik 1774–77. 4 Bde Nd. Hg. A. Henkel. 1975 – Strauß, D. F.: Ch. F. S.s Leben in seinen Briefen. 2 Bde Nd. 1978 – Schairer, E.: Ch. F. D. S. als polit. Journalist. 1914 – Storz, G.: Ein Porträt im Umriß. In: G. S.: Figuren und Prospekte. 1963 – Härtling, P.: Ein Rebell im Rokoko. In: Monat 20. 1968 – J. G. Schummel: Spitzbart. Eine komi-tragische Gesch. für unser pädagog. Jh. Hg. E. Haufe. 1974 – Weigand, G.: J. G. S. Nd. 1975 – F. J. H. Reichsgraf von Soden: Theater. 3 Bde 1814–19 – Hachtmann, O.: Graf J. H. v. S. als Dramatiker. 1902 (Diss. Göttingen) – J. v. Sonnenfels: GSchr. 10 Bde 1783–87 – Brosche, G.: J. S. und das Theater. 1962 (Diss. Wien) – Osterloh, K. H.: J. v. S. und die österreich. Reformbewegung im Za. des aufgeklärten Absolutismus. 1970 – Ch. H. Spiess: Biographien der Wahnsinnigen. Hg. W. Promies. 1977 – A. M. Sprickmann: Sammlung einiger Commedien. 1770 – Hasenkamp, J.: S. und der Kreis von Münster. 1956 (Diss. Münster) – W. A. Mozart. Die Entführung aus dem Serail. Text: G. Stephanie d. J. Hg. W. Zentner. 1974 [R] – Hochstöger, S.: G. S. d. J. In: Jb. der Gesellschaft für Wiener Theaterforschungen 12. 1960 – Ch. und F. L. Grafen zu Stolberg: GW. 20 Bde Nd. 1974 – F. L. Graf zu Stolberg-Stolberg: AW. Hg. A. Sauer. 2 Bde Nd. 1969 – ders.: Über die Fülle des Herzens. Frühe Prosa. Hg. J. Behrens. 1970 [R] – ders.: Die Insel. Nd. Hg. S. Sudhof. 1966 – ders.: Numa. Hg. J. Behrens. 1968 – ders.: Briefe. Hg. J. Behrens. 1966 – Janssen, J.: F. L. Graf zu S. 2 Bde Nd. 1970 – O. Graf zu Stolberg-Wernigerode: F. L. Graf zu St.-St. und seine Zeit. In: Archiv für Kulturgesch. 57. 1975 – Keiper, W.: F. L. S.s Jugendpoesie. Nd. 1972 – Beck, A.: Die Aischylos-Übersetzungen des Grafen F. L. zu S. 1937 (Diss. Berlin) – J. A. Stranitzky: Wiener Haupt- und Staatsaktionen. Hg. R. Payer v. Thurn. 2 Bde 1908–10 (Schr. des Lit. Vereins in Wien. Bd 10 und 13) – Urbach, R.: Die Wiener Komödie und ihr Publikum. S.

und die Folgen. 1973 – I. A. STREICHER: Schillers Flucht von Stuttgart und
Aufenthalt in Mannheim 1782–85. Hg. P. Raabe. 1968 [R] – ders.: Schil-
ler-Biographie. Hg. H. Kraft. 1974 – H. P. STURZ: Schr. 2 Bde Nd. 1971
– Schmidt, A.: H. P. S. 1939 – Hahn, J.: H. P. S. der Essayist, der Künstler,
der Weltmann. Leben und W. mit einer Ed. des vollst. Briefw. 1976 – J. G.
SULZER: Allg. Theorie der Schönen Künste. 4 Bde Nd. Hg. G. Tonelli.
1967–69 – ders.: Unterredungen über die Schönheiten der Natur. Nd. 1971
– Nivelle, A.: S. als Neuerer. In: B.-Markwardt-Festschr. 1961 – Stern, M.:
Haydns «Schöpfung». Geist und Herkunft des VAN SWIETENschen Libret-
tos. ein Btr. zum Thema «Säkularisation» im Za. der Aufklärung. In:
Haydn-Studien Bd 1. 1966 – G. TERSTEEGEN: AW. Hg. W. Nigg. 1967 –
Schneider, R.: Bandweber und Mystiker. G. T. In: R. S.: Verpflichtung und
Liebe. 1964 – M. A. v. THÜMMEL: SW. 4 Bde 1880 – ders.: Wilhelmine.
Hg. A. Anger. 1964 [R] – Heldmann, H.: M. A. v. T. 1964 – Sauder, G.:
Der reisende Epikureer. 1968 (Diss. Heidelberg) – Windfuhr, M.: Empirie
und Fiktion in M. A. v. T.s «Reise in die mittägl. Provinzen . . .» In: Poetica
3. 1970 – CH. A. TIEDGE: W. Hg. A. G. Eberhardt. 8 Bde 1823–29 –
Schwabe, H.: T.s lyr. Dichtung. (Diss. Leipzig) – Kunze, H.: Th. Edler v.
TRATTNER der König der Straßenräuber. Ein neuer Btr. zur Gesch. des
Nachdrucks. In: Marginalien 14. 1963 – Des FRHR. VON DER TRENCK seltsame Lebensgesch. Hg. W. Liebert. 1925 – Grab, W.: F. von der T. Hoch-
stapler und Freiheitsmärtyrer. 1977 – D. W. TRILLER: Poet. Betrachtungen.
6 Bde 1750–55 – ders.: Der Wurmsamen. Hg. G. Witkowski. 1909 – J. P.
Uz: S. poet. W. Hg. A. Sauer. Nd. 1964 – Khaeser, P.: J. P. Uz. 1973 –
Zeltner, H. R.: J. P. Uz. 1973 (Diss. Zürich) – J. H. Voss: S. Gedichte.
6 Bde Nd. 1969 – ders.: Idyllen. Nd. Hg. E. Th. Voß. 1968 – ders.: Idyllen
und Gedichte. Hg. E. D. Becker. 1967 [R] – ders.: Briefe an Goeckingk
1775–1786. Hg. G. Hay. 1976 – Herbst, W.: J. H. Voß. 3 Bde Nd. 1970
– J. H. V.-Gedächtnisschr. Hg. von der Lit. Gesellschaft zu Eutin. 1926 –
Engel-Lanz, L.: V.s «Luise». 1959 (Diss. Zürich) – Kaiser, G.: Idyllik und
Sozialkritik bei J. H. V. In: Festschr. W. Emrich. 1975 – Schneider, H. J.
E.: Bürgerliche Idylle. Studien zu einer lit. Gattung des 18. Jh. am Beispiel
von J. H. V. 1975 (Diss. Bonn) – Häntzschel, G.: J. H. V. Seine Homer-
Übersetzung. 1977 – H. L. WAGNER: Die Reue nach der Tat; Die Kinds-
mörderin; Voltaire am Abend seiner Apotheose. In: Sturm und Drang.
Dramat. Schr. Hg. E. Loewenthal und L. Schneider. Bd 2. ³1972 – ders.:
Die Kindermörderin. Hg. J.-U. Fechner. 1969 [R] – ders.: Prometheus,
Deukalion und seine Rezensenten. Hg. A. Sauer. (DNL Bd 80) – ders.:
Mercier-Wagner. Neuer Versuch über die Schauspielkunst. Aus dem Französischen. Mit einem Anhang aus Goethes Brieftasche. Nd. Hg. P. Pfaff.
1967 – Schmidt, E.: H. L. W. ²1879 – «Die Kindermörderin». Dokumente
zur Wirkungsgesch. Hg. J.-U. Fechner. 1969 [R] – Werner, J.: Gesellschaft
in literar. Form. H. L. W.s «Kindermörderin» als Epochen- und Metho-
denparadigma. 1977 – Haupt, J.: «Die Kindermörderin». Ein bürgerl.

346

Trauerspiel vom 18. Jh. bis zur Ggw. In: Orbis litt. 32. 1977 –
P. WEIDMANN: Johann Faust. Hg. R. Payer v. Thurn. 1912 – Schram, L.:
Das Bühnenwerk P. W.s. 1943 (Diss. Wien) – Jacoby, D.: A. WEISHAUPT.
In: Euph. 1903 – F. W. WEISKERN: Dramen. In: Neue Sammlung von
Schauspielen (der Dt. Schaubühne zu Wien) Bd 1, Nr. 1 (1764); Bd 11,
Nr. 44 (1765); Bd 11, Nr. 43 (1767) – W. A. Mozart. Bastien und Ba-
stienne. Singspiel. Text: F. W. Weiskern. Hg. W. Zentner. 1963 [R] –
CH. F. WEISSE: Trauerspiele. Hg. F. Brüggemann. Nd. 1964 (DLA Bd 12)
– ders.: Richard der Dritte; Die verwandelten Weiber oder der Teufel ist
los. Hg. J. Minor. In: DNL Bd 72 – ders.: Der Dorfbarbier. Hg. F. Brüggemann. Nd. 1967 (DLA Bd 10) – ders.: Scherzhafte Lieder. Nd. Hg. A. Anger. 1965 – ders.: Der Kinderfreund. 24 Bde 1775–82 – Minor, J.: Ch. F.
W. 1880 – Hurrlemann, B.: Jugendlit. und Bürgerlichkeit. Soziale Erziehung in der Aufklärung am Beispiel von Ch. F. W.s «Kinderfreund»
1776–82. 1974 – Ebeling, F. W.: W. L. WEKHRLIN. Leben und Ausw. seiner Schr. 1869 – ders.: Chronologen. Bd 1–12. Nd. 1976 – ders.: Das graue
Ungeheur. Bd 1–12. Nd. 1976 – ders.: Hyperboreische Briefe. Bd 1–6. Nd.
1976 – ders.: Neue Hyperboreische Briefe. Nd. 1976 – ders.: Paragrafen.
Bd 1–2. Nd. 1976 – Böhm, G.: L. W. 1893 – Reimann, P.: W. L. W.
In: Weimarer Btr. 1. 1955 – J. C. WEZEL: Herrmann und Ulrike. 4 Bde Nd.
Hg. E. D. Becker. 1971 – ders.: Lebensgesch. Tobias Knauts des Weisen.
4 Bde Nd. Hg. V. Lange. 1971 – ders.: Krit. Schr. 2 Bde Nd. Hg. A. R.
Schmitt. 1971 – ders.: Belphegor. Hg. H. Gersch. 1965 – ders.: Versuch
über die Kenntnis des Menschen. 2 Bde Nd. 1971 – Adel, K.: J. K. W. 1968
– Thurn, H. P.: Der Roman der unaufgeklärten Gesellschaft. Untersu-
chungen zum Prosawerk J. K. W.s. 1973 – Holzhey-Pfenniger, E.: Der
desorientierte Erzähler. Studien zu J. C. W.s «Lebensgeschichte Tobias
Knauts». 1976 – CH. M. WIELAND: Ges. Schr. Hist.-krit. Ausg. Hg. von der
Dt. Akademie der Wiss. zu Berlin durch B. Seuffert und Kurrelmeyer.
50 Bde 1909 ff. – ders.: AW. Hg. F. Martini und W. Seiffert. 5 Bde
1964–68 – ders.: Musarion. Hg. A. Anger. 1970 [R] – ders.: Briefwechsel.
Hg. von der Dt. Akademie der Wiss. zu Berlin durch H. W. Seiffert. 15 Bde
1963 ff. – Sommer, C.: Ch. M. W. 1971 [SM] – ders.: Ausgew. Prosa aus
dem Teutschen Merkur. Hg. H. W. Seiffert. 1963 – W. Vier Bieracher
Vorträge. 1954 – Sengle, F.: Ch. M. W. 1949 – Paulsen, W.: Ch. M. W.
Der Mensch und sein Werk in psycholog. Perspektiven. 1975 – Baeppler, K.: Der philos. W. 1974 – Müller, J.-D.: W.s späte Romane. 1971 –
Weyergraf, B.: Der skeptische Bürger. W.s Schr. zur Französ. Revolution.
1972 – Viering, J.: Schwärmerische Erwartung bei W., im trivialen Roman
und bei Jean Paul. 1976 – Brenner, P. J.: Krit. Form. Zur Dialektik der
Aufklärung in W.s Roman «Don Sylvio von Rosalva». In: Jb. der Dt. Schil-
lergesellschaft 20. 1976 – Ratz, A. E.: Freiheit des Individuums und Gesellschaftsordnung bei C. M. W. 1974 – Wahl, H.: Gesch. des Teutschen
Merkurs. 1914 – Nobis, H.: Phantasie und Moralität. Das Wunderbare in

347

W.s «Dschinnistan» und der «Geschichte des Prinzen Biribinker». 1976 –
Ungern-Sternberg, W. v.: Ch. M. W. und das Verlagswesen seiner Zeit.
1974 – Schelle, H.: W.s Beziehungen zu seinen Leipziger Verlegern. Neue
Dokumente. Teil 1. In: Lessing Yearbook 7. 1975 – J. G. WILLAMOV: S.
Poet. Schr. 1779 – J. J. WINCKELMANN: SW. Hg. J. Eiselein. 12 Bde Nd.
1965 – ders.: Gedanken über die Nachahmung der griech. Werke in der
Malerei und Bildhauerkunst. Hg. L. Uhlig [R] – ders.: Briefe. Hg.
W. Rehm. 4 Bde 1952–57 – Justi, C.: W. und seine Zeitgenossen. Hg.
W. Rehm. 3 Bde ^{5}1956 – J. J. W. 1717–1768. Hg. Inter Nationes. 1968
– Btr. zu einem neuen W.-bild. Hg. B. Häsler. 1973 – Leppmann, W.: J.
J. W. 1971 – Himmelmann, N.: W.s Hermeneutik. 1971 – Hatfield, H.:
Aesthetic paganism in German literature from W. to the death of Goethe.
1964 – Eckehart, W.: Der Begriff des Schönen bei W. 1970 – Schade-
waldt, W.: W. und Homer. In: W. S.: Hellas und Hesperien. 1960 – Rüdi-
ger, H.: W. und Italien. 1956 – CH. WOLFF: GW. Hg. J. Ecole u. a. 1962ff.
Abt. 1: Deutsche Schriften. Abt. 2: Lateinische Schriften. – ders.: Ver-
nünftige Gedanken von dem gesellschaftl. Leben der Menschen . . . Nd.
1971 – Wundt, M.: Ch. W. und die dt. Aufklärung. 1941 – Birke, J. W.:
Ch. W.s Metaphysik und die zeitgenöss. Lit.- und Musiktheorie. 1966 – J.
F. W. ZACHARIÄ: Der Renommiste. Das Schnupftuch. Hg. A. Maler. 1974
[R] – Kaspar, H.: Die komischen Epen von Z. 1935 – J. G. ZIMMERMANN:
Von dem Nationalstolze. (Auszug). Hg. F. Brüggemann. In: DLA Bd 9.
Nd. 1966 – Maduschka, L.: Das Problem der Einsamkeit im 18. Jh., be-
sonders bei J. G. Z. 1933 – Milch, W.: Die Einsamkeit. Z. und Obereit im
Kampf um die Überwindung der Aufklärung. 1937 – N. L. GRAF V.
ZINZENDORF: Hauptschr. Hg. E. Beyreuther und G. Meyer. 6 Bde
1962–63. – Reichel, J.: Dichtungstheorie und Sprache bei Z. 1969.

Sachregister

351

353

354

355

Personenregister

(von Hildegard Schubart)

369

Weitere Bücher von Gerhard Kaiser

Pietismus und Patriotismus im literarischen Deutschland. Ein Beitrag zum Problem der Säkularisation. (Diss. München 1956) Wiesbaden 1961. 2. Auflage 1973

Klopstock: Religion und Dichtung. Gütersloh 1963. 2. Auflage 1973

Antithesen. Zwischenbilanz eines Germanisten 1970–1972. Frankfurt a.M. 1973

Benjamin. Adorno. Zwei Studien. Frankfurt a.M. 1974

Neue Antithesen eines Germanisten 1974–1975. Kronberg/Ts. 1976

Wandrer und Idylle: Goethe und die Phänomenologie der Natur in der deutschen Dichtung von Geßner bis Gottfried Keller. Göttingen 1977

Von Arkadien nach Elysium. Schiller-Studien. Göttingen 1978

Gottfried Keller. Das gedichtete Leben. Frankfurt a.M. 1981. Insel-Tb. 1987

Augenblicke deutscher Lyrik. Gedichte von Martin Luther bis Paul Celan interpretiert. Frankfurt a.M. 1987. (Insel.-Tb.) 4. Auflage 1991

Geschichte der deutschen Lyrik von Goethe bis zur Gegenwart. Ein Grundriß in Interpretationen. Frankfurt a.M. 1991. Suhrkamp Tb. 1988 und 1991

Mutter Natur und die Dampfmaschine. Ein literarischer Mythos im Rückbezug auf Antike und Christentum. Freiburg i.B. 1991

Fitzcarraldo Faust. Werner Herzogs Film als postmoderne Variation eines Leitthemas der Moderne. 1992 (Veröffentlichung der Carl Friedrich von Siemens Stiftung)

Ist der Mensch zu retten? Vision und Kritik der Moderne in Goethes «Faust». Freiburg i.Br. 1994

Wozu noch Literatur? Über Dichtung und Leben. München 1996. 2. Auflage Würzburg 2005

Christus im Spiegel der Dichtung. Exemplarische Interpretationen vom Barock bis zur Gegenwart. Freiburg 1997. 2. Auflage 1999

Rede, daß ich dich sehe. Ein Germanist als Zeitzeuge. Stuttgart, München 2000

Goethe – Nähe durch Abstand. Vorträge und Studien. Jena, Weimar 2000

Das Buch Hiob. Dichtung als Theologie. (Mit H.-P. Mathys) Neukirchen-Vluyn 2006 (Biblisch-theologische Studien 81)

Väter und Brüder. Weltordnung und politisch-soziale Ordnung in Schillers Werk. Erscheint 2007 als Abhandlung der Sächsischen Akademie der Wissenschaften zu Leipzig

Vollständige Bibliographie unter http://www.ub.uni-freiburg.de/referate/33/kaiser/index.shtml

UTB Literaturwissenschaft

Matthias Luserke-Jaqui

Friedrich Schiller

UTB 2595 S, 2005, XI, 459 Seiten, 5 Abb.,
€ [D] 19,90/SFr 34,90
UTB-ISBN 978-3-8252-2595-7

Die Leser können sich in diesem gründlichen Werkkommentar mit den Texten und ihrem Kontext eines der wichtigsten Autoren der deutschen Literaturgeschichte vertraut machen. Eindrückliche Textanalysen zeigen, dass Schillers Schaffen die letzten 200 Jahre mühelos überdauert hat und die Lektüre seiner Texte immer noch lohnt. Wer sich mit Schiller beschäftigt, erfährt durch Literatur, was der Mensch ist. Den Weg zu solcher Erkenntnis rekonstruiert dieses Buch.

Aus dem Inhalt:
Was heißt und zu welchem Ende studiert man Literaturgeschichte oder Warum Schiller? · Biographische Skizze · Jugenddramen · Das erzählerische Werk · Das lyrische Werk · Das essayistische Werk · Klassische Dramen · Literaturverzeichnis · Anhang

Matthias Luserke-Jaqui, geb. 1959, Professor für Neuere deutsche Literaturwissenschaft an der TU Darmstadt, ist Herausgeber des *Schiller-Handbuchs* (2005) und Mitherausgeber der *Frankfurter Schiller-Ausgabe*

Preisänderungen vorbehalten

A. Francke